U0907021

Development Report of

China's Securities Industry (2018)

中国证券业发展报告

2018

中国证券业协会◎著

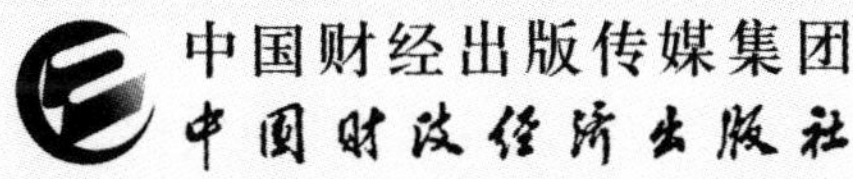

图书在版编目（CIP）数据

中国证券业发展报告 .2018 / 中国证券业协会著 .—北京：中国财政经济出版社，2018.7

ISBN 978 - 7 - 5095 - 8375 - 3

Ⅰ.①中… Ⅱ.①中… Ⅲ.①证券市场 - 经济发展 - 研究报告 - 中国 - 2018 Ⅳ.①F832.51

中国版本图书馆 CIP 数据核字（2018）第 158100 号

责任编辑：[illegible]晓红　　　　责任校对：胡永立
封面设计：孙俪铭

中国财政经济出版社 出版

URL：http：//www.cfeph.cn

E - mail：cfeph @ cfeph.cn

社址：北京市海淀区阜成路甲 28 号　邮政编码：100142

营销中心电话：010 - 88191537　北京财经书店电话：64033436　84041336

中煤（北京）印务有限公司印刷　各地新华书店经销

787×1092 毫米　16 开　20.75 印张　449 000 字

2018 年 7 月第 1 版　2018 年 7 月北京第 1 次印刷

定价：70.00 元

ISBN 978 - 7 - 5095 - 8375 - 3

（图书出现印装问题，本社负责调换）

本社质量投诉电话：010 - 88190744

打击盗版举报热线：010 - 88191661　QQ：2242791300

《中国证券业发展报告（2018）》

编 委 会

《中国证券业发展报告（2018）》

编写人员名单

（按照姓氏笔画排序）

丁耀武　马致远　马　敏　王　旭　王国强　王建业
王晓慧　王凌苇　邓博文　田林蔚　兰　兰　朱志雄
朱　蕾　乔光豪　刘世欣　刘　洋　刘　硕　刘　锋
孙　媛　李怀军　李明亮　李　隽　李海涛　李梦桥
李雅琪　李　晶　李镇华　杨　涛　肖　丹　吴一萍
何苗苗　宋　娜　张连军　张　凯　张凯慧　张　玲
张　璇　陆媛媛　陈久红　陈东东　陈诣辉　陈显泉
陈　福　罗再宏　周洪荣　赵文雯　赵智松　姜婧一
姜　斓　贾　新　殷军军　谈忐琦　曹永强　龚　芳
常丽娟　崔冬冬　商　田　梁景美　屠晓东　蒋健蓉
韩云从　程　坤　曾梦婕　蔡梦怡

前　言

中国证券业协会会长　陈共炎

2017年是资本市场依法全面从严监管态势进一步巩固、市场运行进一步稳健的一年，是证券行业风险防控水平、服务实体经济能力进一步提升，市场生态呈现积极变化的一年。2017年在中国证监会的领导和行业大力支持下，中国证券业协会深入学习贯彻党的十九大和全国金融工作会议精神，坚持稳中求进工作总基调，围绕服务实体经济、防控金融风险、深化金融改革三项任务，继续秉承"自律、服务、传导"职能定位，进一步引导行业加强风险防范，推动行业提升合规管理和全面风险管理水平，加强公司债券违约风险、行业信息安全管理；开展行业创新评估，推动证券经纪、投行、场外衍生品、融资类业务、绿色证券业务等规范发展，关注金融科技应用，促进提升行业核心竞争力；积极支持债券市场发展，支持区域性股权市场规范发展，提升行业服务实体经济和国家战略的能力；加强投资者教育，完善投资者保护；支持证券公司服务国家脱贫攻坚战略，结对帮扶贫困县，积极履行社会责任。

作为行业年度发展报告，《中国证券业发展报告（2018）》立足于从行业宏观视角和业务发展的维度，通过对行业数据的分析及国际经验的借鉴，全面、深入、客观地反映2017年行业的发展状况、行业特色和发展趋势。《中国证券业发展报告（2018）》共有17个报告，包括1个总报告，6个分报告，10个专题报告，新增编写信息技术与服务专题报告。总报告主要展现行业发展全貌和特色；分报告围绕证券经营机构主要业务线，深入分析证券经纪、投资银行、资产管理、投资和融资类业务及资信评级业务等发展状况；专题报告则展现行业发展变化，重点介绍行业在合规风控、扶贫攻坚、信息技术、国际发展、投资者保护、场外市场、固定收益等方面的情况。

在本报告编撰过程中，中国证券业协会组织行业开展16项问卷调查，问卷数量较上年增加了1倍，主要新增了投融资类业务、信息技术、风险管理、国际化等调查内容，为报告提供了大量、翔实的数据基础。初稿完成后，还邀请各方面专家对报告进行反复修改和审核，力求为中国证券业的发展留下真实可靠的历史资料，为今后证券业的发展提供必要借鉴。

由于编写时间紧迫，《中国证券业发展报告（2018）》难免有疏漏、错误之处，敬请业内同仁、广大读者提出宝贵意见和建议。

2018 年 7 月

目 录

总 报 告

2017 年中国证券业发展回顾与展望

第一章 2017 年中国证券业发展现状 …… (4)
第二章 2017 年中国证券业发展特点 …… (25)
第三章 2018 年中国证券业发展展望 …… (30)

分 报 告

分报告之一：2017 年中国证券经纪业务发展回顾与展望

第一章 2017 年中国证券经纪业务的总体情况和竞争格局 …… (35)
第一节 2017 年中国证券经纪业务的总体情况 …… (35)
第二节 2017 年中国证券经纪业务的竞争格局 …… (40)
第二章 2017 年中国证券经纪业务面临的问题与 2018 年前景展望 …… (45)
第一节 2017 年中国证券经纪业务面临的问题 …… (45)
第二节 2018 年中国证券经纪业务发展前景展望 …… (49)

分报告之二：2017 年中国投资银行业务发展回顾与展望

第一章 2017 年中国投资银行业务的总体情况 …… (52)
第一节 股权融资业务情况 …… (53)
第二节 公司债券业务情况 …… (55)

第三节　并购重组业务情况 …… (58)
第四节　证券公司参与全国股转系统情况 …… (60)
第五节　创新及其他业务情况 …… (63)
第六节　投资银行业务组织架构基本情况 …… (66)
第二章　2017 年中国投资银行业务面临的问题与 2018 年前景展望 …… (68)
第一节　中国投资银行业务当前存在的主要问题 …… (68)
第二节　2018 年中国投资银行业务前景展望 …… (70)

分报告之三：2017 年中国证券公司资产管理业务发展回顾与展望

第一章　2017 年中国证券公司资产管理业务的总体情况 …… (72)
第一节　2017 年中国证券公司资产管理业务的发展环境 …… (72)
第二节　2017 年中国证券公司资产管理业务的发展情况 …… (74)
第二章　2017 年中国证券公司资产管理业务发展中面临的问题与 2018 年发展展望 …… (79)
第一节　2017 年中国证券公司资产管理业务发展中面临的问题 …… (79)
第二节　2018 年中国证券公司资产管理业务前景展望 …… (81)

分报告之四：2017 年中国证券公司融资类业务发展回顾与展望

第一章　2017 年中国证券公司融资融券业务发展回顾与 2018 年前景展望 …… (84)
第一节　2017 年中国证券市场融资融券业务发展现状 …… (84)
第二节　2017 年中国融资融券业务面临的问题 …… (90)
第三节　2018 年中国融资融券业务的发展前景 …… (91)
第二章　2017 年中国证券公司其他融资类业务发展回顾与 2018 年前景展望 …… (93)
第一节　证券公司其他融资类业务发展状况 …… (93)
第二节　证券公司其他融资类业务发展中面临的问题 …… (97)
第三节　证券公司其他融资类业务发展前景展望 …… (100)

分报告之五：2017 年中国证券公司投资业务发展回顾与展望

第一章　2017 年中国证券公司投资业务的总体情况 …… (102)
第一节　2017 年中国证券公司传统投资业务发展情况 …… (103)
第二节　2017 年中国证券公司传统投资业务发展中面临的问题与 2018 年前景展望 …… (106)
第二章　2017 年中国证券公司私募投资基金业务发展情况与 2018 年展望 …… (108)

分报告之六：2017 年证券市场资信评级业务发展回顾与展望

第一章　2017 年中国证券资信评级行业发展环境 …………………………（114）
第二章　2017 年中国证券资信评级业务发展情况 …………………………（118）
第一节　评级行业基本情况 ……………………………………………（118）
第二节　评级业务发展概况 ……………………………………………（121）
第三节　评级表现分析 …………………………………………………（123）
第三章　2017 年中国证券资信评级行业面临的问题与 2018 年前景展望 ………（137）
第一节　2017 年中国证券资信评级行业面临的问题 ……………………（137）
第二节　2018 年证券资信评级行业发展前景展望 ………………………（138）

专题报告

专题报告之一：2017 年中国证券公司合规管理发展综述

第一章　2017 年中国证券公司合规管理概况 …………………………………（143）
第一节　2017 年证券公司合规管理基本情况 ……………………………（143）
第二节　行业监管规则与自律规则体系的发展情况 ………………………（145）
第二章　2017 年中国证券公司合规管理职能的履行情况 ……………………（150）
第三章　2017 年证券公司合规管理面临的问题与 2018 年展望 ………………（156）
第一节　证券公司合规管理面临的问题 ……………………………………（156）
第二节　2018 年证券公司合规管理展望 …………………………………（157）

专题报告之二：2017 年中国证券公司风险管理综述

第一章　2017 年中国证券公司风险管理概况 …………………………………（160）
第一节　2017 年中国证券公司风险管理基本情况 …………………………（160）
第二节　2017 年中国证券公司风险管理的特点 ……………………………（168）
第二章　2017 年证券公司面临的关键风险和管理方法 ………………………（170）
第一节　市场风险 ………………………………………………………（170）
第二节　信用风险 ………………………………………………………（171）
第三节　流动性风险 ……………………………………………………（172）
第四节　操作风险 ………………………………………………………（174）
第三章　2018 年中国证券公司风险管理展望 …………………………………（175）

第一节　持续做优、做实全面风险管理体系建设 ……………………………… (175)
第二节　落实监管风控并表试点，丰富集团化风险管理手段 ……………………… (176)
第三节　证券公司分类监管规定修订，全面风险管理能力成为评价基础 ………… (176)
第四节　证券公司全面风险管理面临新挑战 …………………………………… (177)

专题报告之三：2017 年证券行业履行脱贫攻坚社会责任综述

第一章　持续引导，携手同心，证券行业结对帮扶再上新台阶 ………………………… (178)
第二章　精准把脉，发挥优势，证券行业服务脱贫攻坚展现新气象 …………………… (180)
第三章　周密部署，扎实推进，协会定点扶贫工作取得新进展 ………………………… (188)
第四章　确立目标，务求实效，推动资本市场扶贫工作取得新成效 …………………… (191)

专题报告之四：2017 年证券公司投资者保护工作发展综述

第一章　证券公司投资者教育服务工作情况 …………………………………………… (193)
第二章　证券公司投资者适当性管理工作情况 ………………………………………… (199)
第三章　维护投资者合法权益情况 …………………………………………………… (204)
第四章　加强投资者保护工作建议 …………………………………………………… (206)

专题报告之五：2017 年中国证券业信息技术与服务发展综述

第一章　证券业信息技术与服务发展概况 ……………………………………………… (208)
第一节　2017 年中国证券业信息技术与服务发展概况 ………………………… (208)
第二节　2017 年证券业 IT 人员与投入情况 …………………………………… (215)
第二章　信息技术应用与服务案例 …………………………………………………… (218)
第一节　行业核心机构在信息技术上的典型案例 ……………………………… (218)
第二节　经营机构在信息技术上的典型应用 …………………………………… (220)
第三章　2018 年证券信息技术与服务展望 …………………………………………… (231)

专题报告之六：2017 年中国证券公司国际业务发展综述

第一章　2017 年中国证券公司国际业务发展状况 ……………………………………… (235)
第一节　中国证券公司国际业务发展特点 ……………………………………… (235)
第二节　中国证券公司国际业务具体情况 ……………………………………… (238)
第二章　2017 年中国证券公司国际业务面临的问题与 2018 年前景展望 ……………… (248)

第一节　2017 年中国证券公司国际业务面临的问题 …………………………（248）
第二节　2018 年中国证券公司国际业务前景展望 …………………………（250）

专题报告之七：2017 年柜台市场和区域性股权市场发展综述

第一章　2017 年中国证券公司柜台市场发展综述 ……………………（252）
第一节　证券公司柜台市场的开展情况 ……………………………………（253）
第二节　证券公司柜台市场的特点 …………………………………………（258）
第三节　证券公司柜台市场的发展建议 ……………………………………（259）
第二章　2017 年中国区域性股权市场发展综述 ……………………………（260）
第一节　区域性股权市场发展现状 …………………………………………（260）
第二节　区域性股权市场特点 ………………………………………………（262）
第三节　区域性股权市场存在的问题 ………………………………………（262）
第四节　区域性股权市场未来发展展望 ……………………………………（263）

专题报告之八：2017 年机构间私募产品报价与服务系统发展综述

第一章　2017 年报价系统发展的主要特点 …………………………………（265）
第二章　2017 年报价系统运营情况 …………………………………………（268）
第三章　2017 年报价系统风险管理情况 ……………………………………（276）
第四章　2018 年报价系统发展展望 …………………………………………（278）

专题报告之九：2017 年证券公司固定收益业务发展综述

第一章　2017 年债券市场概况 ………………………………………………（280）
第一节　中国债券市场机构投资者概况 ……………………………………（280）
第二节　2017 年证券公司托管数据变化分析 ………………………………（283）
第二章　2017 年证券公司固定收益业务发展现状 …………………………（286）
第一节　2017 年证券公司固定收益业务链概况 ……………………………（286）
第二节　2017 年证券公司固定收益业务发展概况 …………………………（287）
第三章　债券市场违约情况与风险防范建议 ………………………………（291）
第一节　债券市场违约情况 …………………………………………………（291）
第二节　债券违约风险与防范建议 …………………………………………（293）
第四章　大力发展交易所债券市场，服务实体经济 ………………………（296）
第一节　交易所债券市场的发展空间 ………………………………………（296）

第二节　交易所债券市场的发展建议 …………………………………………… (297)

专题报告之十：2017 年中国证券投资咨询公司发展综述

第一章　证券投资咨询机构经营现状 …………………………………………… (299)
第二章　证券投资咨询行业发展面临的问题 ……………………………………… (307)
第三章　证券投资咨询行业发展展望 …………………………………………… (309)

附录：2017 年中国证券行业大事记 …………………………………………… (311)

后记 ……………………………………………………………………………… (316)

总 报 告

2017 年中国证券业发展回顾与展望

2017 年，资本市场建设迎来改革发展的新时代，证券行业深入学习和贯彻落实党的十九大和全国金融工作会议精神，牢守不发生系统性金融风险的底线，紧扣风险防范和稳定发展，坚持依法全面从严监管，不断完善发行、退市、大股东减持、并购重组和投资者适当性管理等各项基础制度建设，持续深化多层次资本市场改革，主动融入国家战略，在助推“大众创业、万众创新”和服务供给侧结构性改革、绿色发展和脱贫攻坚等方面取得了新突破，在积极探索金融科技服务新模式和扩大双向开放层面取得了新进展，证券行业服务实体经济能力得到显著提升。

展望 2018 年，我国资本市场和证券行业还将继续深化改革和推进全面依法从严监管，坚决打好防范化解资本市场重大风险攻坚战，进一步增强资本市场融入国家战略和服务实体经济的能力，提高直接融资比重，促进多层次资本市场健康发展。在制度建设方面，稳步推进《中华人民共和国证券法》的修订工作，持续完善发行上市等基础性制度，进一步强化投资者保护和交易所一线监管职能，稳步提升监管穿透效力，加强对违法违规行为的打击力度。在市场开放方面，积极把握国家“一带一路”建设的重大历史机遇，稳步扩大资本市场双向开放，进一步强化境内境外市场互联互通，有效增强中国资本市场和证券行业的国际竞争力。

第一章
2017 年中国证券业发展现状

一、证券行业总体情况

（一）证券公司发展情况

截至 2017 年底，全国共有证券公司 131 家，较 2016 年增加 2 家。2017 年证券公司进一步加快了上市步伐，在沪、深证券交易所上市的证券公司达 30 家，其中 2017 年在 A 股上市证券公司有 4 家；在香港联交所上市的证券公司增加至 14 家，较 2016 年增加 1 家；在全国股权转让系统挂牌的证券公司增至 7 家，较 2016 年增加 1 家。中外合资证券公司共 11 家，除了华菁证券外资持股比例为 49% 之外，其他都在 33% 以下（见图总 1－1）。

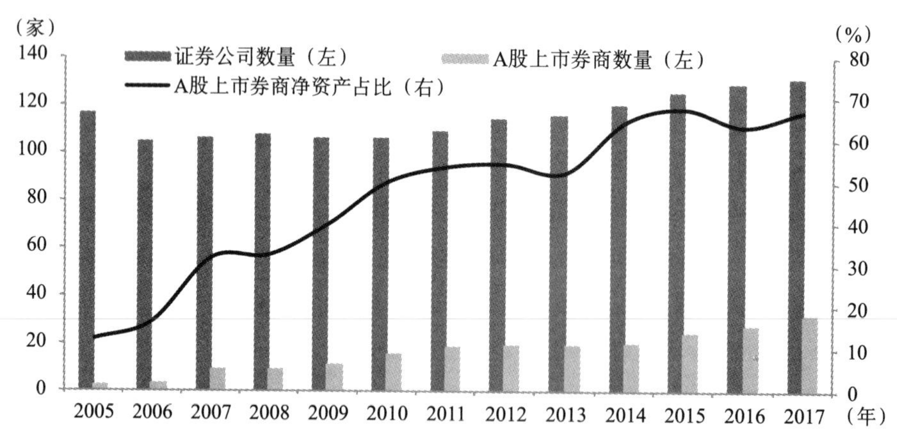

图总 1－1　2005—2017 年证券公司数量及上市证券公司净资产占比变化

资料来源：中国证券业协会网站，Wind。

1. 证券公司资产规模

截至 2017 年 12 月 31 日，证券公司总资产为 6.14 万亿元，净资产为 1.85 万亿元，净资本为1.58万亿元，客户交易结算资金余额（含信用交易资金）1.06万亿元，托管证券市值40.33万亿元，受托管理资金本金总额17.26万亿元（见图总1－2）。

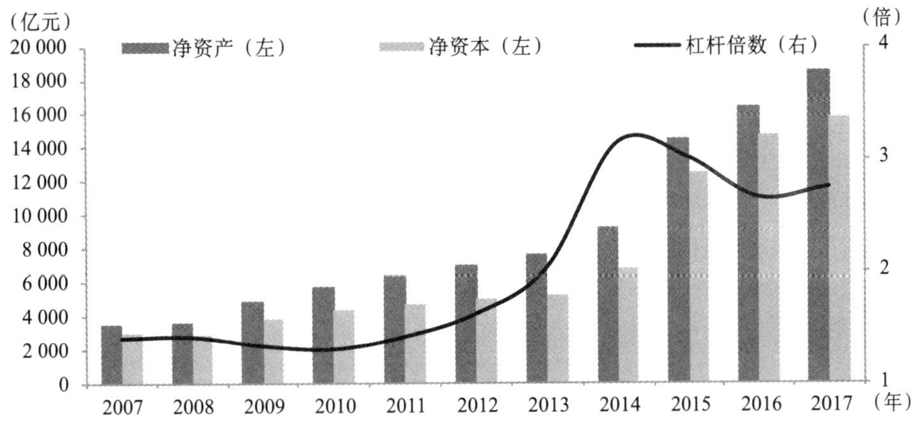

图总1－2　2007—2017年证券公司资本规模情况

注：杠杆倍数＝（总资产－客户交易结算资金）÷净资产。

资料来源：中国证券业协会网站，Wind。证券公司经营数据由未经审计财务报表统计而得。

2017年证券公司总资产增长6.02%，净资产增长12.36%，杠杆率连续两年下降后略回升至2.75倍。托管证券市值40.33万亿元，较2016年增加19.43%，解禁限售股的流通压力保持继续上升态势。受托管理资金本金总额17.26万亿元，与2016年基本持平，反映出在从严监管的态势下资产管理的通道类业务被压缩，资管业务正在回归本源。融资融券余额从年初的9 392亿元扩大至年末的10 263亿元，近年"两融"业务规模显示出市场行情波动对其影响仍然显著。

总资产集中度从2015年后持续滑落，净资产和净资本集中度滑落态势结束，略有抬升。2017年总资产、净资产、净资本前5家证券公司的集中度（CR5）分别为37.95%、32.09%和23.34%（见图总1－3）。

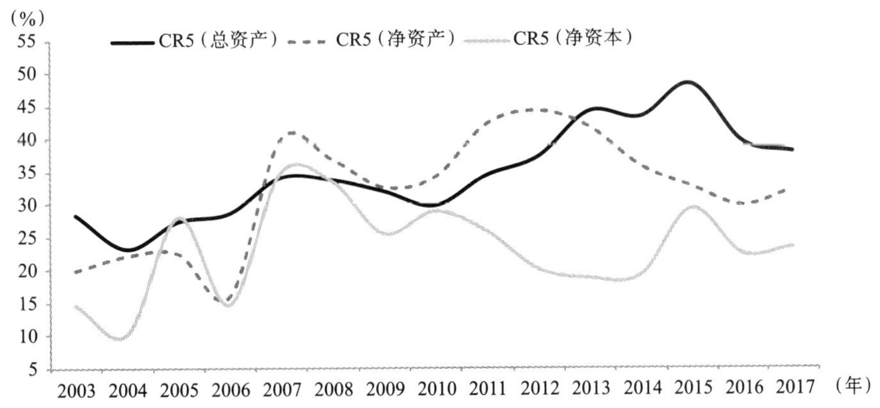

图总1－3　2003—2017年证券公司规模集中度变化情况

资料来源：中国证券业协会，Wind，各公司数据取自2017年报。

2. 证券公司业务利润变动和收入结构情况

2017 年证券公司全年实现营业收入 3 113.28 亿元，同比下降 5.08%；实现净利润 1 129.95 亿元，同比下降 8.47%；净利率为 39.65%，上升了 2.01 个百分点；行业净资产收益率（ROE）为 6.11%，下降了 1.42 个百分点。

2017 年证券公司经营基本延续了 2016 年的态势，与 2016 年相比变化幅度不大。2017 年市场波动较为温和，证券公司的竞争格局也基本维持原有水平，在各项业务表现上变化不明显。不过从微细的数据变化上仍然可以看出一些趋势：一是证券经纪业务无论绝对规模还是相对占比均显露出下降趋势，反映出证券公司竞争加剧，佣金率近年来持续下滑，逼近经营盈亏平衡点。二是在市场波动幅度不大的态势下证券公司自营业务收入稳中有升，反映出证券公司的投资水平在提高（见表总 1－1）。

表总 1－1　2017 年证券公司利润和收入情况

	2017 年上半年	2017 全年	2016 年
营业收入（亿元）	1 436.96	3 113.28	3 279.94
代办买卖证券业务净收入占比（%）	27.04	26.37	32.10
投资咨询业务净收入占比（%）	1.09	1.09	1.54
证券承销与保荐业务净收入占比（%）	11.78	12.34	15.85
财务顾问业务净收入占比（%）	3.61	4.03	5.00
受托客户资产管理业务净收入占比（%）	9.74	9.96	9.04
证券投资净收益占比（%）	25.46	27.66	17.33
融资融券业务利息净收入占比（%）	13.77	11.18	11.64
其他业务占比（%）	7.50	7.37	7.49
净利润（亿元）	552.58	1 129.95	1 234.45
净利率（%）	38.45	39.65	37.64

注：净利率＝净利润/营业收入×100%。

资料来源：中国证券业协会网站，证券公司经营数据由未经审计财务报表统计而得。

数据显示出证券公司盈利能力的变化情况。净利润率维持在高位水平、2017 年还进一步抬升，说明证券公司成本控制能力较好；2016 年、2017 年连续两年在收入减少的情况下成本能大幅下降，反映出证券公司内部“节流”、压缩成本的效果显著。但是，净资产收益率持续回落的趋势也说明证券公司资产运营效率减弱。近年来证券公司重视经营规模的扩张，在从严监管的环境约束下，杠杆虽然下降，但资产运营的边际效用在递减，靠规模取胜、粗放式的经营模式尚未得到有效扭转，有待外部制度变革、竞争压力、内生蜕变突破等因素共同作用来打破现有格局（见图总 1－4）。

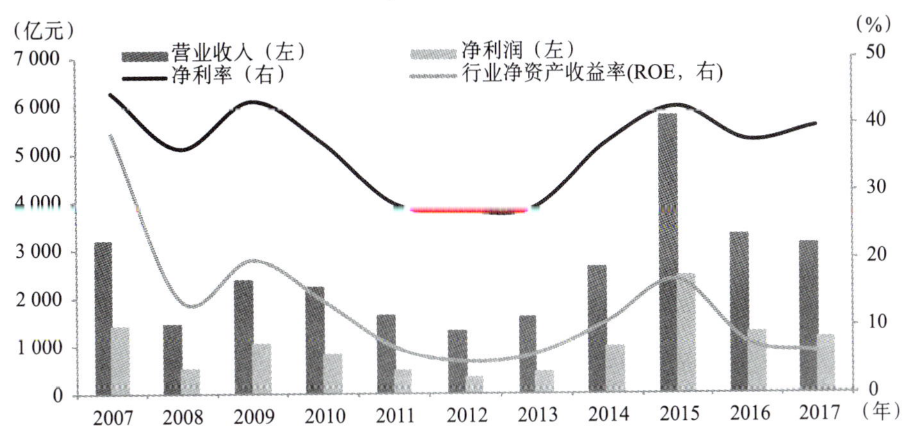

图总1-4　2007—2017年证券公司盈利情况

资料来源:中国证券业协会网站,Wind。

3. 证券公司营业网络分布情况

2017年底证券公司营业部共10 873家,较2016年增加15.86%,增加了1 488家。营业网点近年来加速扩张,反映出证券公司对网点布局的意愿依然强烈,这与轻型营业部设置较方便有关,但同时也说明证券公司依然遵循着规模经营的路线,与国际投行的差异化竞争还有距离。沿海地区的"扎堆"效应仍然明显,广东、浙江、江苏三省的营业网点扩张就占增量营业部的33%,而且这三省增量占比超过30%的状况已经延续多年。资本"洼地"居民财富管理需求持续增长,是证券公司汇聚沿海地区布局的一个原因;另一个原因在于沿海地区金融渗透度深、金融产品丰富,混业格局下业务还没有达到饱和,行业竞争虽然激烈但仍然有潜力可挖(见表总1-2)。

表总1-2　　近年来证券公司营业部辖区分布　　(单位:家)

地区	2011年	2012年	2013年	2014年	2015年	2016年	2017年
广东	673	703	769	934	1 063	1 252	1 446
浙江	370	381	436	581	676	799	973
江苏	334	363	445	603	681	790	919
上海	483	489	501	575	640	709	783
山东	253	280	315	403	453	517	602
北京	253	265	287	338	390	456	553
福建	218	237	256	316	350	412	479
四川	210	219	242	301	329	380	443
湖北	168	177	209	243	299	333	403
湖南	182	190	204	249	288	351	393
辽宁	202	215	228	283	312	348	383
河南	114	117	124	235	260	316	378
江西	143	145	170	229	268	294	325
安徽	148	158	165	211	232	263	308

续表

地区	2011 年	2012 年	2013 年	2014 年	2015 年	2016 年	2017 年
陕西	105	119	140	168	196	224	273
河北	158	165	175	199	216	234	272
重庆	111	111	119	163	176	195	222
广西	108	122	130	146	157	182	202
山西	117	121	122	140	154	173	199
黑龙江	101	103	108	128	148	168	181
天津	87	98	101	127	158	160	175
云南	69	74	101	121	136	152	174
吉林	91	96	104	120	129	140	157
贵州	44	48	54	66	79	98	118
内蒙古	60	61	66	85	91	105	116
新疆	62	62	62	64	73	89	111
甘肃	60	63	66	71	89	97	106
海南	37	40	40	44	52	62	72
宁夏	19	23	24	29	37	44	52
青海	13	13	16	17	23	25	29
西藏	4	5	6	10	15	17	26
合计	4 997	5 263	5 785	7 199	8 170	9 385	10 873

资料来源：上海证券交易所网站。

近年证券公司营业网络的持续扩张与市场活跃度并不同步，市场交易量平稳但营业网点扩张持续，2017 年单个营业部年均交易量连续萎缩至 103 亿元/家的水平，较 2016 年下降 24%。这反映出证券行业经纪业务竞争在加剧，行业整体的佣金率在下滑，证券公司的经营转型压力不仅需要布局优化，还需从战略上进行审视和调整（见图总 1－5）。

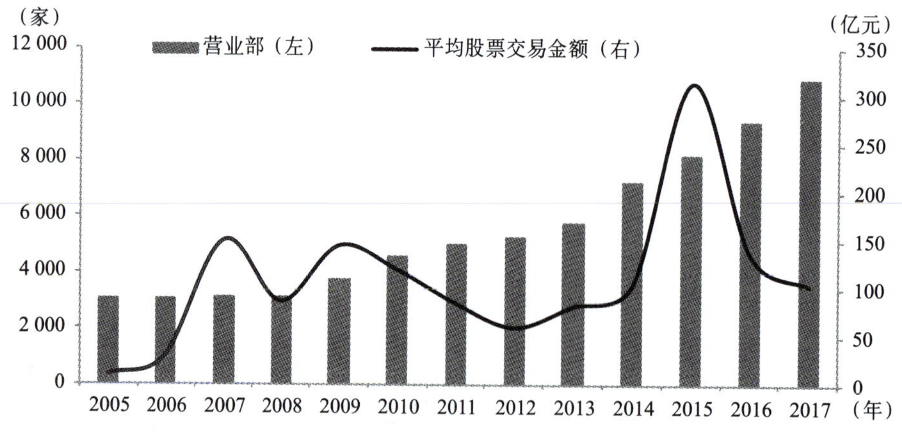

图总 1－5　2005—2017 年证券公司营业网络发展情况

资料来源：上海证券交易所网站，Wind。

4. 证券行业从业人员

2017 年证券行业已注册从业人员增至 35.07 万人，增幅为 6.73%。其中，一般从业人员 20.77 万人，证券经纪人 9.04 万人，证券投资咨询业务（投资顾问）4.24 万人，证券经纪业务营销人员 1 490 人，证券投资咨询业务（分析师）2 728 人，保荐代表人 3 489 人，投资主办人 2 055 人。2017 年证券从业人员队伍继续扩张，主要集中在一般证券业务、证券经纪人和证券投资咨询业务（投资顾问）的增长上，这三类从业人员分别较上年增加了 10 763 人、5 719 人、4 895 人。一方面，证券行业的持续扩张带动着从业人员队伍的壮大；另一方面，证券行业的就业吸纳较大程度上还是在于基础性从业人员，“人海战术”是目前阶段证券公司采用的普遍手段。随着科技的进步，人工智能对证券行业不断渗透，带来冲击，从业人员队伍结构面临着进一步优化（见表总 1－3）。

表总 1－3　2017 年证券行业从业人员规模及结构　（单位：人）

机构类型	已注册人员	一般证券业务	证券投资咨询业务（其他）	证券经纪业务营销	证券经纪人	证券投资咨询业务（分析师）	证券投资咨询业务（投资顾问）	保荐代表人	投资主办人
证券公司	342 220	202 314	0	1 490	90 384	2 589	40 244	3 489	1 710
证券资产管理公司	1 700	1 355	0	0	0	0	0	0	345
证券投资咨询机构	6 354	4 080	0	0	0	139	2 135	0	0
证券市场资信评级机构	378	0	378	0	0	0	0	0	0
合计	350 652	207 749	378	1 490	90 384	2 728	42 379	3 489	2 055

资料来源：中国证券业协会。

（二）证券投资咨询公司发展状况

截至 2017 年底，证券投资咨询公司共 84 家，近年来一直保持稳定。2017 年证券投资咨询机构的注册证券从业人员 6 354 人，较 2016 年增加 3 041 人，增幅达 91.79%，从业人员扩张显著。其中，注册证券投资咨询业务（分析师）139 人，较上年增加 15 人；注册证券投资咨询业务（投资顾问）2 135 人，较上年增加 577 人；一般证券业务 4 080 人，较上年大幅增加 2 449 人，近年来一般证券业务队伍扩张较快。证券投资咨询公司人员结构显露出投资咨询业务的专业人员扩张速度比不上一般人员，随着市场成熟度的不断提高，投资者对投资咨询服务的专业化需求度也在不断提高，投资咨询业务面临着转型压力，相应的人才匹配以及如何与证券公司展开差异化竞争成为越来越突出的问题。

（三）证券市场资信评级机构发展状况

截至 2017 年底，经中国证监会批准的从事证券市场资信评级业务的资信评级机构共 9

家，较2016年增加2家。根据2017年中国证券业协会专项调查统计，9家资信评级机构资产总额、营业收入、利润总额分别为40.76亿元、16.36亿元、5.45亿元。其中，交易所公司债评级业务收入7.46亿元，较2016年略增1.15%，占整体收入比重为45.57%；其他业务收入7.31亿元，较2016年大幅增长86.71%。

2017年债券市场继续保持较好的发展势头，推动了资信评级业务的开展。债券市场的结构变化推动着资信评级公司业务拓展的方向性改变，公司债发行的萎缩导致业务量减少，但依旧是资信评级机构承做的数量占比最大的产品。可转债、资产证券化产品是2017年债券市场的亮点，也是资信评级公司的业务增长点，从而形成了此消彼长的格局。

2017年资信评级机构完成首次出具报告项目3 882份、定期跟踪评级项目3 558个、不定期跟踪评级项目617个、终止/撤销评级项目217个。

截至2017年底，9家证券资信评级机构的员工总数共计1 539人，其中具有证券从业资格的评级人员1 160人，注册为证券投资咨询业务（其他）的人员有378人；具有硕士以上学历的人员占比为74.01%。

二、证券公司各项业务开展情况

（一）证券经纪业务

1. 市场规模、交易及收入情况

截至2017年底，境内上市公司（A、B股）数量达到3 485家，同比增加433家，增长公司数是2016年增量的两倍；上市公司总市值和流通市值分别同比增加11.59%和14.24%，达到56.75万亿元和44.93万亿元，流通市值占比约为79.23%，同比提升1.74个百分点。

2017年股票和基金市场交易活跃度继续下降，全年共实现122.62万亿元股票和基金交易额，同比减少11.73%。其中，全市场全年累计成交股票112.81万亿元，较2016年减少11.71%；累计成交基金9.81万亿元，同比减少11.94%。2017年交易所债券市场实现258.45万亿元的成交量，同比增长10.80%，交易总量首次突破股票和基金成交额的两倍（见表总1－4）。

表总1－4　　2016—2017年市场规模和交易情况

时间	上市公司数量（家）	退市公司数量（家）	股本（万亿股）		市值（万亿元）		股票成交额（万亿元）	基金成交额（万亿元）	交易所债券成交额（万亿元）
			总股本	流通股本	总市值	流通市值			
2017年	3 485	5	5.37	4.50	56.71	44.93	112.81	9.81	258.45
2016年	3 052	2	4.88	4.11	50.82	39.33	127.77	11.14	233.26

资料来源：上海证券交易所，深圳证券交易所，Wind。

2017 年，行业平均佣金率有所降低，全年平均为 0.378‰，相较 2016 年 0.403‰，同比下降 6.20%。证券公司经纪业务收入水平与证券市场交易活跃状况和佣金率水平密切相关。2017 年随着股票和基金交易规模持续下降以及佣金率水平持续下滑，证券公司经纪业务净收入为 820.92 亿元，同比降低 22.04%。

2. 投资者情况

截至 2017 年末，沪、深两市投资者数量（投资者数量指持有未注销、未休眠的 A 股、B 股、信用账户、衍生品合约账户的一码通账户数量）达到 13 398.30 万人，其中自然人为 13 362.21 万人，非自然人为 36.08 万人。自然人投资者中，约 99.50% 的投资者开立 A 股账户，1.79% 的投资者开立 B 股账户；非自然人投资者中，约 93.76% 的投资者开立 A 股账户，6.35% 的投资者开立 B 股账户；开设 A 股账户的投资者比例持续上升。

3. 市场集中度情况

2017 年证券经纪业务集中度略有下降，根据沪、深证券交易所数据，排名前 5 家（CR5）和前 10 家（CR10）的证券公司股票及基金交易量的市场份额分别为 26.99% 和 44.38%，比 2016 年分别下降 0.82 和 1.11 个百分点。

（二）投资咨询业务

投资咨询业务包括证券投资顾问业务和发布研究报告业务这两种基本的服务形式。2017 年投资咨询业务实现净收入 33.96 亿元，同比减少 32.81%。

1. 证券投资顾问业务

2017 年中国证券业协会专项调查统计显示，截至 2017 年底，在参与调研的 101 家证券公司中，共有 94 家已开展投资顾问业务。其中，78 家设立了专门从事及管理投资顾问业务的独立部门。2017 年共有 21 家证券公司成立一级部门来从事投资顾问业务，其余 57 家多在经纪业务总部、零售业务部、财富管理部和互联网金融部等一级部门下开展此项业务。比较突出的是，2017 年不少公司的该项业务开始转型，将从事投资顾问业务的部门定位于管理与盈利相结合；有 78 家公司的投资顾问业务创造收入，业务收入主要源于差别佣金和投资顾问费用，其中 3 家自 2017 年开始创收。

证券公司投资顾问业务的组织形式基本以总部和分支机构分工协作为主；总部主要负责投顾业务规章制度、投研体系、风控体系的构建，以及业务的组织、推广、培训、指导及系统支持等，分支机构则具体负责投顾业务的具体开展。根据调查统计显示，投资顾问业务的产品类型较为丰富。根据投资者的风险偏好，分为稳健型、平衡型、进取型产品；根据投资标的，分为权益类、固定收益类、杠杆类、组合类产品；根据服务对象，分为标准化产品和个性化产品；根据服务方式，分为基础服务产品、终端服务产品、投资顾问服务产品、短信服务产品、线上投顾服务产品及资讯服务产品；根据收费方式，分为基础服务产品、固定收费产品和浮动佣金产品。2017 年投顾业务创新主要体现在：第一，综合运用微信、直播、手机 APP 等工具，完善线上投顾服务体系；第二，不少公司将投资顾问服务嵌入交易 APP，开展基于经纪业务的线上投顾服务；第三，加强投资者适当性管理和风险防范，规范投资顾问队伍建设；第四，加强数据分析、量化方法在投资顾问服务中的运用；第五，强化对高净值客户的定制化服务，重视高端人工投顾服务。

2. 发布研究报告业务

2017 年中国证券业协会专项调查统计显示，在参与调研的 101 家证券公司中，设有研究所（部、子公司）的证券公司有 88 家。从研究广度看，研究范围主要包括宏观研究、策略研究、行业与公司研究、金融工程研究、金融产品研究、债券及固定收益研究、买方研究、大宗商品研究、中小市值研究、新三板研究、海外市场研究等。

研究报告依然是证券研究的主要产品形式。2017 年共有 85 家证券公司的研究所（部、子公司）发布研究报告，全年共计发布研究报告 16.40 万篇，同比增加 7.82%；其中，深度报告 15 771 篇，约占研究报告总数的 9.61%。

证券研究服务对象包括本公司内外部服务。在开展证券研究的 88 家证券公司中，62 家开展了对机构客户的产品推广及服务工作，72 家开展了对公司分支机构的服务，75 家开展对公司其他部门的服务，其中 36 家证券公司的研究服务以外部服务为主。从具体的服务形式看，外部服务对象包括公募基金、保险公司、社保基金、私募基金、产业资本、资产管理公司、证券公司资产管理部门、证券公司自营部门、QFII、QDII、海外客户 、高净值客户等，服务形式以提供研究报告、路演、策略会、联合调研、培训、电话会议为主；对公司分支机构的服务形式主要包括研究报告、策略报告会、产品销售支持、研究培训等；对公司其他部门的服务形式主要包括提供定制化研究咨询、产品评估、定价报告、研究培训等。

2017 年，证券研究部门适应市场变化，加强研究业务创新：（1）研究对象上，拓展海外研究，尤其加强港股研究；（2）研究方法上，依托宏观策略研究，以产业链研究方法为核心，通过跨行业研究提升研究深度；（3）服务方式上，根据客户需求聘请相关领域专家进行路演；（4）继续加强研究报告和相关产品的质量审核，完善信息化管理流程。

根据 2017 年中国证券业协会的不完全调查统计，从事发布研究报告业务的人员数量显著增加，88 家证券公司研究所（部、子公司）的全部员工总数为 4 704 人，同比增加 474 人；其中，具有 5 年及以上从业经验的员工人数为 1 558 人，约占 33.12%；具有博士及以上学历的员工人数为 482 人，比 2016 年增加 64 人。

（三）证券承销与发行业务

1. 股票发行与承销业务

2017 年证券公司共完成首次公开发行（IPO）419 家，共募集资金 2 186.09 亿元。2017 年没有公开增发项目；再融资定向增发项目（不含重组配套融资）募集资金 5 458.76 亿元，与并购重组相关的配套融资项目募集资金 1 466.09 亿元①；配股项目募集资金 202.15 亿元；

① 根据 Wind 资讯数据整理。

优先股项目募集资金1 399.76亿元。

2. 债券发行与承销业务

2017年交易所债券发行市场快速发展，证券公司在交易所市场承销债券总额达39 146.91亿元，同比增长6.76%。其中，公司债券（仅包含公开发行公司债券和非公开发行公司债券，不含可交换债、可转债等股债结合产品）募集资金16 802.96亿元，同比减少45.66%；可转换公司债全年发行37只，发行规模为792.2亿元，是2016年发行规模的3.73倍；可交换公司债全年发行67只，发行规模为1 048.84亿元，同比增长80.89%；地方政府债全年发行293只，发行规模为10 241.98亿元；政策性银行债全年发行18只，发行规模为800亿元。

2017年，交易所债券市场创新推出创新创业可转换公司债券、项目收益债、社会责任公司债券和“一带一路”建设公司债券等品种。全年共发行4单创新创业可转换公司债券；首单“一带一路”建设公司债券——俄罗斯铝业联合公司首期熊猫债券、首单项目收益公司债券——陕旅集团全国首单项目收益公司债和首单扶贫专项公司债券——宜昌长乐投资集团有限公司非公开发行社会责任公司债券，分别于2017年3月、10月和11月在上海证券交易所成功挂牌。其他创新品种方面，2017年共发行26单绿色公司债券，合计募集资金239.15亿元；共发行19单创新创业公司债券，合计募集资金41.73亿元。

3. 证券公司参与全国中小企业股份转让系统业务

（1）挂牌公司情况。根据全国中小企业股份转让系统统计数据，截至2017年底，全国中小企业股份挂牌公司数量达到11 630家。其中，创新层1 353家，占挂牌公司数量的11.63%；基础层10 277家，占挂牌公司数量的88.73%。全年市场成交金额2 271.80亿元，协议转让成交规模占比上升，约占65.44%。

（2）定向增发融资情况。2017年共进行2 725次定向增发，合计发行股份239.26亿股，募集资金1 336.25亿元（见图总1-6）。

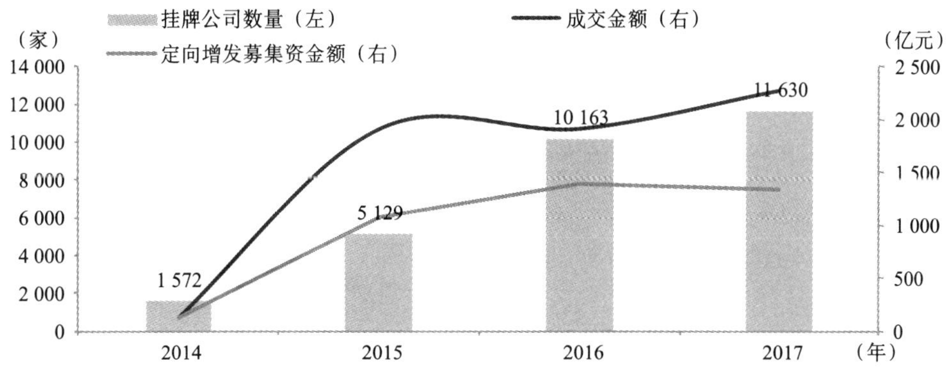

图总1-6　2014—2017年新三板市场发展情况

资料来源：全国中小企业股份转让系统。

4. 证券承销与发行业务收入情况

2017 年证券公司证券承销业务收入出现一定幅度缩减，该业务行业总收入达 384.24 亿元，同比减少 26.11%（见图总 1－7）。

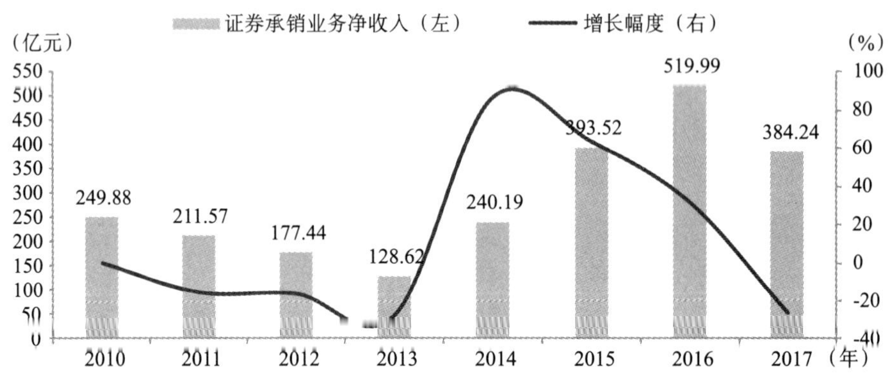

图总 1－7　2010—2017 年证券承销业务净收入及增幅

资料来源：中国证券业协会。

5. 市场集中度情况

从股票和债券承销项目募集资金的集中度来看，2017 年延续相对集中态势。根据 Wind 资讯数据，股票承销金额和家数前 10 名的集中度分别为 60.92% 和 51.57%；债券承销金额和家数前 10 名的集中度分别为 57.59% 和 51.24%。

（四）财务顾问业务

2016 年以来，由于并购重组监管力度加强和宏观经济下行压力，上市公司重大资产重组交易规模出现回落。根据 Wind 资讯数据，2017 年首次披露重大资产重组的交易数量为 241 家，较 2016 年下降 35.56%，交易规模 8 637 亿元，较 2016 年下降 37.71%；中国证监会并购重组委审核通过的重大资产重组 161 家，其中上海证券交易所 37 家、深圳证券交易所 124 家，分别比 2016 年减少了 40.32% 和 34.39%。

2017 年延续 2016 年围绕主业、做长做强做精做细产业链的主基调，同行业或上下游整合的并购案例不断增加。产业并购不仅深刻地改变着上市公司群体的内涵式增长，也改变着中国资本市场的产业结构，更推动着我国部分传统行业转型升级和战略新兴产业的发展，切实发挥了资本市场服务实体经济向着高质量发展的关键作用。

2017 年，证券公司财务顾问业务累计实现收入 125.37 亿元，同比减少 23.63%，财务顾问业务在行业总收入中的比重为 4.03%，比 2016 年减少 0.97 个百分点（见图总 1－8）。

（五）资产管理业务

1. 资产管理产品规模情况

截至 2017 年末，国内证券公司受托管理资金总计 17.26 万亿元，相较于 2016 年减少

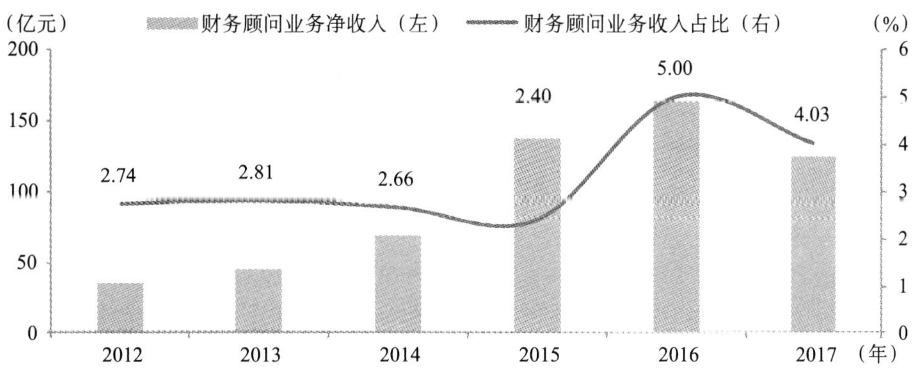

图总 1-8　2012—2017 年财务顾问业务净收入及其业务比重

资料来源：中国证券业协会。

3.14%。其中，专项资产管理业务规模保持快速增长态势，2017 年底专项资产管理产品共计 2 890 只，期末受托管理金额 1.03 万亿元；集合资产管理产品 3 904 只，期末受托管理金额 2.2 万亿元；定向资产管理业务受托管理金额 14.03 万亿元。

2. 资产管理业务收入情况

2017 年证券公司资产管理业务收入继续保持增长态势，全年净收入达 310.21 亿元，同比增长 4.64%；资产管理业务在行业总收入中的比重也持续提升，约为 9.96%（见图总 1-9）。

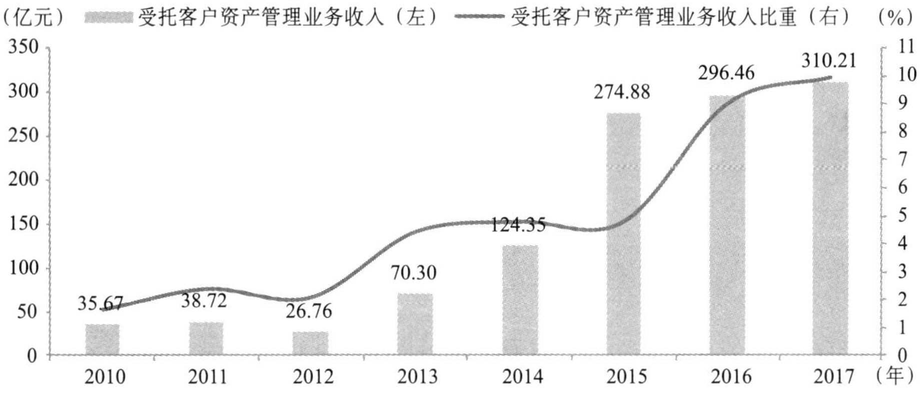

图总 1-9　2010—2017 年资产管理业务净收入及其业务比重

资料来源：中国证券业协会。

（六）证券自营业务

截至 2017 年底，证券公司进行金融产品投资的资金规模达 2.01 万亿元，同比增加 18.40%。其中，债券资产的比重持续提升，由 2016 年的 52.46% 上升至 60.28%；基金资产的比重则持续下降，由 2016 年的 10.68% 降至 2017 年的 8.71%；股票资产的投资比重与 2016 年基本保持一致，约为 13.57%（见表总 1-5）。

表总 1－5　　2016—2017 年证券公司金融产品投资配置情况

	投资规模（亿元）	股票（%）	基金（%）	债券（%）	其他证券产品（%）
2017 年	20 137.19	13.57	8.71	60.28	17.43
2016 年	17 008.11	13.91	10.68	52.46	22.96

资料来源：中国证券业协会。

2017 年，证券公司含公允价值变动的证券投资收益达 860.98 亿元，较 2016 年增加了 51.46%；自营业务占收入的比重由 2016 年的 17.3% 提升至 27.7%，超过 2014 年 27.3% 的峰值水平。证券投资收益规模的大幅增长，主要源于企业会计准则中对金融工具分类和计量准则进行了较大幅度的修订。2017 年 3 月 31 日财政部修订发布了《企业会计准则第 22 号——金融工具确认和计量》、《企业会计准则第 23 号——金融资产转移》和《企业会计准则第 24 号——套期会计》三项金融工具相关会计准则，修订内容主要包括：一是金融资产分类由现行"四分类"改为"三分类"；二是金融资产减值会计由"已发生损失法"改为"预期损失法"；三是修订套期会计相关规定，使套期会计更加真实地反映企业的风险管理活动。

（七）融资类业务

1. 融资融券业务

（1）融资融券交易情况。2017 年融资融券余额规模呈现缓慢上升态势。根据中国证券金融股份有限公司的数据，截至 2017 年底，融资融券余额为 10 261.00 亿元，比 2016 年末增加 9.25%；其中，融资余额 10 215.92 亿元，约占融资融券余额的 99.56%；融券余额 45.08 亿元，约占 0.44%，融券余额占比持续两年提升，2017 年末同比提高 0.07 个百分点。

从整个 A 股市场来看，融资融券交易是股票市场流动性的重要组成部分。截至 2017 年底，融资融券余额约占 A 股市场流通市值的 2.28%，比 2016 年底的 2.39% 降低 0.11 个百分点；月度累计融资买入交易额约占 A 股月交易总额的 9.87%，比 2016 年底的 8.74% 提升 1.13 个百分点（见图总 1－10 和图总 1－11）。

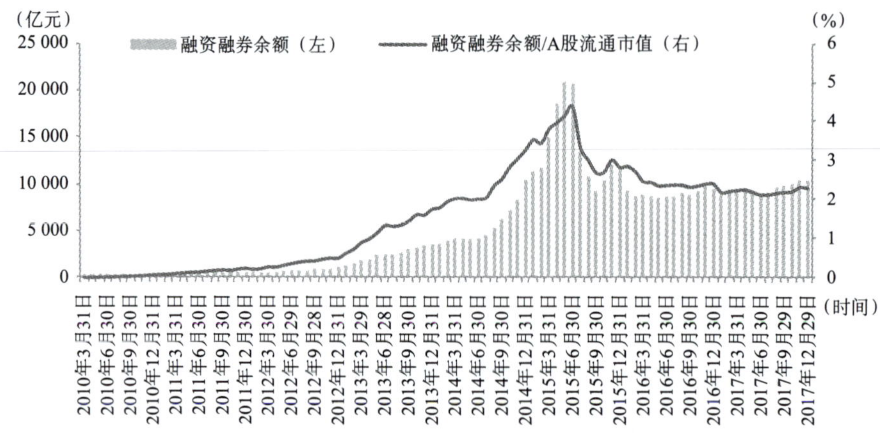

图总 1－10　融资融券业务开展以来规模发展情况

资料来源：中国证券金融股份有限公司。

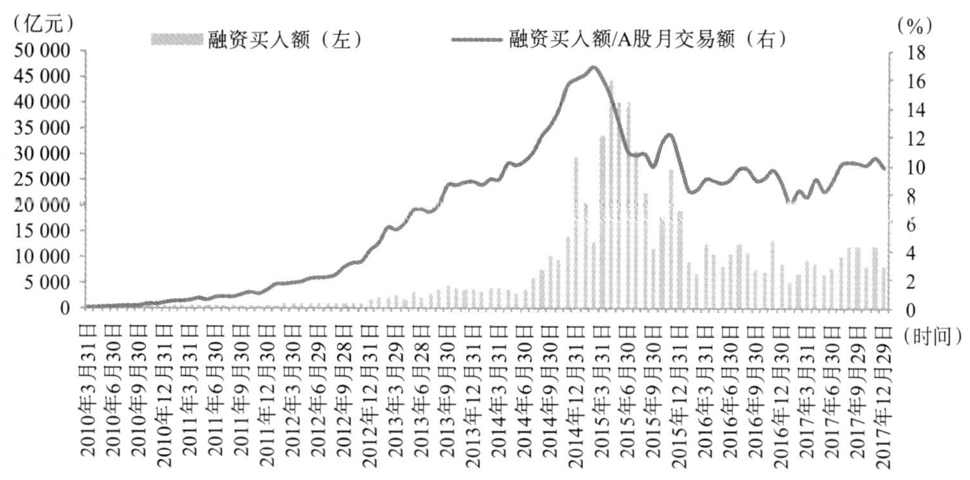

图总1-11 融资融券业务开展以来交易情况

资料来源：中国证券金融股份有限公司。

(2) 转融通交易情况。2017年全年转融通余额规模呈现小幅波动，转融通余额在2017年12月初达到全年峰值，为791.40亿元，比2016年末减少6.89%。截至2017年底，共有92家证券公司开通了转融通业务，转融通余额约占融资融券余额的7.71%，该比例同比下降1.50个百分点(见图总1-12)。

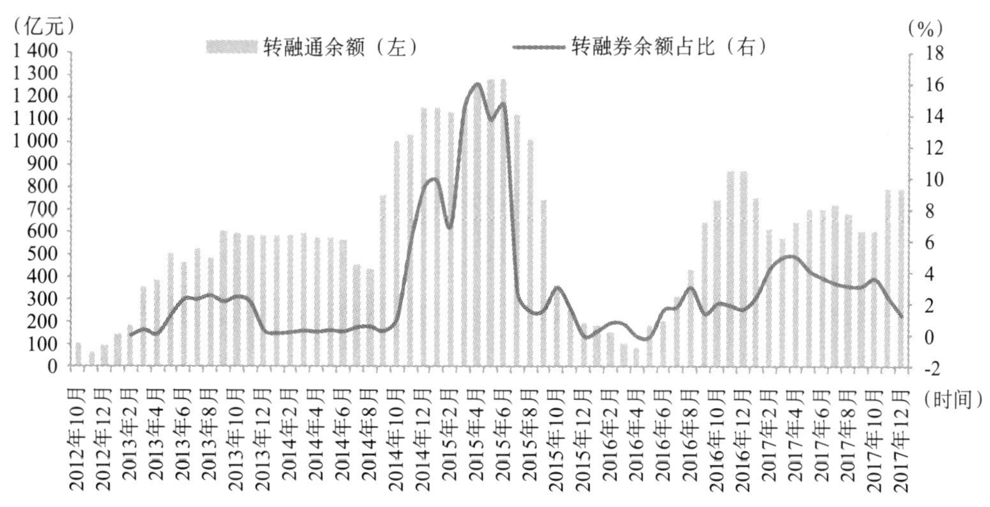

图总1-12 转融通业务开展以来规模情况

资料来源：中国证券金融股份有限公司。

(3) 融资融券投资者情况。2017年，参与融资融券业务的投资者数量继续保持增长趋势。中国证券金融股份有限公司数据显示，截至2017年，融资融券信用账户开户数为

905.98 万户①，比 2016 年底增加 7.27%；2017 年平均每月新增 5.11 万户信用账户，该增量比 2016 年提高 11.68%。

（4）融资融券市场集中度情况。截至 2017 年底，国内证券市场共有 93 家证券公司开展融资融券业务。根据 Wind 资讯数据，前 5 家证券公司融资融券余额的集中度约为 28.74%，相比 2016 年末基本保持稳定；融券余额前 5 家占比为 66.56%，明显高于融资融券余额（或融资余额）的集中度，约高出 37.82 个百分点。

2. 股票质押式回购交易业务

2013 年 6 月，股票质押式回购交易业务同时在上海证券交易所和深圳证券交易所开闸。2017 年股票质押式回购业务规模继续保持增长，但自 2017 年 5 月中国证监会发布《上市公司股东、董监高减持股份的若干规定》，沪、深证券交易所分别发布《上市公司股东及董事、监事、高级管理人员减持股份实施细则》（合称“减持新规”）并实施后，业务增速明显回落。根据沪、深证券交易所统计数据，截至 2017 年底，共 96 家证券公司开通了股票质押回购业务权限并发生交易，两市待购回初始交易金额 16 249.80 亿元，同比增长 26.56%。2017 年全年初始交易金额合计 12 135.87 亿元，同比减少 11.14%。2017 年全年购回交易金额 8 726.07 亿元，同比增长 10.39%。

标的证券股份性质方面，质押标的证券为流通股的待购回初始交易金额为 10 236.80 亿元，占比 63.00%；质押标的证券为限售股的待购回初始交易金额为 6 013.00 亿元，占比 37.00%。

资金融出方类别方面，证券公司自有资金出资的待购回初始交易金额为 8 448 亿元，占比 51.99%；证券公司资产管理计划出资的待购回初始交易金额为 7 801.80 亿元，占比 48.01%。

3. 约定购回式证券交易业务

上海证券交易所和深圳证券交易所约定购回式证券交易业务分别于 2011 年 10 月和 2013 年 1 月开闸。根据上海证券交易所和深圳证券交易所统计数据，截至 2017 年底，共 79 家证券公司开通了约定购回业务权限并发生交易，两市待购回初始交易金额 59.21 亿元，同比增加 18.00%。2017 年全年初始交易金额合计 76.2 亿元，同比增长 10.51%。2017 年全年购回初始交易金额合计 67.17 亿元，同比减少 14.43%。

（八）证券公司私募基金投资子公司业务和另类投资子公司业务

2016 年 12 月 30 日发布《证券公司私募投资基金子公司管理规范》及《证券公司另类投资子公司管理规范》后，中国证券业协会在北京、杭州、深圳等地举办专题培训班，对规范进行解读。根据子公司规范整改要求，截至 2017 年 12 月底，中国证券业协会共收到全部 80 家证券公司提交的整改方案。证券公司总体整改方案经中国证监会机构部、中国证券

① 一般而言，当前投资者参与融资融券业务需同时开立信用证券账户和信用资金账户，即投资者数量是信用账户数量的 1/2。根据中证金公司数据统计，截至 2017 年，开立信用账户的融资融券投资者数量为 453 万名。

业协会、中国证券投资基金业协会三方会商予以通过，中国证券业协会对完成整改的子公司及其下设规范平台进行公示。截至2017年12月底，已经公示4批35家证券公司及50家相应的私募子公司或规范平台。此外，中国证券业协会在协会官网公布了6批符合条件的私募基金子公司、另类子公司会员名单。

根据中国证券投资基金业协会统计，证券公司私募基金子公司全年共发起设立各类直接投资基金712只，较2016年末增加247只，增长53.12%；募集资金（认缴）总额6 175.44亿元，实缴资本总额3 669.77亿元，认缴资金总额较2016年计划募集总额增长62.52%（见表总1-6）。

表总1-6　2017年证券公司私募投资基金子公司（原直投业务）情况

基金类型	数量（只）	认缴金额（亿元）	实缴金额（亿元）
股权投资基金	510	4 400.34	2 636.77
夹层基金	22	97.56	82.07
创业投资基金	45	108.9	88.87
并购基金	38	658.63	343.54
债权投资基金	43	310.1	208.65
其他	54	599.91	309.87
合计	712	6 175.44	3 669.77

资料来源：中国证券投资基金业协会。

（九）国际化业务

随着中国资本市场开放程度不断加深，国内资本市场与国际市场日渐接轨，国内证券公司的国际化业务全面提速。

2017年中国证券行业国际化发展呈现出新的特征。一是践行“引进来”和“走出去”战略，证券公司国际化战略布局持续推进。A股即将正式被纳入美国明晟公司指数（MSCI）及沪港通、深港通规模的扩大，使得中国股市对外开放程度不断提高，外资准入门槛降低，“引进来”战略推行更进一步。自贸区是“引进来”的先行者和探索者，经过近4年的发展，自贸区目前设立了QFLP评审联席会议，鼓励境外机构在自贸区进行创新突破，并且围绕FT账户体系进行了一系列“引进来”制度创新。在“走出去”过程中证券公司发挥自身优势，凭借丰富专业的市场经验，帮助企业利用好境内、境外两个市场、双重资源完成投资、融资、并购等活动，为实体经济“走出去”提供更多支持与帮助。二是海外业务收入贡献持续提升，业务模式持续丰富。据Wind数据显示，2017年上半年，13家上市证券公司海外业务收入共计90.14亿元。目前中资证券公司除了协助内地公司在港股市场上市、跨境并购、债券融资等业务外，部分证券公司还获准进行境外自营业务，与境内外交易对手进行金融产品和衍生品交易，并为客户提供相关产品与服务。三是中资证券公司的海外业务渗透率持续提高。据彭博数据显示，2017年全球股票承销市场中，9家位列前50名的国内证券公司合计市场份额为 4. 17% 。具体到中国香港市场上，前 50 名承销商中有 14 家为内地证券公司，总市场份额占比为 18. 28% ；并购业务前 50 位中有 4 家中资证券公司入围，合计市场份额占比为 4. 62% 。

在投资银行业务方面，2017 年国内证券公司在香港市场新股发行业务持续稳定发展，债券承销和并购业务方面未来发展潜力巨大。在股票承销与发行业务方面，2017 年在港交所 IPO 市场上，承销额排名前 50 位中有 15 家为内地证券公司，总市场份额占比为 29. 58% ，与 2016 年基本持平。在债券承销业务方面，2017 年国泰君安证券、海通证券两家证券公司继续入围承销额前 40 位，市场份额分别为 2. 11% 和 0. 30% 。在兼并与收购业务方面，香港并购市场排名前 50 位的投行中有 4 家内地证券公司，合计市场份额 4. 62% ，比 2016 年下降了 1. 39% 。

在资产管理业务方面，内地证券公司通过中国香港平台打开的资管及境外投资业务稳中有进。第一，截至 2017 年底，共 17 家证券公司获得 QDII 资格。第二，中资证券公司 QFII（合格境外机构投资者）额度提升。截至 2017 年底，共有 11 家证券公司获得 QFII 业务资格，获批累计投资额度为 50. 5 亿美元。第三，证券公司系 RQFII（人民币合格境外机构投资者）规模小幅增长。截至 2017 年底，证券公司系 RQFII 总额度为 810. 5 亿元人民币，占 RQFII 总额度的 13. 2% 。

在证券经纪业务方面，目前内地证券公司境外经纪业务主要集中在香港。随着香港市场和 A 股市场互联互通等机制接连推出，内地与香港市场的联动性不断增强，双向开放程度不断深化，为内地证券公司的香港子公司证券经纪业务提供了发展新动力，但经纪业务整体仍未摆脱同质竞争、费率下滑的发展困境。

（十）其他业务

1. 交易所衍生品业务

中国期货业协会数据显示，2017 年全年上证 50 股指期货累计成交 244. 36 万手，成交金额达 19 004. 17 亿元；沪深 300 股指期货累计成交 410. 11 万手，成交金额 45 092. 91 亿元；中证 500 股指期货累计成交 328. 09 万手，成交金额 40 974. 73 亿元；10 年期国债期货累计成交 1 194. 90 万手，成交金额 113 330. 91 亿元；5 年期国债期货累计成交 282. 13 万手，成交金额 27 519. 29 亿元。

2. 场外衍生品业务

证券公司场外衍生品交易业务主要包括中证机构间报价系统与证券公司柜台两个部分，目前以柜台市场为主。中证机构间报价系统数据显示，证券公司场外衍生品交易 2017 年全年累计新增初始名义本金规模 7 489. 47 亿元。其中，证券公司柜台全年累计新增初始名义本金规模 6 853. 06 亿元，中证机构间报价系统全年累计新增初始名义本金规模 636. 41 亿元。按照业务类别统计，收益互换业务全年累计新增初始名义本金规模 2 478. 12 亿元，场外期权业务全年累计新增初始名义本金规模 5 011. 36 亿元。截至 2017 年底，未了结场外衍生品交易初始名义本金规模3 665.73亿元。其中，证券公司柜台未了结场外衍生品交易初始名义本金规模3 405.53亿元，中证机构间报价系统未了结场外衍生品交易初始名义本金规模260.20亿元。按照业务类别统计，收益互换业务未了结初始名义本金规模1 427.02亿元，场外期权业务未了结初始名义本金规模2 238.71亿元。

三、证券行业制度建设情况

2017年证券制度建设主要涉及证券公司合规及风险管理、区域股权市场、交易所管理制度、交易所债券市场建设、发行审核制度、投资者适当性管理以及诸多制度的再次修订与完善等。

（一）发布《证券公司和证券投资基金管理公司合规管理办法》，并修订《证券公司分类监管规定》，进一步完善合规管理制度，优化证券公司分类监管制度，促进证券行业健康发展

合规管理是近几年证券业监管中的重中之重。2017年4月，中国证监会根据《公司法》、《证券法》、《证券投资基金法》和《证券公司监督管理条例》发布《证券公司和证券投资基金管理公司合规管理办法》，并于2017年10月1日起施行。《证券公司和证券投资基金管理公司合规管理办法》的发布与实施有利于促进证券公司和证券投资基金管理公司加强内部合规管理，实现持续规范发展。2017年9月中国证券业协会制定并发布《证券公司合规管理实施指引》，以指导证券公司有效落实《证券公司和证券投资基金管理公司合规管理办法》，提升证券公司合规管理水平，强调证券公司要树立并坚守四个合规理念，即全员合规、合规从管理层做起、合规创造价值和合规是公司的生存基础。

2017年7月，中国证监会修订了《证券公司分类监管规定》。修订后的《证券公司分类监管规定》制定并适时调整证券公司分类的评价指标与标准，进一步优化证券公司分类监管框架，完善合规状况评价指标体系，强化风险管理能力评价指标体系，突出监管导向，引导证券行业合规有序运营、持续健康发展。

（二）发布《区域性股权市场监督管理试行办法》，规范区域性股权市场，完善监管协同机制，使区域股权市场更好地服务于实体经济

2017年1月，国务院办公厅发布《关于规范发展区域性股权市场的通知》；2017年5月，中国证监会发布《区域性股权市场监督管理试行办法》。我国区域性股权市场仍处于起步阶段，发展过程中还存在不少困难和问题，服务中小微企业的能力和水平有待进一步提高。《关于规范发展区域性股权市场的通知》和《区域性股权市场监督管理试行办法》的发布，有助于加强对省级人民政府开展区域性股权市场监管工作的指导、协调和监督，加强监管协同，防范和化解金融风险，保护投资者合法权益，促进全国区域性股权市场健康稳定

发展。

（三）推进交易所债券市场化改革，不断完善债券市场体制，加大债券品种创新力度，试点推出绿色公司债、创新创业公司债等新品种

2017 年 3 月，中国证监会发布《关于支持绿色债券发展的指导意见》，有助于坚持创新、协调、绿色、开放、共享的发展理念，引导证券交易所债券市场进一步服务绿色产业健康有序发展，助推我国经济发展方式转变和经济结构转型升级。绿色公司债券重点支持节能、污染防治、资源节约与循环利用、清洁交通、清洁能源、生态保护和适应气候变化等绿色产业。监管部门不断完善绿色公司债券准入管理“绿色通道”制度安排，持续提升企业发行绿色债券的便利性。

2017 年 7 月，中国证监会发布《关于开展创新创业公司债券试点的指导意见》，落实国家创新驱动发展战略，完善债券市场服务实体经济模式，支持创新创业，充分发挥交易所债券市场支持高科技成长性企业发展、服务实体经济的积极作用。通过开展创新创业公司债试点，有利于推动资本市场精准服务创新创业，优化种子期、初创期、成长期的创新创业企业的资本形成机制，有效增加创新创业金融供给，完善金融供给结构，探索交易所债券市场服务实体经济新模式，促进资本市场更好地服务于供给侧结构性改革。2017 年 9 月 22 日，上海证券交易所和深圳证券交易所分别发布《创新创业公司非公开发行可转换公司债券业务实施细则（试行）》，对创新创业公司发行可转换债券业务进行具体规范。

（四）修订《证券发行与承销管理办法》，完善可转债和可交换债的发行方式，并明确基本养老保险基金的申购条件，支持社会保障体系建设

2017 年 9 月，中国证监会修订《证券发行与承销管理办法》，有利于解决可转换公司债券和可交换公司债券发行过程中产生的较大规模资金冻结问题，进一步完善可转换公司债券和可交换公司债券发行方式。修订后的《证券发行与承销管理办法》明确网上投资者在申购可转换公司债券和可交换公司债券时无须缴付申购资金。同时，为支持社会保障体系建设，修订后的《证券发行与承销管理办法》还明确了基本养老保险基金参与网下新股申购时，享受同公募基金、社会保障基金相同的优先配售待遇。此外，2017 年 2 月，中国证监会还修改了《上市公司非公开发行股票实施细则》，使上市公司非公开发行股票的制度更趋完善。

根据修订后的《证券发行与承销管理办法》，上海证券交易所于 2017 年 9 月 8 日修订发布《上海证券交易所证券发行上市业务指引》，增加对可转债发行相关的业务规范。同日，上海证券交易所和深圳证券交易所分别修订发布《上海证券交易所上市公司可转换公司债券发行实施细则》和《深圳证券交易所可转换公司债券业务实施细则》，对可交换债券缴付申购资金时间等操作细则进行规范。

（五）加强发行审核的制度管理，更好地保障发行审核工作的“三公”原则

2017年1月，中国证监会发布《中国证监会发行审核工作预约接待办法》，进一步加强和改进发行监管服务，保障发行人正常的业务沟通需求，规范发行审核来访接待工作，防范廉政风险。2017年1月中国证监会公布《关于加强发行审核工作人员履职回避管理的规定（2017年修订）》和《关于加强发审委委员履职回避管理的规定（2017年修订）》，2017年7月修改《中国证券监督管理委员会发行审核委员会办法》，这一系列的制度管理将更好地保证在股票发行审核工作中贯彻公开、公平、公正的原则，提高股票发行审核工作的质量、效率和透明度，更好地保护投资者合法权益。

（六）进一步规范上市公司股东及董监高减持股份行为，规范上市公司重大资产重组的信息披露行为以及年报与半年报的信息披露行为

2017年5月，中国证监会发布《上市公司股东、董监高减持股份的若干规定》，对上市公司控股股东和持股5%以上股东、董监高减持股份的行为，以及股东减持其持有的公司首次公开发行前发行的股份、上市公司非公开发行的股份的行为进行了规范，有利于促进证券市场长期稳定健康发展。

2017年5月27日，上海证券交易所发布《上海证券交易所上市公司股东及董事、监事、高级管理人员减持股份实施细则》；深圳证券交易所发布《深圳证券交易所上市公司股东及董事、监事、高级管理人员减持股份实施细则》，规定上市公司控股股东、持股5%以上的股东及董事、监事、高级管理人员拟通过集中竞价交易减持股份的，应当在首次卖出股份的15个交易日前向交易所报告减持计划，并予以公告。

2017年9月，中国证监会发布《公开发行证券的公司信息披露内容与格式准则第26号——上市公司重大资产重组（2017年修订）》，进一步规范上市公司重大资产重组的信息披露行为。中国证监会要求凡是对上市公司股票及其衍生品交易价格可能产生较大影响或对投资者做出投资决策有重大影响的资产重组信息，均应披露或提供。此外，2017年12月，中国证监会发布《公开发行证券的公司信息披露内容与格式准则第2号——年度报告的内容与格式（2017年修订）》和《公开发行证券的公司信息披露内容与格式准则第3号——半年度报告的内容与格式（2017年修订）》，进一步规范了上市公司年报与半年度报告的编制及信息披露行为。12月底，中国证监会还发布了《资本市场主体全面实施新审计报告相关准则有关事项的公告》，从2018年起推进新审计报告相关准则在资本市场的全面实施。

（七）有效落实投资者适当性管理办法，切实保护投资者的合法权益，继续加强投资者教育工作

2017年投资者适当性管理工作在认真有效落实中。中国证监会于2016年发布的《证券期货投资者适当性管理办法》，自2017年7月1日正式实施。为了更好地落实投资者适当性

管理工作，2017年6月，中国证券业协会相应发布《证券经营机构投资者适当性管理实施指引（试行）》，并对履行适当性义务作了程序上的引导，提供了8个参考模板，即《投资者基本信息表》、《专业投资者申请书》、《专业投资者告知及确认书》、《投资者风险承受能力评估问卷》、《投资者风险承受能力评估结果告知书》、《产品或服务风险等级名录》、《适当性匹配意见确认书》及《产品或服务风险警示及投资者确认书》等，方便证券经营机构切实履行好适当性义务。此外，中国证券业协会于2017年7月举办了两期证券经营机构投资者适当性管理专题培训班，推动《证券期货投资者适当性管理办法》与《证券经营机构投资者适当性管理实施指引（试行）》的具体实施。

各主要交易所也相继修订发布与不同类型交易对应的细化的投资者适当性管理办法。上海证券交易所于2017年6月28日修订发布《上海证券交易所债券市场投资者适当性管理办法》、《上海证券交易所股票期权试点投资者适当性管理指引》、《上海证券交易所港股通投资者适当性管理指引》、《上海证券交易所投资者适当性管理办法》等，分别对债券交易、股票期权交易、港股通交易及参与沪市证券交易的投资者资格进行了严格规范。深圳证券交易所于2017年6月29日修订发布《深圳证券交易所港股通投资者适当性管理指引》和《深圳证券交易所债券市场投资者适当性管理办法》，对港股通和债券交易投资者的资格进行规范。中国金融期货交易所于2017年6月29日修订发布《金融期货投资者适当性制度实施办法》和《金融期货投资者适当性制度操作指引》。全国中小企业股份转让系统于2017年10月发布《全国中小企业股份转让系统投资者适当性管理细则》。

另外，继2016年启动首批证券投资者教育基地授牌后，中国证监会根据《关于加强证券期货投资者教育基地建设的指导意见》，于2017年7月又完成了第二批16家全国证券期货投资者教育基地的命名设立，继续加强为投资者提供一站式、公益性服务。

第二章
2017 年中国证券业发展特点

2017 年，资本市场迎来改革发展新时代，证券行业深入学习贯彻党的十九大精神和全国金融工作会议精神，紧扣风险防范和稳定发展，不断完善各项基础制度建设，持续深化多层次资本市场改革，在深入落实全面风险管理、提升直接融资功能、持续推动绿色发展和脱贫攻坚、积极探索金融科技服务新模式和扩大资本市场双向开放等方面取得了新进展，证券行业服务实体经济和供给侧改革的能力稳步提升。与 2016 年相比，2017 年证券行业发展呈现如下特点：

一、坚持依法稳健经营，落实全面风险管理，行业合规管理有效性显著增强

立足于服务实体经济和维护资本市场稳定运行，顺应强化合规和全面风险管理的趋势，2017 年证券行业进一步加强合规及内控制度建设并着力落实全面风险管理，全行业合规和风控建设取得新进展。2017 年中国证监会相继发布了《证券公司分类监管规定》、《证券公司和证券投资基金管理公司合规管理办法》、《证券公司投资银行类业务内部控制指引（征求意见稿）》等重要规则，行业合规和风控管理制度进一步完善。与此同时，为了落实《证券公司风险控制指标管理办法》和《证券期货机构私募资产管理业务运作管理暂行规定》，中国证券业协会发布《证券公司私募投资基金子公司管理规范》、《证券公司另类投资子公司管理规范》、《证券公司全面风险管理规范》、《证券公司流动性风险管理指引》、《证券公司风险控制指标动态监控系统指引》和《证券公司合规管理实施指引》，证券行业合规及风控管理制度框架体系日渐完善。

2017 年证券行业积极落实《证券公司和证券投资基金管理公司合规管理办法》和《证券公司合规管理实施指引》，秉承“全员合规、合规从管理层做起、合规创造价值、合规是公司生存的基础”的理念，逐步优化完善合规管理体系。根据 2017 年中国证券业协会组织的专项调研数据，2017 年 84.21% 的证券公司已设立了专职合规部门，比 2016 年高出 18.94%，大多数证券公司选择合并法律部门与合规部门。在加强全面风险管理方面，2017 年各证券公司对照监管要求，结合业务发展和内部管理需要进行了认真自查梳理和整改，增大风险管理方面的投入，充实风险管理团队配备，提升风险管理专业能力，证券公司的风险

管理理念得到强化，风险管理体系建设取得较大进步，风险管理全覆盖的目标进一步拓展。根据2017年中国证券业协会专项调研数据，截至2017年底，所有证券公司均已任命了首席风险官，超过85%的证券公司已设立独立的风险管理部来牵头负责全面风险管理工作。

此外，2017年监管部门多次强调，要求把防控金融风险工作放到更加重要的位置，全面梳理资本市场各项风险点，自觉维护和依靠金融监管协调机制，牢牢守住不发生系统性风险的底线，并在实际工作中具体落实，稳妥化解存量业务风险，着重防范不良资产、系统流动性、债券违约和股票质押违约等累积风险点。

二、多层次资本市场建设稳步发展，服务实体经济和供给侧改革战略能力明显增强

党的十九大报告指出“建设现代化经济体系必须把着力点放在实体经济上”，深化多层次资本市场改革的关键是提升直接融资占比、助推供给侧结构性改革国家战略和增强证券行业服务实体经济能力。2017年国内多层次资本市场建设稳中求进，各项基础制度进一步完善，直接融资功能明显增强，为提升直接融资占比和去杠杆、防风险做出了重要贡献。

2017年，立足于服务实体经济和落实中央“三去一降一补”决策部署，证券行业和资本市场加大对国企改革和经济增长动能转换的支持，全年新上市公司中高新技术企业占比近八成，为加快国内产业结构升级转型和服务创新驱动战略做出了重要贡献。根据中国证监会统计数据，2017年有419家企业完成首次公开发行A股，共完成融资2 186.09亿元，同比增长33.82%，融资“堰塞湖”现象得到极大缓解，上市公司再融资8 002亿元。与此同时，在防风险、去杠杆和强监管的大背景下，2017年公司债发行管理更趋严格，对创新创业公司债、可转债、绿色债、扶贫专项债和债转股专项债等创新品种的支持力度则明显加大，债券市场品种进一步丰富和多元化。2017年交易所市场发行债券2 433只，合计筹资3.91万亿元。

作为多层次资本市场的重要组成部分，2017年全国中小企业股份转让系统整体保持平稳发展，基础制度体系进一步细化，投融资功能明显增强，为服务小微企业和创新驱动发展战略提供了有力的支持。2017年，全国中小企业股份转让系统着力优化挂牌、转让交易、信息披露、市场分层及投资者适当性管理等基本制度，重点拓宽企业融资渠道，完善并购重组审查机制，切实增强防范化解风险和服务实体经济的能力。根据全国中小企业股份转让系统披露的数据，截至2017年底，全国中小企业股份转让系统共有11 630家挂牌公司，总市值超过4.94万亿元，分别较2016年增长14.43%和21.81%，年内累计完成2 725次发行，实现融资1 336.25亿元，同比下降3.93%。

规范发展区域股权市场，有助于进一步完善多层次资本市场体系，促进大众创业和万众创新，切实服务创新驱动战略。2017年中国证监会发布《区域性股权市场监督管理试行办法》，对区域性股权市场的证券发行转让、账户管理、登记结算以及中介服务及其职责作了统一规范，有助于推动场外股权市场步入规范发展的新阶段，为促进大众创业万众创新、服

务创新驱动发展战略、降低企业杠杆率和增强金融服务的普惠性做出了重要贡献。截至2017 年底，全国 40 家区域性股权市场共有挂牌企业 25 391 家，展示企业 79 968 家，全年累计为企业实现各类融资 9 124. 82 亿元。作为区域股权市场的主要参与者，2017 年有 49 家证券公司参与了 34 家区域股权市场。

2017 年证券公司柜台市场业务稳步发展，制度建设日趋完善，基础功能更加强化，合规管理和风险防控能力进一步加强，为提升直接融资占比和增强证券公司服务实体经济的能力做出了重要贡献。根据中证机构间报价系统提供的数据，截至 2017 年底，42 家已运营柜台市场业务的证券公司共开立个人账户近 1 769. 96 万户和机构账户 2. 17 万户，分别同比增长 39. 46% 和 84. 39%。在产品发行和销售方面，2017 年柜台市场分别完成 16 346 只产品发行和 7 073 只产品代销，对应发行和销售金额分别为 7 859. 99 亿元和 5 821. 24 亿元。

三、投资者适当性管理制度进一步完善，投资者教育和保护力度进一步加强

作为我国第一部专门规范证券期货市场适当性管理的部门规章，《证券期货投资者适当性管理办法》于 2017 年 7 月 1 日正式实施，同期中国证券业协会配套发布了《证券经营机构投资者适当性管理实施指引（试行）》，中国证券登记结算有限公司和沪、深证券交易所也相继发布了投资者适当性管理指引文件，这标志着国内资本市场投资者保护基础性制度建设取得了重要进展，必将对我国资本市场健康发展和中小投资者权益保护带来积极和深远的影响。

《证券期货投资者适当性管理办法》以落实证券经营机构适当性管理义务为核心，首次对投资者分类做出了统一安排，以证券产品分级和适当性匹配管理为基础，同时明确了证券经营机构各个环节应当履行的适当性义务及违规的处罚措施，有效向投资者揭示市场风险，将投资者保护落到实处。

2017 年，证券公司根据《证券期货投资者适当性管理办法》及有关投资者适当性配套相关要求，积极进行适当性管理信息技术系统的改造和升级，制定公司层面统一的投资者适当性管理总制度，并修订各项业务的投资者适当性规范。中国证券业协会面向证券公司人员进行了多场投资者适当性管理业务培训，证券公司则采取培训讲座、专题活动、发布投教产品、发放宣传材料等多种方式向客户和社会公众宣传投资者适当性管理对保护投资者的意义和投资者适当性管理制度的具体内容。

四、依法全面从严监管，强化制度建设与执行

2017 年是依法全面从严监管的一年。在市场制度建设方面，《证券法》修订草案二审顺利完成，新股发行改革工作稳步推进，上市公司股东股份减持行为更加规范，可转债和可交换债券发行方式更加优化，上市公司并购重组信息披露规则更加细化，投资者适当性管理制度进一步完善。与此同时，创新创业公司债、绿色债和项目收益债等创新试点工作有序推

进，交易所一线监管职能进一步强化，区域股权市场监管进一步规范和统一，多层次资本市场服务实体经济能力显著增强。在强化行业合规管理制度方面，证券公司分类监管框架进一步优化，合规评价指标体系进一步完善，投资银行业务内控水平显著提升，并表监管试点工作有序推进。在推动国际化进程方面，A 股被纳入明晟新兴市场指数，沪港通、深港通和债券通平稳运行，沪伦通及原油期货上市等筹备工作稳步推进，外资持有国内证券公司比例进一步放宽，资本市场国际影响力进一步扩大，服务“一带一路”建设取得新突破。

2017 年，监管部门持续深化全面从严监管，立足于服务实体经济、防范风险和整治市场乱象的工作要求，加强执法机制建设，着力提升执法效能，重点打击资本市场存在的财务造假、内幕交易、市场操纵、炒作次新股、炒作高送转等违规交易及私募领域的违法违规行为，抑制跨界套利行为，监管协调进一步加强，确保资本市场稳定有序运行。2017 年全年中国证监会新启动调查案件 478 件，新增立案案件 312 件，其中重大案件 90 件，同比增长 1 倍，全年办结立案案件 335 件，同比增长 43%。

五、加快信息技术建设，探索金融科技服务新模式，互联网证券业务规范发展

2017 年是互联网金融监管全面强化和落实的一年。随着互联网金融监管体系逐渐完善，“互联网 + 证券”生态环境日趋改善，证券公司普遍加快信息技术建设并积极探索大数据、云计算和人工智能等新的金融科技服务模式，移动互联网证券业务发展更加规范。一方面，为了落实全国金融工作会议关于加强互联网金融监管的要求，监管部门重点抑制监管套利行为，提升对互联网证券活动的监管穿透效力，确保互联网证券业务发展回归金融服务实体经济发展本源；另一方面，加强对金融科技的运用成为新时期互联网证券业务监管的主要特点，在完善市场监管基础设施的同时，监管层还积极探索智能监管，充分运用大数据、云计算和人工智能等新技术，优化资本市场运行及系统风险监控检测指标体系，提高对新型违法违规行为的识别精准度，从而有效防范化解风险和维护金融系统稳定。

移动互联网在证券公司经纪业务转型当中扮演了非常重要的角色，通过整合线上线下资源来实现传统证券业务的网络化改造成为证券公司践行“互联网 + 证券”战略的首要选择。然而，近年来随着网上开户和移动证券 APP 逐渐普及，早期粗放型的线上导流阶段已接近尾声，如何提升存量客户的活跃度成为当前证券公司拓展移动互联网证券业务的关键。2017 年，各家证券公司纷纷尝试通过加强账户服务创新和客户精准画像等手段来寻求突破，旨在有效推进传统经纪业务向现代财富管理转型。

与此同时，证券公司在信息技术领域的投入稳步增长，大数据、人工智能、互联网开源框架等新技术广泛应用在客户终端、营销服务、风险管理等场景，虚拟化、云计算等技术在基础设施建设中逐渐普及，数据治理、网络安全更加受到重视。随着深交所第五代系统的上线，证券公司的交易处理能力和交易速度进一步发展，为专业投资者提供的交易系统更加多

样化。根据2017年中国证券业协会专项调查数据，截至2017年底，证券公司IT总投入超过115.9亿元，同比增长11.7%，IT总人员超过1.3万余人，同比增长9.3%。

六、资本市场双向开放稳步推进，助推国家“一带一路”建设

2017年，资本市场双向开放取得新成效，证券公司国际化探索有新进展，助力国家“一带一路”建设实现新突破。年内有两家合资证券公司获准设立，境外再融资审核制度进一步优化，QFII和RQFII规则更加完善，债券通平稳运行，沪港通和深港通规模稳步扩大，H股全流通试点工作正式启动，A股成功纳入明晟新兴市场指数，资本市场国际影响力进一步扩大，在全球资源配置中的地位稳步上升。单个或多个外国投资者直接或间接投资证券、基金管理、期货公司的投资比例限制将放宽至51%，外资私募基金备案登记政策进一步规范，境外投资者投资A股的相关规则和制度进一步完善，交易所跨境资本服务机制进一步优化，跨境证券产品进一步丰富，为推进“一带一路”建设做出了重要的贡献。

伴随资本市场双向开放进程的稳步推进，国内证券公司着重围绕客户“走出去”做好境内境外全流程服务，抓住“一带一路”建设的历史机遇，积极布局沿线国家和地区，为实体企业提供更加便捷和丰富的投融资服务。截至2017年底，31家证券公司、24家基金公司和19家期货公司已经在境外设立、收购或参股了证券经营机构，通过股票、债券和基金产品创新，充分利用境内、境外两个市场及双重资源完成投融资和并购活动，为实体经济“走出去”提供更多支持和帮助。与此同时，债券市场国际化进程明显提速，中金公司完成国内首只“一带一路”熊猫债券承销发行，债券通交易规模稳步增长，境外投资者参与国内债券市场的意愿持续上升。

七、深化精准扶贫，履行社会责任，进一步提升证券行业形象

2017年是打赢脱贫攻坚战的关键之年。在中国证监会和中国证券业协会的积极引导下，证券行业坚决落实党中央、国务院关于脱贫攻坚的决策部署，着重利用市场化机制服务精准脱贫、精准扶贫，履行社会责任意识不断加强，并切实把更多金融资源配置到经济社会发展的重点领域和薄弱环节。一方面，资本市场扶贫政策体系进一步完善，中国证监会、中国证券业协会及系统内相关单位均出台了相应的意见或实施方案，优先支持贫困地区企业利用资本市场资源，拓宽直接融资渠道，降低融资成本，增强贫困地区利用资本市场促进经济发展的能力；另一方面，中国证券业协会也积极动员行业力量参与扶贫工作，充分发挥专业优势，综合利用承销保荐、并购重组、财务顾问和投资融资等手段，切实解决贫困地区企业“融资难、融资贵”问题，培育贫困地区特色产业，增强地方“造血”能力，提升精准扶贫实效，建立长效帮扶机制。截至2017年底，已有96家证券公司结对帮扶234个国家级贫困县，证券行业服务脱贫攻坚成效显著。

第三章

2018年中国证券业发展展望

2018年，中国特色社会主义建设进入新时代，党的十九大描绘的宏伟蓝图，对资本市场改革发展提出了更高要求。2018年中国资本市场和证券行业将坚持稳中求进的工作总基调，坚持新发展理念，坚持以服务供给侧结构性改革为主线，以保护投资者合法权益为根本使命，切实抓好服务实体经济、防范风险和深化改革三大任务，按照高质量发展的要求，促进多层次资本市场体系健康发展，推动经济发展实现质量变革、效率变革和动力变革。

一、强化风险意识，牢守不发生系统风险的底线，打好防范化解资本市场重大风险的攻坚战

党的十九大明确指出要“守住不发生系统性金融风险的底线”，2018年资本市场和证券行业把防范化解系统性金融风险放在更加重要的位置，进一步强化风险意识和底线思维，更加重视行为监管，增强对股票市场、债券市场和衍生证券市场风险的即时监测和应对能力，确保资本市场稳健运行。在当前复杂经济金融发展状况下，监管部门将联手应对跨市场、跨行业的风险，加强监管协调，积极防范股市杠杆资金风险和地方债务风险，重点防范区域性股权市场以及非法证券期货交易等重点领域的风险。

二、服务国家战略，进一步提升资本市场和证券行业服务实体经济的能力

2018年，伴随全面深化改革的推进，资本市场和证券行业服务国家战略的意识、能力以及自觉性等方面还将进一步增强，在促进产业升级转型、创新驱动等方面将发挥更加重要的作用，金融服务实体经济能力将显著增强。一方面，资本市场各项制度会进一步完善，基础功能持续强化，证券产品及其交易方式进一步丰富，为降杠杆和去产能提供更加有力的支持；另一方面，资本市场和证券行业还将紧跟实体经济发展的步伐，着力在高端制造、绿色发展和脱贫攻坚等领域取得新的突破，切实加强优化资源配置和助推实体经济发展的能力。

三、继续推进依法全面从严监管，进一步强化投资者保护，提高监管智能化水平

大力推进依法全面从严监管，持续强化稽查执法，严厉打击各类违法违规行为，净化市场生态，进一步落实和强化投资者保护工作。加快资本市场法治化建设，包括积极推动《证券法》修订，推动《期货法》立法，推动配套修改《公司法》等。与此同时，2018 年监管部门还将继续加大对各类垂直领域的稽查执法力度，进一步强化交易所一线监管职能，稳步提升监管穿透效力，加强对严重损害上市公司利益、严重损害中小股东利益、严重积聚市场风险和严重破坏交易公平及扰乱市场信息传播秩序等行为的查处力度。另外，随着金融科技应用和推广的不断深化，监管部门 2018 年将充分利用现代科技手段，加快推进行业信息技术和基础设施建设，积极探索智能化监管和科技化监管，进一步加强对资本市场和各类交易主体及交易行为的监测和应对能力。

四、多层次资本市场建设持续推进，直接融资占比进一步提升

党的十九大和 2017 年全国金融工作会议均强调要“促进多层次资本市场健康发展”，继续深化多层次资本市场建设，对于提升直接融资占比、降杠杆、防风险具有非常重要的意义。2018 年国内多层次资本市场建设将在总体上保持“稳中求进”态势，各项基础制度进一步完善，交易所、中小企业股份转让系统、区域股权市场及柜台市场统筹发展，各层次市场定位和分工更加明晰，相互之间的有机联系进一步增强。对于交易所市场，重在进一步完善发行、退市制度，提升上市公司质量和直接融资占比。全国中小企业股份转让系统将在市场分层、发行交易和投资者适当性管理等方面更加细化。区域性股权市场将进一步规范发展。对于衍生证券市场，在确保产品有序创新的同时注重引导其发展，回归风险管理本源。

五、双向开放稳步扩大，资本市场和证券行业国际竞争力进一步增强

2018 年，资本市场双向开放将迎来新时代，为建设具备较强国际竞争力和兼具中国特色的资本市场和证券行业提供了难得的历史机遇。一方面，国内资本市场和证券行业对外资的开放力度将明显加大，外资持有国内证券公司的股权比例上限将进一步放宽，外资从事国内证券业务负面清单管理探索有序推进。外资证券机构进入则有助于形成多元化竞争格局，有助于促使国内证券行业进一步加快国际化进程。另一方面，2018 年资本市场双向开放将会进一步扩大，沪港通和深港通的交易额度进一步提升，沪伦通有望年内启动，中国资本市场和证券行业的国际竞争力将稳步增强。

六、加快金融科技探索和应用推广，证券行业信息化建设继续提速

2018年，证券行业将进一步加快金融信息化建设和对金融科技的探索和推广，大数据、人工智能和区块链等技术在客户终端、营销服务和风险管理等场景的应用日趋广泛，基础技术和人才的积累逐渐增多，数据治理和网络安全会更加受到重视。一方面，得益于金融科技探索持续深化，证券公司客户端功能将进一步丰富和个性化，交易系统进一步细分和差异化，人工智能在服务智能化方面取得新进展；另一方面，在移动互联网证券业务规范发展的大背景下，证券公司在信息化建设方面的人力、物力投入将继续保持快速增长，对海量数据进行整合和分析的能力将显著提升，对数据安全的保护措施显著加强，对安全监控的分析更加完善和可视化。

七、新股发行继续保持常态化，对新技术、新产业、新业态和新模式的支持力度进一步加强

2018年新股发行将继续保持常态化，在坚持IPO从严审核的基础上进一步加强对新技术、新产业、新业态和新模式的支持力度。IPO从严审核有助于改善资本市场生态环境，新股发行常态化既有利于快速化解融资“堰塞湖”现象，也能让代表新经济发展方向、拥有核心竞争力和先进经营模式的企业脱颖而出，发挥资本市场服务实体经济的核心功能。另外，随着经济发展步入新时代，近年来国内涌现出一大批拥有独特技术优势、对推动经济高质量发展具有很强引领力的“独角兽”企业，这些公司代表着信息技术、医疗健康、消费升级、新材料和先进制造等战略新兴行业的发展方向。增强国内上市制度的包容度和适应性，将高质量的“独角兽”留在国内市场，对于引领我国经济新旧动能转换和高质量发展具有非常重要的现实意义，这方面的制度建设有望在2018年取得新的进展。

八、证券公司经纪业务加速向财富管理转型，资产管理业务继续去通道，投行业务和投资业务稳中求进，差异化竞争进一步凸显

2018年，证券公司经纪业务将面临激烈竞争并可能继续分化，佣金率下降空间有限且有望企稳，通过借助金融科技加速向财富管理转型成为多数证券公司的主动选择。在延续去通道、去杠杆的背景下，证券公司资产管理业务规模可能有所降低，积极发展主动资产管理业务和寻求差异化布局成为各家证券公司的首要选择。与此同时，证券公司投行业务和投资业务在2018年总体上将保持稳中求进态势，规范发展的同时积极寻求在差异化竞争方面有所突破。

分报告

分报告之一：2017 年中国证券经纪业务发展回顾与展望

第一章 2017 年中国证券经纪业务的总体情况和竞争格局

第 节 2017 年中国证券经纪业务的总体情况

一、市场总体情况和经纪业务规模

（一）两市指数震荡为主，股票、基金交易量继续下降，债券交易量持续增长

2017 年开盘，股票二级市场震荡上行，第二季度下跌，达到全年最低点，后指数震荡上行。2017 年，上证综合指数从上年收盘的 3103.64 点，最高到 3450.49 点，最低达 3016.53 点，收盘 3307.17 点，全年指数上涨 6.56%；深证综合指数从上年收盘的 1969.11 点，最高到 2054.02 点，最低达 1753.53 点，收盘 1899.34 点，全年指数下降 3.54%。

2017 年，中小板指数从上年收盘的 6472.23 点，最高到 8164.72 点，最低达 5992.24

点，收盘 7554.86 点，全年指数上涨 16.73%。创业板指数从上年收盘的 1962.06 点，最高到 1993.71 点，最低达 1641.38 点，收盘 1752.65 点，全年指数下降 10.67%（见表分 1－1）。

表分 1－1　　2016—2017 年板块指数变化情况

	上证指数（000001）	深证综指（399106）	中小板指数（399005）	创业板指数（399006）
2016 年收盘点位	3103.64	1969.11	6472.23	1962.06
2017 年收盘点位	3307.17	1899.34	7554.86	1752.65
变化幅度（%）	6.56	－3.54	16.73	－10.67

资料来源：沪、深证券交易所。

股票、基金交易量大幅度下降。根据沪、深证券交易所的统计数据，2017 年两市股票、基金总成交 122.62 万亿元，较 2016 年的 138.91 万亿元减少 16.29 万亿元，降幅 11.73%。其中，上海证券交易所股票、基金交易金额 58.94 万亿元，深圳证券交易所股票、基金交易金额 63.67 万亿元，分别较 2016 年下降 0.28% 和 20.21%。日均成交量方面，2017 年成交天数为 244 日，与 2016 年 244 个交易日相同，2017 年两市日均股票、基金交易量为 5 025.20 亿元，较 2016 年降幅与股票、基金总交易量相同，下降 11.73%。

股票、基金交易量下降，债券①交易量大幅增长。2017 年，沪、深两市股票合计成交 112.81 万亿元，较 2016 年的 127.77 万亿元减少 11.71%，股票日均交易额从 2016 年的 5 236.39 亿元下降到 2017 年的 4 623.35 亿元，降幅为 11.71%；基金成交方面，2017 年两市基金成交金额 9.81 万亿元，较 2016 年的 11.14 万亿元下降了 11.94%；债券成交方面，近 4 年持续增长，2017 年债券合计成交 258.45 万亿元，较 2016 年 233.26 万亿元增长 10.80%（见图分 1－1）。

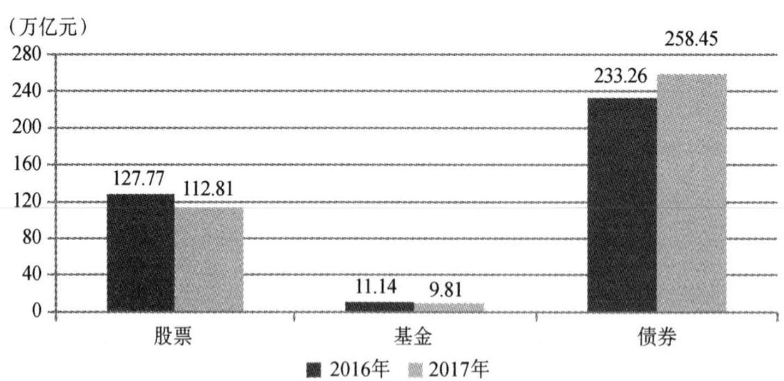

图分 1－1　2016 年和 2017 年各品种交易量变化对比图

资料来源：沪、深证券交易所。

① 本文的债券交易特指深圳证券交易所和上海证券交易所的债券交易。

（二）市场持续扩容，市值回升，市盈率有所分化

2017 年市场持续新股发行。截至 2017 年底，境内上市公司数（A、B 股）合计 3 485 家，较 2016 年底 3 052 家增加了 433 家，增幅为 14.19%。

随着市场新股扩容和指数的震荡上行，沪、深两市总市值有所增加。2017 年底，沪、深两市股票市价总值为 56.75 万亿元，较 2016 年的 50.82 万亿元增长 11.65%；其中，流通市值从 2016 年的 39.33 万亿元增加到 2017 年底的 44.91 万亿元，升幅达 14.20%。

市场平均静态市盈率出现分化。截至 2017 年底，沪市平均静态市盈率为 19.67 倍，较 2016 年底的 17.98 倍增长 9.40%；而深市平均静态市盈率为 39.53 倍，较 2016 年底的 52.20 倍下降 24.27%（见表分 1－2）。

表分 1－2　　2017 年证券市场概况统计表

	2016 年底	2017 年底	变化幅度（%）
境内上市公司数（A、B 股）（家）	3 052	3 485	14.19
境内上市外资股（B 股）（家）	100	100	0.00
股票市价总值（A、B 股）（亿元）	508 245.11	567 475.37	11.65
其中：股票流通市值（亿元）	393 266.27	449 105.31	14.20
股票成交金额（亿元）	1 277 680.32	1 128 097.8	－11.71
日均股票成交金额（亿元）	5 236.39	4 623.35	－11.71
上证综合指数（收盘）	3 103.64	3 307.17	6.56
深证综合指数（收盘）	1 969.11	1 899.34	－3.54
平均市盈率（静态）			
其中：上海	17.98	19.67	9.40
深圳	52.20	39.53	－24.27

资料来源：中国证监会，上海证券交易所，深圳证券交易所，中国证券登记结算公司。

（三）行业收入略有下降，代理买卖证券业务净收入占比持续下降

2017 年，证券行业整体盈利情况有所下滑，市场股票、基金交易量持续下降，代理买卖证券业务净收入占比下降。

根据中国证券业协会统计，全行业 131 家证券公司（较上年增加 2 家）2017 年实现营业收入 3 113.28 亿元，较 2016 年的 3 279.94 亿元下降 5.08%；净利润为 1 129.95 亿元，较上年的 1 234.45 亿元下降了 8.47%。具体到经纪业务收入方面，行业代理买卖证券业务净收入为 820.92 亿元，较 2016 年的 1 052.95 亿元下降了 22.04%。收入结构与 2016 年相比，代理买卖证券业务净收入占营业收入的比重从 32.10% 下降到 26.37%，证券投资收益占营业收入的比重从 17.33% 上升到 27.66%（见表分 1－3、表分 1－4）。

表分 1－3　　2016—2017 年证券行业主要经营数据对比

	2016 年	占比（%）	2017 年	占比（%）
营业收入（亿元）	3 279.94		3 113.28	
代理买卖证券业务净收入（亿元）	1 052.95	32.10	820.92	26.37
证券承销与保荐业务净收入（亿元）	519.99	15.85	384.24	12.34
财务顾问业务净收入（亿元）	164.16	5.00	125.37	4.03
投资咨询业务净收入（亿元）	50.54	1.54	33.96	1.09
资产管理业务净收入（亿元）	296.46	9.04	310.21	9.96
证券投资收益（含公允价值变动）（亿元）	568.47	17.33	860.98	27.66
利息净收入（亿元）	381.79	11.64	348.09	11.18
净利润（亿元）	1 234.45		1 129.95	
证券公司盈利家数（家）	124	96.12	120	91.60

资料来源：中国证券业协会。

表分 1－4　　2016—2017 年证券行业主要财务指标对比

	2016 年	2017 年	增减值	增减幅度（%）
证券公司数量（家）	129.00	131.00	2.00	1.55
总资产（万亿元）	5.79	6.14	0.35	6.00
净资产（亿元）	16 436	18 491	2 060.36	12.50
净资本（亿元）	14 718	15 769	1 051.00	7.14
客户交易结算资金余额（万亿元）	1.44	1.06	－0.38	－26.39
受托管理资金本金总额（万亿元）	17.82	17.26	－0.56	－3.14

资料来源：中国证券业协会。

（四）融资融券交易有所增长，融资业务快于融券

2017 年，融资融券交易呈现增长态势，“两融”业务余额由 2016 年末的 9 391.11 亿元上涨到 10 261.00 亿元，涨幅为 9.26%。融资交易规模增长。截至 2017 年底，融资余额 10 215.92 亿元，期间买入额 103 825.84 亿元，偿还额 102 965.96 亿元，而 2016 年同期对应的三项指标分别为 9 356.25 亿元、114 738.01 亿元及 117 093.38 亿元；变化幅度分别为 9.19%，－9.51%及－12.06%。融券方面，2017 年期间卖出额 1 871.83 亿元，较上年涨幅为 125%（见表分 1－5 和图分 1－2）。

表分 1－5　　**2013—2017 年融资融券业务发展数据**

	融资			融券		
	截止日余额（亿元）	期间买入额（亿元）	期间偿还额（亿元）	截止日余额（亿元）	期间卖出量（亿股）	融资融券余额（亿元）
2013 年	3 434.70	32 891.94	30 314.10	30.57	1 108.71	3 465.27
2014 年	10 173.73	95 065.59	88 326.56	82.83	2 026.73	10 256.56
2015 年	11 713.07	318 296.01	316 756.67	29.60	2 552.32	11 742.67
2016 年	9 356.25	114 738.01	117 093.38	34.85	125.46	9 391.11
2017 年	10 215.92	103 825.84	102 965.96	45.08	241.38	10 261.00
2017 年相比 2016 年的变化幅度（%）	9.19	－9.51	－12.06	30	92	9

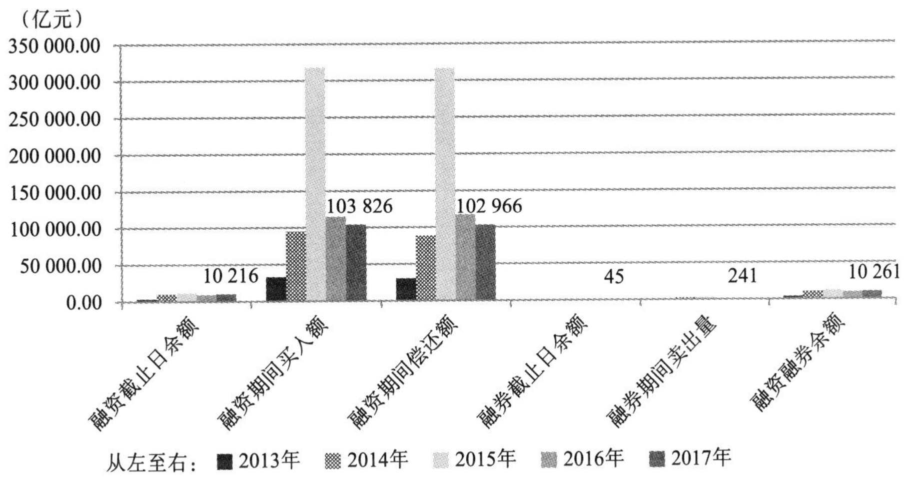

图分 1－2　2013—2017 年融资融券业务发展数据

资料来源：中国证券金融股份有限公司，Wind 资讯。

二、市场参与主体

2017 年末，沪、深两市共有投资者数 13 398.3 万户，入市人群增加，投资者数量增长，较 2016 年度增长 13.44%（见表分 1－6）。

表分 1－6　　**2015—2017 年沪、深两市投资者数量**

	2015 年	2016 年	2017 年
沪、深两市投资者数量（万户）	9 910.53	11 811.04	13 398.3
较上年增长（%）		19.18	13.44

资料来源：中国证券登记结算有限责任公司。

（一）具有创业板功能投资者数持续增加

截至2017年末，具有创业板功能投资者数为4 313.39万户，占全部投资者数的32.19%（见表分1－7）。

表分1－7　　2015—2017年具有创业板功能账户数　　（单位：万户）

项目	2015年	2016年	2017年
期末具有创业板功能投资者数	3 559.71	4 005.02	4 313.39

资料来源：中国证券登记结算有限责任公司。

（二）信用证券账户投资者数保持增长

截至2017年末，开立信用证券账户的投资者数为455.53万个，其中，个人投资者4 541 117个，机构投资者14 142个（见表分1－8）。

表分1－8　　2015—2017年信用证券投资者数　　（单位：个）

项目	2015年	2016年	2017年
期末信用证券账户	3 976 932	4 248 943	4 555 259
其中：个人	3 969 249	4 238 700	4 541 117
机构	7 683	10 243	14 142

资料来源：中国证券登记结算有限责任公司。

第二节　2017年中国证券经纪业务的竞争格局

一、行业集中度有所下降

2017年，证券行业集中度较2016年继续下降。根据沪、深证券交易所的统计数据，股票、基金交易量排名行业前20位的证券公司的市场份额总和为63.95%，比2016年的64.39%下降了0.44个百分点。

2017年，证券经纪业务股票、基金市场份额前10名的证券公司分别是：华泰证券、国泰君安证券、中信证券、海通证券、中国银河证券、广发证券、招商证券、申万宏源证券、国信证券及中信建投证券。其中，与2016年相比前5位交易排名中，国泰君安证券超越中信证券、海通证券、中国银河证券，排名第2位；中信证券从第2位下滑到第3位；海通证券保持第4位不变；中国银河证券从第3位下降到第5位。广发证券、招商证券依旧分别排名第6、第7位；申万宏源证券上升1位，排名第8位；国信证券下降1位，排名第9位；中信建投证券依旧排名第10位。

第11—20位的证券公司，安信证券、兴业证券排名没有变化，分别是第11、第19位。中泰证券与光大证券互换排名，分别位列第12、第13位，平安证券上升3位，排名第14位，长江证券上升1位，排名第15位，方正证券、中国中投证券分别下滑2位，排名第16、17位，东方证券上升3位，排名第18位，国金证券下滑2位到第20位。

相较于2016年，2017年排名前50位内上升幅度较大的证券公司有西藏东方财富证券、平安证券、中国国际金融公司和东方证券，下滑幅度较大的证券公司有华西证券、中银国际证券和华泰证券（见表分1-9）。

表分1-9　　2017年股票、基金份额排名前50位的证券公司统计

证券公司	市场份额（%）			排名（位）	
	2017年	2016年	变化幅度（%）	2017年	2016年
华泰证券	7.753	8.826	-12.15	1	1
国泰君安证券	5.176	4.452	16.28	2	5
中信证券	4.828	4.994	-3.33	3	2
海通证券	4.713	4.632	1.73	4	4
中国银河证券	4.522	4.908	-7.87	5	3
广发证券	4.278	4.404	-2.86	6	6
招商证券	3.933	3.773	4.24	7	7
申万宏源证券	3.107	3.237	-4.01	8	9
国信证券	3.084	3.349	-7.92	9	8
中信建投证券	2.983	2.916	2.30	10	10
安信证券	2.416	2.691	-10.23	11	11
中泰证券	2.409	2.337	3.09	12	13
光大证券	2.333	2.440	-4.37	13	12
平安证券	2.222	1.794	23.86	14	17
长江证券	2.005	1.877	6.82	15	16
方正证券	1.935	2.175	-11.06	16	14
中国中投证券	1.805	1.961	-7.96	17	15
东方证券	1.533	1.277	20.02	18	21
兴业证券	1.466	1.377	6.43	19	19
国金证券	1.444	1.459	-0.98	20	18
西藏东方财富证券	1.437	0.794	80.91	21	35
东吴证券	1.285	1.252	2.59	22	22
财通证券	1.239	1.233	0.45	23	23
浙商证券	1.185	1.320	-10.18	24	20

续表

证券公司	市场份额（%）			排名（位）	
	2017 年	2016 年	变化幅度（%）	2017 年	2016 年
申万宏源西部证券	1.005	1.107	-9.18	25	24
东兴证券	0.957	1.043	-8.25	26	25
华福证券	0.951	0.881	7.88	27	29
国元证券	0.876	0.901	-2.78	28	28
中国国际金融	0.862	0.705	22.30	29	40
长城证券	0.861	0.904	-4.75	30	27
中银国际证券	0.852	0.978	-12.88	31	26
东北证券	0.850	0.794	7.12	32	36
[illegible]	[illegible]	[illegible]	[illegible]	33	31
国海证券	0.775	0.796	-2.74	34	34
华西证券	0.762	0.878	-13.22	35	30
湘财证券	0.758	0.798	-4.97	36	33
西南证券	0.750	0.807	-7.04	37	32
中信证券（山东）	0.722	0.778	-7.20	38	37
华安证券	0.693	0.695	-0.25	39	41
信达证券	0.686	0.729	-6.02	40	38
恒泰证券	0.660	0.594	11.20	41	44
上海证券	0.636	0.719	-11.53	42	39
东海证券	0.579	0.542	6.72	43	48
国联证券	0.574	0.649	-11.48	44	42
财富证券	0.556	0.546	1.91	45	47
南京证券	0.545	0.595	-8.34	46	43
中原证券	0.524	0.593	-11.64	47	45
财达证券	0.492	0.550	-10.54	48	46
万联证券	0.464	0.458	1.35	49	49
山西证券	0.451	0.456	-0.98	50	50

资料来源：沪、深证券交易所。

二、证券营业网点数量增加明显

截至 2017 年底，证券公司营业部数量达 10 873 家，相比 2016 年的 9 385 家，增加了 1 488 家，增幅为 15.86%。整体来看，行业的网点数量一直保持稳步增长。

从营业部数量排名靠前的证券公司比较来看，2017 年，中国银河证券增加了 110 家，营业部数量保持行业第一；国泰君安证券增加了 39 家，营业部数量排名行业第二；中信建投证券营业部数量增加77家（见表分1-10）。

表分1-10　网点数量排名靠前的证券公司2016—2017年营业部数量　（单位：家）

会员名称	2016年营业部数量	2017年营业部数量	增加数量
中国银河证券	362	472	110
国泰君安证券	319	358	39
安信证券	285	356	71
中信建投证券	225	302	77
中泰证券	261	300	39

资料来源：上海证券交易所。

三、从业人员总量持续增加

根据中国证券业协会统计数据，2017年证券公司登记的证券从业人员数继续呈现上升态势。截至2017年底，登记的证券从业人数为342 827人，人员总量相较2016年增加了19 179人，增幅为5.93%。其中，一般从业人员202 574人，证券经纪业务营销人员数1 491人，证券经纪人人员数90 690人，证券投资咨询业务（投资顾问）40 277人，证券投资咨询业务（分析师）2 600人，保荐代表人3 486人，投资主办人1 709人。

从证券从业人员结构来看，一般从业人员占比59.09%，相较2016年略有下滑；证券经纪业务营销人员占比下降，人数较2016年减少；证券经纪人、证券投资咨询业务（分析师）、证券投资咨询业务（投资顾问）、保荐代表人、投资主办人占比上升，人数增加（见表分1-11和图分1-3）。

表分1-11　2016—2017年证券从业人员结构

年份	2016年（人）	2016年占比（%）	2017年（人）	人数变化（人）	变化幅度（%）	2017年占比（%）
一般证券业务	194 301	60.03	202 574	8 273	4.26	59.09
证券经纪业务营销	1 842	0.57	1 491	-351	-19.06	0.43
证券经纪人	84 665	26.16	90 690	6 025	7.12	26.45
证券投资咨询业务（分析师）	2 206	0.68	2 600	394	17.86	0.76
证券投资咨询业务（投资顾问）	35 926	11.10	40 277	4 351	12.11	11.75
保荐代表人	3 222	1.00	3 486	264	8.19	1.02
投资主办人	1 486	0.46	1 709	223	15.01	0.50
已注册的从业人员总数	323 648	100.00	342 827	19 179	5.93	100.00

资料来源：中国证券业协会。

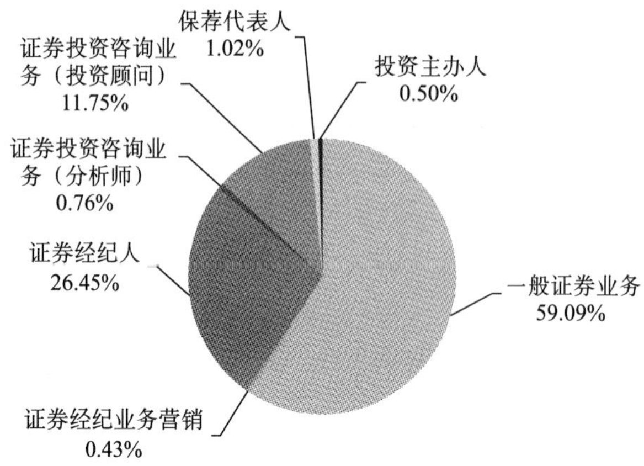

图分 1－3　2017 年证券从业人员结构

资料来源：中国证券业协会。

第二章 2017 年中国证券经纪业务面临的问题与 2018 年前景展望

第一节 2017 年中国证券经纪业务面临的问题

受多方因素影响，2017 年行业代理买卖证券业务净收入（含席位租赁）为 820.92 亿元，相较 2016 年的 1 052.95 亿元，下滑 22.04%；收入贡献度为 26.37%，相较 2016 年的 32.10%，下降 5.73 个百分点。

一、平均佣金率继续下滑，价格竞争尚未停歇

2017 年，证券经纪业务的价格竞争依然存在，行业全年平均净佣金率[①]进一步下滑至 3.78‱，首次跌破 4‱关口。价格竞争的症结主要在于，传统证券经纪业务的本质是“交易通道”，且当前 A 股市场投资者以对价格敏感的零售客户为主，证券公司短期内难以建立差异化竞争优势，稳价格的有效手段不足。

自 2013 年证券行业互联网金融兴起以来，证券经纪业务的价格竞争大致可分为两个阶段：第一阶段是 2013—2015 年，部分证券公司抓住“线上开户”政策放开和互联网金融创新等发展机遇，率先推行“降佣揽客”策略，积极抢占市场增量客户，导致行业平均佣金率快速下滑；第二阶段是 2016—2017 年，证券经纪业务的客户争夺逐渐由增量转向存量，叠加此前“一人多户”政策放开等因素，客户在不同证券公司之间转移成本大幅下降，部分前期佣金下调幅度较小的证券公司迫于竞争压力，甚至不惜推行更低的价格策略，以期“降佣留客”，致使行业平均佣金率进一步下滑，但下滑速度相较“降佣揽客”阶段有所

① 净佣金率 = 当期代理买卖证券业务净收入/当期股基交易额。

减缓。

佣金率适度降低有利于推动证券公司调整业务结构，但是过度的价格竞争并不能达到倒逼证券经纪业务转型的目的，反而会骤然增加证券公司经营压力，甚至演绎成不良竞争。

二、代理买卖证券业务净收入贡献度持续减弱，传统证券经纪业务转型亟须加速

2017 年，行业总体收入相较 2016 年出现下滑。其中，代理买卖证券业务净收入（含席位租赁），相较 2016 年下滑 22.03%；净收入贡献度为 26.37%，相较 2016 年下降 5.73%。这也是多年来代理买卖证券业务净收入贡献度首次低于 30%。

2017 年，股票日均交易额为 4 623.35 亿元，相较 2016 年的 5 236.39 亿元，下滑 11.71%（见图分 1-4）。交易额下滑叠加价格竞争因素，共同导致 2017 年行业整体代理买卖证券业务净收入持续下降。

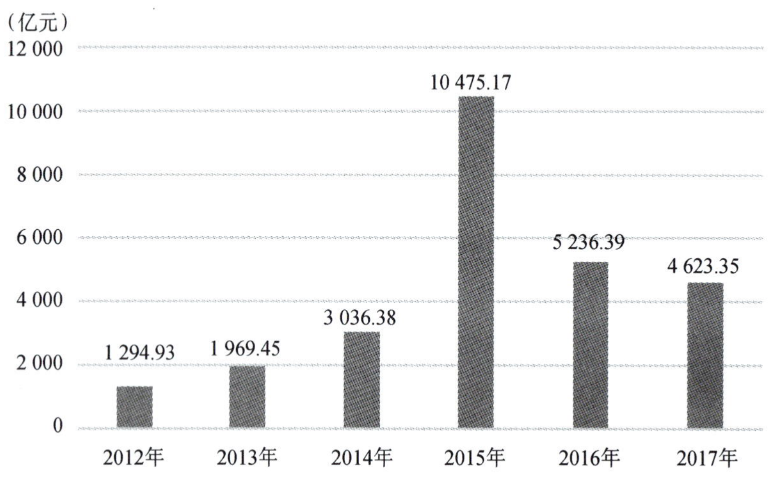

图分 1-4　2012—2017 年股票日均交易额

资料来源：沪、深证券交易所及国泰君安证券整理。

作为与市场行情联系紧密的主营业务，2017 年度的代理买卖证券业务净收入贡献度下滑，尚不足以证明证券行业总体的业务结构和盈利模式发生了根本改变。相反，在投行、资产管理以及融资类等主营业务的收入贡献度尚未稳固的情况下，代理买卖证券业务净收入快速下滑，将对行业整体经营造成一定压力。其中，大型证券公司综合业务能力较强，对证券经纪业务依赖程度相对较低，代理买卖证券业务净收入下降对其整体经营影响较小；多数中小型证券公司对证券经纪业务依赖程度较高，代理买卖证券业务净收入不断下滑，势必对其日常经营造成冲击。对此，行业亟须明确传统证券经纪业务的转型方向、路径和方法，并强化与转型相配套的资源投入，进一步加快转型进程。

三、互联网金融布局持续推进，证券经纪业务线上运营能力有待提高

互联网金融兴起以来，行业高度重视并积极探索和布局，为客户提供高效、便捷的服务。据公开信息披露，不少证券公司已根据自身资源禀赋，制定并实施了各具特色的互联网金融发展战略。具体布局方面，证券公司普遍采用多元化的移动互联平台模式，持续完善移动 APP 的交易功能，加快传统线下业务线上化，在开户交易、产品购买、业务办理等各阶段为客户缩短流程、简化操作、优化体验。

2017 年，行业互联网金融布局持续推进，尤其是资本实力较强的大型综合证券公司和运营能力突出的互联网证券公司，不断强化在互联网金融领域的投入，取得诸多新进展（见表分 1－12）。

表分 1－12　　2017 年部分证券公司互联网终端（移动端为主）发展情况

证券公司	互联网终端发展情况
国泰君安证券	着力打造智能化 APP，期末手机终端用户突破 2 200 万户，较上年末增加 83.33%
华泰证券	报告期内，“涨乐财富通”移动终端客户开户数 110.58 万户，占全部开户数的 98.49%；公司 85.29% 的交易客户通过“涨乐财富通”进行交易。移动终端已成为客户交易的主流渠道
海通证券	2017 年推出自主研发的 PC 版证券交易系统后，公司的“e 海通财”互联网金融平台已覆盖手机、PC、IPAD 等主流终端。报告期末，移动端应用“e 海通财”用户数突破 1 900 万户
广发证券	报告期末，手机证券用户数超过 1 573 万户，同比增长超过 50%；微信平台的关注用户数超过 317 万户
国信证券	截至 2017 年末，手机证券交易量占比已达 41%；“金太阳”手机证券注册用户已超过 1 021 万户，较上年末增长 7.58%；微信公众号关注用户数超过 112 万户，较上年末增长 24.58%
中信建投证券	已完成 PC 交易终端、网页交易平台、手机 APP 和官方微信四大流量入口的建设，运用互联网营销手段获取大众客户。2017 年 1—6 月，网上开户的客户数达 93.02 万户，占同期新增账户总数的 99.18%
东方证券	报告期末，通过互联网及手机移动终端进行交易的客户数占公司股票及基金经纪客户的 94.73%，线上新增开户数占同期全部开户数的 89.09%
平安证券	以“平安证券”APP 为载体，提升客户体验，促进客户经营。截至 2017 年末，通过“平安证券”APP 销售的产品规模达 840.18 亿元，较年初增长 43.0%
方正证券	报告期末，客户移动端交易笔数占比达到 73.6%，“小方”APP 月活跃用户同比增长 39.6%
西藏东方财富证券	东方财富信息股份有限公司运营的以“东方财富网”为核心的互联网金融服务大平台已成为我国用户访问量最大、用户黏性最高的互联网金融服务平台之一

资料来源：公司公告。

整体来看，2017 年证券公司经纪业务领域的互联网金融应用并未出现较大突破。特别是多数中小证券公司的互联网金融应用仍以合作导流、线上开户等为主，相较互联网证券公司，线上运营能力欠缺，未能推动证券经纪业务形成差异化竞争优势，尤其在提高客户黏性

方面贡献不足。鉴于通过互联网金融能够更好地满足客户多元需求、优化客户体验，证券公司有必要继续深化互联网金融创新和应用，着力提升证券经纪业务线上运营能力，真正实现客户“引得来、留得住”。

四、营业部数量持续增长，证券经纪业务部均创收亟待增强

近年来，证券公司线上加快互联网金融布局的同时，线下通过增设网点的方式持续“跑马圈地”。截至 2017 年末，行业各类型营业部共有 10 873 家，相较 2016 年末的 9 385 家，增长 15.86%，相较 2012 年，增长接近 1 倍（见图分 1 –5）。营业部是证券公司推动证券经纪业务发展、转型的重要抓手，其数量快速增长的背后，也体现了证券公司强化区域综合金融服务中心战略定位，深耕区域市场的信心。

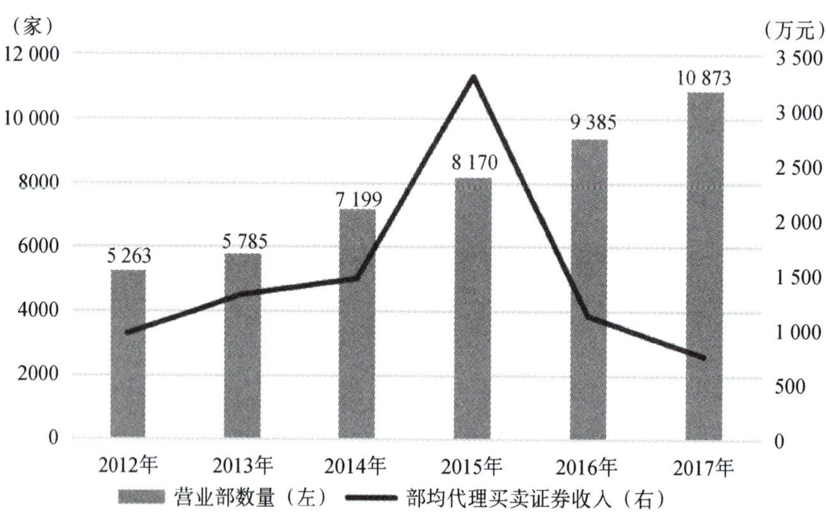

图分 1 –5　2012—2017 年行业营业部数量和部均代理买卖证券业务收入概况

资料来源：上海证券交易所。

但是，新设营业部盈利需要一定时间，在代理买卖证券业务净收入持续减少的形势下，证券公司营业部近年来证券经纪业务的部均创收步入下滑通道，逆势扩张营业网点难免面临成本压力。下一阶段，证券公司增设营业部有必要兼顾成本和效益，一方面，结合自身资源条件和发展战略科学规划，实现精细化布局，为今后证券经纪业务发展、转型奠定基础；另一方面，通过进一步完善网点建设、加强线上线下协同、提升一线人员服务能力等多种途径，不断增强营业部证券经纪业务的创收能力。

第二节　2018 年中国证券经纪业务发展前景展望

一、行业平均佣金率企稳可期

2017 年，证券行业平均净佣金率进一步下滑至 3.78‰，预计 2018 年有望企稳。主要原因有：一是证券公司的佣金率已降至历史低点，部分券商甚至逼近自身的成本线，下调空间已然有限；二是证券公司佣金价格逐渐趋于同一水平，“降佣留客”的目的初步达成，“降佣揽客”的效用不断下滑；三是行业对价格竞争的负面影响有了深刻认识，纷纷加速探索招揽和维护客户的其他途径。

二、代理买卖证券业务净收入下滑有望遏止

展望 2018 年，股票市场存在较多的积极因素：一是 2018 年 A 股正式被纳入 MSCI 新兴市场指数和全球基准指数（ACWI），有利于吸引增量资金入市；二是资本市场开放不断扩大，沪港通、深港通日趋完善，QFII、RQFII 额度持续增加，资金面将进一步改善；三是养老保险基金投资运营稳步推进，公募、私募等机构客户数量和管理资产规模迅速壮大，各类长期资金入市能够发挥市场稳定器作用；四是楼市去杠杆持续深化，理财产品打破刚兑的步伐加快，叠加规模庞大的居民财富管理需求加速释放等因素，权益类资产配置的重要性和性价比逐步凸显，股票市场对资金的吸引力有望进一步提升；五是“依法、从严、全面”监管持续深化，市场风险得以有效控制，投资者信心不断增强；六是监管层吸收国际资本市场成熟有效有益的制度与方法，改革发行上市制度，努力增加制度的包容性和适应性，加大对“新技术、新产业、新业态、新模式”的支持力度，将进一步提升 A 股吸引力。

综上，2018 年市场交易量相较 2017 年再度滑坡的可能性较小，加之佣金率有望企稳，2018 年行业代理买卖证券业务净收入的下滑势头，大概率能够得以遏止。但是也应该看到，全球经济复苏不同步和主要经济体金融政策不同调的问题愈发突出，国际资本市场存在诸多不确定因素，“黑天鹅”隐患犹存，“灰犀牛”警报未除，届时 A 股难免受到影响，代理买卖证券业务净收入上升依然面临较大压力。

三、证券经纪业务市场格局继续分化

从近两年的股票、基金交易份额排名情况看，证券经纪业务市场格局呈现两大特点：一

是交易份额排名前10位的证券公司占比较高且总体地位较为稳固；二是互联网证券公司排名上升迅速。

证券经纪业务的竞争，归根到底是对客户资源的竞争，特别是在当前A股市场仍以“散户”为主的情况下，尤其体现为零售客户资源的竞争。预计2018年证券经纪业务市场格局将继续分化，具体体现为“强者恒强”，大型证券公司和互联网证券公司领先的成本优势和价格优势能够进一步放大，在证券经纪业务转型出现实质进展之前，市场份额有望继续巩固。

四、零售经纪向财富管理转型有望加速

受益于国民经济和金融市场高速发展的双轮驱动，本土财富管理市场规模与日俱增。根据招商银行和贝恩公司联合发布的《2017中国私人财富报告》，本土高净值人群（可投资产1 000万元以上）规模从2006年的18万人跃升至2016年的158万人，翻了三番；私人财富市场规模从2006年的26万亿元人民币大幅增长到2016年的165万亿元人民币，10年复合增长率达到20%。其中，资本市场产品、投资性不动产、银行理财产品、境外投资和其他境内投资是驱动个人可投资资产规模增长最重要的资产类别。

从海外经验来看，交易佣金限制放开后，证券经纪业务价格竞争在所难免，进而对佣金收入造成巨大冲击。摩根士丹利、美林（现美银美林）、嘉信等机构的主要应对策略是：依托传统证券经纪业务积累下来的零售客户资源，大力发展以“资产配置”为核心的财富管理业务，构筑差异化竞争优势，最终成功摆脱对市场行情和交易佣金的依赖。近年来，已有证券公司着手研究、借鉴国外经验，探索构建适应本土市场环境的财富管理服务体系。2017年，部分证券公司从组织架构优化、分支机构改革、投顾投研能力培育以及产品营销等方面出发，进一步加快零售经纪业务向财富管理转型的探索步伐。

预计在2018年，价格竞争和证券经纪业务创收能力弱化，将促使零售经纪向财富管理业务加速转型。但是，证券公司也要看到，长期以来A股市场的投资者结构、行为偏好以及监管制度与欧美成熟市场存在很大差异，特别是目前的零售客户仍以“交易型”居多，一方面决定了从“交易驱动”的传统证券经纪业务向“资产配置驱动”的财富管理业务转型之路较为漫长，另一方面也决定了向财富管理转型不能照搬海外模式。未来一段时间，证券公司还须根据自身的资源禀赋，找准目标细分市场，探索、建立适合自己的差异化财富管理模式。

五、机构经纪业务逐步成为竞争热点

长期以来，A股投资者以零售客户为主。但是近年来，市场投资者结构和客户资产结构发生了变化：一方面，机构投资者迅速崛起，数量和资产不断增加，市场影响力进一步提

高；另一方面，零售客户通过配置基金和资管产品间接投资 A 股的热情高涨，“散户机构化”的趋势逐步凸显。

根据中国证券投资基金业协会发布的数据，截至 2017 年末，私募基金的总规模高达 11.1 万亿元，较 2016 年底增加 3.21 万亿元，增幅为 40.68%，私募管理人数量 2.24 万家，基金突破 6.64 万只；公募基金管理规模达到 11.64 万亿元，较 2016 年底增加 2.47 万亿元，增幅为 26.93%，公募基金数量达 4 841 只。

机构投资者数量和资产快速增加，为证券公司证券经纪业务开辟了新的增长点。鉴于零售经纪向财富管理转型难以一蹴而就，相比之下，机构经纪业务方兴未艾，大型证券公司和互联网证券公司尚未建立绝对的客户资源优势和业务优势，这就为发展机构经纪业务竞争留下了发展空间。2017 年，部分机制灵活的中小证券公司培养和引进了一批优秀的研究团队，积极服务机构经纪客户，分仓收入得以快速提升，在行业内形成了良好的示范效应。预计 2018 年，机构经纪业务将成为证券公司的竞争热点。研究、主经纪商业务（PB）服务能力靠前且与证券经纪业务联动性强的证券公司，有望在竞争中脱颖而出。

六、金融科技在证券经纪业务的应用水平加速提升

近年来，以大数据、云计算、人工智能、区块链为代表的现代信息技术蓬勃发展，与金融业的融合日益紧密。金融科技快速创新、应用和推广，对金融模式转变产生了深远影响，为金融业发展格局带来了深刻变化。一方面，党的十九大报告中提出“推动互联网、大数据、人工智能和实体经济深度融合”；监管层和行业对金融科技丰富金融服务模式、促进普惠金融和满足投资者金融需求方面也给予了肯定。另一方面，证券经纪业务转型需求非常迫切，亟须借助金融科技打开局面。海外经验表明，零售经纪业务向财富管理业务转型，须从客户、服务和产品等多个维度重塑业务模式，而金融科技在经纪业务模式重塑方面具有重大作用。

2017 年，部分证券公司也在主动加强、加快金融科技领域的战略布局，预计 2018 年，在内外因素的共同推动下，金融科技在经纪业务领域的应用水平将加速提升。鉴于金融科技的自主研发需要较长的技术积累和大量的人力、资金持续投入，因此金融科技在经纪业务领域的加速应用将主要由大型证券公司推动。

分报告之二：2017 年中国投资银行业务发展回顾与展望

第一章 2017 年中国投资银行业务的总体情况

2017 年，中国投资银行业务总体稳健发展，服务实体经济能力逐步增强。IPO 常态化，发行家数和融资规模均居同期前列，“堰塞湖”问题得到有效缓解；上市公司过度融资、“忽悠式重组”和资本市场“炒壳”、“炒差”等不良行为得到显著遏制，市场融资和并购重组向以制造业和创新企业为代表的实体经济集中，投资银行业务相应呈现出结构性调整和高质量增长的特点。

境内交易所市场证券承销总额为 4.99 万亿元。其中，股权融资业务（包括 IPO、公开增发、融资性非公开发行股票、配股、优先股）全年承销总额为 10 712.85 亿元；交易所市场债券发行总额为 39 146.91 亿元，其中公司债券（包括公开发行公司债券、非公开发行公司债券、可转换公司债券和可交换公司债券）为 18 644.00 亿元。

上市公司重大资产重组方面，2017 年首次披露交易 241 起，涉及金额 8 637 亿元。以转型升级和培育新动能为代表的产业并购成为市场主旋律。全国中小企业股份转让系统（以下简称“全国股转系统”）2017 年稳固发展。年底挂牌公司总量达到 11 630 家，总市值 4.94 万亿元；全年完成融资 1 336.25 亿元。

第一节 股权融资业务情况[①]

一、股权融资发行情况

2017 年，全年股权融资（包括 IPO、公开增发、融资性非公开发行股票、配股、优先股）募集资金共 10 712.85 亿元，较 2016 年的 13 276.17 亿元减少 19.31%；主承销家数共 775 家，较 2016 年的 801 家减少 3.25%（见图分 2－1）。

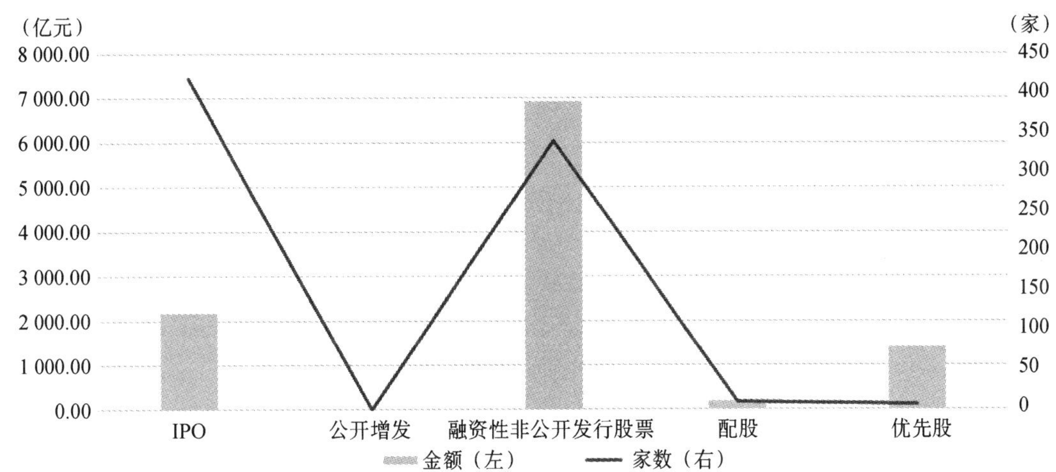

图分 2－1　2017 年 A 股股权融资情况

资料来源：中国证监会，Wind 资讯。

（一）IPO

2017 年共有 419 家企业完成首次公开发行，合计募集资金 2 186.09 亿元[②]，平均融资规模 5.22 亿元。其中，4 家企业在 IPO 的同时实施了老股转让，老股转让金额合计 3.08 亿元。

（二）公开增发

2017 年没有公开增发项目。

① 资料来源：若无特殊说明，本节数据均取自 Wind 资讯。

② 资料来源：中国证监会。

（三）定向增发

2017 年，上市公司以再融资为目的非公开发行股票 211 家次，共募集资金 5 458.76 亿元①，平均融资规模 25.87 亿元。

除因再融资非公开发行股票外，上市公司进行重大资产重组也会涉及非公开发行股票，包括由资产收购、实际控制人资产注入等原因触发的发行股份购买资产和现金配套融资。2017 年，与并购重组相关的发行股份购买资产项目 176 个，涉及资产认购规模 3 616.44 亿元；配套融资项目 129 个，募集资金 1 466.09 亿元。合计融资性非公开发行股票 340 家，募集资金 6 924.85 亿元。

（四）配股

2017 年共有 10 家上市公司实施配股，合计募集资金 202.15 亿元②，平均融资规模 20.22 亿元。与 2016 年相比减少 1 家次，募集资金减少 32.27%。

（五）优先股

2017 年共有 6 家公司完成优先股发行，合计募集资金 1 399.76 亿元。③与 2016 年相比减少 2 家次，募集资金减少 11.07%。

二、股权融资发行特点

（一）IPO 发行节奏常态化，单笔融资规模下降，各市场板块的平均融资金额差距进一步缩小

2017 年，IPO 发行保持常态化，发行家数 419 家，平均每月发行 35 家，发行数量创历史新高。与 2016 年相比，发行家数增加 171 家，增长 68.95%；募集资金增长 552.53 亿元，增长 33.82%。

与此同时，IPO 单笔融资金额下降。2017 年，平均每家 IPO 募集资金减少 1.37 亿元，下降 20.79%；大项目融资规模进一步缩减，2017 年前五大 IPO 项目融资规模在 40 亿—25 亿元，而 2016 年和 2015 年的前五大 IPO 项目融资规模分别在 100 亿—40 亿元和 300 亿—70 亿元。

从 IPO 上市板块分析，主板 204 家，募集资金 1 286.17 亿元；中小板 80 家，募集资金 400.80 亿元；创业板 135 家，募集资金 499.12 亿元。主板与中小板、创业板之间的平均融资金额差距进一步缩小，分别为 6.30 亿元、5.01 亿元和 3.70 亿元；2016 年该数据分别为

①②③ 资料来源：中国证监会。

9.72 亿元、4.80 亿元和 3.37 亿元；2015 年分别为 13.41 亿元、4.14 亿元和 4.35 亿元。

（二）股权再融资规模在多年连续增长后出现回落

2017 年股权再融资（包括公开增发、融资性非公开发行股票、配股、优先股）规模为 8 526.76 亿元，与 2016 年相比下降 26.65%。2017 年以来，《上市公司非公开发行股票实施细则》、《上市公司股东、董监高减持股份的若干规定》等相继发布实施，对过度融资、跨界炒作、脱实向虚等进行限制和规范，再融资中非公开发行股票的家数和募集资金规模均有所下降；配股、优先股的发行家数少，规模占比也较小，其融资规模也有一定程度回落。

（三）股权融资继续向新兴产业集中

2017 年，股权融资（不含优先股）行业分布方面，融资规模最大的仍是计算机、通信和其他电子设备制造业，募集资金 1 110.94 亿元，占比为 11.93%；第二位是电信、广播电视和卫星传输服务，募集资金 677.98 亿元，占比为 7.28%；第三位是汽车制造业，募集资金 649.94 亿元，占比为 6.98%。比较而言，2017 年股权融资金额的行业分布趋于集中，前三大行业合计占比为 26.19%，较 2016 年提高了 5.99 个百分点。2017 年资本市场服务和房地产业合计募集资金 725.78 亿元，占比为 7.79%，融资金额较 2016 年下降 50.31%，占比下降了 4.55 个百分点。

2017 年优先股发行主体以银行为主，除牧原股份为畜牧业外，其余发行人均为银行。

第二节　公司债券业务情况[①]

一、公司债券发行情况

2017 年随着监管和市场环境的变化，公司债券（包括公开发行公司债券、非公开发行公司债券、可转换公司债券和可交换公司债券）发行规模明显回落：共发行 1 584 单，合计募集资金 18 644.00 亿元[②]，募集资金较 2016 年下降了 41.21%。除公司债券外，交易所市场 2017 年还发行企业资产支持证券 538 单，规模 9 460.93 亿元；地方政府债 293 单，规模 10 241.98 亿元；政策性银行债 18 单，规模 800 亿元。公司债券及其他各品种合计规模为

① 资料来源：若无特殊说明，本节数据均取自 Wind 资讯。

② 资料来源：中国证监会。

39 146.91 亿元（见图分 2-2）。①

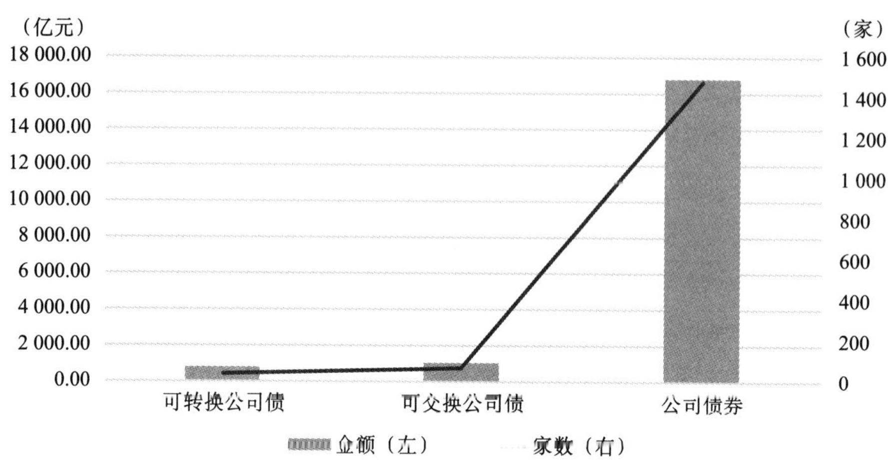

图分 2-2　2017 年公司债券发行情况

资料来源：中国证监会。

虽然发行规模出现较大幅度下降，但公司债券的市场创新仍很活跃。2017 年的创新品种主要包括项目收益公司债券、创新创业可转换公司债券、社会责任专项公司债券、"一带一路"建设公司债券等。此外，以前年度推出的可续期公司债券、绿色公司债券、创新创业公司债券等创新品种也实现了较大发展。

（一）可转换公司债券和可分离交易可转换公司债券②

2017 年发行可转换公司债券 37 只，发行规模合计 792.20 亿元，发行规模较 2016 年增长 272.77%。

自 2011 年起，可分离交易可转换公司债券的发行一直处于停滞状态，2017 年无发行。

（二）可交换公司债券

2017 年发行可交换公司债券 67 只，发行规模合计 1 048.84 亿元，发行规模较 2016 年增长 80.89%。发行方式上多采用私募发行。

可交换公司债券由于含有转股期权，属于股债结合品，其融资成本大幅低于普通公司债券，因此 2017 年在发行量上并没有受到市场环境的影响。

（三）公开发行公司债券和非公开发行公司债券③

由于市场利率持续上升，2017 年债券市场出现了大量推迟发行的现象，发行规模较 2016 年明显下滑。2017 年共发行公司债券（仅包括公开发行公司债券和非公开发行公司债

①②③资料来源：中国证监会。

券）1 480 只，合计募集资金 16 802.96 亿元，募集资金较 2016 年下降 45.66%。

从发行方式看，无论发行期数还是发行规模，非公开发行公司债券均超过公开发行公司债券。

二、公司债券发行特点

（一）行业集中度下降，地产融资大幅降低，制造业成为主要融资行业

2017 年，公司债券（仅包括公开发行公司债券和非公开发行公司债券）发行规模最大的前 3 个行业分别是：制造业（2 134.78 亿元）、建筑业（2 043.48 亿元）和综合（1 804.61 亿元），分别占公司债券融资总额的 12.70%、12.16% 和 10.74%。相比 2016 年的前 3 大行业——房地产业（占比 25.47%）、建筑业（占比 14.18%）和综合（占比 13.00%），行业集中度有所下降，制造业取代房地产业占据首位，显示公司债券在 2017 年服务实体经济的力度显著加大。2017 年房地产业公司债券发行规模为 765.20 亿元，较 2016 年下滑 90.53%。

此外，2017 年金融业公司债券融资规模 912.20 亿元；公用事业、采矿业、租赁和商务服务业等行业融资规模均超过 500 亿元。

（二）公司债券发行主体信用等级普遍较高

从发行规模来看，2017 年主体评级为 AA 级以上（含 AA 级）的企业是市场发行主体，占比约 96.85%，较 2016 年的 95.55% 进一步提升。其中，AAA 级企业占比最大，达 43.69%，较 2016 年的 31.49% 显著提升；其次分别为 AA 级企业（占比 29.66%）和 AA + 级企业（占比 23.46%）。

从发行只数来看，2017 年主体评级为 AA 级以上（含 AA 级）的企业也是市场发行主体，占比约 90.92%，较 2016 年的 77.47% 大幅上升。其中，AA 级企业发行只数最多，占比达 44.40%；AAA 级企业占比也较高，达到 26.00%。

由此可见，2017 年公司债券发行主体评级水平继续提升，投资者对发行人资质有了更高要求，低资质企业融资越发困难。

（三）公司债券以信用发行为主

由于公司债券的发行主体信用等级普遍较高，因此发行人一般选择信用发行。2017 年信用发行的公司债券只数和规模占比分别为 80.42% 和 87.15%，与 2016 年基本持平。

非信用发行的公司债券采用的担保方式以不可撤销连带责任担保为主，只数和规模在非信用发行公司债券中的占比分别为 94.89% 和 95.93%，其次为抵押担保和质押担保。

（四）公司债券信用利差随主体级别提升有扩大趋势，期限利差则呈收缩态势

2017 年主体评级为 AAA、AA + 和 AA 级的公司债券平均票面利率分别为 5.12%、5.97% 和 6.60%，平均票面利率较 2016 年分别上升 1.49%、1.28% 和 0.91%。信用利差随着信用级别上升，有扩大趋势。

随着债券市场整体利率上升，不同期限公司债券之间的利差也在减少。以发行主体评级为 AAA 级的公司债券为例，2017 年发行的 5 年期 AAA 级债券平均票面利率为 5.02%，3 年期 AAA 级债券平均票面利率为 5.31%，利差为 0.29%，较 2016 年的 0.48% 有一定程度降低。

第三节　并购重组业务情况①

一、并购重组市场概况

2016 年以来，由于宏观经济下行压力和并购重组监管力度加强，上市公司重大资产重组交易规模出现回落。2017 年，首次披露重大资产重组的交易数量为 241 家，较 2016 年下降 35.56%，交易规模 8 637 亿元，较 2016 年下降 37.71%；中国证监会并购重组委审核通过的重大资产重组 161 家，其中上海证券交易所 37 家、深圳证券交易所 124 家（分别占交易所上市公司数量的 2.63% 和 5.91%）（见表分 2 - 1）。

表分 2 - 1　　2015—2017 年中国证监会审核上市公司并购重组情况　　（单位：家）

上市板块		2015 年并购重组审核通过数	2016 年并购重组审核通过数	2017 年并购重组审核通过数
上海证券交易所	主板	90	62	37
深圳证券交易所	主板	40	33	26
	中小板	93	77	50
	创业板	97	79	48
合计		320	251	161

资料来源：Wind 资讯。

从行业分类来看，制造业重大资产重组交易共计 149 家次，交易金额 3 969 亿元，交易

① 资料来源：若无特殊说明，本节数据均取自 Wind 资讯。

家数市场占比 61.83%，位居榜首；其次是信息传输、软件和信息技术服务业交易 26 家次，交易金额852 亿元，交易家数市场占比 10.79%；再次是房地产行业交易 13 家次，交易金额 651 亿元，交易家数市场占比 5.39%。行业集中度较高且明显向实体经济和新兴产业集中。

从支付对价来看，发行股份购买资产的交易金额达到 5 438 亿元，占交易总金额的 62.96%，是 2017 年上市公司重大资产重组的主要支付方式。

二、并购重组市场特点

（一）监管政策频出，从严监管成为新常态

1.《上市公司非公开发行股票实施细则》修订，配套融资按发行期首日定价，发行数量不超过发行前总股本的 20%

2017 年 2 月 15 日，中国证监会发布《关于修改〈上市公司非公开发行股票实施细则〉的决定》和《发行监管问答——关于引导规范上市公司融资行为的监管要求》，明确上市公司非公开发行股票的定价基准日只能是发行期首日，且拟发行股份数量不能超过发行前总股本的 20%。上述规定实施后，上市公司重组配套融资的定价基准日、拟发行股份数量均按照新规执行，发行底价、发行数量和融资规模都受到严格监管，上市公司重组过程中的定价套利、过度融资等问题得到明显遏制。

2. 减持新规实施，进一步规范股东减持股份行为

为进一步规范上市公司有关股东减持股份行为，2017 年 5 月 26 日，中国证监会公布了《上市公司股东、董监高减持股份的若干规定》。通过非公开发行股份获得股票的股东在锁定期满 12 个月后每年可以通过集中竞价最多可减持 4% 股权，通过大宗交易可以减持 8% 的股权。受减持新规的影响，重组配套融资方退出成本将加大。从市场反应看，出现了一定程度的发行困难和融资规模下降等现象。

3. 进一步规范重组信息披露，打击限制“忽悠式”、“跟风式”重组

为提高并购重组效率，增加交易的确定性和透明度，规范重组上市，2017 年 9 月 27 日，中国证监会公布《公开发行证券的公司信息披露内容与格式准则第 26 号——上市公司重大资产重组》（2017 年修订）。此次修订进一步明确相关规则的具体执行标准：一是简化重组预案披露内容，缩短停牌时间；二是限制、打击“忽悠式”、“跟风式”重组；三是明确“穿透”披露标准，提高交易透明度；四是配合《上市公司重大资产重组管理办法》的修改，规范重组上市信息披露。

4. 从严审核，持续盈利能力与信息披露是关键

2017 年中国证监会并购重组委共否决 12 起重组案件。从 12 个否决案例来看，有 7 个涉及持续盈利能力问题，5 个涉及信息披露不充分问题。可见，持续盈利能力和信息披露的充分性是监管审核关注的重点。

（二）强力监管引导并购重组服务实体经济，产业升级和动能转换是市场主旋律

《上市公司重大资产重组管理办法》修订发布以来，一系列强力监管措施落地，“炒壳”、“炒差”和“忽悠式重组”明显降温，市场热点被引导到服务实体经济、推动产业升级和培育新动能上。

围绕主业，做大做强、做精做细产业链日益成为上市公司并购重组方案的主基调，有的产业并购以同行业的产业升级为目标，有的产业并购致力于同一产业的内部整合，有的产业并购则实现了向产业链和价值链的高端、新兴环节跃升。产业并购不仅深刻地改变上市公司群体的内涵式增长，也改变着中国资本市场的产业结构，更改变着我国部分传统行业和战略新兴产业的“散小弱差”局面，切实发挥了资本市场服务实体经济和推动经济向高质量发展的关键作用。

2017 年的上市公司产业并购表现出以下突出特点：央企整合深化、核心资产加速上市；代表新经济、新产业、战略性产业等实体经济发展方向的并购重组蔚然成风；并购重组成为实施债转股、央企混改等国家战略和推动“一带一路”建设的重要手段。

（三）跨境并购投资结构进一步优化

2017 年 5 月，“一带一路”国际合作高峰论坛在北京举行圆桌峰会，论坛形成了 5 大类、76 大项，共 270 多项具体成果清单。在“一带一路”倡议的大背景下，中国企业跨境并购方兴未艾。2017 年中国企业海外并购回归理性，中国投资者通过跨境并购参与全球产业整合的意愿和兴趣依然高涨。对外直接投资结构进一步优化。根据商务部统计，对外直接投资主要流向租赁和商务服务业、批发和零售业、制造业以及信息传输、软件和信息技术服务业，在这几个方面的占比分别是 29.1%、20.8%、15.9% 和 8.6%[①]；房地产业、体育和娱乐业则没有新增项目。[②]

第四节　证券公司参与全国股转系统情况[③]

2017 年，全国股转系统的扩容放缓，做市转让企业数量和定向增发融资金额均出现下滑，全国股转系统从“大扩容”阶段进入“稳增长”阶段。

①② 资料来源：新华网。

③ 资料来源：若无特殊说明，本节数据均取自全国股转系统。

一、挂牌情况

截至 2017 年底，全国股转系统挂牌公司总数达 11 630 家，其中，协议转让 10 287 家，总股本 5 364.26 亿股，流通股本 2 524.61 亿股；做市转让 1 343 家，总股本 1 392.47 亿股，流通股本 902.31 亿股。协议转让企业全年净增 1 778 家，总股本增加 1 062.87 亿股；做市转让企业全年减少 311 家，总股本减少 157.69 亿股。

按行业分类统计，制造业类企业挂牌家数共计 5 804 家，位居榜首，占比 49.91%；其次是信息传输、软件和信息技术服务业 2 284 家企业挂牌，占比 19.64%；再次是租赁和商务服务业 607 家，占比 5.22%。

2017 年，全国中小企业股份转让系统新增挂牌公司 2 176 家，摘牌 709 家，净新增 1 467 家，增幅较 2016 年同比减少 70.86%。截至 2017 年底，挂牌公司数量为 11 630 家，其中，创新层 1 353 家，占挂牌企业数量的 11.63%；基础层 10 277 家，占挂牌企业数量的 88.37%。

二、估值情况

截至 2017 年底，全国股转系统总市值 49 404.56 亿元，挂牌公司总股本 6 756.73 亿股，流通股本 3 416.92 亿股，平均市盈率 30.18 倍，较 2016 年的 28.71 倍上升 1.47 倍。

三、交易情况

截至 2017 年底，全国股转系统成交数量达到 433.22 亿股，较 2016 年增长了 19.14%；成交金额达到 2 271.80 亿元，较 2016 年增长了 18.80%。其中，交易方式为协议转让的挂牌公司数量为 10 287 家，成交量为 280.13 亿股，成交金额累计 1 486.75 亿元，占全年交易总额的 65.44%；交易方式为做市转让的挂牌公司数量为 1 343 家，成交量为 153.09 亿股，成交金额累计 785.05 亿元，占全年交易总额的 34.56%。①

四、定向增发情况

2017 年，共进行了 2 725 次定向增发，合计发行股份 239.26 亿股，募集资金总额 1 336.25 亿元，定增家数和募集资金总额分别较 2016 年同比下降 7.31% 和 3.93%。

2017 年度，全国股转系统定向增发平均单次规模为 4 789.47 万元，中位数为 1 896 万

① 资料来源：东方财富 Choice 数据。

元。单笔规模不超过1 000万元的有692单，占比26.34%，募集资金合计41.17亿元，占比仅为3.27%；单笔融资金额在1亿元以上的有280单，占比仅10.67%，募集资金合计700.48亿元，占比高达55.70%。[①]

从行业分类来看，互联网和相关服务行业定增共计473家次，融资金额达到129.88亿元，位居榜首，市场占比10.36%；其次是软件和信息技术服务业行业定增共计1 681家次，融资金额达到125.92亿元，市场占比10.04%；再次是医药制造业行业定增共计405家次，融资金额达到78.91亿元，市场占比6.29%。

五、全国股转系统主要政策变化

（一）交易制度

2017年12月，全国中小企业股份转让系统发布了《全国中小企业股份转让系统股票转让细则》（以下简称《转让细则》）。根据《转让细则》，原采取协议转让方式的股票改为采取集合竞价转让方式进行转让，原采取做市转让方式的股票仍采取做市转让方式进行转让，采取集合竞价和做市转让方式的股票符合《转让细则》规定条件的，均可以进行协议转让。上述改革以完善市场价格形成机制、为持续改善流动性为目标，通过引入集合竞价交易制度、分类纾解协议转让需求、完善做市转让方式、进一步明确申报有效价格范围等措施，主要解决全国股转系统交易领域存在的问题。

（二）分层制度

2017年12月，全国中小企业股份转让系统发布了《全国中小企业股份转让系统挂牌公司分层管理办法》，进一步完善了全国股转系统的市场功能，提升服务创新型、创业型、成长型中小微企业的能力，并为股票转让、信息披露等其他改革的推出奠定了基础。

（三）信息披露制度

2017年12月，全国中小企业股份转让系统发布了《全国中小企业股份转让系统挂牌公司信息披露细则》，进一步明确了信息披露义务人及其职责，创新层挂牌公司在定期报告披露、业绩快报及预告、审计机构轮换等方面的特殊要求，重大事项的披露时点等要求。信息披露制度的进一步完善，既是全国股转系统投资者保护的重要举措，也是全国股转系统整体改革和发展的重要基础。

（四）推出创新创业公司非公开发行可转换公司债券

2017年9月，《创新创业公司非公开发行可转换公司债券业务实施细则（试行）》发布，

① 资料来源：东方财富Choice数据。

符合规定条件的创新创业公司（包括全国股转系统创新层挂牌公司）可通过非公开发行方式发行可转换公司债券并在证券交易所挂牌交易。该创新品种的推出，是证券交易所和全国股转系统落实创新驱动发展战略的重要举措，也凸显了全国股转系统在支持创新创业领域的重要作用。

（五）修订挂牌条件适用标准

2017 年 9 月，全国中小企业股份转让系统对《全国中小企业股份转让系统股票挂牌条件适用基本标准指引（试行）》进行了修订，进一步明确了全国股转系统挂牌条件的适用标准，从而更好地适应新时期全国股转系统的发展需要。

（六）调整主办券商执业质量负面行为清单

2017 年 8 月，全国中小企业股份转让系统对《主办券商执业质量负面行为清单》进行了调整，进一步完善了主办券商执业质量评价制度，更好地满足了监管需要和适应市场发展。

第五节　创新及其他业务情况

一、资产证券化发行情况[①]

2014 年 11 月，中国证监会发布《证券公司及基金管理公司子公司资产证券化业务管理规定》及配套法规，标志着中国证监会系统资产证券化业务（以下“资产证券化业务”均指“中国证监会系统资产证券化业务”）进入了新的发展阶段。新政策实施后，资产支持证券的发行规模增长迅速，2017 年资产支持证券共发行 538 单[②]，合计募集资金 9 460.93 亿元，募集资金较 2016 年增长了 90.91%。

（一）资产证券化业务的创新情况

2017 年在发行单数和规模延续高速增长态势的同时，资产证券化产品的创新活动也非常活跃。

2016 年 12 月，国家发展改革委、中国证监会发布《关于推进传统基础设施领域政府和社会资本合作（PPP）项目资产证券化相关工作的通知》，随后国家发展和改革委员会向中国证监会提供了首批 9 单 PPP 资产证券化项目的推荐函，包括交通设施、工业园区、水务、固废处理等类型的 PPP 项目，其中有 4 单产品于 2017 年 3 月获批在上交所和深交所发行，

① 资料来源：若无特殊说明，本部分数据均取自 Wind 资讯。
② 资料来源：中国证监会。

全国首批PPP资产证券化项目正式落地。

2017年资产证券化产品创新另一亮点主要围绕不动产类项目开展。就类REITs产品而言，主要有以下创新：底层资产类型进一步丰富，出现了培育型不动产、长租公寓以及书店等；基础资产方面首次出现了美元基金；在交易结构层面涌现了一批不依赖于主体信用的类REITs产品。就CMBS产品而言，底层资产也首次出现了培育型物业。

其他创新产品还包括：在扶贫政策、绿色政策支持领域出现了一系列ABS产品创新，主要特点为基础资产或募集资金用途具有扶贫、绿色等概念；区块链技术首次在ABS产品得到应用，区块链中的数据不可变更而可溯源，保证了基础资产形成和流转的真实性和可得性，节省了大量的尽调成本；在国内ABS产品以外币计价方面，国内首单以美元计价的资产支持专项计划弥补了国内ABS产品以外币计价的空白，为境内投资者增加了新的投资和避险工具，同时也为国内短期、中期、长期美元固定收益类产品建立价格引导机制进行了重要尝试。

（二）资产证券化产品基础资产结构情况

从基础资产结构来看，2017年发行单数居首的是应收账款类，共发行130单，占全年发行单数总量的24.16%，小额贷款、租赁租金、信托受益权及企业债权发行单数分别位居第2至5名；2017年发行规模居首的是小额贷款类，占全年发行规模总数的29.11%，应收账款、企业债权、信托受益权及租赁租金发行规模分别列第2至5名。

从风险角度来看，2017年未出现违约产品，仅有2单出现评级下调情况。

二、其他创新业务情况①

（一）可续期公司债券

2017年共发行52单可续期公司债券，合计募集资金894.90亿元。其中，公开发行47单，募集资金817.90亿元；非公开发行5单，募集资金77亿元。2017年发行可续期公司债券的33家发行人中，13家是中央企业，17家是地方国企，3家是非国有企业。

可续期公司债券相对于普通公司债券具有诸多优点，比如一定条件下可以计入权益降低企业资产负债率、延期支付利息不构成违约、发行人可以选择行使延期选择权从而延长资金使用期限等。目前，可续期公司债券主要适用于主体信用级别较高（AA+级及以上）的发行人。

（二）绿色公司债券

2017年共发行26单绿色公司债券，合计募集资金239.15亿元。其中，公开发行16单，募集资金160.80亿元；非公开发行10单，募集资金78.35亿元。2017年发行绿色公司债券

---

① 资料来源：若无特殊说明，本部分数据均取自Wind资讯。

的 19 家发行人中，5 家是中央企业，6 家是地方国企，8 家是非国有企业。

目前，沪、深证券交易所均对绿色公司债券发布了支持文件，明确规定了品种定义、资金用途、项目范围、账户管理、信息披露等事项，并建立了绿色通道以提高审核效率。

（三）创新创业公司债券和创新创业可转换公司债券

为支持创新创业型企业融资，中国证监会于 2017 年 7 月发布了《关于开展创新创业公司债券试点的指导意见》。为进一步降低创新创业公司融资成本，在中国证监会统一部署下，沪、深证券交易所联合全国中小企业股份转让系统有限责任公司、中国证券登记结算有限责任公司于 2017 年 9 月发布了《创新创业公司非公开发行可转换公司债券业务实施细则（试行）》。上述政策为创新创业公司利用资本市场融资奠定了基础。

2017 年共发行 19 单创新创业公司债券，合计募集资金 41.73 亿元。2017 年创新创业公司债在多个方面实现了突破：发行方式出现了公募发行，融资期限更加多样，融资规模显著提升，发行人区域也更为广泛。

2017 年共发行 4 单创新创业可转换公司债券，合计募集资金 0.91 亿元。从发行主体看，均为民营企业；从发行方式看，均为私募发行；从融资规模看，每单均不超过 5 000 万元，融资金额较小。

（四）项目收益债

项目收益债是公司债子品种，在审核程序、发行方式、上市（挂牌）交易、投资者适当性、登记托管、清算交收、监督管理等方面遵从现行公司债规定，募集资金用于项目投资、建设、运营或收购，且以项目产生的经营性现金流为主要偿债来源。该品种综合考虑了项目融资需求、资金用途和项目收益，实现“借、用、还”的统一，开拓了项目融资新渠道，解决了项目周期与融资期限的错配。

2017 年 10 月 18 日，由陕西省旅游集团延安文化旅游产业投资有限公司发行的项目收益公司债券在上海证券交易所成功挂牌转让，标志着中国证监会统一部署下的首单项目收益公司债券正式落地。

（五）社会责任公司债券

为发挥资本市场作用，服务国家脱贫攻坚战略，中国证监会在 2017 年推出了社会责任公司债券。2017 年 11 月，宜昌长乐投资集团有限公司非公开发行社会责任公司债券（扶贫）在上交所挂牌，标志着国内首单扶贫专项公司债券正式落地，该债券募集的 5 亿元资金将全部用于五峰土家族自治县的精准扶贫项目。该债券采用市场化手段发行，是“国家输血”向“地方造血”扶贫模式的创新和转变。

（六）“一带一路”建设公司债券

“一带一路”建设是打造中国经济新格局、促进沿线国家和地区共同繁荣的重大倡议。

中国证监会深入贯彻落实党中央、国务院决策部署，积极推动资本市场助力“一带一路”资金融通，推出了“一带一路”建设公司债券。

2017 年 3 月，俄罗斯铝业联合公司成功在上海证券交易所非公开发行第一期熊猫债券，发行金额 10 亿元人民币，发行期限 2 + 1 年。这是首单俄罗斯大型骨干企业在中国发行的熊猫债券，也是首单“一带一路”沿线国家企业发行的熊猫债券。

第六节　投资银行业务组织架构基本情况

一、证券公司承销业务格局更加集中

2017 年，证券公司承销业务市场格局呈现相对集中的态势，排名前 10 位的证券公司市场占有率合计在 50% 以上，其中主承销金额的市场占有率更为集中。根据 Wind 资讯数据，股权主承销方面，前 10 家证券公司主承销的金额占比为 60. 92%，较 2016 年上升 6. 01 个百分点，家数占比 51. 57%，较 2016 年上升 5. 28 个百分点；债券主承销方面，前 10 家证券公司主承销的金额占比为 57. 59%，较 2016 年上升 8. 57 个百分点，家数占比 51. 24%，较 2016 年上升 6. 80 个百分点（见图分 2 - 3）。

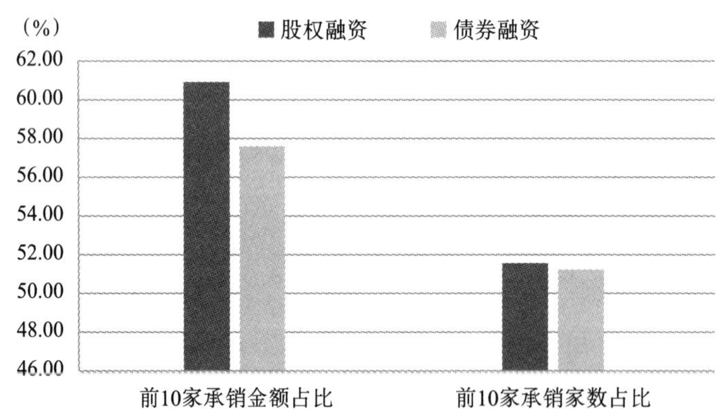

图分 2 - 3　2017 年前 10 家证券公司承销金额和家数的占比情况

资料来源：Wind 资讯。

业务收入方面，中国证券业协会 2017 年专项调查的数据显示，2017 年度股权保荐与承销、债券承销业务收入合计在 10 亿元以上的证券公司有 9 家，收入合计在 5 亿元以上的证券公司有 12 家；2017 年度并购重组财务顾问收入在 1 亿元以上的有 7 家，收入 5 000 万元以上的有 15 家。

二、证券公司开展投资银行业务的组织架构情况①

各家证券公司开展投资银行业务，组织架构方面有同有异。从证券公司参与问卷调查的结果看，约 1/2 的证券公司在组织架构上分别设置了从事股权承销和从事债券承销的部门；约 1/3 的证券公司债券承销部门隶属于投资银行部门。大多数证券公司的资本市场工作由承销业务部门或固定收益部门承担，仅约 1/4 的证券公司单独设置了从事股权或债券资本市场工作的部门。预期随着《证券公司投资银行类业务内部控制指引》发布，更多的证券公司将原隶属于投资银行业务部门的质量控制部门独立出来，成为与投资银行业务部门平级的一级部门。

业务布局方面，约 1/2 的证券公司单独设置了从事全国股转系统业务的场外市场部；约 1/3 的证券公司的全国股转系统业务隶属于投资银行部门。出于对并购重组财务顾问业务的重视，2/3 以上的证券公司成立了并购业务部门，隶属于投资银行部门或者单独设置。大多数证券公司开展了资产证券化等创新类业务，但仅约 1/5 的证券公司成立了专门的创新产品部门。2017 年度，在服务国企改革、支持“一带一路”方面，约 2/5 的证券公司承做了此类项目；将近 2/5 的证券公司在海外业务方面有所表现。

三、从业人员数量变化情况

根据中国证券业协会 2017 年专项调查数据，证券公司投资银行（含股权、债券承销和资本市场等部门）总人数约 2.14 万人，较 2016 年度增加约 31%。主要负责股权融资业务的投资银行部门（不含资本市场部门、债券承销部门）2017 年底人数约 1.57 万人，较 2016 年底增加 39%；其中，保荐代表人数量为 3 489 人，较 2016 年底数量增长 7%。债券承销部门 2017 年底人数约 4 240 人，较 2016 年底增长 11%。资本市场部（含股权资本市场、债券资本市场人数）总人数约 1 440 人，较 2016 年底增加 22%（见图分 2-4）。

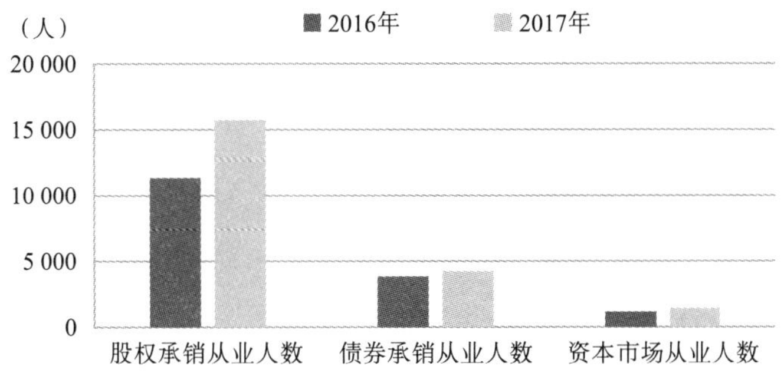

图分 2-4　近两年投行从业人员数量情况

资料来源：中国证券业协会 2017 年专项调查。

① 资料来源：中国证券业协会 2017 年专项调查。

第二章
2017 年中国投资银行业务面临的问题与 2018 年前景展望

第一节 中国投资银行业务当前存在的主要问题

一、新形势下，投资银行服务实体经济的综合能力有待增强

党的十九大报告指出，中国特色社会主义进入了新时代，我国社会主要矛盾已经转化为人民日益增长的美好生活需要和不平衡不充分的发展之间的矛盾。中央金融工作会议提出金融要回归本源，服从服务于经济社会发展，要把为实体经济服务作为出发点和落脚点。

在新形势下，投资银行应当充分认识到自身服务实体经济的综合能力有待加强，需要更大力度地服务全面脱贫、供给侧改革、混合所有制改革、债转股等国家战略与支持“一带一路”建设，切实加大对实体经济发展的支持力度，把更多金融资源配置到经济社会发展的重点领域和薄弱环节。

同时，投资银行服务新经济，推动新技术、新产业、新业态、新模式发展的力度有待强化。近年来，新一轮科技和产业革命蓬勃兴起，代表新经济的创新企业不断涌现，对我国产业发展、经济转型升级具有引领作用和示范意义。但受过往我国资本市场制度和宏观改革措施等综合因素影响，一批在互联网、大数据、云计算、人工智能、软件和集成电路、高端装备制造、生物医药等领域处于引领地位的创新企业已经在境外上市，第二批快速成长的创新企业也在筹划上市。国内投资银行在新经济领域存在缺位，其中既有国内政策和市场偏好的客观因素，也有投资银行对新经济重视不够、理解不深、专业和服务能力不足的深刻原因。

二、投资银行类业务的风险控制与合规建设仍有较大的改进空间

资本市场的快速发展和监管政策的不断完善对投资银行业务的内部控制提出巨大挑战，尤其IPO“先行赔付”、公司债券在未来几年的密集到期、部分上市公司近年频繁并购累积的大额商誉和高杠杆的资本运作，都对投资银行的内部控制提出了更高的要求。

2017年以来，在监管部门的指导和监管政策的要求下，投资银行的风险控制与合规建设有了长足的进步，但投资银行业务内部控制水平仍有较大的改进空间。近年来，一系列的合规事件与行政处罚都反映出部分发行人、上市公司合规意识淡薄，投资银行业仍存在“重发展、轻质量”，“重规模、轻风险”，“重前端承做、轻后期督导”等现象，亟待从机制上进行规范和加强风控意识、合规建设。在此背景下，2017年9月，中国证监会发布《证券公司投资银行类业务内部控制指引（征求意见稿）》向社会公开征求意见。该指引着力解决业务活动管控不足、过度激励等导致投行类业务风险产生的根源性问题；突出投行类业务内部控制标准的统一；完善以项目组和业务部门、质量控制、内核和合规风控为主的“三道防线”基本架构，构建分工合理、权责明确、相互制衡、有效监督的内控体系；加强执行层面的规范和指导，强调实践中的内控有效性。

三、投资银行类传统业务同质化竞争加剧，创新能力成为投资银行稳健发展的关键

2017年，投资银行业务结构变化不大，股票和债券承销与发行仍是收入贡献的主体部分，并购重组财务顾问、全国股权转让市场业务等是收入贡献的有效补充。在投行整体收入增长放缓的背景下，IPO、再融资、并购重组等传统投资银行业务同质化竞争日益加剧，缺乏业务创新和差异化服务能力，收入增速低于融资规模增速，平均承销佣金费率有所下滑，一些过度竞争、竞相压价的大规模融资项目基本不赚钱。

目前，投资银行应当思考如何在回归本源、服务实体经济和加强风险控制的基础上，发挥专业和创新优势，通过模式创新驱动投资银行业务整体转型升级，进而引领资本市场的发展方向。比如，设计符合国情的REITs产品盘活存量和推进租售同权，通过发行、管理、交易等综合服务丰富收入结构；在混合所有制改革、债转股、中央企业和国有企业并购整合、“一带一路”跨境业务中切实提供专业的财务顾问服务。

四、投资银行的跨境业务综合能力有待提升

2017年，国内企业跨境并购数量和规模受国内政策环境、汇率变化和外国政府政策导向等因素的影响，出现了较大波动。但是，总体而言，国际化仍是我国经济不可逆转的发展

趋势，“一带一路”倡议的重要性日益凸显，传统产业积极出境并购先进技术、国际品牌、优质资源，创新企业境外上市和全球战略布局蔚然成风。与此同时，我国资本市场对外开放的步伐也在加快，港股通快速发展，A股纳入明晟（MSCI）新兴市场指数，国内外市场加速接轨。

跨境服务是投资银行服务实体经济和“一带一路”倡议的重要手段。但在目前，我国投资银行仍然偏重于国内资本市场，国际化服务的意识、资源、能力都存在较大欠缺，难以满足广大企业国际化过程中的迫切需要。投资银行应当加快步伐走出国门，有计划、有步骤地在人才队伍建设、专业能力培养、国际机构合作、市场需求挖掘和资源储备等方面狠下功夫，抓重点、补短板、强弱项，打造与我国经济日益提高的国际化水平相匹配的国际化投资银行。

第二节 2018年中国投资银行业务前景展望

一、资本市场高质量发展，直接融资比重进一步提高，主动服务实体经济

2018年，资本市场仍将坚持稳中求进的工作总基调和服务实体经济的直接融资功能。

IPO发行常态化，不仅有助于增加股票供给，解决“堰塞湖”现象，更能让代表新经济发展方向、拥有核心竞争力和先进经营模式的企业及时上市，发挥资本市场服务实体经济的主要功能；推进西部大开发和精准扶贫的相关政策举措将继续拓宽贫困地区的融资渠道，扶持贫困地区优质企业的快速健康发展。

上市公司再融资保持健康发展，过度融资和脱实向虚被继续遏制，定增套利、募资用途频繁变更等现象逐渐成为历史，资本向实体产业尤其代表新经济发展方向的上市公司积聚；可转换公司债券、可交换公司债券等创新品种不断涌现和发展，进一步丰富优质企业的直接融资方式，灵活对接资本投资和企业融资的双向需求；随着混合所有制改革、债转股战略的落实和深化，上市公司成为主要群体，再融资将成为推进混改、债转股实施、增效的重要工具。

并购重组继续在规范中发展，上市公司“忽悠式”、“跟风式”、盲目跨界重组、高杠杆运作等现象被继续遏制，二级市场风格进一步优化，从“炒概念”、“炒重组”、“炒壳炒差炒小”回归到关注行业前景、发掘企业价值和审视并购重组项目本身；服务实体经济和“一带一路”倡议、符合产业政策和产业方向的跨境并购项目继续受到政策支持和市场认可，交易数量和规模预计将进一步提升。

交易所债券市场保持增长的同时将凸显新的发展特点，根据国家战略和经济转型的需要

不断推出创新品种，解决实体经济多样化的融资需求，如适时推出REITs促进“租售并举”的落地和发展，大力发展ABS和可交换公司债券，促进盘活存量资产、提高资产效率，发挥绿色债、双创债、收益债等品种在不同领域的独特优势，提升债券市场活力和服务实体经济能力。

二、市场监管进一步强化，坚决打好防范化解重大风险攻坚战

随着我国经济从高速增长阶段转为高质量发展阶段，经济发展过程中不确定性因素增多，防范系统性金融风险成为资本市场发展的重中之重。2018年，资本市场将延续和进一步巩固依法全面从严监管的态势，IPO欺诈发行和虚假披露、上市公司“忽悠式”再融资和并购重组将继续受到严厉打击，高杠杆运作及其资金风险、交易所债市流动性风险和信用风险等将受到高度关注，顶风作案、祸害市场、侵害投资者合法权益的违法违规活动将受到严惩。与此同时，保护投资者合法权益的制度建设将逐步完善。

三、深化多层次资本市场体系改革，推动经济发展实现质量、效率、动力的“三大变革”

近年来，我国新一轮科技和产业革命蓬勃兴起，涌现出一批代表着互联网、大数据、云计算、人工智能、软件和集成电路、高端装备制造、生物医药等高新技术产业和战略性新兴产业发展方向的创新企业。让符合国家战略的创新企业留在国内上市、尽快上市已经成为我国资本市场迫切需要解决的问题和切实服务实体经济的关键。

2018年3月，国务院办公厅转发中国证监会《关于开展创新企业境内发行股票或存托凭证试点的若干意见》，明确要求进一步加大资本市场对实施创新驱动发展战略的支持力度，按照市场化、法治化原则，借鉴国际经验，开展创新企业境内发行股票或存托凭证试点。具体而言，符合国家战略、掌握核心技术、市场认可度高、属于高新技术产业和战略性新兴产业且达到相当规模的创新企业可以根据相关规定和自身实际，选择申请在境内发行股票或存托凭证上市。

在可预见的未来，随着相关细则的发布，将有一批符合国家战略和相关要求的境外上市创业企业以发行存托凭证的方式回归A股市场，一批尚未上市的创新企业以发行股票或存托凭证的方式登陆境内资本市场。

综合而言，不断深化改革、加速发展完善的多层次资本市场体系将持续助力我国高新技术产业和战略性新兴产业发展提升，持续推动我国经济发展的质量变革、效率变革、动力变革。

分报告之三：

2017年中国证券公司资产管理业务发展回顾与展望

第一章 2017年中国证券公司资产管理业务的总体情况

第一节 2017年中国证券公司资产管理业务的发展环境

一、经济环境：居民财富的多元化配置需求显著增长

当前，我国经济已由高速增长阶段转向高质量发展阶段，2017年我国经济稳中向好，国内生产总值（GDP）突破80万亿元，同比增长6.9%；人均可支配收入25 974元，较上年名义增长9.0%，为证券公司资产管理业务的发展提供了较为宽松的经济环境。据招商银行和贝恩公司联合发布的《2017中国私人财富报告》统计：截至2016年末中国个人可投资资产总体规模达165万亿元，10年增5倍；预计2017年末全国个人可投资资产总体规模将达到188万亿元，同比增长14%（见图分3－1）。伴随着改革开放过去40年居民财富的快速积累，居民财富管理意识的不断增强为证券公司大力发展资产管理业务提供了契机。

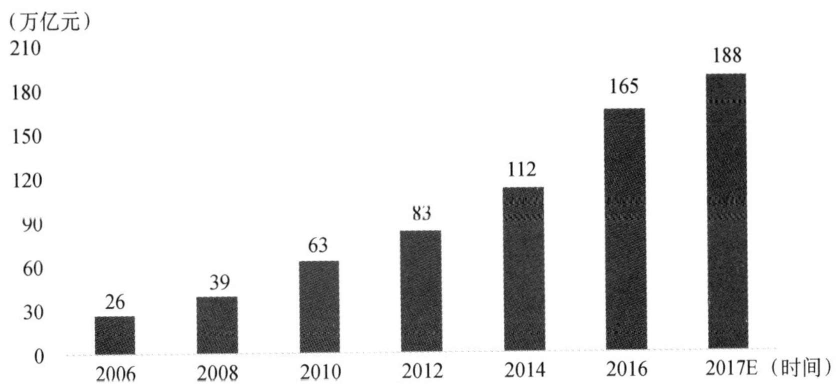

图分 3 - 1　2006—2017E 中国个人可投资资产总规模

资料来源：招商银行，贝恩咨询，申万宏源研究。

二、政策环境：去通道、去杠杆、防风险是主基调

防范化解重大风险是当前金融市场发展的重中之重。第五次全国金融工作会议确立了“服务实体经济、防控金融风险、深化金融改革”三位一体的发展思路；十九大明确提出要健全金融监管体系，守住不发生系统性金融风险的底线；中央经济工作会议将防范化解重大风险作为三大攻坚任务之一。在十九大、全国金融工作会议、中央经济工作会议精神的指引下，监管部门联合发力，围绕资产管理行业的规范发展出台了一系列监管政策，包括中国银监会“三三四”专项整治、中国证监会加强公募基金流动性管理、中国保监会规范保险资金股权投资业务等在内的各项政策均指向资产管理行业通道业务、资金池等风险高发领域，资产管理行业去通道去杠杆的监管合力已经形成。①

三、行业环境：专注主业、回归本源

党的十九大报告提出要积极培育具备全球竞争力的世界一流金融企业；第五次全国金融工作会议提出，金融机构发展要专注主业、回归本源，真正服从服务于经济社会的健康有序发展。金融要把为实体经济服务作为出发点和落脚点，全面提升服务效率和水平，把更多金融资源配置到经济社会发展的重点领域和薄弱环节，更好地满足人民群众和实体经济多样化的金融需求。在行业转型发展的关键阶段，资产管理业务成为证券公司日益重要的收入来源，成为行业盈利模式转型的重要突破口，证券公司资产管理业务正积极加强主动管理，回归服务实体经济的本源。

① 2018 年我国推出金融监管体制改革，原中国银监会和中国保监会已合并为中国银行保险监督管理委员会，但在 2017 年颁布相应监管规定时还未改革，因此本报告中在此部分保留了原中国银监会和中国保监会的提法。

第二节 2017年中国证券公司资产管理业务的发展情况

一、整体情况：快速去通道，服务实体经济能力有所提升

在资产管理业务持续去通道、去杠杆的背景下，证券公司资管业务规模首次出现负增长。中国证券业协会数据显示，2017年证券公司资产管理业务总规模从2016年末的17.82万亿元降至2017年末的17.26万亿元，降幅为3.14%。从收入来看，2017年行业实现资产管理业务净收入310.21亿元，较上一年度增加13.75亿元，同比增长4.64%；从收入贡献度来看，2017年资产管理业务贡献了证券行业近10.0%的营业收入，较上年提升1.0个百分点，收入贡献度持续提升。① 在资产管理业务收入质量有所改善的同时，资产管理业务对实体经济的服务能力也显著提升。证券公司资产管理业务积极推进资金脱虚向实，在解决实体经济资金紧张、为中小企业提供融资服务方面发挥了重要作用（见图分3-2）。

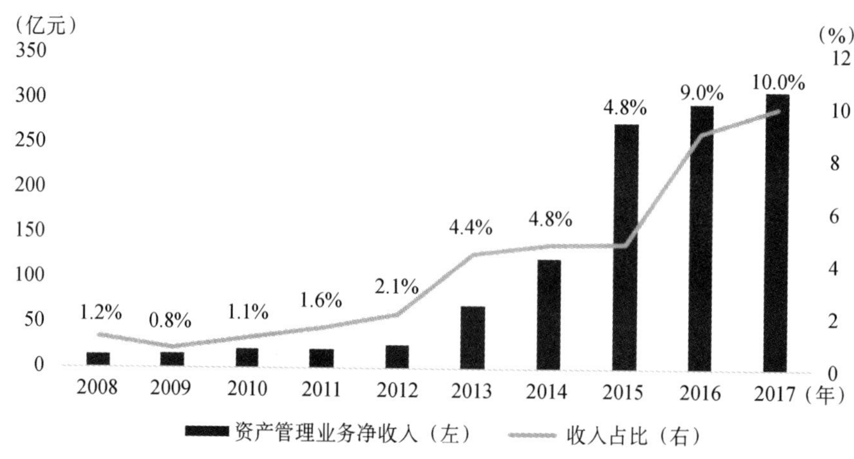

图分3-2 2008—2017年证券资产管理业务净收入及收入占比

资料来源：中国证券业协会，申万宏源研究。

（一）集合资产管理产品受托规模小幅增长

2017年末，共有95家证券公司设立集合资产管理产品，合计管理集合资产管理产品数量3 904只，较上年末增加48只，同比增长1.24%，增幅较上一年度出现下滑；期末受托

---

① 资料来源：中国证券业协会网站披露的“中国证券业协会发布证券公司2017年经营数据”，数据基于证券公司未经审计的财务报表统计。

管理资金规模 2.2 万亿元，同比增长 2.33%。

（二）专项资产管理业务翻倍增长

2017 年末，共有 69 家证券公司设立专项资产管理产品，较上年增加 10 家；合计管理专项资产管理产品数量 2 890 只，较上年末增加 774 只，同比增长 36.58%；期末受托管理资金规模 1.03 万亿元，同比增长 134.09%。

（三）定向资产管理业务扩张受限

2017 年末，共有 97 家证券公司设立定向资产管理产品，较上年增加 2 家。证券公司定向资产管理业务期末客户数达 16 776 户，同比增长 4.89%，期末受托资金总额 14.03 万亿元，同比减少 4.36%。整体而言，在行业去通道降杠杆的政策环境下，以定向资管为代表的通道类业务规模扩张受到抑制，但相对而言，定向资管产品依旧占据主导地位，2017 年定向资管产品受托资金占比为 81.29%。

二、新设情况：股票型产品发行规模大幅收缩

从产品发行情况来看，根据 Wind 数据统计，2017 年共新设证券公司资产管理产品 8 488 只，较 2016 年增加 313 只；2017 年合计发行规模 2 619.71 亿份，较 2016 年减少 1 316.72 亿份，降幅 33.4%。从产品数量来看，股票型、混合型产品的新设数量出现明显下滑，其中股票型产品减少 372 只，降幅 91.0%；混合型产品减少 691 只，降幅 52.0%。从产品发行份额来看，各类型产品均出现收缩，债券型、货币市场型、另类投资型产品新设规模保持相对稳定，发行份额降幅在 30% 以内（见图分 3－3、图分 3－4）。

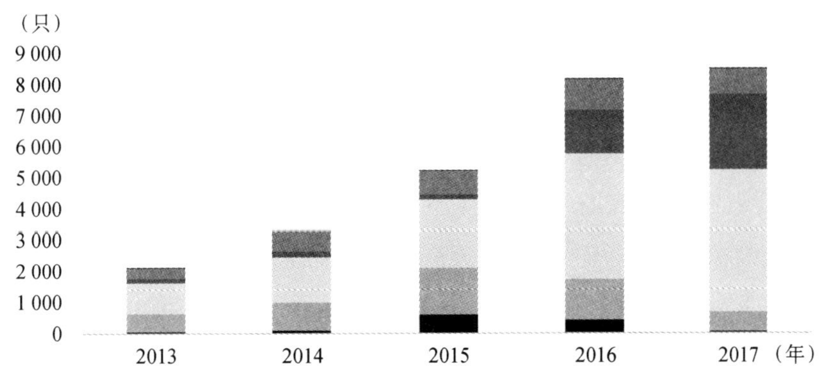

图分 3－3　2013—2017 年证券资管产品发行数量统计

资料来源：Wind，申万宏源研究。

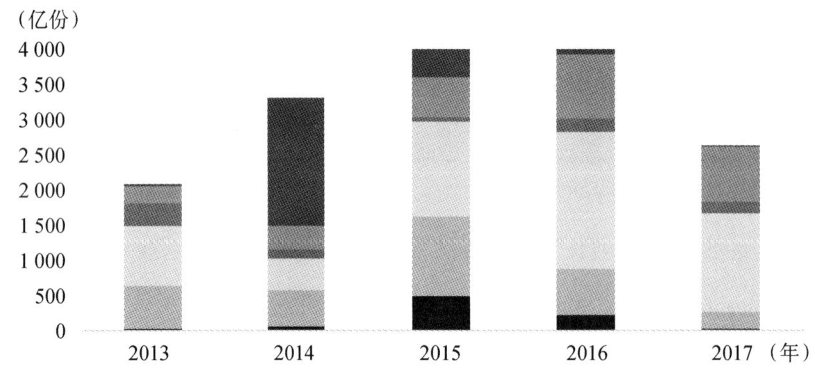

图分 3－4　2013—2017 年证券资产管理产品发行份额统计

资料来源：Wind，申万宏源研究。

三、投向情况：资产配置中债券占比超过 60%

从资产配置情况来看，债券依旧是证券公司集合理财计划的主要配置对象。从相对量来看，2017 年证券公司集合资产管理计划配置债券、现金、股票、基金以及其他资产的比例依次为 62.48%、7.27%、5.91%、3.54%以及 20.79%，与 2016 年相比，股票、债券以及其他类资产的配置比例有所上升。从绝对量来看，按市值口径统计，除股票资产外，其余各类资产的市值均出现不同程度的缩水（见图分 3－5）。

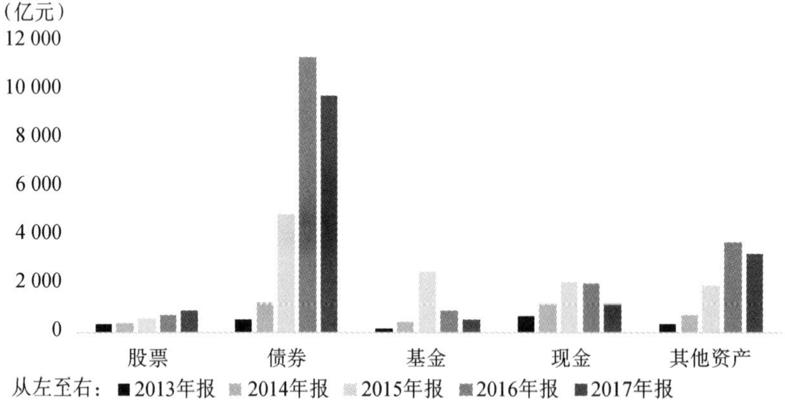

图分 3－5　2013—2017 年证券公司集合理财配置情况

资料来源：Wind，申万宏源研究。

四、集中度情况：行业竞争加剧，集中度小幅上升

从行业集中度来看，根据中国证券投资基金业协会颁布的“证券公司资产管理月均规模前20名”数据计算，2017年行业管理规模集中度呈现小幅提升，行业前5位、前10位、前20位管理规模占比分别为26.7%、41.4%和57.0%，较2016年分别提升2.0、0.6和0.8个百分点。资产管理是各家证券公司大力角逐的业务领域，目前相对较低的集中度反映出行业竞争日趋激烈，而伴随着资产管理业务领域龙头证券公司的确立，未来行业集中度有望进一步提升（见图分3-6）。

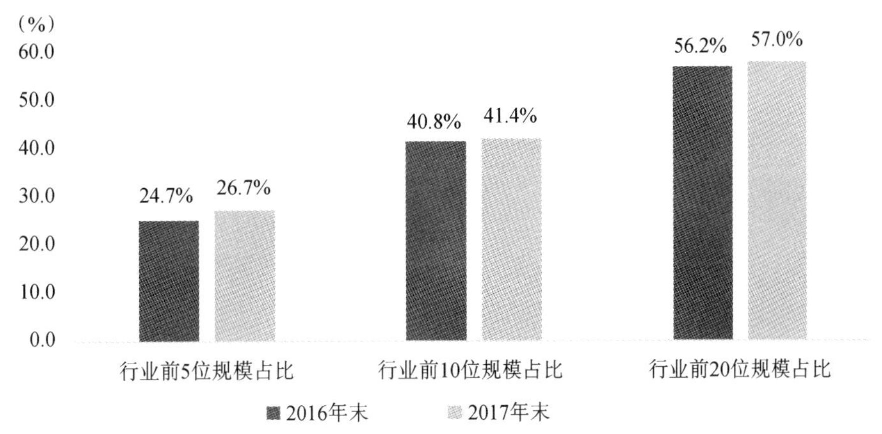

图分3-6　2016—2017年证券公司资产管理集中度统计（按管理规模）

资料来源：中国证券投资基金业协会，申万宏源研究。

五、投资者情况：机构客户是定向资产管理计划的主要参与者

从投资者结构来看，机构客户是定向资产管理计划的主要参与者。从客户数量来看，截至2017年末，机构客户数量15 220家，占比90.72%；个人客户数量1 556名，占比9.28%。从受托资金规模来看，截至2017年末，机构客户受托资金14.02万亿元，占比99.47%；个人客户受托资金749.69亿元，占比0.53%。

六、集合计划收益情况：另类产品及混合型产品表现最佳

从收益率表现来看，另类产品及混合型产品近一年表现最佳。截至2017年末，根据Wind数据统计，在3 498只产品中有2 764只实现了正收益，占比79%，证券公司集合资产管理的平均收益率为4.19%。分产品类型来看，2017年FOT（信托投资基金）、FOF（基金中的基金）以及混合型产品的收益率均超过6%，股票型、货币市场型产品的收益率则相对

较低（见表分 3－1）。从证券公司资产管理产品收益类的横向比较来看，以东方资管、方正资管为代表的部分证券公司资产管理产品收益率遥遥领先，其中东方资管借助价值投资实现多只产品年化收益率超 50%，方正资管各类量化交易产品也实现了较高的投资收益。

表分 3－1　证券公司集合资产管理收益率统计（截至 2017 年 12 月 31 日）

产品类型	近一年平均收益率（%）	正收益数（只）	负收益数（只）	正收益比例（%）	负收益比例（%）
FOF	6.04	102	36	73.9	26.1
FOT	7.87	142	8	94.7	5.3
QDII	3.10	16	16	50.0	50.0
股票型	2.91	127	90	58.5	41.5
混合型	6.55	705	339	67.5	32.5
[illegible]	[illegible]	[illegible]	[illegible]	[illegible]	[illegible]
债券型	3.09	1 231	244	83.5	16.5
综合统计	4.19	2 764	734	79.0	21.0

资料来源：Wind，申万宏源研究。

第二章
2017 年中国证券公司资产管理业务发展中面临的问题与 2018 年发展展望

第一节 2017 年中国证券公司资产管理业务发展中面临的问题

一、统一监管背景下，需要重塑证券公司资产管理的定位

2017 年 11 月 17 日，中国人民银行、中国银监会、中国证监会、中国保监会、国家外汇管理局联合出台《关于规范金融机构资产管理业务的指导意见（征求意见稿）》，旨在按照资管产品的类型制定统一的监管标准。从资产管理业务的发展现状来看，当前资产管理业务已在一定程度上实现了混业化经营，且业务同质化竞争严重，证券公司资产管理业务尚未形成鲜明的业务定位。在资产管理行业统一监管的背景下，证券公司资产管理亟须找准自身定位，发挥其在投资管理、产品创设及服务等方面的优势，依托自身比较优势，形成差异化竞争优势。

二、总体体量较小，且规模主要由通道业务贡献

在整个大资产管理行业中，证券公司资产管理总体体量偏小且规模主要由通道业务贡献。从可比数据来看，证券公司资产管理规模不及银行理财及信托（见图分 3－7）。从规模结构来看，以定向资产管理计划为代表的通道类业务贡献超过 80% 的规模，而以集合资产管理计划为代表的主动管理业务的规模贡献度仅为 12% 左右。

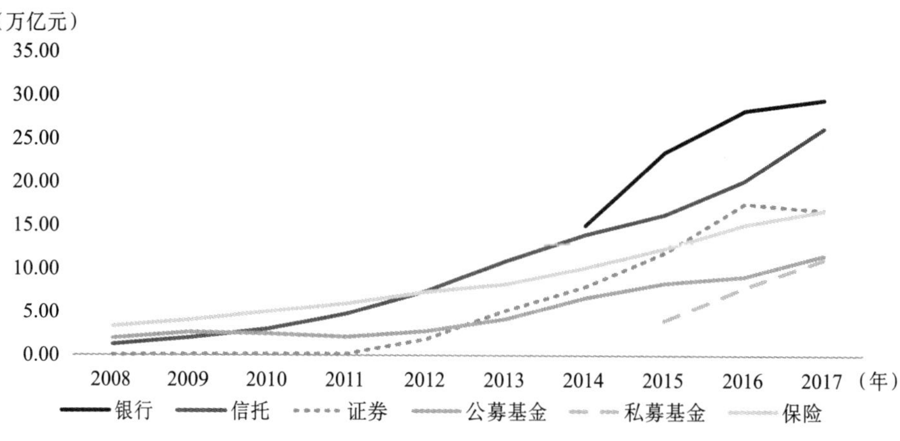

图分 3－7　2008—2017 年泛资产管理行业资产管理规模

资料来源：全国银行业理财信息登记系统，中国信托业协会，中国证券业协会，中国证券投资基金业协会，中国银监会，中国保监会，申万宏源研究。

三、主动管理不足，资产配置能力未能有效发挥

近年来，在行业去通道、去杠杆的监管导向下，证券公司纷纷主动降低结构化产品杠杆、压缩“通道”类业务，证券公司资产管理主动管理业务比例有所提升。但从整体来看，目前主动管理业务占比仍然不高，在资产配置方面的专业能力未能有效发挥。中国证券投资基金业协会 2017 年统计报告显示：截至 2017 年末，证券公司资产管理产品主动管理规模 4.56 万亿元（占比 27.62%）；非主动管理规模 11.95 万亿元（占比 72.38%）。证券公司资产管理业务发展仍呈现出非主动管理主导的基本特征，且非主动管理规模占比较 2016 年提升了近 1 个百分点。

四、产品线不完善，权益投资优势未能有效发挥

投资能力尤其是权益类资产投资能力是证券公司有别于其他资产管理机构的核心竞争力之一，但从实际来看，2017 年集合资产管理计划股票、债券、基金、现金的配置比例分别为 5.91%、62.48%、3.54% 和 7.27%，证券公司股权投资优势未能有效发挥。目前，证券公司资产管理产品仍然比较单一，各种产品线不够丰富，难以满足不同资产结构、不同风险偏好的投资者需求。

五、证券公司全面风险管理能力需进一步强化

近年来，中国证监会持续加强对证券基金经营机构的监管，加大检查和处罚力度，但资

产管理领域的风险事件仍时有发生。伴随资产管理业务的统一监管，预计防止期限错配、推进非标转标以及资产管理产品实现净值化管理等政策都将相继实施，这在一定程度上对证券公司资产管理业务的风险管理能力提出了更高要求。证券公司资产管理亟须加大专业人才队伍建设，建立与公司自身的业务复杂程度、风险控制指标体系、风险承受偏好和承受能力相匹配的风险管理架构，进一步提升风险管理水平。

六、行业竞争激烈，人才激励机制有待完善

在目前泛资产管理格局和加强监管背景下，人才战略成为资产管理行业提升自身竞争力的重要抓手，当前证券公司资产管理产品收益率普遍偏低的重要原因之一就是缺乏有效的人才激励机制。相对于银行、公募、私募等其他机构，目前证券公司资产管理的整体薪资水平并不具备竞争力，通过优化中期激励机制，及时有效地保留优秀人才，降低由于人才流失对公司业务的影响已迫在眉睫。

第二节　2018年中国证券公司资产管理业务前景展望

一、资产管理行业将迎来统一监管

2018年3月28日，中央全面深化改革委员会第一次会议正式通过《关于规范金融机构资产管理业务的指导意见》，这意味着2018年资产管理行业将正式迎来统一监管。随着统一监管的实施，过去泛资产管理机构之间互借通道、多层嵌套及监管套利等问题将在很大程度上得到解决，按照资产管理产品的分类，同类资产管理产品将实施统一监管标准，实行公平的市场准入，最大限度地消除监管套利，为资产管理业务健康发展创造良好的制度环境。

二、去通道背景下，资产管理规模稳中有降

在去杠杆、去通道的背景下，定向资管业务扩张将持续受限，同时自2018年1月1日开始实施的营改增政策①也将使得嵌套类通道业务的成本有所增加，这两方面原因将对证券公司资产管理规模的增长带来冲击，预计2018年行业发展将更加注重质量，各类资产管理产品的结构将进一步优化，行业总体管理规模增速或延续稳中有降的趋势。

---

① 根据《关于资管产品增值税有关问题的通知》（财税［2017］56号文），证券公司资产管理产品暂适用简易计税方法，按照3%的征收率缴纳增值税。

三、行业加速转型，差异化发展是大势所趋

第五次全国金融工作会议明确指出，“做好金融工作要回归本源，金融要把为实体经济服务作为出发点和落脚点”。在金融行业加速转型、回归本源的大背景下，证券公司资产管理将重点摆脱通道业务模式，发挥其在产品创设、资产配置、交易撮合方面的专业能力，拓展主动管理能力，行业发展将呈现差异化发展趋势。不同类型的证券公司资产管理机构有望基于自身资源禀赋和发展战略的不同，形成差异化发展模式。比如在二级市场投资研究上有长期积累和布局的机构可能借助强化主动管理来提升竞争力；有平台效应的证券公司资产管理机构有望进一步做大平台，提升对各类资金及资产的配置效率，搭建综合性的资产管理业务平台；有量化及结构化投资基础的证券公司资产管理机构有望借助量化产品或结构化产品的大发展打造自身产品特色，证券公司资产管理业务发展将向多元化、差异化的方向转变。

四、完善产品布局，ABS、跨境资产管理产品有望迎来大发展

在产品布局方面，ABS 及跨境资产管理产品有望迎来大发展。一方面，党的十九大报告将发展直接融资放在了更加重要的位置，资产证券化是证券公司资产管理推动直接融资、服务实体经济的重要突破口，2018 年发行规模有望持续突破；另一方面，在人民币国际化的大潮下，全球经营、全球配置已经成为资产管理机构的必然选择，当前我国居民跨境资产配置比例偏低，远低于成熟市场近 40% 的水平，以“一带一路”建设为重点的对外开放格局为跨境资产管理产品的发展提供了广阔的空间。

五、严守合规底线，建立健全全面风险管理体系

加强内控合规建设、建立健全全面风险管理体系是证券公司资产管理业务健康发展的基础。在衍生品及非标产品交易结构日趋复杂的背景下，资产管理业务合规风控的重要性日益凸显。一方面，证券公司在开展资产管理业务时必须严守合规底线，自觉规避保本保收益、刚性兑付等类信贷业务；另一方面，需要针对各类风险设定有针对性的风险管理制度和管理流程，明确风险识别和控制环节的具体内容和管理要求，持续推进风险管理的制度化、标准化和规范化建设，实现风险管理与业务管理的有机统一。

六、优化公司治理，人才战略成为重要突破口

资产管理行业最核心的竞争依然是人才的竞争，证券公司资产管理将进一步优化公司治理结构，建立市场化的考核机制，在有条件的情况下探索员工持股计划、奖金递延支付等同

业可比的激励机制，建立长效且相容的激励约束机制，留住核心人才。

七、加快系统建设，积极布局金融科技

金融科技和电子系统建设是当前证券公司资产管理业务发展面临的重要议题。从境外资产管理机构的发展经验来看，以贝莱德和高盛为代表的机构都纷纷加大科技金融投入，不断提升内部信息系统建设，其中贝莱德自2000年开始组建Aladdin，目前贝莱德的投资决策、交易执行、风险管理、组合管理及客户数据都综合在Aladdin平台；高盛近年来在收购智能投顾类企业的同时也在内部加快数据湖（Data Lake）建设，充分运用大数据挖掘、量化技术等金融科技，提升资产管理及客户服务能力。未来证券公司资产管理业务也应积极布局金融科技，借助各种技术工具为资产管理业务赋能，更好地提升证券公司资产管理业务的资产配置能力，帮助客户更好地实现资产保值增值。

分报告之四：
2017 年中国证券公司融资类业务发展回顾与展望

第一章
2017 年中国证券公司融资融券业务发展回顾与 2018 年前景展望

第一节　2017 年中国证券市场融资融券业务发展现状

一、融资融券业务发展现状

（一）融资融券市场余额情况

2017 年我国证券市场整体稳定，“两融”业务平稳发展。据 Wind 数据统计，截至 2017

年 12 月 29 日，融资融券全市场余额为 10 262.64 亿元①，相比于 2016 年末的市场余额 9 392.49 亿元增长了 9.26%。

2017 年融资融券余额波动较小，整体趋势呈现稳中有升，最高为 10 402.06 亿元（2017 年 11 月 16 日），最低为 8 625.31 亿元（2017 年 6 月 2 日）。融资余额整年基本上在 9 000 亿元上下震荡，在 2017 年 6 月 2 日达到全年最低，为 8 580.03 亿元，在 2017 年 11 月 16 日达到全年最高，为 10 350.14 亿元；而融券余额在 2017 年稳步回升，在 2017 年 1 月 26 日达到全年最低，为 29.70 亿元，在 2017 年 11 月 21 日最高，为 55.24 亿元（见图分 4－1）。

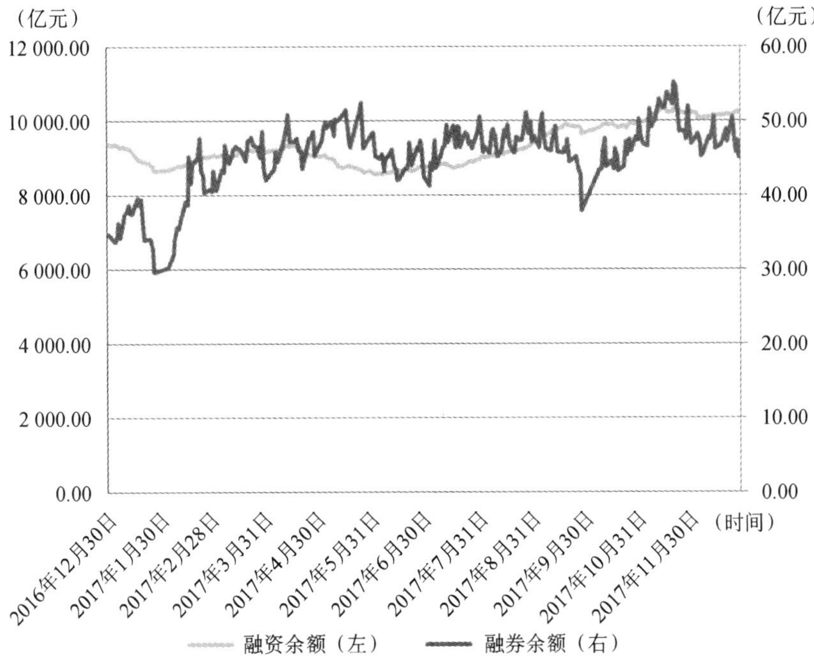

图分 4－1　2017 年融资融券市场余额变化情况

资料来源：Wind 资讯。

（二）融资融券市场交易情况

2017 年全年，沪、深两市融资买入金额累计为 103 825.85 亿元，日均融资买入金额为 425.52 亿元，占沪、深两市全年 A 股成交额比例为 9.28%；全年融券卖出累计金额为 1 878.31 亿元，日均融券卖出金额为 7.67 亿元，占沪、深两市全年 A 股成交额比例为 0.17%。

2017 年每日融资买入金额占 A 股成交额比例波动较大，最小值出现在 2017 年 1 月 16 日，为 6.54%，最大值出现在 2017 年 10 月 9 日，为 12.11%。2017 年每日融券卖出金额占

① 有关融资融券余额的数据有两个主要来源，一是中国证券金融股份有限公司网站公告的数据，另一个是 Wind 根据沪、深证券交易所加总数据，两者在统计口径上略有差异。截至 2017 年底，沪、深两市的融资融券余额 Wind 数据显示为 10 262.64 亿元，中国证券金融股份有限公司网站公告数据为 10 261.00 亿元。

A 股成交额比例类似，波动也相对较大，2017 年 1 月 26 日达到最低为 0.04%，2017 年 12 月 14 日到达最高为 0.28%（见图分 4－2）。

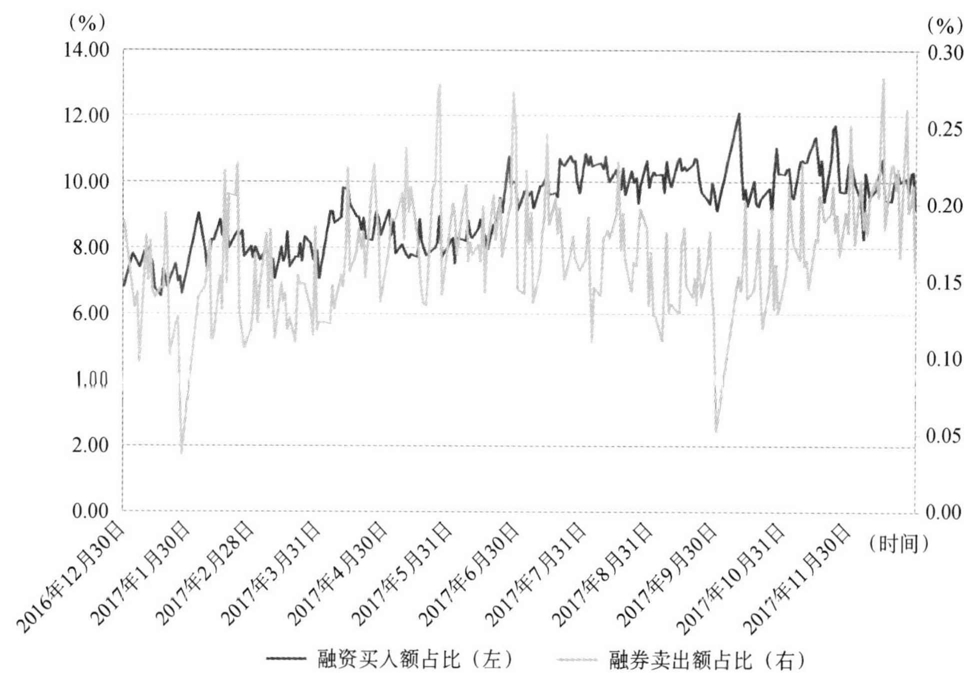

图分 4－2　两市融资买入额和融券卖出额占 A 股成交额比例

资料来源：Wind 资讯。

（三）融资融券业务开户情况①

从融资融券业务的参与者来看，参与融资融券业务的投资者数量稳步增长。根据中国证券登记结算有限责任公司（简称“中国结算”）数据统计，2017 年末开立信用证券账户的投资者数约为 455.53 万户，较 2016 年末开立信用证券账户的投资者数 424.89 万户增长了 7.21%。

相对于前几年，2017 年“两融”账户开户数明显平稳放缓，每月新增的投资者数平均不足 3.44 万户，月增长率均值不高于 0.65%，其中最高为 6 月份，新增投资者数为 6.73 万户、增加率为 1.54%，7 月份降低至全年最低，新增投资者数为 1.35 万户、增加率为 0.30%，显示出融资融券开户数趋于稳定（见图分 4－3）。根据中国结算数据显示，近几年开立信用账户的客户占全市场投资者数比例也有所下降（见表分 4－1）。

① 有关融资融券信用账户的开户情况，中国结算公布的数据为“开立信用证券账户的投资者数”，开立信用证券账户的投资者数以信用证券账户对应的一码通账户数统计；中证金融公司公布的开户数是根据证券公司汇总数，一个投资者的沪、深普通账户可对应开立一个沪、深信用账户。一般而言，当前投资者开立信用账户时，会同时开立沪、深信用证券账户，大体而言，中证金融公司公布的信用账户数应是中国结算按照一码通统计的“开立信用证券账户的投资者数”的 2 倍。基于上述情况，对于客户开立融资融券信用账户的变化情况，中国结算和中证金融公司的数据显示的趋势和结果大体是一致的。此外，在融资融券业务开展实践中，证券公司对于客户信用账户中的资产、负债、维持担保比例等参数的计算不区分沪、深市场，统一计算，并作为一个账户，统一进行盯市、追保、平仓等业务处理。

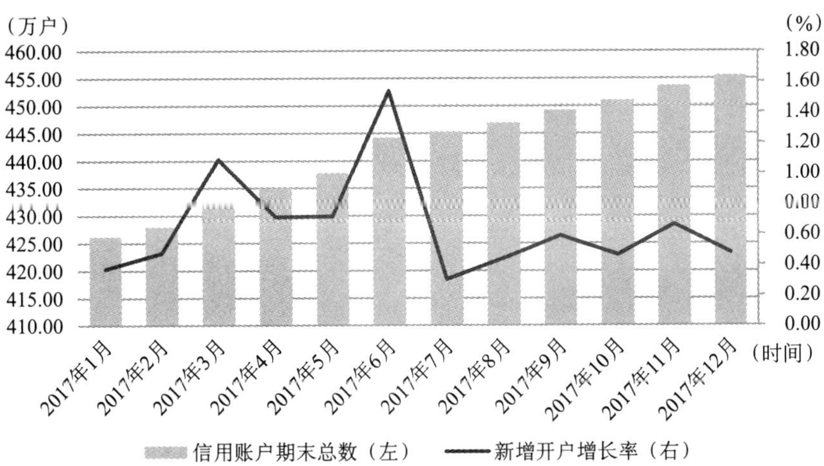

图分 4－3　2017 年融资融券新增开户增长率

资料来源：中国证券登记结算有限责任公司，Wind。

表分 4－1　　2015—2017 年末信用账户数

年份	期末投资者数（万户）	期末信用账户数（万户）	信用账户占比（%）
2015 年	9 910. 53	397. 69	4. 01
2016 年	11 811. 04	424. 89	3. 60
2017 年	13 398. 30	455. 53	3. 40

注：根据中国结算网站说明，期末投资者数量指持有未注销、未休眠的 A 股、B 股、信用账户、衍生品合约账户的一码通账户数量。

资料来源：中国证券登记结算有限责任公司。

（四）融资融券市场担保物及维持担保比例

根据中国证券金融股份有限公司数据，2017 年融资融券客户的担保物总价值相比于 2015 年、2016 年相对比较稳定，整体在 3 万亿元上下震荡，最高 32 081. 83 亿元，最低 27 377. 45 亿元。

2017 年，融资融券客户的平均维持担保比例与融资融券担保物价值的走势基本一致，最高为 278. 30%，最低为 260. 24%，整体在 270% 附近上下震荡（见图分 4－4）。

（五）融资融券对证券公司收入贡献情况

融资融券业务经历了 2011—2014 年的快速发展及 2015—2016 年初股市的异常波动，日益成熟和稳定，截至 2017 年底已有 93 家证券公司参与融资融券业务。融资融券业务已成为我国证券公司的主营业务之一，在很大程度上增加了市场的活跃度，为行业和证券公司贡献了稳定而可观的交易量和收入（见表分 4－2）。

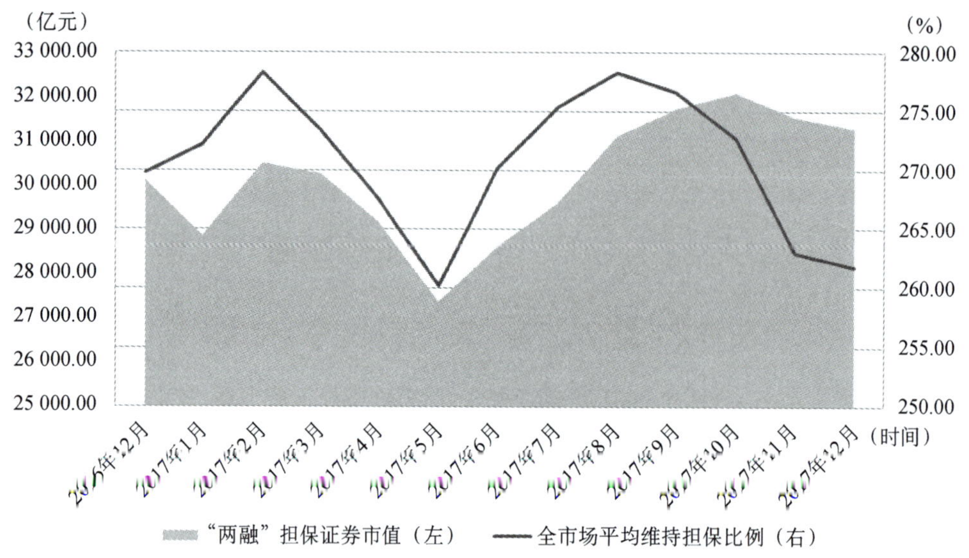

图分 4-4　融资融券市场担保物及平均维持担保比例

资料来源：中国证券金融股份有限公司。

表分 4-2　融资融券市场利息收入

年份	行业整体营业收入（亿元）	融资融券利息收入（亿元）	占比（%）
2012 年	1 294.71	52.60	4.06
2013 年	1 592.41	184.62	11.59
2014 年	2 602.84	446.24	17.14
2015 年	5 751.55	1 175.03	20.43
2016 年	3 279.94	727.77	22.19
2017 年	3 113.28	710.03	22.81

资料来源：中国证券业协会。

二、融资融券业务发展进展情况

2017 年融资融券业务平稳发展，转融通业务稳步恢复，交易所建立了“两融”标的定期调整机制，投资者适当性管理进一步加强，证券公司风险管理水平得到进一步提高。

（一）融资融券业务与转融通业务稳步发展

2017 年，全行业有 92 家证券公司参与转融通交易，转融通业务整体继续保持稳定。转融通余额 2016 年底为 864.83 亿元，2017 年底为 791.40 亿元，2017 年全年余额在 700 亿元上下波动。其中，转融资余额 2017 年初在 800 亿元上方，经历了逐步下降缓慢回升的过程，到 2017 年末再次接近 800 亿元；转融券余额从 2017 年初的 14.90 亿元缓慢上升，到 2017 年 5 月 25 日达到全年最高的 33.80 亿元，之后又逐步回落至 2017 年底的 10.41 亿元（见图分 4-5）。

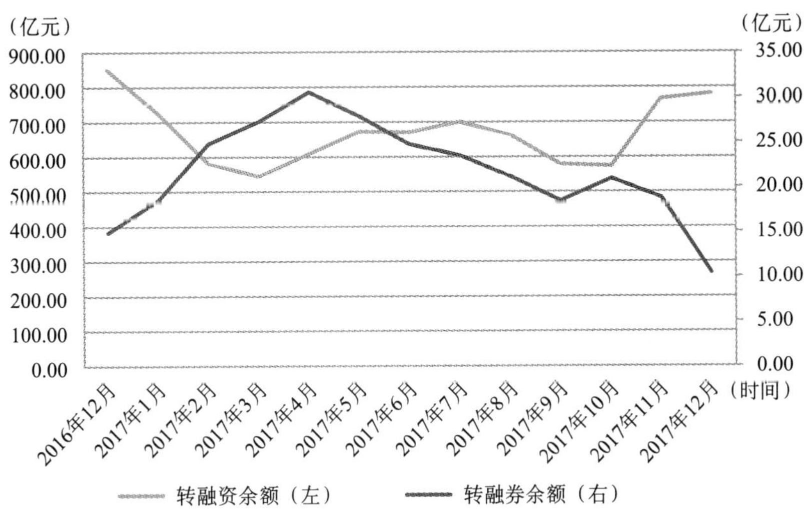

图分 4-5 2017 年转融资、转融券余额变化

资料来源：中国证券金融股份有限公司。

(二) 沪、深证券交易所定期调整“两融”标的

自 2015 年以来，中国证监会及沪、深证券交易所对《证券公司融资融券管理办法》及《融资融券交易实施细则》等相关规则进行了多次修订。2016 年 12 月 2 日，沪、深证券交易所联合发布《上交所、深交所调整融资融券可充抵保证金证券要求，同步扩大标的股票范围》的公告，沪、深证券交易所建立了标的证券定期评估调整机制，每季度末对标的证券进行一次双向调整，及时剔除出不符合条件的标的证券，并调入符合条件的优质证券，维持标的证券数量的稳定性，同时有效优化标的证券结构，便于投资者控制风险。

2017 年，沪、深证券交易所加强对标的证券定期调整，共计实施了 5 次（上交所 2 次、深交所 3 次）调整，调整了 67 只证券。

(三) 严格落实投资者适当性管理新规

2016 年 12 月 12 日中国证监会发布《证券期货投资者适当性管理办法》，并自 2017 年 7 月 1 日起实施，中国证券业协会于 2017 年 6 月 29 日配套发布《证券经营机构投资者适当性管理实施指引（试行）》。融资融券业务作为较为专业的投资行为，借助投资者适当性新规的落地，2017 年证券公司进一步加强融资融券客户适当性管理，严格开展客户资质审核，严把客户准入关，并进一步加强了持续投资者适当性管理工作。

(四) 融券卖出资金使用效率提高

按照 2015 年沪、深证券交易所修订的《融资融券交易实施细则》规定，“未了结相关融券交易前，投资者融券卖出所得价款除以下用途外，不得另作他用……（三）买入或申购证券公司现金管理产品、货币市场基金以及本所认可的其他高流动性证券”。2017 年各证券公司通过优化系统，允许客户使用融券卖出资金买入货币市场基金等高流动性证券，优化了融券卖出资金的使用效率，有效降低了融券成本。

第二节　2017 年中国融资融券业务面临的问题

一、融资融券业务发展不平衡

2017 年融券业务发展仍然缓慢，融券余额占融资余额比重 2016 年末为 0.36%，2017 年末为 0.44%，2017 全年处于 0.30%—0.60% 之间；融券卖出额占融资买入额比重 2016 年末为 2.77%，2017 年末为 1.70%，2017 全年处于 0.50%—3.50% 之间。从成熟市场融资融券的实践来看，尽管融资交易会高于融券交易，但融券业务的占比仍有一席之地，例如，在日本和我国台湾地区的证券市场，融券交易一般会占融资交易和融券交易总额的 20% 左右。相比之下，我国融资融券业务发展仍然不够均衡（见图分 4 -6）。

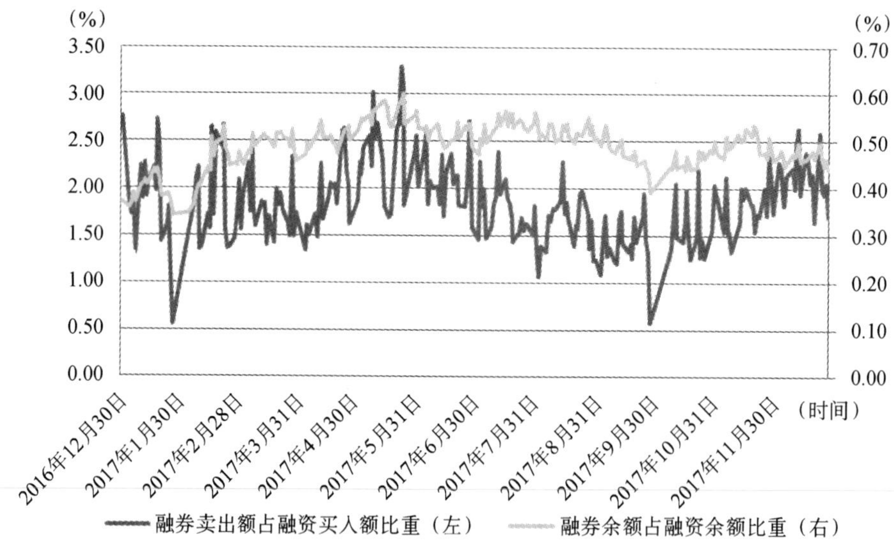

图分 4 -6　融资业务和融券业务比较

资料来源：Wind 资讯。

二、减持新规对转融通出借及风险处置产生影响

2017 年 5 月 26 日中国证监会公布了《上市公司股东、董监高减持股份的若干规定》，

沪、深证券交易所也相继发布《上市公司股东及董事、监事、高级管理人员减持股份实施细则》（以下简称“减持新规”），对上市公司股东、董事、监事、高级管理人员以及特定股东的减持行为进行了有效约束，同时，对于融资融券与转融券业务也产生了一定的影响。

影响之一，虽然减持新规没有明确规定大股东或特定股东通过转融通出借其持有证券是否占用其减持额度，但在实际执行中交易所将转融通出借的数量计入大股东或特定股东集中竞价交易的减持数量中，这将占用这些投资者集中竞价交易的减持额度，一定程度上抑制其出借的意愿；影响之二，减持新规虽然未明确大股东或特定股东在信用账户中持有股份由于触及平仓线被证券平仓的是否需要遵守该规定，但新规中规定“因执行股权质押协议导致上市公司大股东股份被出售的，应当执行本规定”，信用账户大股东或特定股东的减持也遵守该规定，平仓导致的减持在实际执行中亦遵守该规则，导致证券公司对这类客户的平仓处置面临很大的困难。

三、融券渠道待进一步拓展

虽然《关于促进融券业务发展有关事项的通知》在扩大融券券源、扩大融券业务参与主体、优化交易结构等方面进行了相关规定，但融券业务依然发展缓慢。证券出借人范围仍需进一步拓展，公募基金尚未参与转融通证券出借，证券公司资产管理计划等专业机构参与出借的比例仍然很低，市场券源的供给仍然有限，市场化转融券约定申报方式及市场化定价机制等制度仍未落地，转融通成交效率仍然有待提高。目前融券券源包括自有券源和转融券借入证券，证券公司为了发展融券业务，一般需持有大量未对冲融券券源，这与融券资本中介业务的定位相背离，无法满足融券客户在券源种类数量以及期限方面的多样化要求。

四、风险（坏账）处置面临困难

市场经历 2015—2016 年初的异常波动，此间有大量客户被强制平仓，也遗留了很多坏账客户，这些客户信用账户已无可处置资产，但仍对证券公司有负债。对这类客户处理以及坏账的追索是证券公司近几年面临的一个新的问题，需要整个行业共同探究。

第三节　2018 年中国融资融券业务的发展前景

一、融资融券稳步发展

市场经历 2015—2016 年初的异常波动，经过 2017 年的稳步恢复，投资者对待杠杆工具有了更加理性的认识，融资融券相关的法规和制度将逐步完善，证券公司的风险管理水平也会不断提高。预计2018年市场将继续稳健发展，融资融券余额将稳步增加。

二、融资融券标的进一步优化

沪、深证券交易所建立标的证券定期评估调整机制，每季度末对标的证券进行一次双向调整，预计2018年“两融”标的将进一步优化，更多大市值、高流动性的股票将会被及时加入标的证券范围，一些长期停牌、流动性较差的风险证券将会被剔除标的范围。

三、业务风险控制逐步增加、投资者结构进一步优化

经过2015年和2016年的经验和教训，证券公司在融资融券业务上的风险控制能力有所提升，通过折算率、保证金比例、集中度控制等多种方式科学合理地管理业务风险。预计2018年整个行业的风险控制水平会得到极大的提升，融资融券业务风险事件发生概率将逐步降低。

随着中国人民银行、中国银保监会、中国证监会、国家外汇管理局《关于规范金融机构资产管理业务的指导意见》等有关规则的落地，场外的杠杆交易将被进一步规范，资管产品、私募基金等专业化的机构投资者参与融资融券业务将有一定的提高，融资融券业务投资者的结构将进一步优化。

第二章
2017 年中国证券公司其他融资类业务发展回顾与 2018 年前景展望

第一节　证券公司其他融资类业务发展状况

一、股票质押式回购交易

2013 年 6 月 24 日，股票质押式回购交易（以下简称“股票质押回购”）业务同时在沪、深证券交易所上线。根据沪、深证券交易所专项统计数据，2016 年末，两市股票质押回购存续规模 12 840.01 亿元；2017 年末，两市股票质押回购存续规模达到 16 249.80 亿元，增幅 26.56%。2017 年全年初始交易金额合计 12 135.87 亿元，同比减少 11.14%；2017 年全年购回交易金额合计 8 726.07 亿元，同比增长 10.39%（见图分 4－7）。

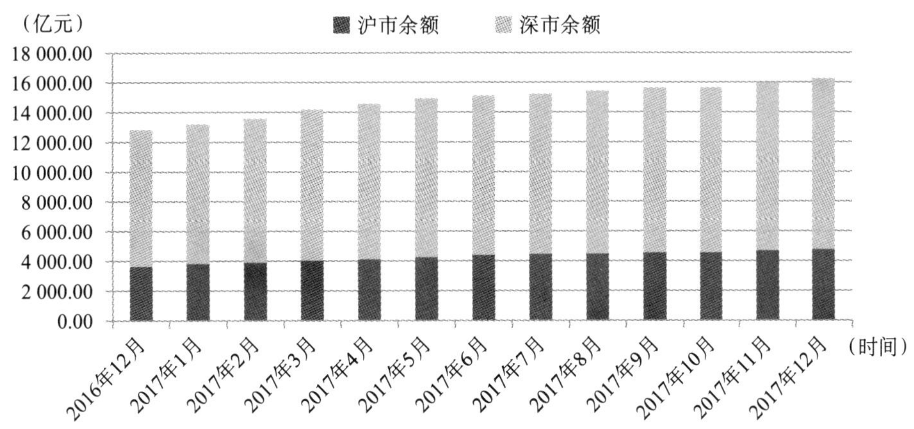

图分 4－7　股票质押回购业务逐月月末待购回金额

资料来源：上海证券交易所，深圳证券交易所。

自2013年6月24日业务上线至2017年12月31日，共96家证券公司开通了股票质押回购业务权限并发生交易，同期沪、深两市初始交易金额累计43 196.27亿元，其中沪市占31.96%，深市占68.04%；同期发生购回的初始交易金额累计26 946.47亿元，沪市占33.53%，深市占66.47%；待购回初始交易金额16 249.80亿元，沪市占29.35%，深市占70.65%；履约保障比例沪、深两市合并计算为214.66%，其中沪市为210.11%，深市为216.55%（见表分4－3）。

表分4－3　　沪、深两市股票质押回购交易规模（自2013年6月业务上线起算）

	沪市		深市		沪、深两市（亿元）
	金额（亿元）	占比（%）	金额（亿元）	占比（%）	
初始交易金额累计值	13 804.43	31.96	29 391.84	68.04	43 196.27
发生购回的初始交易金额累计值	9 035.45	33.53	17 911.02	66.47	26 946.47
待购回初始交易金额	4 768.98	29.35	11 480.82	70.65	16 249.80
标的证券市值	10 020.27	28.73	24 861.76	71.27	34 882.03
履约保障比例（%）	210.11		216.55		214.66

资料来源：上海证券交易所，深圳证券交易所（截至2017年12月31日）。

标的证券股份性质方面，质押标的证券为流通股的待购回初始交易金额为10 236.80亿元，占比63.00%；质押标的证券为限售股的待购回初始交易金额为6 013.00亿元，占比37.00%。沪、深两市流通股待购回初始交易金额10 236.80亿元，沪市占23.80%，深市占76.20%；沪、深两市限售股待购回初始交易金额6 013.00亿元，沪市占38.79%，深市占61.21%。沪市待购回初始交易金额4 768.98亿元，流通股占51.09%，限售股占48.91%；深市待购回初始交易金额11 480.82亿元，流通股占67.94%，限售股占32.06%（见表分4－4）。

表分4－4　　沪、深两市不同类型股份待购回初始交易金额

	沪市		深市		沪、深两市（亿元）
	金额（亿元）	占比（%）	金额（亿元）	占比（%）	
流通股	2 436.67	23.80	7 800.13	76.20	10 236.80
限售股	2 332.31	38.79	3 680.69	61.21	6 013.00
合计	4 768.98	29.35	11 480.82	70.65	16 249.80

资料来源：上海证券交易所，深圳证券交易所（截至2017年12月31日）。

资金融出方类别方面，证券公司自有资金出资的待购回初始交易金额为8 448.00亿元，占比51.99%；证券公司资产管理计划出资的待购回初始交易金额为7 801.80亿元，占比48.01%。沪、深两市证券公司自有资金待购回初始交易金额8 448.00亿元，沪市占25.35%，深市占74.65%；沪、深两市证券公司资产管理计划待购回初始交易金额7 801.80亿元，沪市占33.68%，深市占66.32%。沪市待购回初始交易金额，证券公司自有资金占比 44.90%，证券公司资产管理计划占比 55.10%；深市待购回初始交易金额，证券公司自有资金占比 54.93%，资产管理计划占比 45.07%（见表分 4－5）。

表分 4－5　　沪、深两市不同融出方的待购回初始交易金额

	沪市		深市		沪、深两市（亿元）
	金额（亿元）	占比（%）	金额（亿元）	占比（%）	
证券公司	2 141.45	25.35	6 306.55	74.65	8 448.00
资产管理产品	2 627.53	33.68	5 174.27	66.32	7 801.80
合计	4 768.98	29.35	11 480.82	70.65	16 249.80

资料来源：上海证券交易所，深圳证券交易所（截至 2017 年 12 月 31 日）。

二、约定购回式证券交易

约定购回式证券交易（以下简称"约定购回"）业务于 2011 年 10 月 31 日由上海证券交易所率先推出，之后深圳证券交易所于 2013 年 1 月 14 日上线该业务。截至 2017 年 12 月 31 日，共 79 家证券公司开通了约定购回业务权限并发生交易。

2017 年约定购回业务市场规模基本维持在 50 亿—60 亿元水平。根据沪、深证券交易所专项统计数据，截至 2017 年 12 月 31 日，两市待购回初始交易金额 59.21 亿元，同比增长 18.00%。2017 年全年初始交易合计 5 090 笔，同比增长 39.72%；初始交易金额合计 76.2 亿元，同比增长 10.51%。2017 年全年购回交易合计 4 290 笔，同比增长 0.63%；购回交易金额合计 67.17 亿元，同比减少 14.43%。

自 2011 年 10 月业务上线至 2017 年 12 月 31 日，沪、深两市初始交易金额累计 978.46 亿元，其中沪市占 55.01%，深市占 44.99%；发生购回的初始交易金额累计 919.25 亿元，沪市占 55.08%，深市占 44.92%；待购回初始交易金额 59.21 亿元，沪市占 53.89%，深市占 46.11%；履约保障比例沪、深两市合并计算为 197.30%，其中沪市为 188.09%，深市为 208.06%（见表分 4－6）。

表分 4－6　　沪、深两市约定购回交易规模（自 2011 年 10 月业务上线起算）

	沪市		深市		沪、深两市（亿元）
	金额（亿元）	占比（%）	金额（亿元）	占比（%）	
初始交易金额累计值	538.26	55.01	440.20	44.99	978.46
发生购回的初始交易金额累计值	506.35	55.08	412.90	44.92	919.25
待购回初始交易金额	31.91	53.89	27.30	46.11	59.21
标的证券市值	60.02	51.38	56.80	48.62	116.82
履约保障比例（%）	188.09		208.06		197.30

资料来源：上海证券交易所，深圳证券交易所（截至 2017 年 12 月 31 日）。

自 2013 年 6 月股票质押回购业务推出后，约定购回业务规模持续下降，至 2016 年末市场规模降至 50.18 亿元。2017 年存续规模逐渐企稳，年末市场规模 59.21 亿元，较 2016 年末增长 9.03 亿元。交易所约定购回业务规则的优化创新目前暂未继续推进，预计在规则优化之前，业务规模较难有较大增长。

三、证券公司对同一客户开展不同融资类业务的管理方式

证券公司融资类业务近些年发展较快，为了深入了解证券公司不同融资类业务管理方式的特点，提升证券公司风险管理水平，2017 年中国证券业协会对证券公司的融资类业务进行专项调查，回收有效调查问卷 92 份，对调查结果进行统计分析，总结出证券公司对同一客户开展不同融资类业务管理情况的一些特点。

（一）对同一客户开展不同的融资类业务，绝大多数证券公司均进行统筹控制并对额度进行统一管理

在 92 家证券公司中，约 91.30%（84 家）的证券公司的融资融券、股票质押回购、约定购回三项融资类业务在同一业务部门开展（忽略“证券公司资管计划出资与证券公司自有资金出资的股票质押回购不在同一业务部门”因素），另 8 家证券公司这三项融资类业务分属不同业务部门管理。

对这 8 家证券公司，主要由风险管理职能部门来统筹控制同一客户开展不同的融资类业务，对同一客户的不同融资类业务的额度统一管理。其中 7 家证券公司，针对同一客户归属不同业务部门的融资类业务情况，在业务部门之间建立了跨部门机制，了解相关业务情况，在业务前端仍可达到额度统一管理的效果。

除融资融券、股票质押回购、约定购回三项融资类业务外，有 21 家证券公司开展了其他融资类业务，主要包括：股权激励行权融资、股权激励限制性股票融资、场外股票质押业务等。这些融资类业务多数与融资融券、股票质押回购、约定购回三项业务一起在同一业务部门管理。

在风险管理与控制方面，91 家证券公司均对同一客户的不同融资类业务审批进行统一考虑。

（二）绝大多数证券公司使用统一的信息技术系统对不同的融资类业务进行数据管理和监控

在业务数据管理方面，73 家证券公司的业务部门使用统一的信息技术系统对不同融资类业务的业务数据进行管理；其余证券公司中，15 家证券公司的风险管理部门有统一的数据系统对不同融资类业务进行统一管理和监控。

（三）绝大多数证券公司的业务部门与风险管理部门对融资类业务独立进行盯市管理

在风险盯市方面，有 90 家证券公司的业务部门对融资类业务进行盯市管理，且均和风险管理部门独立进行盯市。

综合本次调查情况，针对同一客户开展不同的融资类业务，绝大多数证券公司均进行统筹控制并对额度进行统一管理，同时具有统一的系统进行数据管理和监控，逐日风险盯市管理工作由业务部门与风险管理部门独立进行。

第二节　证券公司其他融资类业务发展中面临的问题

一、股票质押式回购交易

2017 年，股票质押式回购业务规模继续保持增长，但自 2017 年 5 月减持新规发布实施后，增速明显回落。2017 年前 5 个月业务规模累计增长 16.37%，月均复合增速为 3.08%，2017 年后 7 个月业务规模累计增长仅 8.75%，月均复合增速仅 1.21%。2017 年底市场存续余额达到 16 249.80 亿元，较 2016 年末增长了 26.56%。在业务发展过程中，面临的问题主要体现在以下方面。

（一）投资者适当性管理有待完善

基于中小投资者的股票质押和融资需求，不少证券公司开展互联网小额股票质押式回购交易，通过互联网线上申请，不必临柜办理，即可快速高效获取资金，满足投资者的融资需求。这类业务面向的投资者数量众多，一些证券公司设定的融资金额门槛较低。投资者在股价下跌触发平仓线时，可能因业务规则理解不透、资金实力不足、对信用交易认识不深等原因，不能足额追加担保品或到期履约购回，导致违约平仓事件多有发生。证券公司应当在提供融资便利性的同时，做好投资者教育和适当投资者识别工作，避免违约事件频发。

（二）部分交易存在质押率过高、标的证券全市场质押比例过大的现象，可能累积较大的潜在风险

股票质押式回购交易业务近些年取得较快发展，部分证券公司为了扩大业务规模，对一些质押标的证券提供超过 70% 甚至更高的质押率，以满足融资人提升融资杠杆的需求。另有部分上市公司，作为质押标的证券的全市场质押比例长期超过 60%，部分股东融资杠杆

明显较高。如遇市场波动但融资人无法及时补仓的情况，标的证券容易面临大量平仓压力。

2017 年 5 月，中国证监会发布了《上市公司股东、董监高减持股份的若干规定》，同期沪、深证券交易所也分别发布了《上市公司股东及董事、监事、高级管理人员减持股份实施细则》（简称“减持新规”）。由于执行股权质押协议适用减持新规，对上市公司大股东、董监高（以下简称“融入方”）股票质押回购业务违约的，证券公司通过二级市场进行违约处置的方式受到较大影响，具体表现为：（1）证券公司卖出质押标的股票前，融入方需提前 15 个交易日进行公告，若融入方不配合进行相应公告，则证券公司将处于被动局面。（2）对融资金额占标的股票总市值超 3% 的交易，即便融入方配合进行违约处置，受“任意连续 90 日内，通过集中竞价交易处置的股份数不得超过上市公司总股本的 1%，通过大宗交易处置的股份数不得超过上市公司总股本的 2%”的限制，违约处置的周期将超过 90 天，证券公司收回本息将面临更大的不确定性。（3）上市公司或大股东、董监高涉嫌证券期货违法犯罪、被监管机构立案调查的，在立案调查期间不得减持股份。对有此种情形的违约交易，证券公司将无法通过二级市场进行违约处置。

受减持新规影响，证券公司通过二级市场处置的效率有较大程度下降，多数情况下需通过司法途径进行违约处置。在股份司法冻结和处置的过程中，行业暂未形成普适的司法处置方案，各市场主体应从中吸取经验，逐步形成行业规范，并在未来开展业务时采取更妥善的风险管理措施。

尽管减持新规对平抑市场大幅波动具有明显效果，但一些质押股东的减持并不受减持新规限制，质押回购交易发生违约后的股份处置很可能对市场和股价形成冲击。证券公司作为股票质押回购资金融出方，应在业务开展和风险管理并重的原则下，结合融入方信用资质，审慎评估标的证券质押率上限，对于全市场质押比例较高的标的证券，审慎开展股票质押回购业务。

（三）存在部分股东通过股票质押回购融资进行新股申购，或通过竞价交易或者大宗交易方式买入上市公司股票的现象

股票质押回购业务的初衷是为上市公司股东盘活持有股份，解决中小企业融资难的问题，是证券公司支持实体经济的重要体现。然而部分股东通过股票质押回购交易融资，用于竞价交易或者大宗交易方式买入上市公司股票，或参与新股申购，偏离了证券公司通过股票质押回购业务服务实体经济的定位。证券公司应当加强对融入方的尽职调查，充分了解其意向资金用途，并采取适当方式对股票质押融出资金进行监控和管理，引导股东合理合规使用融资资金。

（四）股票质押业务尚缺乏融资人资信的共享平台

相对于银行贷款业务，证券公司在资信管理方面体系不够成熟，信用管理及业务违约信息未共享使用。在信用数据不全的情况下，出资方基于逆向选择，将提高业务风险指标。因

此，需要加强证券公司、银行等出资方对融资人资信、全市场预警与违约等数据的共享和合作，建立统一的资信管理平台，对融资人及上市公司资信、违约情况进行行业共享，促进业务发展。

（五）交易类型仍不够完善

2015 年，深圳证券交易所推出“部分购回”交易指令，支持融入方在待购回期间进行场内部分还款；上海证券交易所一直未推出该指令。此外，目前沪、深证券交易所都未推出“卖券还款”交易指令，对于有意通过减持股份来还款的融入方，无法灵活操作，同时增加融入方资金占用，即需要融入方自行备资完成质押交易购回解质押后再自行卖出股份。“卖券还款”需与违约处置区别对待，避免影响融入方征信记录。

（六）业务存在较大的错向风险（Wrong Way Risk）

股票质押回购业务的风险主要在于融入方的信用资质恶化而无法及时购回，虽然有标的证券作为质押物，但由于融入方多为控股股东、实际控制人，其资质与标的证券价值相关性较大，若其资质恶化，则标的证券价值也将下降，造成业务的错向风险增大。

二、约定购回式证券交易

随着 2013 年 6 月股票质押回购业务的推出，约定购回业务存续规模逐步下降，从 2013 年下半年 280 亿元左右的存续余额，降至 2014 年末的 109 亿元，2015 年进一步下降至 60 亿元以下，2016 年全年稳定在 50 亿元左右水平，2017 年略微回升至 59 亿元，仅占同期股票质押回购业务规模的 0.36%。在业务发展中，面临的问题主要有监管政策、交易规则、客户体验三大类。

（一）监管政策方面

因标的证券过户的交易规则，上市公司持股比例 5% 以上股东及董、监、高受限于其股东身份在买卖股票时的交易限制，较难参与约定购回业务。同时，约定购回业务过户的标的证券，需纳入证券公司权益类证券进行规模和集中度指标控制，相关规定要求证券公司通过约定购回业务持有的证券与通过其他自营持有的该证券合计不得超过该证券总股本的 5%，此要求使得证券公司在约定购回与其他自营业务之间面临取舍，一定程度上限制了约定购回业务的发展。

（二）交易规则方面

相对于股票质押回购业务的 T+0 交收、最长融资期限为 3 年、允许部分购回、违约处置支持电子化申报的便利特点，约定购回业务存在 T+1 日交收的相对效率较低、融资期限最长为1年相对较短、不支持对一笔交易的分次部分购回、违约处置不支持电子化申报等特征，业务规则有待进一步优化。此外，约定购回交易的标的证券占用了证券公司权益类持仓的规模和集中度，但却不能被证券公司使用，如何修订业务规则、有效利用交易存续期间证券公司约定购回专用账户中持有的标的证券，将对该项业务未来的发展有很大影响。

（三）客户体验方面

由于约定购回式证券交易开户要求临柜办理，导致客户体验受限。证券公司在客户完成开户及投资者适当性确认等相关工作后，可考虑通过适当的流程设定，允许客户通过非现场方式完成约定购回交易开户操作，在业务合规开展的前提下，达到方便客户的目的，提升客户体验。

第三节　证券公司其他融资类业务发展前景展望

一、股票质押式回购交易

2017年股票质押回购业务规模继续保持增长，2017年底市场存续余额达到16 249.80亿元，较2016年末增长了26.56%。减持新规将引导证券公司审慎判断股票质押回购业务风险因素，一定程度上减缓了业务增速。

2017年9月，沪、深证券交易所分别发布《股票质押式回购交易及登记结算业务办法（2017年征求意见稿)》，中国证券业协会发布《证券公司参与股票质押式回购交易风险管理指引（征求意见稿)》（以下简称“质押新规”）。2018年1月，质押新规正式发布，并于2018年3月12日实施。

展望2018年，质押新规将对股票质押回购业务的后续发展产生显著影响。

一是进一步聚焦股票质押回购业务服务实体经济的定位，明确融入资金应当用于实体经济生产经营并进行专户管理。

二是进一步强化风险管理，以防控业务风险。明确股票质押率上限不得超过60%，单一证券公司、单一资管产品作为融出方接受单只A股股票质押比例分别不得超过30%、15%，单只A股股票市场整体质押比例不超过50%。

三是进一步规范业务运作，完善业务内部控制。（1）要求证券公司建立融入方信用风险持续管理及资金用途跟踪管理机制；（2）建立股票质押回购黑名单制度，引导股票质押回购融入方合法合规融资，珍视信用记录。

随着质押新规的发布，市场整体风险偏好将有所下降，市场流动性将有所收缩。根据质押新规，市场整体质押比例超 50% 的股票，其股东将无法通过股票质押回购业务新增融资，此类存续交易到期若股东流动性安排不当，或面临违约风险，证券公司需提前与融入方沟通预案，防控相应风险。

在个股事件性风险中，发生违约事件后，证券公司如何在保障自身利益、保护融资人应有权益的基础上妥善完成处置，股票质押相关的司法冻结与司法执行案件，尤其是限售股质押案件如何快速有效处置，是市场各参与主体共同关心的问题。随着风险事件的不断出现、司法实践经验的逐步积累，会形成一些行业经验，将有助于股票质押回购业务规则和制度的完善，更好地指导未来的业务开展。

二、约定购回式证券交易

目前约定购回业务逐渐被股票质押回购业务替代，2017 年底全市场存续余额 59. 21 亿元，约定购回业务在市场的关注度逐渐降低。约定购回业务的本质是证券的买断式回购交易，但在现有业务规则下，约定购回交易的标的证券保管在证券公司的专用证券账户，证券公司无法盘活该部分资产，使得标的证券过户带来的优势并不明显，实现功能类似于质押，但却产生了包括额外的信息披露、股东反向交易限制、权益处理等诸多不便，无法有效发挥买断式交易的优势。

2018 年预计在现有规则下，约定购回业务规模将维持在 60 亿元左右水平。约定购回业务规模的增长，很大程度上将取决于交易规则的进一步优化。

分报告之五：

2017 年中国证券公司投资业务发展回顾与展望

第一章

2017 年中国证券公司投资业务的总体情况

我国证券公司传统投资业务可划分为权益投资和固定收益投资两大类。2017 年，证券投资业务稳步上涨，股权类资产表现好于债券类资产。2017 年证券公司营业收入中，含公允价值变动的证券投资收益达 860.98 亿元，较 2016 年的 568.47 亿元有较大幅度的增长。2017 年全行业自营业务运作情况见表分 5－1。

表分 5－1　　2017 年全行业自营业务运作情况　　（单位：亿元）

序号	指标	期末账面成本	期末公允价值	期末市值
1	股票投资	2 647.51	2 721.93	2 732.44
2	基金投资	1 731.28	1 749.28	1 754.47
3	债券投资	12 541.23	12 125.80	12 139.61
4	权证投资	0.00	0.00	0.00
5	其他证券产品投资	3 437.14	3 516.10	3 510.66
6	证券投资产品合计	20 357.16	20 113.11	20 137.18

资料来源：中国证券业协会统计数据。

第一节 2017 年中国证券公司传统投资业务发展情况

一、中国证券公司传统投资业务发展现状

(一) 2017 年市场运行状况

2017 年股票市场全年呈现分化和上涨的态势。上证综指年初小幅上扬，4 月初升至 3295.19 点，涨幅 6.2%。5 月回调，下探至 3016.53 点，跌幅达到 8.5%。6 月受 A 股纳入 MSCI 指数的刺激，指数企稳反弹。截至 2017 年底，上证综指收于 3307.17 点，全年上涨 6.56%，深证成指收于 11040.45 点，全年上涨 8.48%。

2017 年，股市投资风格分化十分明显，占股票总数 20% 的大盘蓝筹股连续上涨，剩余 80% 中小市值股票表现平平。代表大盘股指数的沪深 300 和中证 100 全年分别上涨 21.78% 和 30.21%，代表中小盘指数的中证 500 和中小板综指分别下跌 0.20% 和 1.25%，创业板综指全年下跌达到 15.32%。估值虚高、没有业绩支撑的个股估值回归合理。市场风气从“炒”题材、“炒”概念逐步转变为价值投资。

2017 年债市全年表现不佳，第一季度、第二季度和第四季度收益率上行明显。2017 年政策方向归结为“紧货币、严监管、宽信贷、重实业”。流动性紧张导致资金成本高，倒逼去杠杆；严监管导致表外配债力量减弱；宽信贷导致银行将表内有限资源向信贷倾斜，负债端缺口大，同业存单融资需求强；重实业导致融资需求仍旺盛。年终，中债 10 年国债收于 3.8 807%，较 2016 年末上行 86.9 个基点（BP)，全年振幅达到 88.0 个基点（BP)。

(二) 2017 年证券公司传统投资业务发展现状

1. 传统投资规模稳中有升

随着股票市场机会不断涌现，传统投资业务的资金规模稳中有升，对投研人员的需求也有所上升。根据 2017 年中国证券业协会证券公司自营业务专项调查统计显示，约 40% 的证券公司预计增加投资额度，48% 有增加研究员的需求，33% 有增加投资经理的需求。

2017 年证券公司传统投资业务更加致力于价值投资体系，证券公司传统投资人员加强了价值投资的理念，对投资标的业绩等有了新的评价及要求（见表分 5－2)。

表分 5－2　　2017 年证券公司自营业务发展现状调查问卷统计结果

序号								
1	传统股票自营，投资规模占公司净资本的比例							
	没有此业务	小于 1%	1%—3%	3%—5%	5%—7%	7%—9%	大于 9%	不便透露
	0.00%	3.45%	11.49%	11.49%	12.64%	9.20%	33.33%	18.39%
2	预计下一年投资规模、额度变化							
	持平	增加	减少	视情况而定	不便透露			
	34.48%	40.23%	8.05%	11.49%	5.75%			
3	下一年团队人数计划							
	持平	增加研究员	增加投资经理	精简人员	不便透露			
	33.33%	48.28%	33.33%	0.00%	1.15%			
4	公司对部门考核方式							
	绝对收益	绝对相对结合	相对收益	其他				
	42.53%	51.72%	1.15%	4.60%				
5	账户管理模式							
	统一管理	母子账户	独立分散账户	其他				
	47.13%	13.79%	35.63%	3.45%				
6	选股策略							
	基本面选股	基本面结合量化	多策略	其他				
	67.82%	26.44%	26.44%	3.45%				
7	是否计划参与港股、海外投资							
	不参与	明年或有计划	已经小幅投入	已经重点研究	视情况而定			
	24.14%	22.99%	29.89%	12.64%	20.69%			
8	是否计划参与定增投资							
	不参与	明年或有计划	已经小幅投入	已经重点研究	视情况而定			
	19.54%	21.84%	31.03%	13.79%	28.74%			
9	是否计划参与可转债投资							
	不参与	明年或有计划	已经小幅投入	已经重点研究	视情况而定			
	14.94%	21.84%	31.03%	9.20%	28.74%			
10	是否计划参与基金（包括主动、被动基金、分级基金等）投资							
	不参与	明年或有计划	已经小幅投入	已经重点研究	视情况而定			
	8.05%	26.44%	34.48%	10.34%	26.44%			

续表

11	是否应用期货、期权等金融工具对冲							
	不对冲	明年或有计划	应用衍生品对冲	展开多种策略				
	19.54%	28.74%	42.53%	17.24%				
12	在合规的前提下，与公司内其他部门的信息交流、业务往来有							
	无	研究部	投行部	“两融”部	经纪业务部	衍生品部	其他部门	
	27.59%	48.28%	5.75%	21.84%	16.09%	19.54%	3.45%	
13	对外部卖方服务的满意程度							
	较少服务	签约服务	众多服务	其他渠道获取信息				
	29.89%	48.28%	16.09%	11.49%				

资料来源：2017 年中国证券业协会专项调查统计数据。

2. 投资范围和手段多元化

证券公司不断探索自营业务新盈利模式，拓宽投资范围，沪港通和深港通的开通也对此起到推动作用。根据 2017 年中国证券业协会专项调查统计，自营业务投资标的和范围包括港股和海外投资、定向增发、可转债、基金等。同时，在利用衍生工具进行风险对冲选择方面也不尽相同，约 20% 选择不对冲，接近 30% 有兴趣了解对冲，超过 40% 已经应用衍生品对冲，还有 17% 开展多种衍生品策略。

3. 传统投资业务收入占比提升，盈利模式多样化

证券公司传统投资业务对公司业绩贡献占比提升。2017 年证券公司投资收益大幅度增长，含公允价值变动的证券投资收益为 860.98 亿元，同比上升 51.46%。证券公司加强了传统投资业务的价值投资理念，2017 年自营业务收入占比达到 27.66%（见表分 5 - 3）。

表分 5 - 3　　证券公司投资收益占收入比重

年度	证券投资收益（含公允价值变动）（亿元）	证券公司营业收入（亿元）	占比（%）
2012	290.17	1 294.71	22.41
2013	305.52	1 592.41	19.19
2014	710.28	2 602.84	27.29
2015	1 413.54	5 751.55	24.58
2016	568.47	3 279.94	13.33
2017	860.98	3 113.28	27.66

资料来源：中国证券业协会统计数据。

证券公司独立或联合大客户发起设立股权投资基金，进一步实现投资业务盈利模式多样化。2017 年中国证券业协会专项调查统计显示，在合规的前提下，接近一半的证券公司自

营业务与研究部有往来，与融资融券部门、衍生品部门、经纪业务部门也有一定的信息交流；外部交流方面，主要是得到签约证券公司提供的业务服务，接近30%认为外部卖方服务较少。

二、中国证券公司传统投资业务发展特征

（一）经营差异化

证券公司传统投资业务相比于公募基金和私募基金，差异化经营的态势比较明显。

从管理模式看，账户分配、业绩考核方式、选股策略等均有较大不同。根据2017年中国证券业协会专项调查统计，账户管理方面，统一管理模式占比接近一半，独立分散账户模式占比达35%；选股策略以基本面选股占据绝对地位，其中26%辅助以量化选股。

从投资范围看，内地股市、中国香港地区海外市场、可转债、基金、衍生品等均有不同程度的涉及。差异化经营优势明显，可以培育出有特色的部门模式，甚至是有特色的证券公司经营模式。

（二）探索新盈利模式

自营业务规模受到资本金的限制，业绩与市场走势息息相关，自营业务的波动性较高。自证券公司分类监管实施以来，监管部门鼓励创新类证券公司在风险可测、可控和可承受的前提下，进行业务创新、经营方式创新和组织创新。

第二节　2017年中国证券公司传统投资业务发展中面临的问题与2018年前景展望

一、中国证券公司传统投资业务发展中面临的问题

（一）传统投资业务在证券公司中定位不明

由于股票市场波动较大，对于证券公司的自营业务产生了较大的影响。不同证券公司的资源禀赋差异较大，收益目标和风险承受能力各不相同，因此各个证券公司对于投资的要求和定位均不同。证券公司自有资金这一性质决定了传统投资的定位。定位不清往往导致证券公司投资团队人员不够稳定，进而不能连贯执行长期的投资策略，难以形成成熟的盈利

模式。

因此证券公司需要结合自身情况，适度提高自营业务的定位和战略，进而稳定团队，与公司内部业务有机结合，形成独特的投资策略，以实现为证券公司提供可持续的盈利。

（二）业绩评价标准和考核绩效目标难以设定

自营投资资金的性质与公募、私募基金及其他资产管理资金性质不同，且自营部门在证券公司架构体系中的定位具有独特性，未能形成自营业绩评价和考核绩效目标的行业统一标准。

证券公司的净资产收益率（ROE）可以作为传统投资业务考核的一个重要参考指标。若传统自营投资业务长期平均收益率不能达到公司的净资产收益率标准，则表明此部分资金的运用效率不高。

二、中国证券公司传统投资业务发展前景展望

（一）投资业务在证券公司中收入比重不断提高

2017年以来，受益于A股市场结构性牛市及会计准则变更等影响，证券公司业务结构发生较大变化，证券经纪业务收入占比下降，资产管理业务等其他业务收入占比相应提升，自营业务成为第一大收入来源。证券公司的主动投资管理能力是业绩表现的重要影响因素。随着投资团队人员投研结合继续加强，挖掘价值的能力得到锻炼，传统投资业务占收入比重将有所提升。

（二）投资策略逐步多样化

自营业务有望向境内外联动、多资产、多策略的大类资产配置发展，通过接触多空市场丰富标的，丰富对冲，进一步稳定收益。沪港通、深港通以及获得跨境自营试点资格都为证券公司自营业务的投资策略和投资手段多元化提供了新渠道。同时，结合证券公司各业务线，共同开发客户、服务客户，帮助证券公司增加效益，降低下行风险，探索自营业务新的盈利模式。

第二章
2017 年中国证券公司私募投资基金业务发展情况与 2018 年展望

一、2017 年中国私募投资基金市场基本情况

2017 年，中国私募投资基金在基金募集、投资及退出方面活跃度继续保持攀升。

清科旗下私募通统计数据显示，2017 年中国私募投资基金新募集基金共 2 533 只，同比增长 51.2%；从基金募集规模来看，2017 年共募集完成 14 212.67 亿元，约为 2016 年的 1.4 倍，募资增长率达 42.7%；就平均募资金额而言，披露金额的 1 957 只基金平均募集规模为 7.26 亿元，与 2016 年 7.33 亿元的平均募资额基本持平（见图分 5－1）。2017 年私募股权市场有 9 只超过 200 亿元的新募集基金，总募集规模超过 2 500 亿元。从基金类型来看，成长基金作为私募股权市场最主要的基金类型，在 2017 年继续保持优势，募集数量达到 1 755 只，总募资规模达到 9 335.40 亿元，约占市场比重的 69.3%。在多层次资本市场建设及优化资源配置的思想指导下，PE 机构也向创业投资层面进行布局，2017 年创业投资基金 481 只，共募集 864.29 亿元。此外，2017 年基金类型较 2016 年更为丰富，共募集并购基金 175 只，基础设施基金 87 只，房地产基金 21 只，夹层基金 11 只，不良债权基金 2 只和 1 只天使投资基金。

清科旗下私募通统计数据显示，2017 年中国私募投资基金市场共发生投资案例 3 310 起，相比 2016 年全年投资案例数下降 2.4%。就投资总金额来看，2017 年披露金额的 2 999 起投资事件共涉及投资额达 9 938.18 亿元，约为 2016 年投资总额的 1.65 倍，投资规模继续保持了高位增长（见图分 5－2）。从平均投资金额来看，2017 年 PE 机构单笔投资金额 3.31 亿元，较上一年有较大上升，主要原因在于“新常态”经济环境下机构更倾向对优质项目注入更多资金，并且 2017 年紫光集团 1 500 亿元融资、中国联通为改革体制进行的超过 600 亿元的定增、百丽私有化等案例一定程度上拉升了单笔投资额度。从投资行业来看，案例数方面，IT 行业以 487 例排在首位，紧随其后的几个行业包括互联网、生物技术/医疗健康、娱乐传媒、机械制造。投资金额方面，电子及光电设备以 1 744.27 亿元排在首

位，紧随其后的为电信及增值业务、互联网、金融、生物技术/医疗健康。在投资地域上，无论是投资案例还是投资金额，北京均处于全国第一位，上海、广东、浙江、江苏紧随其后。

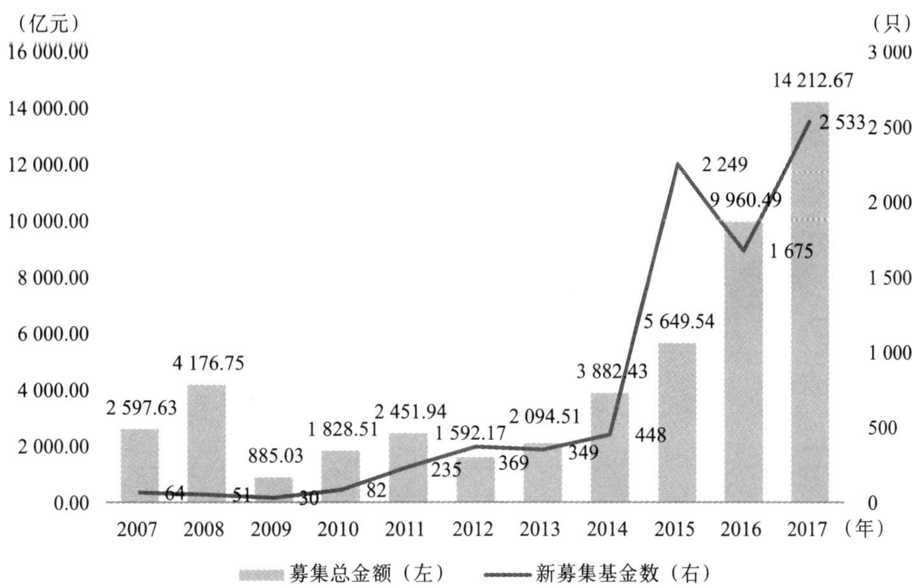

图分 5－1　2007—2017 年中国私募投资基金市场募资情况分布

资料来源：清科集团私募通。

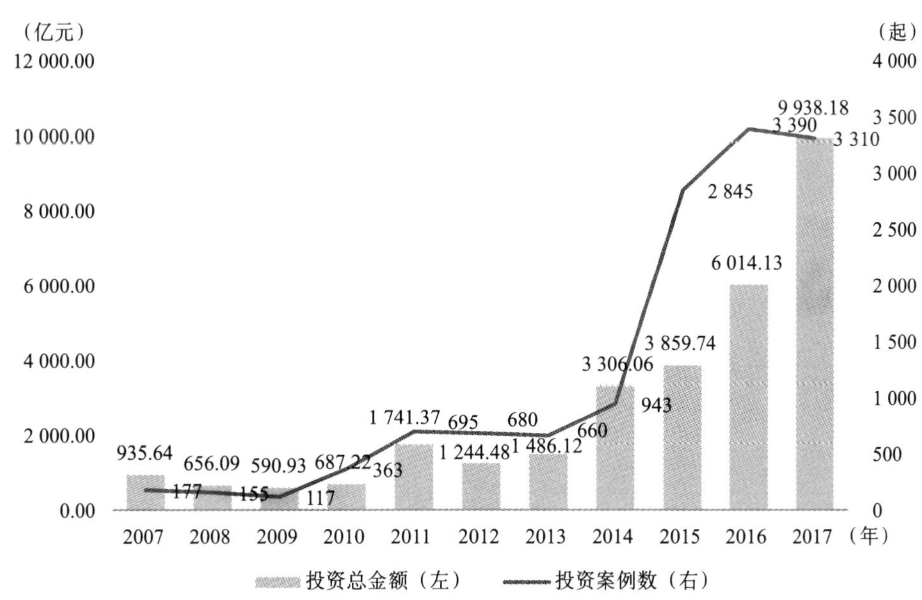

图分 5－2　2007—2017 年中国私募投资基金市场投资情况分布

资料来源：清科集团私募通。

清科集团私募通统计数据显示，2017 年中国私募投资基金市场共计实现退出 1 805 例（见图分 5 - 3），与 2016 年同期相比退出案例总数下降 31. 24%。从退出方式来看，共计 594 例通过 IPO 退出，占比 32. 9%，为 2016 年的 2. 26 倍，取代新三板成为最主要的退出方式；新三板退出紧随其后，实现退出 474 例，占比 26. 3%；并购退出共 296 例，占比 16. 4%。

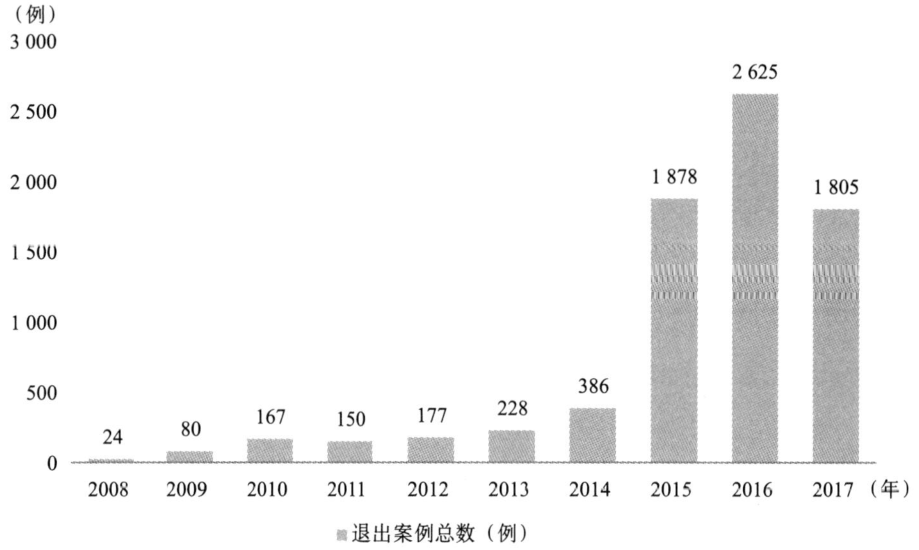

图分 5 - 3　2008—2017 年中国私募股权基金退出案例数量比较

资料来源：清科集团私募通。

二、2017 年中国证券公司私募投资基金子公司的私募投资基金业务开展情况

根据中国证券投资基金业协会统计，2017 年证券公司私募投资基金子公司全年共发起设立各类直接投资基金 712 只，较 2016 年末增加 247 只，增长 53. 12%；募集资金（认缴）总额 6 175. 44 亿元，实缴资本总额 3 669. 77 亿元（见表分 5 - 4）。

表分 5 - 4　　2017 年证券公司私募投资基金子公司设立基金情况

基金类型	数量（只）	认缴金额（亿元）	实缴金额（亿元）
股权投资基金	510	4 400. 34	2 636. 77
夹层基金	22	97. 56	82. 07
创业投资基金	45	108. 9	88. 87
并购基金	38	658. 63	343. 54
债权投资基金	43	310. 1	208. 65
其他	54	599. 91	309. 87
合计	712	6 175. 44	3 669. 77

资料来源：中国证券投资基金业协会。

三、证券公司私募投资基金业务监管政策变化

（一）证券公司私募投资基金子公司监管政策解读

中国证券业协会于 2016 年 12 月正式发布《证券公司私募投资基金子公司管理规范》（以下简称《私募子公司规范》）、《证券公司另类投资子公司管理规范》（以下简称《另类子公司规范》）。上述两部自律规则发布后，中国证券业协会在北京、杭州、深圳等地举办专题培训班，对规范进行解读。根据子公司规范整改要求，截至 2017 年 12 月底，中国证券业协会共收到全部 80 家证券公司提交的整改方案。证券公司总体整改方案经中国证监会机构监管部、中国证券业协会、中国证券投资基金业协会三方会商予以通过，中国证券业协会及时对完成整改的子公司及其下设规范平台进行公示。截至 2017 年 12 月底，已经公示 4 批 35 家证券公司及 50 家相应的私募子公司或规范平台。此外，中国证券业协会在官网公布了 6 批符合条件的私募基金子公司、另类子公司会员名单。

《私募子公司规范》对私募投资基金子公司的备案数量、规模等方面作出了相关要求，比如第十条要求“证券公司应当以自有资金全资设立私募基金子公司。证券公司不得采用股份代持等其他方式变相与其他投资者共同出资设立私募基金子公司”。第七条则明确“每家证券公司设立的私募基金子公司原则上不超过一家”，第十三条则对于自有资金投资于直投基金的比例规定了上限，“私募基金子公司及其下设基金管理机构将自有资金投资于本机构设立的私募基金的，对单只基金的投资金额不得超过该只基金总额的 20%”。《另类子公司规范》则要求另类投资子公司不得下设任何机构，不得向投资者募集资金开展基金业务。

（二）上市公司减持新规政策解读

2017 年 5 月，中国证监会发布《上市公司股东、董监高减持股份的若干规定》（以下简称“减持新规”），规范上市公司股东及董事、监事、高级管理人员的减持股份行为，促进证券市场长期稳定健康发展。减持新规对私募投资基金产生了一定影响，比如定增策略基金退出受制。减持新规规定，大股东减持或特定股东减持以集中竞价交易、大宗交易和协议转让退出的，连续 90 个自然日内减持数量应分别小于公司总股本的 1%、2% 和 5%。减持相关规定的影响主要体现在退出节奏上，尤其对邻近退出期的基金会有较大冲击，将会影响再投资以及募资的进度等。

四、证券公司私募投资基金业务的困难和挑战

（一）市场化竞争加剧

2017 年中国私募投资基金募资增幅达 42.7%，总量高达 14 212.67 亿元，私募股权和创

业投资机构超过 1.3 万家。证券公司私募投资基金子公司的主要专业优势在 pre - IPO 阶段的股权投资，然而随着 2017 年 IPO 审核提速，大量社会私募投资基金涌入这一领域，其中不乏上市公司/大型企业发挥产业资源整合及退出渠道畅通等优势采用 CVC/CPE 模式大举进入私募投资基金，更多的国有资本也将加入私募投资基金，市场竞争继续加剧，资产供给特别是优质资产的相对占比降低，大大推高了成熟期投资标的估值水平。

（二）人才流失

由于证券公司私募投资基金子公司没有类似证券公司的特许经营牌照，但监管参照证券公司，其监管标准严于社会一般私募投资基金，造成证券公司私募投资基金子公司虽拥有更为专业规范的投资团队，但在非公平的市场竞争方面却捉襟见肘。加上与完全市场化的私募投资基金相比，证券公司私募投资基金子公司的激励机制相对滞后，最终有可能导致优秀人才流失，不利于长远发展。

（三）《私募子公司规范》的出台，给证券公司私募投资基金子公司业务的资金端与项目端带来极大的挑战

私募子公司必须通过募集基金才能开展投资，证券公司私募子公司看似可以依托证券公司的渠道进行募资，但实际上证券公司存量客户的交易偏好与风险偏好都不同，与真正适合进行股权投资的目标客户群有很大偏差，并不能简单转换；而 20% 的证券公司自购比例比较严苛，大部分一般社会私募投资基金并不受此条款约束。由于受到政策约束，证券公司私募投资基金子公司在做大规模上受到一定影响。此外，证券公司私募投资基金子公司的业务范围隔离比较狭窄，机构大客户及高净值客户需求的是综合金融服务，虽有证券公司内部协同，但与一般社会私募投资基金竞争，效率相对低下。

五、2018 年证券公司私募投资基金业务发展环境与契机

总体而言，在宏观经济降杠杆和国家金融政策鼓励企业直接融资的大背景下，股权投资比例的提升是长期趋势，回归服务实体经济为私募投资基金行业带来了更多的机会。

一方面，我国私募投资基金的退出渠道日益畅通。长期以来，IPO 退出是我国私募投资基金最为常见的退出方式。近两年随着制度改革的不断推进，并购重组市场活跃度提升明显，成为私募投资基金另一条主要的退出通道。根据 Wind 数据显示 2016 年发生的企业并购中，近 20% 的交易有私募投资基金参与的背景，而在 5 年前，这一比例仅为 4%。

另一方面，2017 年国家“一带一路”建设的推进，给私募投资基金带来一系列投资机会。“一带一路”建设覆盖数十个经济体，横跨亚洲、欧洲及非洲，覆盖 44 亿人口，经济产值达 21 万亿美元，沿线新兴市场凭借其庞大的人口数量以及快速城市化，将为私募投资基金提供广阔的投资空间。

此外，2017 年 11 月 18 日，国务院印发了《划转部分国有资本充实社保基金实施方案》（以下简称“转持新规”）。此次转持新规出台，不再单独划转拟 IPO 企业国有股东股权，帮助国有私募投资基金解决了国有股转持方面的问题，未来国有投资机构与民营、外资机构在上市退出方面将处于公平竞争的态势，有利于国有投资机构留住更多的人才。从募资端来看，新规出台有利于政府引导投资母基金和政府投资子基金的募集，预计政府控股型子基金数量与规模将会显著增加，同时从投资端来看，转持新规的出台也将吸引越来越多的国有企业加入私募投资基金领域。

分报告之六：
2017年证券市场资信评级业务发展回顾与展望

第一章
2017年中国证券资信评级行业发展环境

一、监管环境

（一）管控信用风险，强调尽职履责

在“防风险、去杠杆”的背景下，交易所债券市场的信用风险管控进一步加强，强调中介机构尽职履责。2017年3月，上海证券交易所和深圳证券交易所分别发布《公司债券存续期信用风险管理指引（试行）》（以下简称《管理指引》），明确在公司债券存续期内，持续动态监测、排查、预警债券信用风险，及时主动采取有效措施防范、化解信用风险和处置违约事件，要求发行人和增信机构切实履责，受托管理人、承销机构等其他相关机构勤勉尽责。资信评级机构在债券信用风险管理中应当履行的职责包括：按照规定开展定期跟踪评级并及时公布，及时开展不定期跟踪评级并公布，配合发行人、受托管理人等履行信息披露义务和开展风险管理工作，以及法律、行政法规、部门规章、交易所业务规则等规定的其他职责。《管理指引》强化了评级机构在公司债券存续期内的信用风险预警职责，以及协助处

置风险事件职责，要求评级机构提高信用评级的前瞻性，进一步完善内部风险控制体系。

（二）推进双评级模式，抑制评级虚高

双评级能为投资者提供更多关于受评对象信用风险的信息，并进行比较分析，帮助投资者做出合理决策，同时有助于促进评级机构之间的理性竞争，抑制评级虚高。2017 年 3 月和 4 月，中国证监会相继核准中证指数有限公司、上海资信有限公司从事证券市场资信评级业务，限于投资者付费模式。此举表明投资者付费模式在交易所债券市场正式落地，同时也预示着双评级模式即将在交易所债券市场实施。投资者付费模式和双评级模式的引入，有利于从制度上缓解利益冲突、评级选购和过度竞争等问题。在抑制评级虚高方面，交易所债券市场迈出了重要一步。

（三）强化行业监管，处罚力度加大

在整个金融行业处于“强监管”的大环境下，监管部门对评级行业的监管进一步强化，具体包括：对评级机构的合规检查更加严格和细化；常规核查之外，专项核查数量增加；加强评级调整的审查，抑制“级别竞争”；细化信息披露，加强信息披露检查等。监管部门对不合规行为的处罚力度明显加大，2017 年有一家评级机构被出具警示函，一家评级机构被采取行政监管措施。“强监管”促进评级机构进一步完善合规管理，强化评级项目质量控制，对提升我国评级行业的公信力具有积极作用。

二、债市环境

（一）信用债发行萎缩，结构分化明显

2017 年，我国货币政策保持稳健中性，广义货币 M2 增速比上年同期低 3.1 个百分点，狭义货币 M1 增速比上年同期低 9.6 个百分点，货币增速明显放缓，叠加去杠杆、去通道、去非标等强监管措施，我国债市资金面全年维持紧平衡，市场利率大幅上升，企业发债动力明显减弱。交易所市场全年共发行公司债券 18 644① 亿元，同比下降 41.21%，发行结构出现明显分化：传统信用债降幅较大，而符合去杠杆政策导向的券种发行逆势增长，其中可转债发行 792.2 亿元，同比增长 272.77%；可交换债发行 1 048.84 亿元，同比增长 80.89%；资产支持证券发行 9 460.93 亿元，同比增长 90.91%。

债券发行结构的变化带来了评级公司业务结构的变化，据 2017 年中国证券业协会专项数据统计，各家评级机构 2017 年共承做项目 4 146 个，同比降低 4.47%。其中一般公司债 776 个，同比下降 44.53%，在承做项目总数中占比 18.72%，与 2016 年同期相比下降

① 债券发行数据来源于 Wind，经整理所得。

13.52 个百分点；私募公司债 398 个，同比下降 32.08%，占比 9.60%，与 2016 年同期相比下降 3.90 个百分点；可转债 158 个，同比增长 690.00%，占比 3.81%，与 2016 年同期相比上升 3.35 个百分点；可交换债 39 个，同比微增 2.63%，占比 0.94%，略升 0.07 个百分点；资产证券化项目 1 136 个，同比增长 34.60%，占比 27.40%，上升 7.95 个百分点。随着承做项目业务结构出现变化，各家评级机构的收入结构也发生了相应变化，传统信用债评级收入原来是主要收入来源，在总收入中占比 70% 以上，2017 年下降约 20 个百分点，而资产证券化项目评级收入提高约 8 个百分点，占比升至 25% 左右。

（二）券种不断创新，助力精准调控

2017 年，交易所市场为贯彻国家宏观经济政策，支持产业结构调整优化，助力精准调控，开展了多项债券创新，进一步丰富了债券品种，主要体现在两个方面：一是多种专项债券相继推出，包括扶贫专项债券、土地储备专项债券、政府收费公路专项债券、轨道交通专项债券等；二是资产证券化的基础资产类型继续丰富，基础设施 PPP 项目、绿色轨道交通项目、精准扶贫项目、培育型不动产、长租公寓等作为新的基础资产类型，受到市场广泛关注。

交易所市场债券品种的增加，一方面带来了新的评级业务，丰富了评级业务类型，另一方面也对评级机构提出了新的要求，需要加强研发，适应市场需要开发各种创新债券的评级模型和技术，以更好地服务于市场，服务于投资者。根据 2017 年中国证券业协会专项数据统计，各家评级机构 2017 年共承做绿色公司债 12 个，承做创新创业债券 6 个，承做永续公司债 27 个。创新券种的评级收入实现较快增长，在评级总收入中的占比进一步提高。

（三）刚性兑付打破，声誉约束趋紧

2017 年，交易所市场共新增 5 只债券违约[①]，同比下降 44.44%，发行主体 4 家，同比下降 55.56%。从违约券种看，共有 2 只一般公司债违约，3 只私募债违约。从行业分布看，违约发行人集中于建筑与工程、电子设备和仪器、化工和综合类四个行业。从企业属性看，主要为民营企业，共 3 家，另有 1 家外商独资企业。

从近几年债券违约的情况看，刚性兑付已完全打破，通过市场化手段检验评级质量的条件日渐成熟，所评主体、债券处于高等级违约，或者未能及时预警信用风险，将给评级机构带来较大的声誉损失。随着债券违约常态化和声誉约束强化，我国评级机构需要构建系统的评级质量检验体系，通过质量检验发现问题，采取有针对性的改进措施，进一步完善评级技术，提高评级准确性，形成评级质量提升的良性循环。

---

① 债券违约数据来源于 Wind，经整理所得。

三、对外开放

（一）开放国内评级市场，引入外资评级机构

2017 年我国加快了评级行业对外开放的步伐，相继发布多项政策，引入外资评级机构。2017 年 1 月，国家发改委与商务部发布最新版《外商投资产业指导目录》，将“外资资信调查与评级服务公司”这一项，移除出了限制外商投资的 14 项产业目录。2017 年 1 月国务院印发《关于扩大对外开放积极利用外资若干措施的通知》，在服务业方面，放开会计审计、建筑设计、评级服务等领域外资准入限制。2017 年 4 月，中美双方达成《中美经济合作百日计划早期收获》的协议，中方在 2017 年 7 月 16 日前允许在华外资全资金融服务公司提供信用评级服务，并开始征信许可程序。2017 年 7 月，中国人民银行〔2017〕第 7 号公告发布，明确了外资评级机构的注册条件、信息披露、执业准则和监管要求，放开境外评级机构在银行间债券市场的信用评级业务。我国评级行业扩大对外开放，有利于促进行业健康发展，并推动我国债券市场的对外开放。

（二）国内评级机构走出去，加快国际化布局

在我国加快评级行业对外开放步伐的同时，国内评级机构也纷纷出海，积极布局国际评级市场。截至 2017 年底，我国评级机构有 1 家获得欧盟评级业务资质，有 3 家获得中国香港评级业务资质，部分评级机构正在积极申请国际评级业务牌照。我国评级机构从事国际评级业务的范围包括主体评级、债项评级、信用评估、评级顾问和保险公司财务能力评级等，部分评级机构的国际评级业务已初具规模。除了直接设立开展国际评级业务的分支机构外，我国评级机构还积极与其他国家评级机构开展交流与合作，共同开发国际评级市场。此外，我国评级机构通过发布主权评级报告，扩大国际影响力，为开展国际评级业务做好前期铺垫，特别是结合国家“一带一路”倡议，发布“一带一路”沿线国家主权评级报告，为国内企业开展“一带一路”贸易和投资活动提供国别风险指引，助推“一带一路”建设的实施。我国评级机构在开拓国际评级市场的过程中，也面临一些困难，如全球评级业务和技术体系有待完善、国际“三大”评级机构的垄断壁垒、前期投入大和难以实现盈利等。

第二章
2017年中国证券资信评级业务发展情况

第一节　评级行业基本情况

一、基础设施建设

（一）执业能力不断提升

2017年，中国证监会核准上海资信有限公司和中证指数有限公司从事证券市场资信评级业务（限于投资者付费），其中上海资信有限公司成立于1999年，主要从事征信业务；中证指数有限公司成立于2005年，主要从事指数编制、运营和服务。截至2017年末，国内共有9家公司可以从事证券市场资信评级业务，分别为（排名不分先后）：大公国际资信评估有限公司、东方金诚国际信用评估有限公司、联合信用评级有限公司、鹏元资信评估有限公司、上海新世纪资信评估投资服务有限公司、上海远东资信评估有限公司、中诚信证券评估有限公司、上海资信有限公司和中证指数有限公司。截至2017年末，已经有3家证券评级机构获得香港证券及期货事务监察委员会提供信贷评级服务执业资质，1家证券评级机构获得欧盟信用评级机构执照，1家证券评级机构与俄罗斯信用评级机构ACRA签署合作备忘录。国际评级资质认可显示出我国证券资信评级机构执业能力的提升，也为证券评级业务的国际市场开拓奠定了良好基础。

（二）硬件设施投入继续加大

2017年，国内7家发行人付费的证券资信评级机构均对评级系统进行了升级或完善，如更新评级模型、实现评级模型文件化向系统化的转换、增加评级数据备份与追溯功能等，评级业务数字化、信息化程度又上了一个新的台阶。此外，部分评级机构已经建立了完善的覆盖合规管理、客户关系管理、项目跟踪监测管理、财务预警分析、各类评级模型系统在内的信息管理系统；部分评级机构加强了对公司业务数据的保护，其数据库建设已经取得阶段性成果，为评级作业和评级研究打下了良好的基础。为适应评级工作需要，截至 2017 年末，所有发行人付费的证券资信评级机构均购买了相关外部金融数据库、宏观经济数据库等，良好的硬件系统配置为评级机构提升自身技术服务水平奠定了良好基础。

（三）人才队伍大幅加强

伴随债券市场的风险累积和评级市场的逐渐成熟，各家资信评级机构 2017 年均加强了人才队伍的建设，具有一定资质的评级人员较上年大幅增加。① 截至 2017 年底，9 家资信评级机构人员总数达 1 539 人，较上年略增 1.52%；其中 7 家发行人付费评级机构的人员合计 1 465 人，较上年小幅减少 3.36%。

具有 3 年以上评级从业经验的人员数量为 513 人，其中 7 家发行人付费评级机构具有 3 年以上评级从业经验的人员数量为 479 人，较 2016 年增长 14.87%；拥有注册会计师、律师、CFA、CIIA 等专业执业资格人员人数为 76 人，其中 7 家发行人付费评级机构拥有注册会计师、律师、CFA、CIIA 等专业执业资格人员人数为 61 人，较上年减少 2 人。在所有员工学历构成中，具有硕士以上学历的人员占比 74.01%，其中 7 家发行人付费评级机构具有硕士以上学历的人员占比为 74.27%，较 2016 年提升了 5.27 个百分点。35 周岁以下的人员数量为 1 434 人，其中 7 家发行人付费评级机构 35 周岁以下的人员数量为 1 388 人，占比 94.74%，较 2016 年下降了 2.76 个百分点。整体来看，评级机构员工队伍具有高学历、年轻化的特点，但由于评级项目经验积累的客观要求，未来评级机构还需要采取措施应对员工流失率高的行业现状，提高具有较长从业经验的员工占比。

二、投资者服务水平

（一）评级相关服务工作进一步细化

除传统的评级服务外，各家评级机构在行业、地区、品种方面的评级服务更加细分和多元化。在行业评级方面，各机构不断完善行业划分，不同程度地对常规行业开展年度或半年度行业风险研究，并及时发布行业信用风险研究报告。在地区（风险）评级方面，一家评级机构发布了地方政府信用风险地图，一家评级机构发布了全国 36 个省（含直辖市）及其下辖各市经济财政实力和债务负担的区域研究报告。在国家主权评级方面，有 4 家评级机构开展了主权评级工作，并跟踪更新了多个国家或地区的主权评级结果；其中有 3 家评级机构

① 由于新增的两家评级公司 2017 年并无来自交易所市场的证券评级业务收入，为保持数据的可比性，此处以发行人付费的 7 家证券资信评级机构为样本进行比较，后文的数据比较均以发行人付费的 7 家证券资信评级机构为样本。

对“一带一路”国家主权信用风险或国家风险进行了分析；还有一家评级机构展开了全球宏观态势的每周观察研究。

（二）研究能力显著提升

2017年以来，各家评级机构更加注重研发力量的投入，年末研发人员总数达到302人，较2016年增长了57.29%。2017年，各家评级机构加大了对新产品评级方法和行业研究力度，共完成各类研究课题281个，公开出版书籍或专著2部，公开发表研究报告1 088篇，研究成果数量较2016年显著提升。从2017年各家评级机构披露的公开资料情况看，多数证券资信评级机构建立了月（季）度国内外宏观经济走势跟踪分析机制，研究内容较2016年更为多样，且注重对美国货币政策、人民币国际化（熊猫债）、绿色债券、城投债、“一带一路”政策等内容的分析，政策解读与经济分析报告总量较2016年显著增加。

除常规研究外，不同机构在不同评级研究领域特点突出：有的机构深入研究主权信用风险；有的机构深入研究绿色金融；有的机构深入研究各省市经济财政实力与债务；有的机构深入研究PPP项目投资的风险管理及PPP项目的资产证券化、区域风险地图等。

（三）投资者交流有所加强，行业形象进一步提升

目前，各家资信评级机构投资人信息服务发布渠道主要为：公司网站、微信、与第三方媒体合作、寄送期刊等方式，多数机构对本公司网站与微信平台的信息更新维护质量较高。投资人会议方面，各家机构均注重与投资者的互动交流，进一步突出自身研究能力和品牌实力的宣讲力度，及时、不定期针对信用等级调整标准、评级方法、区域风险、行业信用风险展望等内容举办各种专题论坛，加强与投资人的沟通交流。2017年，7家发行人付费的资信评级机构共主办或承办投资人会议34次，参加论坛并参与会议演讲95次，接受媒体采访或举办新闻发布会共441次，举办投资人俱乐部沙龙2次，1家资信评级机构还通过直播间形式与投资者交流，宣传力度较上年显著提升。

三、合规管理

（一）制度建设不断推进

随着《证券市场资信评级机构评级业务实施细则（试行）》的深入实施以及对防控债市风险的高度重视，各家机构在2017年更加注重内控体系的落实，目前由发行人付费的7家评级机构均已设立合规部或风险管理相关的职能部门。在现有合规管理制度基础上，部分机构结合当前行业出现的新情况新问题，进一步修订相关业务制度并及时公示。其中，有5家评级机构针对合规制度进行了多项修订，如修订了数据库管理制度、评级业务信息保密制度、评级业务防火墙制度、评级业务利益冲突防范与回避制度等；还有3家评级机构新增了

4 项合规制度，如资信评级信息报送制度、公司客户意见反馈制度等。

（二）合规管理水平进一步提升

在防控信用风险的监管要求下，各家评级机构在日常工作中高度重视合规管理。2017 年，各家评级机构继续严格执行合规管理制度，部分评级机构修订或增加了一些合规管理制度，同时还按照监管要求定期自查并按时报送合规报告。各家评级机构重点从利害关系防范、回避制度、保密制度、评级程序、评审委员会运作程序、信息披露、评级业务档案、评级质量控制等方面进行合规风险排查，行业合规管理水平进一步提升。

整体来看，2017 年，我国证券资信评级机构继续通过提高合规风险意识、完善内部控制、加强合规检查、增加人力投入等措施，进一步保障合法合规经营，增强投资者服务能力，合规管理水平进一步提升。

第二节　评级业务发展概况

一、业务规模

2017 年，9 家资信评级机构共协议承做评级项目 4 232 单，其中，7 家发行人付费证券资信评级机构全年协议承做评级项目 4 146 单，较 2016 年减少 4.47%。其中，承做公司债项目 1 174 单，较 2016 年减少 40.86%；承做可转换公司债项目 158 单，较 2016 年大幅增长，主要由于该产品符合去杠杆的政策导向、市场对该类产品较为青睐，尽管增长速度很快，但在市场中的整体份额仍然较小；承做可交换债项目 39 单，较 2016 年增长 2.63%；承做证券公司债项目 40 单，较 2016 年下降 39.39%，主要源自证券公司监管环境变化及资金需求的下降；承做资产证券化产品 1 136 单，较 2016 年增长 34.60%，主要源自资产证券化市场政策和相关融资需求的推动；承做信托、资管等非标产品 772 单，较 2016 年增长 48.75%，主要源自机构投资者非标投资需求的推动；承做其他主体评级 798 单，较 2016 年减少 6.23%；承做其他业务 29 单，较 2016 年增长 70.59%，主要源自框架协议、优先股等承揽项目的增加（见图分 6 - 1）。

从产品数量份额情况看，2017 年公司债依旧是占比最大的产品，份额占比为 28.32%，但较 2016 年降幅较大，降低了 17.42 个百分点；资产证券化产品份额跃居第二位，占比为 27.40%，较 2016 年增长了 7.95 个百分点；其他主体评级业务份额从上年的第二位降到第三位，份额占比为 19.25%，较 2016 年减少了 0.36 个百分点；信托/理财/资管等非标产品份额仍处于第四位，占比为 18.62%，较 2016 年增长了 6.66 个百分点；证券公司债、可交

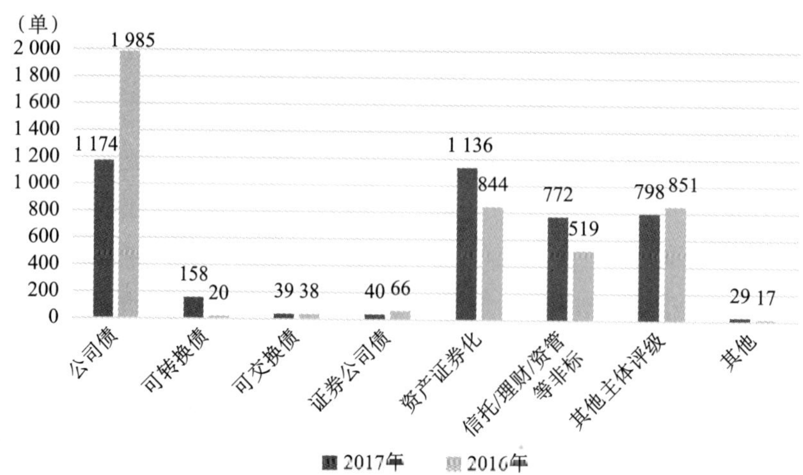

图分6-1　2017年7家发行人付费证券资信评级机构协议承做的评级项目情况

资料来源：2017年中国证券业协会专项调查统计数据。

换债、可转换债产品份额依旧占比较小。

2017年资信评级机构完成首次出具报告项目3 882份、定期跟踪评级项目3 558个、不定期跟踪评级项目617个、终止/撤销评级项目217个。7家发行人付费证券资信评级机构合计正式出具首次评级报告3 863份，较上年减少0.92%。其中，出具公司债评级报告1 207份，报告数量占比31.25%，较上年减少了13.58个百分点，但仍是市场主力；出具资产证券化评级报告729份，报告数量占比18.87%，较上年增长了7.12个百分点，是增长最快的首次评级报告种类。

随着前期市场规模的快速扩容，各家评级机构跟踪评级工作量快速增加，全年7家发行人付费证券资信评级机构合计完成定期跟踪评级项目为3 558个，增幅为34.06%；不定期跟踪评级项目为617个，增幅为28.19%；终止/撤销评级项目达到217个，增幅为65.65%。

二、评级品种

2017年资产支持证券创新产品不断涌现，绿色债券、熊猫债券、可转债、地方政府专项债券、创新创业公司债券、“一带一路”相关债券持续受到市场关注。2017年交易所债券市场发行了多只创新债券产品，评级产品品种进一步多元化。此外，伴随着基础资产的不断丰富，5A级自然景区服务费、房地产供应链保理、购房尾款、创意园区、REITs、综合管廊租金、长租公寓、PPP项目等开始涌现，资产支持证券的细分评级标的也不断有所突破。

三、财务状况

受益于交易所债券市场发行主体的扩容，2017年信用评级行业整体业务收入小幅增长，但盈利能力有一定下滑。

2017 年，7 家发行人付费证券资信评级机构的资产规模合计和净资产合计分别为 26.77 亿元和 18.39 亿元，分别较 2016 年增长了 7.86% 和 23.09%；营业收入合计为 13.50 亿元，较 2016 年增长了 4.33%；利润总额合计为 3.98 亿元，较上年减少了 49.56%（见图分 6－2）。从交易所债券市场评级业务贡献看，2017 年 7 家发行人付费证券资信评级机构证券资信评级业务收入规模合计 7.46 亿元，较 2016 年增长 1.15%，占收入的比例为 55.25%，较 2016 年降低 1.73 个百分点。

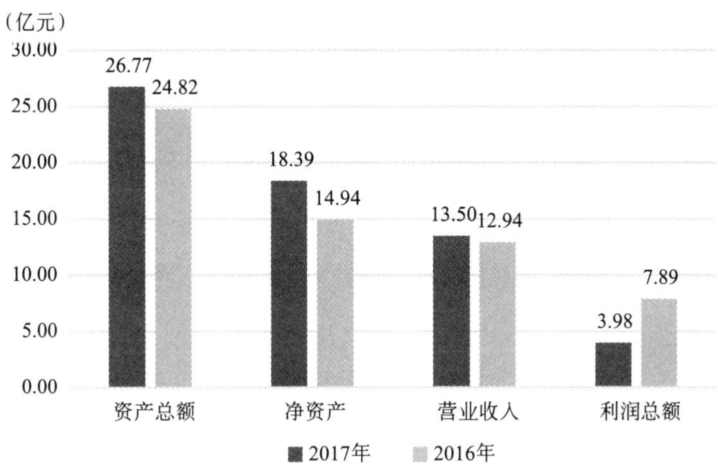

图分 6－2　2017 年发行人付费 7 家证券资信评级机构财务情况

资料来源：2017 年中国证券业协会专项调查统计数据。

第三节　评级表现分析

一、信用等级分布

（一）一般公司债

2017 年共有 359 家发行人发行 538 期一般公司债，发行人家数和发行期数分别较 2016 年下降 36.12% 和 38.93%。从分布情况看，2017 年公司债发行人 AAA、AA＋、AA 级别家数占比分别为 37.33%、23.12%、36.49%，AAA 和 AA 级别发行人占比较大，AAA 级别发行人占比最高；债券级别 AAA、AA＋、AA 级别期数占比分别为 54.09%、21.19%、24.72%，AAA 级别债券发行量占绝对优势（见图分 6－3）。

相较于 2016 年，2017 年一般公司债评级分布呈现如下特征：

（1）AA级别发行人占比下降幅度最大，AAA级别发行人上升最明显。2017年AA级别发行人占比下降了9个百分点，AAA级别发行人占比上升了12个百分点，AA+级别发行人占比变化较小。

（2）AA级别债券占比下降幅度最大，AAA级别债券上升最明显。2017年AA级别债券占比下降了11个百分点，AAA级别债券占比上升了19个百分点，债券级别重心的上行与新质押政策的出台关系密切。

（3）担保后获得增级的债券较多。2017年有担保债券在整体发行期数中占比为13%，与2016年基本持平。在有担保债券中，原主体等级A+、AA-、AA+级别的发行人经担保后均获得信用增级（见图分6-4），AA级别发行人发行的担保债券一半进行了信用增级，3只[①]采取抵质押措施的债券均获得了1个小级别的信用增级。

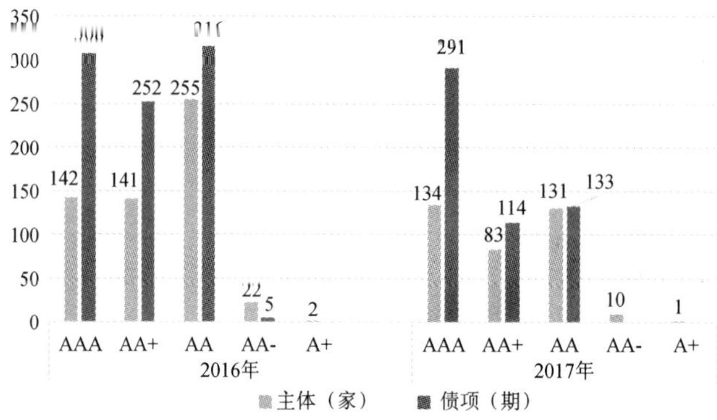

图分6-3　2017年一般公司债评级分布

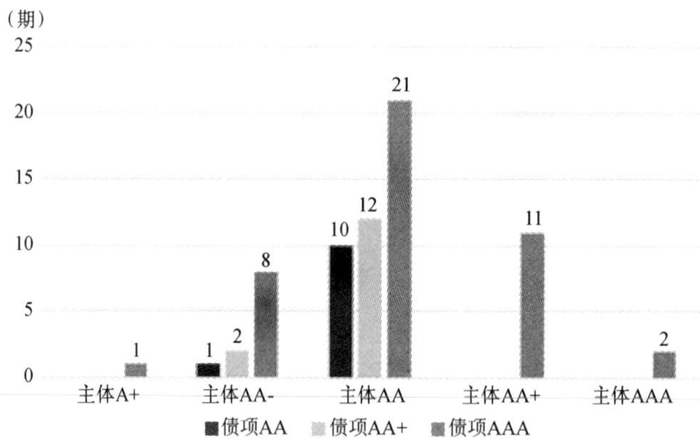

图分6-4　2017年公司债增信后债项级别分布

注：①统计样本为公开发行的3年期公司债券的发行利率；②如果债券存在选择权，期限为选择权之前的期限，例如债券的原始期限设计为“3+2”，则期限为3年；③以债项级别为统计基础。

资料来源：Wind资讯。

① 3只债券分别为17创维P1、17黄金债、17金旗01。

（二）私募公司债

2017 年有评级信息披露的私募公司债发行家数 421 家，在总发行人中占比为 90.73%；有信息披露的发行期数为 277 期，在发行期数中占比为 41.84%。

相较于 2016 年，在有信息披露的私募债券中，2017 年呈现如下特征：

（1）主体级别依旧以 AA 为主。本年 AA 级别发行人占比最大（61.28%）且下降幅度最大，AA+级别发行人占比（21.62%）变化不大，AAA 级别占比最小（8.79%）但上升幅度最大。

（2）债券级别以 AA 为主，AAA 级别债券占比提升较快。2017 年 AA 级别债券占比最大（53.43%）且下降幅度最大；AAA 级别占比居次位（25.99%），但上升幅度最大。

（3）担保债券占比较低。在有信息披露的私募债券中，仅有 39 期债券采取了增信措施（占比仅为 14%），增信方式全部为第三方信用担保。

（三）证券公司债

从主体评级分布来看，AAA 级别发行人在短期公司债、次级债及普通公司债发行人中的占比分别为 61%、51% 和 59%，是级别占比最大的档次。相较于 2016 年，2017 年证券公司发行人主体级别重心有所上移，中低级别发行人数量相对较少（AA－级别仅为大同证券 1 家，AA 级别共 7 家[①]）（见表分 6－1）。

从债项级别分布看，在有信息披露的债券中，短期公司债级别以 A－1 为主，次级债债项级别主要来自 AA+（占比 71%）；普通公司债债券级别以 AAA 为主（占比 76%）（见表分 6－2）。

表分 6－1　　2017 年证券公司债主体评级分布　　（单位：家）

项目	短期公司债	次级债	普通公司债
AAA	11	22	24
AA+	7	16	13
AA	—	4	4
AA－	—	1	—
合计	18	43	41
无级别披露	—	—	—
合计	18	43	41

资料来源：Wind 资讯。

① 7 家主体级别为 AA 的券商分别为联讯证券、国融证券、西藏东方财富证券、大同证券、首创证券、金元证券和中山证券。

表分6－2　　2017年证券公司债债项级别分布　　（单位：期）

项目	短期公司债	次级债	普通公司债
AAA	2	—	74
AA＋	—	34	20
AA	—	13	4
AA－	—	1	—
A－1	21	—	—
合计	23	48	98
无级别披露	26	37	32
合计	49	85	130

资料来源：Wind资讯。

（四）可交换债

可交换债产品以所持目标上市公司股权作为质押物进行增信，并设置了不同的赎回及回售条款。在有评级信息披露的可交换债产品中，主体级别均在AA－以上，债项级别均在AA以上，主体及债项均以AAA级别为主。相较于2016年，有评级信息的债券信息中，主体及债项级别重心明显上移（见表分6－3）。

表分6－3　　2016—2017年可交换公司债券信用等级分布

级别	2016年		2017年	
	主体（家）	债项（期）	主体（家）	债项（期）
AAA	1	5	11	9
AA＋	7	3	6	5
AA	7	14	9	6
AA－	9	3	3	—
A＋	1	—	—	—
无评级信息	21	46	34	60
合计	46	71	63	80

资料来源：Wind资讯。

（五）可转债

从主体级别看，除泰晶转债、嘉澳转债和永东转债发行人主体级别为A＋外，其余可转债发行人主体级别均在AA－以上，其中AA的发行人占比达到了50%；债项分布中AA级别期数占比最大（达到55%）。从与2016年的比较情况看，2017年可转债发行人级别分布更加广泛，但主体及债项向AA级别集中的趋势愈加明显（见表分6－4）。

表分 6-4　　2016—2017 年可转换公司债券信用等级分布

项目	2016 年		2017 年	
	主体（家）	债项（期）	主体（家）	债项（期）
AAA	2	2	4	5
AA+	2	3	7	6
AA	5	5	22	24
AA-	2	1	4	5
A+	—	—	3	—
无评级信息	—	—	4	4
合计	11	11	44	44

资料来源：Wind 资讯。

从增信情况看，发行的 44 期可转债中，仅 6 期采用了增信措施（第三方信用担保），除 17 伏泰转未披露级别信息外，4 期债券债项级别有所提升；其他 38 期纯信用可转债券中，除 3 期私募转债未有信息披露外，其他有信息披露的债券债项级别均未有提升。

（六）创新公司债券

因发行群体的差异，创新类债券的评级分布差异较大。在有评级信息披露中，由于永续债发行人多来自大型央企或地方性国企，其主体级别 AAA 级别占比达到九成，债项级别全部在 AAA；熊猫债除光大控股主体为 AAA 级别外，其他主体级别均为 AA+，债项级别亦以 AAA 为主（期数占比 67%）；绿色债券发行群体分布较为广泛，主体级别分布在 AAA 至 AA，主体及债项均以 AAA 为主（家数占比达到 42%，期数占比达到 66%）；双创债发行人多来自民营成长期中小企业，但本年发行群体扩展至大型企业，主体级别分布在 AAA 至 BBB+，AA/AA-级别发行人合计占比 75%，债项级别以 AAA 为主（多以信用担保实现）（见图分 6-5）。

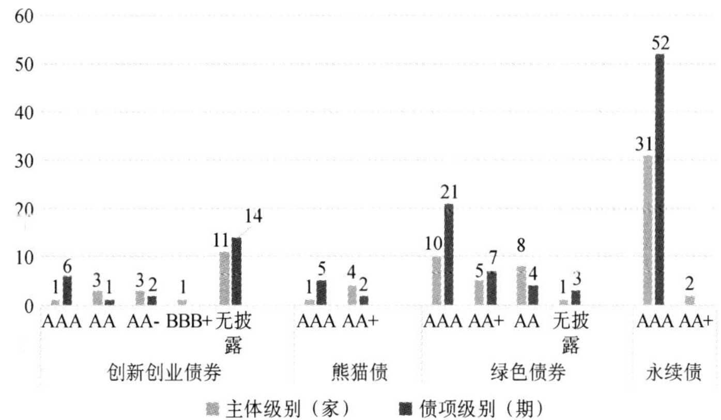

图分 6-5　2017 年创新类债券评级分布情况

资料来源：Wind 资讯。

（七）资产支持证券

2017 年资产证券化产品的基础资产类型和信用层次更加多样，但整体仍以 AAA 级、AA + 级及无评级的信用等级产品为主。AAA、AA + 及无评级产品占总发行期数的比例分别为 44.51% 、17.14% 和 24.90% （见图分 6 – 6）。基于基础资产的信用状况，上述资产证券化产品多通过优先级/次级结构、超额抵押、机构担保、利差账户等增信方式进行信用增级。

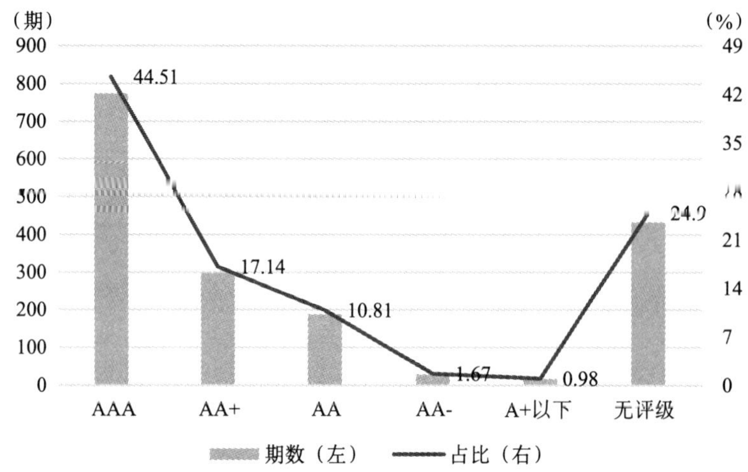

图分 6 – 6　2017 年资产支持证券债券评级分布情况

资料来源：Wind 资讯。

二、利率及利差

（一）一般公司债

1. 发行利率

同比 2016 年宽松的市场环境，在 2017 年中性偏紧的资金面叠加信用事件等因素影响下，一般公司债各期限发行利率上升明显。3 年期 AAA 级别发行利率同比上升 179BP，相较于其他两档级别上升最为明显；5 年期 AA 级别利率同比上升 271BP，上升幅度最大，主要源自该档发行量较少引起的波动（见表分 6 – 5）。

从级别与利率表现来看，呈现如下特征：（1）各期限内，利率随级别下降而上升。（2）3 年期 AA + 与 5 年期 AA + 利率出现倒挂，主要源自发行群体的差异。3 年期 AA + 债券发行人多来自于民营制造业企业，5 年期 AA + 债券主要来自于政府平台类企业，因此发行利率较低。（3）5 年期 AA 级别平均发行利率高达 7.50% ，除与发行人信用面相关外，样本量少（仅 17 科发债 1 期）引发的异动也是原因之一。

表分6-5　　2016—2017年公司债发行利率情况

期限	级别	2017年（%）	2016年（%）	同比变化（BP）
3年期	AAA	5.02	3.23	179
	AA+	5.71	4.35	136
	AA	6.60	5.53	107
5年期	AAA	5.17	3.40	177
	AA+	5.51	3.91	160
	AA	7.50	4.79	271

资料来源：Wind资讯。

2. 发行利差

从3年期和5年期一般公司债利差情况看，整体呈现如下特征：（1）一般公司债各档债券级别利差均值均呈现随级别降低而逐步扩大；（2）5年期AA+至AA级差处于高水平，主要源自5年期AA级别债券发行量少形成的异动；（3）3年期AAA级别债券的偏离系数高于其他各档产品，反映出部分AAA级别债券评级认可度相对较低。从实际发行情况看，部分民营企业发行人发行的3年期AAA级别债券、部分主体级别相对较低经增信后达到AAA级别的3年期公司债发行利差明显偏高，相应拉高了偏离系数（见表分6-6）。

表分6-6　　2017年公司债券发行利率和利差统计情况

期限	债项信用等级	样本数（个）	利率（%）		利差（基点）			
			区间	均值	均值	级差	标准差	偏离系数
3年	AAA	197	3.80—7.80	5.02	155.70	——	54.44	0.35
	AA+	76	4.46—7.70	5.71	232.00	76.30	69.93	0.30
	AA	77	5.00—7.79	6.60	318.11	86.11	70.67	0.22
5年	AAA	64	4.29—7.50	5.17	158.07	——	44.77	0.28
	AA+	19	4.38—6.80	5.51	201.55	43.48	54.29	0.27
	AA	1	7.50—7.50	7.50	368.16	166.61	——	——

注：①利差为债券的发行利率减去当期债券同期限的交易所国债到期收益率；②如果债券存在选择权，期限为选择权之前的期限。

资料来源：Wind资讯。

从同比2016年各级别利差变化情况看，2017年主要期限的各档级别利差同比均有所上行；除5年期AA级别因样本量太少异动较大外，AAA级别利差上升幅度均处于较高水平（见表分6-7）。

从显著性检验情况看，剔除样本量少的5年期AA级别，全市场的3年期公司债均通过了非参数检验（Mann-Whitney U法），各档级别间利差区分度明显；5年期公司债AAA与AA+级别差异性明显（见表分6-8）。

表分 6－7　　2016—2017 年公司债利差及变化情况　　（单位：BP）

期限	级别	2017 年	2016 年	同比变化
3 年期	AAA	155.70	75.96	79.74
	AA＋	232.00	189.44	42.56
	AA	318.11	307.45	10.66
5 年期	AAA	158.07	80.02	78.05
	AA＋	201.55	131.18	70.37
	AA	368.16	216.33	151.83

资料来源：Wind 资讯。

表分 6－8　　2017 年公司债等级对发行利差影响的显著性检验——全市场（Z 值）

期限	信用等级	AAA	AA＋	AA
3 年期	AAA	——	0.000	0.000
	AA＋	0.000	——	0.000
	AA	0.000	0.000	——
5 年期	AAA	——	0.000	0.000
	AA＋	0.001	——	——
	AA	——	——	——

注：Z 值所对应的 P 值小于 0.05，说明存在显著差异。

资料来源：Wind 资讯。

（二）私募公司债

2017 年私募公司债发行利率同样呈波动上升态势，全年平均票面利率达到 6.44%，较 2016 年上升 76BP。其中，1 年期发行平均利率为 6.82%，较 2016 年上升 18BP；3 年期平均发行利率 6.25%，较 2016 年上升 93BP。私募债 1 年期和 3 年期利率呈现倒挂与发行群体有密切关系，1 年期发行群体多来自级别较低信用认可度相对较低的发行人，其融资成本相对较高，短期限的发行设置顺应了市场投资需求。

在有信息披露的债券中，从发行量最大的 3 年期债券来看，AAA 级别发行利率同比上行幅度最大，达到 153BP；AAA 级别发行利差上升最为明显，达到 50BP；AA 级别利差呈现下降，与样本量少有较大关系（见表分 6－9）。

表分 6－9　　2017 年 3 年期公司债发行利率及利差情况（有信息披露）

项目	级别	平均发行利率（%）			平均发行利差（BP）		
		2017 年	2016 年	同比变化	2017 年	2016 年	同比变化
3 年期	AAA	6.17	4.64	153.00	266.52	216.55	49.97
	AA＋	6.28	5.31	97.00	285.44	283.22	2.22
	AA	6.57	5.69	88.00	316.09	323.30	－7.21

资料来源：Wind 资讯。

（三）证券公司债

2017 年证券公司债发行利率同样呈上升态势。其中，1 年期发行平均利率为 5.04%，较 2016 年上升 144BP；3 年期平均发行利率 5.13%，较 2016 年上升 158BP。

从发行量最大的 3 年期证券公司债来看，其发行利率整体呈现平稳上升，2 月为最低点（票面利率为 4.71%），随后波动上行在 12 月达到年度最高点（票面利率为 6.27%）。从各级别变化来看，AA+级别发行利率同比上行幅度最大，达到 169BP；AA+级别发行利差同比变化最为明显，达到 75BP（见表分 6-10）。

表分 6-10　　2017 年证券公司债发行利率及利差情况

项目	级别	平均发行利率			平均发行利差（BP）		
		2017 年（%）	2016 年（%）	同比变化（BP）	2017 年	2016 年	同比变化
3 年期	AAA	4.80	3.17	1.63	131.96	68.29	63.67
	AA+	5.14	3.45	1.69	175.85	100.68	75.17
	AA	5.54	4.18	1.36	224.76	162.41	62.35

资料来源：Wind 资讯。

（四）可交换债/可转债

由于可交换债还赋予了持有人标的股票的看涨期权，因此发行利率通常低于其他信用评级相当的固定收益债券。因条款设置不同，本年可交换债年初始发行利率为 0.1%—7%，较上年同期（利率区间 0.1%—8.5%）区间分布变化不大。

由于含有转股条款，转债票面利率很低。除 2 期私募转债为固定年利息外（价值转 S 为 2.8%、17 伏泰转为 4%），其他期均为累进利率。公募转债利率各年利率分布在 0.2%—6%之间，私募转债利率相对较高（2%—12%），条款设置更为灵活。

（五）创新公司债券

创新品种中，创新创业债和绿色债券利率区间分布广泛，与创新创业债发行条款设置灵活、发行群体级别中枢较低有关；永续债和熊猫债因其发行人多来自大型央企或地方性国企，发行利率区间分布较窄（见表分 6-11）。

表分 6-11　　2017 年创新债券发行利率情况

品种	期限分布	利率分布
永续债	3 年、5 年	4.78%—7.80%
绿色债券	3 年、5 年、10 年	4.42%—7.50%
熊猫债	3 年、5 年、7 年	4.55%—6.98%
创新创业债	1 年、2 年、3 年、5 年、6 年	2.00%—7.10%

资料来源：Wind 资讯。

（六）资产支持证券

2017 年资产支持证券中，AAA 级别最高发行利率 8.50%，最低发行利率 2.90%，平均发行利率 5.52%；AA + 级别最高发行利率 10.00%，最低发行利率 4.30%，平均发行利率 5.99%；AA 级别最高发行利率 8.50%，最低发行利率 4.50%，平均发行利率 6.15%。

从利率分布情况看，因资产支持证券发行期限分散化的特征，除 AA 级别外，AA -—AAA 级别利率分布区间差异不大。相较于 2016 年，除 AA 级别平均发行利率有所下降外，2017 年资产支持证券 AA -、AA + 和 AAA 级别发行利率较上年上升了 80—100BP（见表分 6 - 12）。

表分 6 - 12　　2017 年资产支持证券发行利率情况　　（单位:%）

级别	利率最小值	最大值	利率均值	全距
AAA	2.90	8.50	5.52	5.60
AA +	4.30	10.00	5.99	5.70
AA	4.50	8.50	6.15	4.00
AA -	3.40	9.00	6.01	5.60
A +	5.60	7.50	6.70	1.90
A	5.50	7.00	6.38	1.50
A -	5.00	5.20	5.10	0.20

注：（1）全距 = 最大值 - 最小值；（2）因资产支持证券期限分散，此处利率简化以算数平均数统计。

资料来源：Wind 资讯。

三、信用等级迁移分析

2017 年，交易所债券市场存续的公募公司债发行人级别变动合计 116 次，调整次数高于 2016 年（84 次）。上述级别变动中，级别上调 98 次，级别下调 18 次，上调次数占比达到 84%。上调级别的发行人主要分布在房地产、煤炭、钢铁、综合金融等行业，上调原因主要是业绩增长或增发、收购引起的竞争力提升；下调原因主要是源自部分煤炭、化肥生产等强周期企业业绩亏损或大幅下滑，偿债风险加大。从级别调整率来看，2017 年上调比率为 7.88%，下调比率为 1.45%，合计级别调整比率为 9.33%，调整率较上年同期（7.91%）上升较快。

2017 年各类公司债产品评级展望调整合计 34 次，其中上调 26 次，下调 8 次，上调频率明显，展望调整占年初发行人总数的 2.74%，总体展望调整率较上年同期（4.33%）有所降低。评级展望上调多是因为企业业绩改善，主要来自房地产、技术硬件与设备行业；评级展望下调主要分布在制造业（材料、资本货物、技术硬件）等，多为上轮周期性调整中基本面不佳或转型未成功的企业（见表分 6 - 13）。

表分 6 – 13　　2017 年公募公司债发行人主体评级调整情况

项目	信用等级	评级展望	合计
发行人主体年初样本（家）	1 243	1 243	1 243
调升数量（家）	98	26	124
调降数量（家）	18	8	26
调整合计（家）	116	34	150
调升率（%）	7.88	2.09	9.97
调降率（%）	1.45	0.64	2.09
合计调整率（%）	9.33	2.74	12.07

注：（1）此处公募公司债主要包括公开发行的一般公司债、证券公司债、可转债产品，发行人样本数量为统计期初存续和统计期内新发且具有主体信用级别的发行人主体；（2）发行人主体信用等级的有效期限视为等同于其所发债券的有效期限（以下同）；（3）评级展望调升、调降统计不包括信用等级发生调整的评级展望统计；（4）由超过一家评级机构对同一发行人进行主体信用评级时，则按不同评级机构分别纳入统计，即同一主体可被计数多次（以下同）；（5）评级展望由负面调整为稳定或正面、由稳定调整为正面均视为调升，反之视为调降；（6）调升率或调降率 = 年内发生信用等级（或评级展望）调升或调降的数量与年初样本数量的比。

资料来源：Wind 资讯。

相比主体信用等级调整，2017 年发行人评级展望的调整数量较少，且相较 2016 年均有所下降，信用级别调整仍然是评级机构对受评对象信用状况变化进行评价和揭示的主要方式。

为反映信用评级机构对发行人的信用等级调整变化，本文采用 Cohort 法对发行人主体信用等级变化进行分析。在信用等级迁移情况方面，2017 年 1 年期信用等级迁移矩阵显示①，从年初至年末，在样本量较多的 AA – 级及以上级别中，AA – 级别的稳定率最低，其级别迁徙率为 27.45%，主要源自向上调整，有 19.61% 的发行人向上调整至 AA 级别；AA + 级别的迁徙率合计为 15.83%，为迁徙率第二高的级别，依旧主要来自向上调整；AA 的迁徙率居于第三，有 12.71% 的发行人发生向下调整。除 AA 级别外，发生迁徙的级别均表现出明显的调升趋势；AA 级的部分发行人的级别迁移范围超过 5 个子级，级别迁移幅度最大（见表分 6 – 14）。

表分 6 – 14　　2017 年发行人主体信用等级 1 年期迁移率　　（单位：%）

年末 年初	样本（个）	AAA	AA +	AA	AA –	A +	A	A –	BBB +	BBB	BBB –	BB + 及以下
AAA	215	100.00	—	—	—	—	—	—	—	—	—	—
AA +	240	15.00	84.17	—	0.83	—	—	—	—	—	—	—

① 1 年期发行人主体信用等级迁移矩阵的计算方法采用 Cohort 法，即期对年初和年末均有效的信用等级从年初到年末的变动情况进行统计，不包括年内新发债券和债券在年内到期的发行主体的级别统计，亦不考虑年内等级多调和等级回调的情况。

续表

年初＼年末	样本（个）	AAA	AA+	AA	AA-	A+	A	A-	BBB+	BBB	BBB-	BB+及以下
AA	417	—	—	87.29	0.72	0.24	0.48	—	—	—	0.24	0.72
AA-	51	—	—	19.61	72.55	7.84	—	—	—	—	—	—
A+	5	—	—	—	20.00	—	80.00	—	—	—	—	—
A	1	—	—	—	—	—	100.00	—	—	—	—	—
A-	0	—	—	—	—	—	—	—	—	—	—	—
BBB+	0	—	—	—	—	—	—	—	100.00	—	—	—
BBB	2	—	—	50.00	—	—	—	—	—	—	—	50.00
BBB-	0	—	—	—	—	—	—	—	—	—	—	—
BB+及以下	0											

资料来源：Wind资讯。

2017年，共有9家公司债发行人发生了大跨度调整（调整超过或等于3个子级），调整家数较上年（5家）明显增加。大跨度调降的发行人多来自煤炭、钢铁、化工等强周期行业，这些企业2017年经营业绩未见明显改善，信用状况进一步恶化；主体信用等级被大跨度调升的发行人有1家（山西蓝焰控股股份有限公司），该公司在2016年经过重大资产重组，净资产规模和盈利水平得到大幅提升，信用状况有所改善（见表分6-15）。

表分6-15　2017年公募公司债发行人主体信用等级大跨度调整一览

发行人	期初级别	展望	评级日期	期末级别	展望	评级日期
山西蓝焰控股股份有限公司	BBB	负面	2016-5-16	AA	稳定	2017-5-31
重庆钢铁股份有限公司	AA-	负面	2016-4-29	BBB	—	2017-5-26
柳州化工股份有限公司	BBB	负面	2016-6-29	B	负面	2017-6-21
洪业化工集团股份有限公司	AA	稳定	2016-5-3	BBB-	—	2017-6-27
五洋建设集团股份有限公司	AA	稳定	2016-12-28	C	—	2017-8-15
丹东港集团有限公司	AA	稳定	2016-11-1	C	—	2017-10-30
亿阳集团股份有限公司	AA	稳定	2016-7-29	CC	负面	2017-11-15
富贵鸟股份有限公司	AA	稳定	2016-5-23	A	负面	2017-11-24
中安消股份有限公司	AA	稳定	2016-5-31	A	负面	2017-11-25

注：主体等级不为C级、评级展望为空的发行人均被列入评级观察名单。

资料来源：Wind资讯。

整体来看，2017年债券市场评级调整频率较高，评级上调为调整主流，大跨度调整较2016年明显增多。评级调升企业主要来自在供给侧改革中业绩改善的煤炭、钢铁行业企业；评级调降主要来自经营业绩不佳的民营制造业企业。

四、违约分析

2017年，随着宏观经济逐步企稳以及供给侧结构性改革效果显现，发债企业整体盈利水平和现金流状况有所改善，信用风险释放趋缓，债券市场整体新增违约主体减少。从交易所债券市场看，2017年共发生4家发行人本息兑付违约事件，具体为2只公募债和3只私募债。相较于2016年，公募债本息兑付违约增加较快，私募债则呈现下降态势。

2只公募债的违约事件中，有1只源自触发交叉违约条款提前到期而未能及时偿付，另1只源自未能按时偿付债券回售本金和利息；3只私募债中，1只源自公司股东过度投资引发诉讼、股份冻结、监管部门调查等事件连环发生，使得公司流动性枯竭未能按时兑付债券利息，另2只违约原因披露较少。

2017年交易所债市违约事项呈现两大特征：（1）违约群体主要来自民营中小制造业企业。在供给侧改革不断深化的背景下，部分行业加速分化，很多中小民营企业转型不佳、竞争力不足、盈利恶化导致违约。（2）回售或交叉违约引发的违约现象增多。2017年有1只公募债券利息和回售本金均违约，1只公募债由于触发投资者保护条款提前到期发生违约。在利率上行、违约风险上升的大背景下，近年来债券发行条款设置更加灵活谨慎，交叉违约现象愈加普遍。

通过对主体违约①进行统计，2017年交易所债券市场一般公司债发行人主体违约率为0.11%，较2016年（0.37%）和2015年（0.57%）有所下降。值得注意的是，2017年发行人违约前信用级别较前两年有所上升，高级别违约情况的发生除与发行人基本面变化有关外，部分发行条款执行（如加速到期、交叉违约）引发的偿债压力也是间接原因之一（见表分6－16）。

表分6－16　2015—2017年我国交易所债券市场一般公司债发行人主体违约率统计表

发行人主体级别	2017年			2016年			2015年		
	年初样本数（家）	违约数量（家）	违约率（%）	年初样本数（家）	违约数量（家）	违约率（%）	年初样本数（家）	违约数量（家）	违约率（%）
AAA	192.5	0	0	87.5	0	0	56	0	0
AA＋	217.5	0	0	114	0	0	67	0	0
AA	427.5	1	0.23	268.5	0	0	168.5	0	0

① 发行人出现下述一个或多个事件时，即可判定主体发生违约：债务人未能按照合同约定支付债券本金和/或利息；债务人（被）申请破产或进入破产清算程序；被接管；被停业或关闭；债务人进行债务重组且其中债权人做出让步或债务重组具有明显的帮助债务人避免债券违约的意图（例如和解或重整中的债务重组），债权人做出让步的情形包括债权人减免部分债务本金或利息、降低债务利率、延长债务期限、债转股（根据转换协议将可转换债券转为资本的情况除外）等情况。债券未能如期兑付且在宽限期内（通常1—2个工作日）未及时纠正的情况视为债券违约，债券违约未包括技术性违约。

续表

发行人主体级别	2017年			2016年			2015年		
	年初样本数（家）	违约数量（家）	违约率（%）	年初样本数（家）	违约数量（家）	违约率（%）	年初样本数（家）	违约数量（家）	违约率（%）
AA -	58.5	0	0	48.5	0	0	45	0	0
A +	5.5	0	0	8.5	1	11.76	6	1	16.67
A	1.5	0	0	0.5	0	0	2	0	0
A -	0	0	0	0	0	0	0	0	0
BBB +	0.5	0	0	1	0	0	0	0	0
BBB	1.5	0	0	0	0	0	1	0	0
BBB -	0	0	0	0	0	0	0	0	0
BB +	0	0	0	0	0	0	0	0	0
BB	0	0	0	0	0	0	1	1	100
BB -	0	0	0	0	0	0	0	0	0
B +	0	0	0	0	0	0	0	0	0
B	0	0	0	1	1	100	0	0	0
B -	0	0	0	0	0	0	0	0	0
CCC	0	0	0	0	0	0	0	0	0
CC	0	0	0	0	0	0	0	0	0
C	0	0	0	0	0	0	0	0	0
NR	5.5	0	0	5	0	0	3	0	0
总计	910.5	1	0.11	534.5	2	0.37	349.5	2	0.57

注：(1) 发行人样本为当年年初存续且具有主体信用级别的一般公司债发行人主体，不包括所发债券年初存续但主体被终止信用评级的发行人；发行人主体信用等级的有效期限视为等同于其所发债券的有效期限，对于所有债券均到期的发行人认为其主体信用等级失效；年末主体信用等级有效的发行人在样本数量统计时计为1个样本，年末主体信用等级失效的发行人计为0.5个样本；表中发行人主体级别为当年年初级别；发行人具有不同信用等级的双评级或多评级，则按不同主体信用等级分别纳入统计，即同一主体可被计数多次。(2) 发行人主体违约率 = 当年发生违约的发行人家数/经调整的发行人样本家数。(3) 当年违约数量不包括之前已发生违约并在当年再度发生违约的发行人。

资料来源：Wind资讯。

第三章 2017 年中国证券资信评级行业面临的问题与 2018 年前景展望

第一节 2017 年中国证券资信评级行业面临的问题

一、评级稳定性、级别区分度有待提高

目前，评级机构的信用级别调整较频繁，评级稳定性不高。2017 年，交易所债券市场存续的公募公司债发行人级别变动合计 116 次，调整次数高于 2016 年（84 次），级别调整比率为 9.29%，调整率较 2016 年同期（7.91%）上升较快。同时，信用等级中枢偏高，主体及债项级别高度集中在 AAA、AA + 等高信用级别，市场认可度不高。

二、评级报告风险揭示的充分性、及时性有待加强

部分评级机构的评级观点不够鲜明，评级表述不够准确，风险揭示不够充分；部分评级机构的评级调整不够及时，没有起到应有的风险预警作用。2017 年有 9 家公司债发行人发生了大跨度调整（调整超过或等于 3 个子级），调整家数较 2016 年（5 家）明显增加。大跨度调降的发行人多来自煤炭、钢铁、化工等强周期行业。部分违约债券的级别直到违约前一周才下调，风险预警的功能需要提高。

三、评级方法有待更新和完善

2017 年在政策的推动下，债券市场的新产品层出不穷。PPP 资产证券化、房地产投资

信托基金（REITs）、“一带一路”债券、扶贫债券等新产品大量涌现。新产品需要新的评级方法与新的评级模型，然而，部分评级机构的评级方法尚未及时更新，评级模型尚未调整，基础数据库尚未健全，新产品的评级体系还有待进一步完善。

四、市场竞争秩序有待进一步规范

目前，我国评级机构业务同质化严重，行业竞争激烈，市场竞争秩序尚待规范。我国同类评级产品的收费存在较大差异，部分评级机构的收费水平明显低于行业平均水平，不利于资信评级行业的规范、可持续发展，存在价格恶性竞争的现象。

五、评级机构的国际认可度还有待进一步提高

由于发展历史较短，同时与国际投资者的交流较少，国内评级机构在国际评级市场的知名度和影响力还有所欠缺，部分境外投资者对中国的债券评级体系尚不够理解。借助“一带一路”建设和“债券通”启动等契机，国内评级机构应在扎实提高自身评级实力的基础上，加强宣传，积极与境外投资者交流沟通，进一步提高自身在国际评级市场的公信力。

第二节　2018年证券资信评级行业发展前景展望

一、评级市场的竞争将更趋激烈

在去杠杆、防风险的大背景下，我国信用债发行规模可能稳中有降，由发行人付费的证券资信评级机构的业务规模有可能下降，评级市场的竞争将可能更趋激烈。未来，考虑到评级行业的对外开放，部分境外评级机构也将逐步加入我国评级市场的竞争，我国评级机构将可能面临更加激烈的国际化竞争。为了应对这种挑战，我国评级机构应发挥自身优势、加强评级研发、完善评级体系、提高核心竞争力，同时加大宣传力度、提高投资者服务水平、提高自身公信力。

二、信用违约风险将继续考验评级机构的风险识别能力

随着宏观经济逐步企稳及供给侧结构性改革效果显现，债券市场信用风险释放呈趋缓态势，但信用风险事件仍将继续出现，违约事件或将时有发生；而且，随着债券市场的改革开

放，信用风险的跨市场传导、跨境传导现象将日益增多，这对评级机构的风险识别能力提出了更高的要求。为了应对这种挑战，评级机构将进一步完善评级模型，健全评级数据库，加强对企业的调查研究与分析，优化评级报告，提高跟踪评级的及时性，充分发挥信用评级的风险识别与风险预警功能。

三、评级监管的协同性将进一步提高

国务院已成立金融稳定发展委员会（以下简称“金稳会”）。金稳会作为国务院统筹协调金融稳定和改革发展重大问题的议事协调机构，将加强监管协调、有效防控系统性金融风险，也将进一步提高评级行业监管的协同性。未来，为了促进评级行业的健康发展，国务院金稳会将可能协调中国人民银行、中国证监会、中国银保监会等监管部门，进行评级行业监管体系的顶层设计，统一各监管部门的监管方向，对评级机构的准入资质、评级方法、合规流程、信息披露等方面实施统一的监管标准，消除监管套利现象。

专题报告

专题报告之一：
2017 年中国证券公司合规管理发展综述

第一章
2017 年中国证券公司合规管理概况

第一节 2017 年证券公司合规管理基本情况

从 2008 年《证券公司合规管理试行规定》出台至今，经过多年实践，证券公司合规管理工作取得积极成效。但随着市场态势、行业情况和监管要求等方面的变化，证券公司合规管理工作中也表现出一些突出问题。面对新形势，2017 年 6 月中国证监会发布了《证券公司和证券投资基金管理公司合规管理办法》（以下简称《办法》）；2017 年 9 月，中国证券业协会发布《证券公司合规管理实施指引》（以下简称《指引》），以指导证券公司有效落实《办法》。《办法》和《指引》明确了证券公司合规管理的原则底线，标志着以合规管理为主线的监管规则体系逐步形成，合规管理的重要性显著提升。2017 年，行业内证券公司积极对照落实《办法》和《指引》，秉承“全员合规、合规从管理层做起、合规创造价值、合规是公司生存基础”的理念，逐步完善优化合规管理体系，为行业的持续健康发展保驾护航。

一、证券公司分类监管情况

中国证监会以证券公司风险管理能力为基础，结合公司市场竞争力和合规管理水平，对证券公司实施分类监管。2017 年中国证监会对 129 家证券公司开展分类评价，其中 32 家公司与其母公司合并评价，共计 97 家单位参与评价。评价结果为 A 类的公司占比为 41.24%，比 2016 年上升了 8.84%，其中 AA 级公司 11 家，A 级公司 29 家；B 类公司数量占受评公司总数的 49.48%，比 2016 年下降了 7.82%，其中 BBB 级、BB 级和 B 级公司分别为 28 家、12 家和 8 家；C 类公司共 9 家，占比 9.28%，比 2016 年上升了 10.21%，其中 CCC 级公司 4 家、CC 级公司 3 家、C 级公司 2 家。2017 年证券公司分类评价结果无 D 类和 E 类公司（见图专 1－1）。

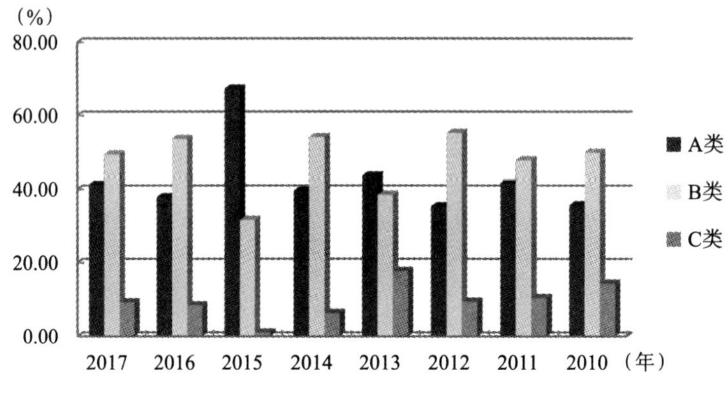

图专 1－1　证券公司分类评价结果对比图

二、证券公司合规管理组织体系

2017 年底中国证券业协会组织的证券公司合规管理问卷调查显示（有效问卷共 114 份），在证券公司合规部门设置情况方面，随着《办法》明确要求“证券基金经营机构应当设立合规部门”，2017 年 84.21% 的证券公司设立了专职的合规部门，较上一年度上升了 18.94%，远远多于将合规部门与风险管理部门合并设立的公司（15.79%）。同时，大多数证券公司（78.95%）的法律部门与合规部门合二为一。

在合规部门岗位划分方面，58.41% 的公司合规部门按合规业务条线划分岗位，合规部门中经纪业务合规、证券投资合规、投行合规岗位人数占比平均为 29.81%、14.26% 和 21.77%；16.81% 的公司合规部门按合规管理职能划分岗位，其中合规咨询与审查、合规监测、合规检查岗位人数占比平均为 38.65%、29.83% 和 26.89%。其余 24.78% 的公司合规部门综合采用合规业务条线及合规管理职能模式划分岗位。

在证券公司合规管理人员情况方面，《办法》和《指引》对证券公司合规部门、各业务部门、各分支机构、各子公司合规管理人员的数量和质量提出了基本标准。2017 年证券公司合规管理人员整体数量明显增加、人员质量有所提高。截至 2017 年底，证券公司专职合规管理人员（含总部合规部门、业务部门、分支机构、子公司）平均约 84 人；兼职合规管理人员（含业务部门、分支机构、子公司）平均约 46 人；专职合规管理人员占公司全体员工数的平均比例为 4.04%，较 2016 年上涨 157.32%；全体合规管理人员（含专职合规管理人员和兼职合规管理人员）占公司全体员工数的平均比例为 6.41%，较 2016 年上涨 37.85%。其中，从专职合规管理人员分布来看，总部合规部门平均为 13 人，业务部门专职合规管理人员平均为 8 人，分支机构专职合规管理人员平均为 67 人，子公司专职合规管理人员平均为 10 人。[①] 70.23% 的证券公司投资银行、66.67% 的债券、65.16% 的自营、57.58% 的资产管理、50% 的证券经纪等业务部门大多已配备了专职合规管理人员。73.9% 的证券公司分公司和 57.74% 的营业部配备了专职合规管理人员；63.33% 的证券公司直管子公司、93.75% 的另类或私募子公司、58.33% 的境外子公司已由公司选派合规负责人。关于兼职合规管理人员的人数分布，业务部门兼职合规管理人员平均为 9 人，分支机构兼职合规管理人员平均为 37 人，子公司兼职合规管理人员平均为 15 人。[②]

从合规管理人员的工作经历背景看，随着《办法》对合规管理人员资质提出了更高要求，截至 2017 年底，证券公司具有三年以上法律、金融、会计、信息技术等工作经历的合规管理人员占公司全体合规管理人员的比例平均为 28.69%、55.38%、12.12% 和 9.32%。[③]

从证券公司合规部门人员变动情况来看，2017 年度约 71.93% 的证券公司合规部门人数增加，平均涨幅高达 171.4%；约 6.14% 的公司合规部门人数减少，平均减幅为 16.68%。

第二节　行业监管规则与自律规则体系的发展情况

一、行业监管规则体系发展情况

2017 年，中国证监会系统贯彻党的十九大精神，落实中央经济工作会议、全国金融工作会议部署，坚持稳中求进工作总基调，抓重点、补短板、强弱项，资本市场改革发展稳定各项工作迈出坚实步伐。服务实体经济的直接融资功能进一步增强，“IPO 堰塞湖”现象有

① 由于个别调查问卷在“合规管理人员的数量统计”方面没有提供全部数据，因此各类专职合规管理人员平均数量的总和与专职合规管理人员总数的平均值不一致。

② 由于个别调查问卷在“合规管理人员的数量统计”方面没有提供全部数据，因此各类兼职合规管理人员平均数量的总和与兼职合规管理人员总数的平均值不一致。

③ 存在证券公司合规管理人员具有两项或两项以上的“三年以上法律、金融、会计、信息技术”工作经历的情形。

效缓解。[①]

一是多层次市场体系进一步完善。新三板分层、交易和信息披露制度改革取得重要突破[②]；《区域性股权市场监督管理试行办法》发布，区域性股权市场纳入多层次资本市场体系规范发展。[③]

二是股票发行、减持、退市等基础制度进一步夯实。监管层完善上市公司非公开发行股票规则，规范上市公司再融资[④]；进一步规范上市公司股东、董监高减持股份行为，完善上市公司股份减持制度[⑤]；大力支持绿色债券发展，积极支持节能环保、可持续发展以及应对气候变化等绿色企业通过发行公司债券及资产支持证券（ABS）筹集资金[⑥]；发布开展创新创业公司债券试点的指导意见，拓宽创新创业企业融资渠道[⑦]；修订《证券发行与承销管理办法》，将可转债和可交换债发行方式由资金申购调整为信用申购[⑧]；进一步完善并购重组信息披露规则，规范重组上市[⑨]；规范债券市场参与者债券交易业务，督促债券市场参与者加强内部控制与风险管理，并将自身杠杆操作控制在合理水平。[⑩]

三是市场双向开放水平进一步提高。A股纳入明晟（MSCI）新兴市场指数；境外上市制度改革深化，H股“全流通”试点予以开展[⑪]；联合发布《非居民金融账户涉税信息尽职调查管理办法》，履行金融账户涉税信息自动交换国际义务。[⑫]

四是进一步加强合规与风险管理。中国证监会2017年6月发布《证券公司和证券投资基金管理公司合规管理办法》，通过明晰董监高及合规负责人等各方职责，提高合规履职保障，加大违法违规追责力度等措施，切实提升公司合规管理有效性，不断增强公司自我约束能力，促进行业持续健康发展[⑬]；发布《期货公司风险监管指标管理办法》及配套文件，加

---

① 中国证监会：“证监会系统2018年工作会议在京召开”，http：//www.csrc.gov.cn/pub/newsite/zjhxwfb/xwdd/201801/t20180131_333484.html，2018年1月31日。

② 《全国中小企业股份转让系统挂牌公司分层管理办法》（股转系统公告〔2017〕662号）、《全国中小企业股份转让系统股票转让细则》（股转系统公告〔2017〕663号）、《全国中小企业股份转让系统挂牌公司信息披露细则》（股转系统公告〔2017〕664号）。

③ 《区域性股权市场监督管理试行办法》（证监会令第132号）。

④ 《上市公司非公开发行股票实施细则（2017修订）》（证监会公告〔2017〕5号）。

⑤ 《上市公司股东、董监高减持股份的若干规定》（证监会公告〔2017〕9号）。

⑥ 《中国证监会关于支持绿色债券发展的指导意见》（证监会公告〔2017〕6号）。

⑦ 《中国证监会关于开展创新创业公司债券试点的指导意见》（证监会公告〔2017〕10号）。

⑧ 《关于修改〈证券发行与承销管理办法〉的决定》（证监会令第135号）。

⑨ 《公开发行证券的公司信息披露内容与格式准则第26号——上市公司重大资产重组（2017年修订）》（证监会公告〔2017〕14号）。

⑩ 《中国人民银行、银监会、证监会、保监会关于规范债券市场参与者债券交易业务的通知》（银发〔2017〕302号）。

⑪ 中国证监会：“中国证监会深化境外上市制度改革 开展H股‘全流通’试点”，http：//www.csrc.gov.cn/pub/newsite/zjhxwfb/xwdd/201712/t20171229_329881.html，2017年12月29日。

⑫ 《非居民金融账户涉税信息尽职调查管理办法》（国家税务总局、财政部、中国人民银行、中国银监会、中国证监会、中国保监会公告2017年第14号）。

⑬ 《证券公司和证券投资基金管理公司合规管理办法》（证监会令第133号）。

强对期货公司风险管理[①]；修订《证券公司分类监管规定》，督促行业优化合规风控水平，聚焦主业，更好地服务实体经济，实现长期稳定健康发展。[②]

五是保护投资者合法权益的能力和水平进一步提升。《证券期货投资者适当性管理办法》于 2017 年 7 月 1 日起正式实施，明确了投资者分类、产品分级、适当性匹配等适当性管理各环节的标准或底线，标志着我国资本市场投资者合法权益保护的基础制度建设又向前迈进了重要一步[③]；持股行权试点扩展至全国范围，保护更多中小投资者行使权利、维护权利[④]；修订定期报告内容与格式准则，促进提高上市公司质量，切实维护广大投资者合法权益。[⑤]

六是依法全面从严监管的态势进一步巩固，市场生态呈现积极变化。2017 年，中国证监会坚持常态执法与专项行动相结合，严厉打击各类证券期货违法违规活动，重点打击财务造假、爆炒次新股、利用高送转非法交易、私募乱象等市场典型违法行为，行政处罚数量、罚款金额、市场禁入数量屡创新高，对各种金融乱象起到了强有力的遏制作用。[⑥]

二、行业自律规则体系发展情况

2017 年，证券交易所全方位加强一线监管，发布了多项自律规则。3 月，沪、深证券交易所发布实施了《公司债券存续期信用风险管理指引（试行）》，加强公司债券存续期信用风险管理。4 月，沪、深证券交易所对《交易所交易规则》及《债券交易实施细则》涉及债券质押式回购交易的若干条款进行了修改，完善了交易所债券回购业务管理。5 月，《分级基金业务管理指引》正式实施，进一步完善了分级基金投资者适当性管理。同月，沪、深证券交易所制定上市公司股东、董监高减持股份的配套实施细则，引导有序合规减持、防控异常减持行为。[⑦] 6 月，为配合中国证监会适当性新规的贯彻落实，交易所全面梳理并制定、修订了投资者适当性管理相关规则，明确投资者准入规定，进一步加强对中小投资者合

---

① 《期货公司风险监管指标管理办法》（证监会令第 131 号）、《期货公司风险监管报表编制与报送指引》（证监会公告〔2017〕8 号）。

② 《证券公司分类监管规定（2017 修订）》（证监会公告〔2017〕11 号）。

③ 《证券期货投资者适当性管理办法》（证监会令第 130 号）。

④ 中国证监会："持股行权试点将扩展至全国范围"，http：//www. csrc. gov. cn/pub/newsite/zjhxwfb/xwdd/201704/t20170414_ 315153. html，2017 年 4 月 14 日。

⑤ 《公开发行证券的公司信息披露内容与格式准则第 2 号——年度报告的内容与格式（2017 年修订）》（证监会公告〔2017〕17 号）、《公开发行证券的公司信息披露内容与格式准则第 3 号——半年度报告的内容与格式（2017 年修订）》（证监会公告〔2017〕18 号）。

⑥ 中国证监会："2017 年证监会行政处罚案件诉讼情况综述"，http：//www. csrc. gov. cn/pub/newsite/zjhxwfb/xwdd/201712/t20171229_ 329879. html，2017 年 12 月 29 日。"证监会 2017 年度案件办理情况通报"，http：//www. csrc. gov. cn/pub/newsite/zjhxwfb/xwdd/201801/t20180119_ 332882. html，2018 年 1 月 19 日。

⑦ 《上海证券交易所股东及董事、监事、高级管理人员减持股份实施细则》（上证发〔2017〕24 号）、《深圳证券交易所上市公司股东及董事、监事、高级管理人员减持股份实施细则》。

法权益保护。[①] 9月，为落实中国证监会《证券发行与承销管理办法》的修订，交易所进一步规范和完善了可转债及可交换债发行业务相关事项。[②] 同月，在中国证监会统一部署下，沪、深证券交易所、全国股转公司、中国结算共同发布了《创新创业公司非公开发行可转换公司债券业务实施细则（试行）》，积极支持创新创业。该细则发布后相关各方积极响应，10月16日上海证券交易所首批“双创”可转债成功发行。12月，沪、深证券交易所、中国结算联合制定了《证券交易资金前端风险控制业务规则》，对证券公司、基金公司、保险公司等市场参与机构的自营和资管等业务的交易单元当日净买入申报金额总量实施前端控制，强化风险控制。

2017年，自律组织持续加强了对证券公司业务的规范和指导。3月，中国证券业协会为加强对公司债券违约风险的防范应对，发布了《公司债券受托管理人处置公司债券违约风险指引》。5月，《关于加强场外衍生品业务自律管理的通知》发布，要求证券基金经营机构完善场外衍生品业务备案及数据报送，加强场外衍生品业务合规管理和风险控制。[③] 6月，为引导证券行业落实投资者适当性管理要求，保护投资者合法权益，《证券经营机构投资者适当性管理实施指引（试行）》发布，在证券经营机构适当性管理的程序、流程和方法等方面做出参考性安排和引导。[④] 7月，为推动证券期货业科学技术发展，奖励证券期货业科学技术进步突出成果，中国证券业协会、中国期货业协会、中国证券投资基金业协会共同修订发布了《证券期货科学技术奖励管理办法》。9月，为指导证券公司有效落实《证券公司和证券投资基金管理公司合规管理办法》，提升证券公司合规管理水平，中国证券业协会发布了《证券公司合规管理实施指引》，与《办法》共同标志着合规管理的重要性显著提升。[⑤] 11月，中国证券业协会发布修改后的《首次公开发行股票网下投资者管理细则》，加强证券公司的推荐责任，明确主承销商的报送责任并完善自律处罚体系，以进一步加强网下投资者的自律管理工作。[⑥]

2017年，中证机构间报价系统股份有限公司修订了《机构间私募产品报价与服务系统私募股权融资业务指引（试行）》，制定了《机构间私募产品报价与服务系统场外衍生品交易业务指引（试行）》、《机构间私募产品报价与服务系统场外衍生品格式化合约交易业务指

---

① 《上海证券交易所投资者适当性管理办法》、《上海证券交易所风险警示板股票交易管理办法》、《上海证券交易所港股通投资者适当性管理指引》、《上海证券交易所股票期权试点投资者适当性管理指引》（上证发〔2017〕35号）、《上海证券交易所债券市场投资者适当性管理办法（2017年修订）》（上证发〔2017〕36号）；《深圳证券交易所债券市场投资者适当性管理办法》（深证上〔2017〕404号）、《深圳证券交易所港股通投资者适当性管理指引（2017年修订）》（深证会〔2017〕189号）、《深圳证券交易所退市整理期业务特别规定》（深证上〔2017〕420号）。

② 《上海证券交易所上市公司可转换公司债券发行上市业务办理指南》（上证函〔2017〕955号）、《上海证券交易所上市公司可转换公司债券发行实施细则》（上证发〔2017〕54号）、《深圳证券交易所可转换公司债券业务实施细则（2017年9月修订）》、《深圳证券交易所上市公司可转换公司债券发行上市业务办理指南（2017年9月修订）》（深证上〔2017〕576号）、《深圳证券交易所可交换公司债券发行上市业务办理指南》（深证上〔2017〕573号）。

③ 《关于加强场外衍生品业务自律管理的通知》（中证协发〔2017〕123号）。

④ 《关于发布〈证券经营机构投资者适当性管理实施指引（试行）〉的通知》（中证协发〔2017〕153号）

⑤ 《证券公司合规管理实施指引》（中证协发〔2017〕208号）。

⑥ 《关于修改〈首次公开发行股票网下投资者管理细则〉的通知》（中证协发〔2017〕296号）。

引（试行）》和《机构间私募产品报价与服务系统私募产品注册规则（试行）》，进一步促进报价系统私募股权融资业务和场外衍生品业务的规范开展，规范机构间私募产品报价与服务系统私募产品的注册和管理。[①]

---

① 《关于发布修订后〈机构间私募产品报价与服务系统私募股权融资业务指引（试行）〉的通知》（中证报价发〔2017〕9 号）、《关于发布〈机构间私募产品报价与服务系统场外衍生品交易业务指引（试行）〉、〈机构间私募产品报价与服务系统场外衍生品格式化合约交易业务指引（试行）〉的通知》（中证报价发〔2017〕20 号）、《关于发布〈机构间私募产品报价与服务系统私募产品注册规则（试行）〉的通知》（中证报价发〔2017〕41 号）。

第二章
2017年中国证券公司合规管理职能的履行情况

根据《证券公司和证券投资基金管理公司合规管理办法》，合规管理是指证券基金经营机构制定和执行合规管理制度，建立合规管理机制，防范合规风险的行为。2017年，证券公司积极贯彻落实《办法》和《指引》，切实履行以下各项合规管理职能。

一、合规咨询与合规审查

在合规咨询方面，2017年证券公司业务部门、分支机构、子公司及其工作人员普遍在经营管理和执业过程中遇到法律、法规和准则适用与理解的问题时，向合规总监和合规部门进行咨询，合规总监和合规部门基于专业分析和判断为其提供合规咨询意见。对于法律、法规和准则规定不明确、规定有冲突或规定缺失的咨询事项，合规部门一般先进行合规分析与论证，再出具尽可能准确、客观和完整的合规咨询意见，并就所依据的法律法规及其适用的理解予以说明。证券公司合规咨询的内容主要包括对法律法规、自律规则、公司规章制度的理解和具体适用，法律法规及自律规则、公司规章制度未规定的业务性质的认定等方面。同时，2017年证券公司普遍通过多种渠道，就监管规定与自律规则的理解与证券监管机构和行业自律组织进行了良好互动，咨询结果及时有效地指导了证券公司合规管理工作。

在合规审查方面，2017年证券公司普遍根据监管规定，对内部规章制度、重大决策、新产品和新业务方案等进行合规审查，并出具合规审查意见。对于中国证监会及其派出机构、自律组织要求对证券基金经营机构报送的申请材料或报告进行合规审查的，证券公司按要求进行合规审查，并在该申请材料或报告上签署合规审查意见。目前，合规审查的工作流程大致为：先由送审部门对报审材料进行部门内部审查，如涉及需以财务、信息技术等专业事项评估结论为合规审查的前提条件的，相关部门应先行出具准确、客观和完整的评估意见，报审部门及相关部门需对其所提供材料的真实性、准确性、完整性负责，然后再由合规部门组织合规审查工作。

二、合规监测

2017年，中国证监会严查证券从业人员违规行为，持续对证券从业人员违规买卖股票、私下接受客户委托买卖证券、利用未公开信息交易（俗称“老鼠仓”）等违法违规行为保持高压态势，处罚了一大批相关案件。[①] 对此，证券公司普遍加强了员工执业行为合规监测工作，主要开展了证券从业人员股票交易行为合规监测、办公网络及办公设备电子通讯信息合规监测，采取相关的调查处理、教育培训、合规提示和责任追究等一系列措施。

在证券从业人员股票交易行为合规监测方面，证券公司为防范员工利用本人账户违规进行股票交易，一般要求证券从业人员报备证券账户，指定交易或托管到公司营业部，公司对证券从业人员账户进行监控；或者定期提供交易记录，公司对交易记录进行审查。同时，证券公司为防范员工借用他人账户交易、代客理财，一般还对公司配发的办公设备上发生的股票交易行为进行合规监测，主要通过监测办公电脑 MAC 地址、办公电话在本公司集中交易系统中的交易记录来实现。随着《证券公司私募投资基金子公司管理规范》和《证券公司另类投资子公司管理规范》的发布实施，证券公司逐步建立对私募基金子公司及其下设基金管理机构、私募基金从业人员本人、配偶和利害关系人，另类子公司董事、监事、高级管理人员和其他工作人员进行证券投资的管理制度。证券公司一般要求前述人员在本公司指定交易或托管，申报证券账户并定期提供交易记录；证券公司对前述人员证券账户的交易情况进行监控，或对其提交的交易记录进行审查。发现涉嫌违规交易行为的，进行调查处理。

在办公网络及办公设备电子通讯信息合规监测方面，证券公司主要开展了重点敏感岗位办公电话的录音留痕和监测；办公邮件收发归档留痕和监测；办公网络即时通讯信息的系统留痕和监测等工作。

三、法律、法规和准则跟踪

2017 年，在依法全面从严监管的形势下，各项监管规则与自律规则加速出台。为确保及时更新知识，掌握最新监管政策，各证券公司普遍建立了法律、法规和准则跟踪机制，普遍由合规部门安排人员收集、汇总、更新和梳理证券行业法律、法规、规则及其他规范性文件、行业规则和自律规则；一般也要求各业务部门跟踪其对应业务条线的新规。

同时，证券公司通过文件汇编、内部网站发布及邮件、微信等多种方式进行法规传导，一般情况以文件汇编、内部网站发布为主，以邮件、微信等方式为辅。证券公司一般按每周、月度、季度或年度频率，对新增及变化的证券行业法律、法规、准则进行解读并评估影响，并以编制成册等方式传达至全公司员工，使公司上下掌握最新政策和监管动态。同时，证券公司大多在其 OA 等内部网站中设置“政策法规”等专栏，对法律、法规和准则进行通知公告和跟踪发布。此外，对于新出台的重大法律法规和准则，合规部门一般积极参加监管部门组织的相关培训会议，并适时开展内部合规培训宣导，及时传达和领会监管政策精神。

对于法律法规和准则发生变动的，证券公司合规部门一般及时建议董事会或高级管理人

---

① 中国证监会：“证监会 2017 年度案件办理情况通报”，http://www.csrc.gov.cn/pub/newsite/zjhxwfb/xwdd/201801/t20180119_332882.html，2018 年 1 月 19 日。

员并督导有关业务部门，评估其对公司业务及合规管理的影响，敦促相关业务部门及时修改、完善有关制度和业务流程。

四、信息隔离

2017年，行业内证券公司普遍按照《证券公司信息隔离墙制度指引》（2015年修订），建立完善内部信息隔离墙制度，采取物理、人员、资金、账户、系统等基础隔离措施以及观察名单管理、限制名单管理、跨墙管理等信息隔离措施，管控投资银行、证券自营、证券投资咨询、客户资产管理、直接投资、证券经纪、融资融券等可能存在利益冲突的业务间敏感信息的不当流动和使用，防范内幕交易，管理利益冲突。证券公司信息隔离墙管理系统建设逐步成熟，电子化管理程度加深。在使用信息隔离墙管理系统的公司中，部分证券公司已实现系统与公司投资银行、自营、客户资产管理、投资咨询等业务系统的对接，提高了信息隔离墙工作的效率和准确性。同时，证券公司按照《指引》要求，在进行业务创新或协同开展业务合作时，一般事先评估是否可能存在敏感信息不当流动和使用的风险，建立或完善信息隔离墙管理措施。随着《证券公司私募投资基金子公司管理规范》和《证券公司另类投资子公司管理规范》的发布实施，证券公司普遍加强了对私募基金子公司和另类投资子公司的信息隔离墙和利益冲突管理；随着《证券公司参与股票质押式回购交易风险管理指引》将于2018年3月正式实施，证券公司将逐步建立健全参与股票质押式回购交易的信息隔离墙制度和利益冲突防范机制。

与此同时，随着资本市场双向开放水平进一步提高，以及证券公司海外分支机构和子公司的数量不断增长，证券公司国际化程度不断加深。由于境外有关信息隔离的要求一般更为严格，部分证券公司开始考虑逐步提高信息隔离墙工作的国际化水平，并考虑逐步在集团层面整合信息隔离工作。

五、反洗钱

2016年底，中国人民银行发布《金融机构大额交易和可疑交易报告管理办法》（中国人民银行令〔2016〕第3号）之后，2017年又陆续发布《中国人民银行关于大额交易和可疑交易报告要素及释义的通知》（银发〔2017〕98号）、《中国人民银行关于〈金融机构大额交易和可疑交易报告管理办法〉有关执行要求的通知》（银发〔2017〕99号）、《中国人民银行关于印发〈义务机构反洗钱交易监测标准建设工作指引〉的通知》（银发〔2017〕108号）、《中国人民银行关于加强开户管理及可疑交易控制措施的通知》（银发〔2017〕117号），明确并细化了金融机构切实履行可疑交易报告义务的要求。2017年9月中国人民银行发布《中国人民银行关于加强贵金属交易场所反洗钱和反恐怖融资工作的通知》（银发〔2017〕218号），要求高度重视贵金属交易领域的洗钱和恐怖融资风险；10月发布《中国人民银行关于加强反洗钱客户身份识别有关工作的通知》（银发〔2017〕235 号），对反洗钱客户身份识别提出了更高要求。同时，中国人民银行加大了对证券行业的反洗钱处罚力度，2017 年共处罚法人机构 2 家、证券公司分支机构 9 家，监管态势趋严。

2017 年度，证券行业按照中国人民银行要求，广泛持续开展了反洗钱制度建设、组织架构完善、客户身份识别及客户资料保存、客户洗钱风险评估及等级划分、大额和可疑交易报告、反洗钱培训宣传等反洗钱工作。在反洗钱制度建设方面，证券公司根据业务发展情况，积极研究贵金属、境外业务等新业务涉及的洗钱风险，并制定相应的风险应对措施。在客户身份识别方面，证券公司大多加强了对非自然人客户和外国政要、涉恐涉制裁名单、高风险国家或地区等特定客户以及贵金属交易相关的身份识别、登记管理和资料保存。在大额和可疑交易报告方面，部分证券公司主动设计可疑交易标准和模型，提高可疑交易报告工作有效性。在反洗钱培训宣传方面，证券公司大多自主开展了反洗钱培训宣传，以提高员工的反洗钱意识。此外，2017 年中国人民银行反洗钱局、中国金融培训中心联合中国人民银行各地分支机构举办了多期反洗钱培训班；中国人民银行各地分支机构也多次举办了反洗钱培训，提高了证券公司管理人员、反洗钱业务人员和分支机构员工的反洗钱意识和反洗钱工作能力。

六、合规投诉举报和合规事件的处置

2017 年，证券公司普遍通过合规举报电话和合规总监邮箱受理员工和客户的合规投诉举报，也通过监管机构转交等方式接受合规投诉举报，事项主要涉及从业人员私下代客理财、利用他人账户买卖股票等问题。中国证监会强化依法全面从严监管，持续对各类违法行为保持高压态势，除严厉打击操纵市场、内幕交易、信息披露违法、短线交易、中介机构未勤勉尽责等传统违法案件外，还显著加强了对财务造假、爆炒次新股、利用高送转非法交易、私募乱象等市场典型违法行为的处罚追责力度。① 前述投诉举报和监管措施反映出证券公司在合规管理方面需持续通过优化管理制度，规范业务流程，健全内控机制，提高对员工的培训宣导力度，加强合规监测及合规检查等措施，切实防范相关违规行为。

2017 年，行业发布证券投资者适当性管理新规，初步构建证券期货纠纷多元化解机制，完善持股行权、纠纷调解、支持诉讼和先行赔付等制度或机制。证券公司普遍推进投资者适当性新规落实，加强制度、流程、系统的管理。同时，证券公司积极配合交易所做好客户异常交易管理工作，对投资者异常交易行为进行及时提醒、动态监控，加强理性投资教育，防止客户从事违规股票炒作等不正当交易行为。此外，证券公司及时跟踪媒体报道，积极关注重大突发事项，主动采取措施应对合规风险事件。

---

① 中国证监会：“证监会 2017 年度案件办理情况通报”，http：//www. csrc. gov. cn/pub/newsite/zjhxwfb/xwdd/201801/t20180119_ 332882. html，2018 年 1 月 19 日。

七、合规文化建设与合规培训

2017 年《办法》和《指引》发布后，各家证券公司提高了对合规文化建设的重视程度，开展了一系列合规文化建设活动，推进“全员合规、合规从管理层做起、合规创造价值、合规是公司生存基础”等合规理念。有的公司在 OA 系统设置了独立的合规文化专栏，不定期发布有关合规管理、从业人员执业规范方面的文章，宣导合规文化与理念；有的公司定期编写并印发《合规学习文件选编》，汇总当期颁布的法律法规及司法解释、部门规章、自律规则、监管动态、案例分析、公司业务新规等，并下发各部门、各分支机构员工学习；有的公司利用手机 APP、微信公众号、QQ 群等，将最新监管动态及行业典型案例等进行共享，以便公司员工随时随地进行合规学习，有的公司依托于公司电子学习平台，制作发布合规宣导微课程，不断提升合规宣导的广度与深度；有的公司组织分支机构合规专员召开月度例会，定期点评合规管理工作情况，学习讨论监管新政新策，提升履职能力，防范合规风险。

各证券公司普遍举办了覆盖面广、针对性强的合规培训，提高员工合规意识和合规工作水平。各证券公司重点面向新任职管理人员、新员工、业务人员开展合规培训；重点开展了投资者适当性管理、反洗钱、业务合规风险管理等方面的培训；积极参加监管部门、自律组织举办的外部培训、网络学习、多媒体课程等种类多样的培训。

2017 年，中国证券业协会先后举办了三期“证券公司合规管理培训班”、三期“证券公司全面风险管理自律规则培训班”，组织开展了“投资者适当性管理与投资者保护走进高校”、“2017 年打击非法证券活动宣传月”暨“远离非法证券活动，传递正能量健康跑”等活动。通过培训和宣传教育，构建了良好的合规文化氛围，为证券公司合规经营提供了良好的保障。

八、合规检查

2017 年，各证券公司根据监管机构要求、业务发展需求和合规管理工作计划，进一步构建多维立体的合规检查体系，综合采用总部专项检查、分公司不定期巡查，分支机构交叉检查、全面自查与分点抽查，子公司例行检查与专项检查相结合的多种检查模式，加强合规风险管理，推动对合规隐患的防范、主动发现与整改。2017 年，证券公司普遍依照监管要求，组织实施了证券经纪业务、投资银行业务、全国中小企业股份转让系统主办券商业务、融资类业务、资产管理业务、信息技术、互联网金融等方面的合规检查，积极配合中国证监会及其派出机构的检查工作，主动开展各项业务合规管理等方面的检查工作；针对违规事件或突发事件，开展专项检查工作。在各类检查工作完成后，各家证券公司合规部门一般及时出具检查报告和合规建议，对发现的问题进行后续督导，督促被检查单位整改落实，促进被检查单位合规管理水平的提高。

九、合规考核与合规问责

在合规考核方面，2017 年证券公司普遍重视合规考核在推动合规管理工作中的作用，大多数证券公司根据合规管理新规要求，落实合规总监对高级管理人员及下属单位合规性考核占绩效考核结果的比例不低于 15% 的指标要求。根据 2017 年底中国证券业协会组织的行业专项调查，18.42% 的证券公司的合规性专项考核占绩效考核比例达 20% 以上，74.56% 的证券公司合规性专项考核占比 15%—20%，不满足 15% 比例要求的证券公司仅占 7.02%。同时，各证券公司进一步完善合规考核覆盖范围，推动下属单位落实一线合规运营责任，明确对合规管理有效性、经营管理和执业行为合规性的考核要求。93.86% 的证券公司已将个人合规性考核纳入合规考核范围。除了明确合规考核权重及合规考核覆盖面以外，证券公司普遍将重大合规风险作为一票否决事项，此类证券公司占比达 92.86%。

在合规问责方面，伴随着行业依法全面从严的监管态势，证券公司加大合规问责力度，不仅在制度中明确合规问责启动的情形、程序和具体措施；并且结合日常监管情形和内部管理需要，启动问责工作的事项和问责人次都有所增加。在问责举措方面，与以往年度相同，主要包括通报批评以及附带经济及行政处罚等多样化措施。同时，2017 年证券公司更加注重考核与问责结果的执行，要求合规考核、合规问责与相关单位、人员的考核与薪酬相挂钩，进一步增强合规管理的有效性。

十、合规管理有效性评估

2017 年，证券公司均按照监管要求组织了合规有效性评估工作，评估范围涵盖合规管理环境、合规管理职责履行情况、经营管理制度与机制的建设及运行状况等方面，重点关注合规咨询、合规审查、合规检查、合规监测、合规培训、合规考核、合规问责、合规报告、监管沟通与配合、信息隔离墙管理、反洗钱等合规管理职能是否有效履行，经营管理制度和机制建设与运营状况等。

2017 年，证券公司通过委托外部专业机构或内部组织进行合规管理有效性评估。通过评估，证券公司普遍检视了公司高层是否重视合规管理、合规文化建设是否到位、合规管理制度是否健全、合规管理的履职保障是否充分等问题；普查了公司各项经营管理制度和操作流程是否健全，是否与外部法律、法规和准则相一致，是否能够根据外部法律、法规和准则的变化及时修订、完善等情况；纠正了经营管理制度和操作流程中有章不循、违规操作等问题。

第三章
2017年证券公司合规管理面临的问题与2018年展望

第一节 证券公司合规管理面临的问题

从整体上看，随着监管转型和行业探索创新发展，证券行业合规管理理念逐步加深、合规意识进一步强化，各证券公司不断完善合规管理机制，合规管理工作取得明显进展。[①] 然而，随着市场发展、行业情况和监管要求等方面的变化，证券公司合规管理工作中也面临着一些问题和难点。

一、主动合规、全员合规的意识和责任有待加强

一方面，在竞争压力和创新冲动的双重作用下，部分证券公司业务部门、分支机构及人员往往重业务、轻合规，合规意识比较淡薄，对自身的合规责任认识不足，在实际业务开展中缺少对合规风险的主动评估和考虑，由合规部门代替其一线合规职责。不仅与“合规人人有责”的基本理念不符，还容易造成业务部门和合规部门的矛盾和对立。

另一方面，在绩效目标压力与短期薪酬激励动力的双重作用下，个别证券公司业务人员对于外部监管规则和内部规章制度，仅仅当作外部硬性的监管要求简单被动落实，甚至想方设法企图“绕”过规则和监管，极有可能导致合规风险隐患的积累。

二、合规管理全覆盖有待强化

近年来，证券公司随着业务发展，分支机构、子公司数量大幅增长，业务复杂程度大幅

① 金银花，王惠娟：“证券行业这五年：合规风控”，《传导》2017年第35期。

提升。同时，随着境外业务及境外子公司的发展，证券公司将可能面临合规空白、合规套利风险以及多个司法管辖区的监管风险。然而，部分证券公司合规管理工作尚未完全适应这一发展形势的需要，集团层面的合规管理架构体系有待优化，合规管理全覆盖要求有待更深入、更全面地落实。个别证券公司对业务部门及分支机构的合规管理控制力有待加强；个别证券公司对子公司缺乏有效的合规管理。

三、合规管理执行力有待增强

一方面，部分证券公司业务部门、分支机构、子公司的一线合规管理人员配备不足，与其业务规模、业务复杂程度及合规管理工作难度不相匹配。同时，部分一线合规管理人合规意识不到位，合规履职能力欠缺，无法发挥应有的合规管理作用。

另一方面，部分证券公司合规考核和问责力度有所欠缺。实践中，个别证券公司内部合规考核、问责和惩处机制不健全、执行不到位，对违规事件内部处罚力度不够，惩戒效果不彰。

证券公司一线合规管理工作能力的不足、合规考核和问责力度的欠缺，很可能导致合规风险得不到及时纠正，个别合规风险事项重复发生。

四、合规管理人履职保障有待提升

一是高素质的合规管理人员配置不足。《办法》和《指引》出台后，证券公司合规管理人员数量有所增长，但与证券公司规模、业务复杂程度、风险管控难度等方面相对照，合规管理人员的数量和质量仍有待进一步提升。

二是合规管理工作的信息系统有待优化。目前大部分证券公司的大量合规管理工作仍靠手工操作，而现有信息系统往往难以满足合规管理工作全覆盖、高效率的需求。

上述问题说明证券公司合规管理还需进一步深化，全行业还需持续不懈努力培养良性合规文化，将合规意识融入日常执业活动，真正实现从“要我合规”向“我要合规”的转变。

第二节　2018 年证券公司合规管理展望

随着 2017 年《办法》和《指引》的施行，以合规管理为主线的监管规则体系逐步形成，合规管理的重要性显著提升。在此背景下，证券公司应当以《办法》和《指引》为依托，树立并坚守“全员合规、合规从管理层做起、合规创造价值、合规是公司生存基础”的合规理念，加强内部合规管理，增强自我约束能力，推动合规管理进入全覆盖、多维度、实质性管控的新阶段。

一、深入落实合规管理全覆盖

证券公司应当按照《办法》要求，对合规管理体系进行重塑，深入落实合规管理全覆盖。在纵向上，搭建合规管理组织架构，明确董事会、监事会、经营管理主要负责人、合规总监、其他高级管理人员的合规管理职责定位；在横向上，形成合规部门、其他内控部门、公司下属单位（包括各部门、各分支机构、各子公司）的合规管理合力。下属单位负责人落实本单位的合规管理目标，对本单位合规运营承担责任，全体员工对自身执业行为的合规性承担责任。由此，将合规管理贯穿于决策、执行、监督及反馈等各环节，形成纵横结合、紧密联动的全方位合规管理体系。

二、主动防范、关注、化解合规风险，守住合规经营底线

随着监管层从“规则监管”向“原则监管”转型，证券公司需要顺应监管形势，在有具体规则时，要按基本要求进行合规风险实质把握；在无具体规则时，要按合规经营底线及基本要求做出合规判断。《办法》首次提出证券公司各类业务规范运营的八项基本要求，这既是证券公司规范经营的指导，又是监管部门加强监管的依据，也是衡量新业务、新活动合规管控的标尺，更是每位证券从业人员的执业红线。证券公司各部门、分支机构、子公司及广大员工应当在业务开展过程中，牢牢守住合规经营底线和八项基本要求，从客户、员工、公司、行业四个维度来主动防范、关注、化解合规风险。在客户维度，不仅要做好投资者适当性管理，还要管理好客户的证券发行与交易行为。在员工维度，不仅要做好执业行为管理，还要管控好敏感信息的传播和不正当使用。在公司维度，既要统筹做好利益冲突管理，公平对待客户，又要防止不正当关联交易和利益输送。在行业维度，审慎评估经营管理行为对市场与行业的影响，并采取有效管控措施，防止扰乱市场秩序。

三、着力提升合规管理的执行力

在监管层持续强化依法从严全面监管的背景下，证券公司应当着力提升合规管理的执行力。一方面，加大合规性专项考核在公司绩效考核中的比重；对于重大合规事项，可制定一票否决制度。同时，在合规考核中增强对业务部门、分支机构、子公司合规管理、合规经营和执业行为合规性的直接正面评价，引导广大员工自觉合规执业。另一方面，进一步加大对合规风险的处置力度、对内部违规行为的问责处罚力度，让广大员工引以为戒，不敢轻易触碰合规经营的底线。

此外，证券公司还应当加强合规队伍建设和合规信息系统建设，为合规管理人员履行职

责创造必要的保障条件；重视监管沟通，积极寻求重大、疑难合规问题的指导意见，主动反映行业存在的共性问题，推动法制环境进一步适应行业发展的需要。

同时，也需要监管部门和自律组织对行业共同面对的合规问题给予更多关注和指导；继续严格执法，对恶意破坏市场秩序、违规经营的证券公司给予及时且严厉的处罚，促使证券行业持续合规经营。

专题报告之二：
2017 年中国证券公司风险管理综述

第一章
2017 年中国证券公司风险管理概况

第一节　2017 年中国证券公司风险管理基本情况①

2016 年 12 月底，为进一步推动证券公司强化风险管理意识，建立健全风险管理体系，提高自身风险管理能力和水平，中国证券业协会对《证券公司全面风险管理规范》、《证券公司流动性风险管理指引》、《证券公司压力测试指引（试行）》及《证券公司风险控制指标动态监控系统指引（试行）》四项自律规则进行了修订，并要求所有证券公司须在 2017 年 12 月 31 日前落实全面风险管理要求。同时，监管部门也加大了检查及处罚力度，行政处罚数量和金额均创历史新高，给行业规范经营提出了更高的要求。2017 年各证券公司对照监管要求，结合业务发展和内部管理需要进行了认真自查梳理和整改，从风险管理组织架构、风险管理政策和机制、风险管理信息技术系统和数据等多个方面进行完善，证券公司风险管理体系建设有较大提升。

一、风险管理组织架构

目前证券公司均已建立了多层级的风险管理组织架构，并明确了董事会、监事会、经理

① 本节数据源自中国证券业协会专项调查的统计结果。

层、各部门、分支机构及子公司的风险管理职责分工。

根据《证券公司全面风险管理规范》的要求，证券公司应当指定或者设立专门部门履行风险管理职责，在首席风险官的领导下推动全面风险管理工作，监测、评估、报告公司整体风险水平，并为业务决策提供风险管理建议，协助、指导和检查各部门、分支机构及子公司的风险管理工作。首席风险官配备方面，中国证券业协会 2017 年专项调查结果显示，截至 2017 年末，各家证券公司均已任命了首席风险官，并通过公司内部制度，要求公司确保首席风险官拥有独立的报告渠道和充分的知情权，以保障其正常履职。

（一）风险管理部门的情况

调查结果显示，超过 85% 的证券公司设立了独立的风险管理部，牵头负责全面风险管理工作，具体负责信用风险、市场风险、操作风险等主要风险的管理工作。不足 15% 的证券公司未设立独立的风险管理部，其中多将风险管理与合规管理的职责合并到一个部门进行管理。

根据《证券公司全面风险管理规范》的要求，证券公司风险管理部门具备 3 年以上的证券、金融、会计、信息技术等有关领域工作经历的人员占公司总部员工比例应不低于 2%。公司可在此基础上结合自身实际情况制定相应标准。各证券公司高度重视人才队伍的建设，加大人力招聘投入和力度，拓展人才引进渠道，利用多种方式引进风险管理人才，同时建立健全、不断完善人才培养机制，为风险管理工作提供了人才保障。调查结果显示，截至 2017 年末，证券公司风险管理部门总人数约为 1 970 人，相比 2016 年增长 43%。其中，风险管理部门人数最多的为 84 人，最少的为 2 人，平均为 17 人，平均占总部员工人数比例为 2.93%。人员流动方面，2017 年约 80% 的证券公司扩充了风险管理部门的人员配备，6% 的证券公司风险管理部门的人数减少，14% 的证券公司风险管理部门人数与 2016 年持平。

从风险管理部门的内部团队设置来看，2017 年已有超过 80% 的证券公司按照风险类型划分职能，该比例相比 2016 年进一步增加。此外，不到 20% 的证券公司按照业务条线（如经纪、融资、场外等）或管控要素（如监测、计量、报告）等方式设置二级部门。按照风险类型细化的内部分工提升了风险管理的专业化水平，使得证券公司的风险管理精细化水平更上一个台阶。证券公司针对市场风险、信用风险、操作风险、流动性风险等主要风险类型设置了相应的管理团队，其中约一半的证券公司在此基础上设置了其他岗位或团队，负责例如风控指标管理、全面风险管理、综合事务管理、量化模型、数据系统、风险决策支持、集团管理、政策报告等。各风险条线人数方面，市场风险人数占 20%，信用风险人数占 21%，操作风险人数占 18%，流动性风险人数占 10%。

（二）各风险管理牵头部门设置情况

多数证券公司设立专门的风险管理部门履行信用风险、市场风险、操作风险等主要风险管理职责，指定其他相关部门负责流动性风险、声誉风险等风险的管理工作。

1. 流动性风险管理

调查结果显示，超过 80% 的证券公司将流动性风险管理的牵头部门设置在财务管理的部门或资金管理的部门，如计划财务部、资金管理部，而风险管理部门的职责主要包括协助流动性风险管理工作，确保其纳入全面风险管理的范畴进行指导、监督和检查，并对流动性风险开展独立的监测、超限预警、汇总评估、定期报告。除以上职责之外，部分证券公司风险管理部门还会更加深入地参与流动性风险管理，具体工作包括组织拟订流动性风险偏好、容忍度、制度要求和流程等，明确流动性风险管理目标，对不同风险类型之间的关联和转化进行整体牵头管理，组织开展压力测试、协同制订应急计划及演练，参与流动性风险应对和处置等工作。此外，接近 20% 的证券公司将流动性风险管理职责纳入风险管理部门的职责中，由其统一负责管理。

2. 声誉风险管理

调查结果显示，绝大多数证券公司已明确了相关部门负责声誉风险管理。根据调查结果，证券公司在设置声誉风险的牵头部门时，大致分为四类：第一类设在董事会或总经理办公室，占比接近 70%；第二类设在合规、法律或风险管理等相关部门，占比约 10%；第三类设在综合运营、行政管理等相关部门，占比约 10%；第四类设在公司品牌管理、战略发展等其他部门，占比约 10% 左右。调查显示，大多数证券公司的风险管理部门在声誉风险管理中负责协助、指导、汇总、统计报告等工作。

3. 信息技术风险管理

信息技术已在现代证券业广泛应用，信息系统安全的重要性日益凸显。调查结果显示，超过 90% 的证券公司将信息技术风险的牵头部门设在与信息技术相关部门，只有不到 10% 的证券公司设在运营管理部门或风险管理部门。多数证券公司的风险管理部在信息技术风险管理中的职责主要是配合管理以及监督和指导。个别证券公司把信息技术风险纳入操作风险管理的框架中进行管理，包括对信息技术风险事件进行收集，对处置情况进行跟踪，并督促建立业务连续性计划等。

（三）业务部门或分支机构风险管理人员

根据《证券公司全面风险管理规范》的要求，证券公司承担管理职能的业务部门应当配备专职风险管理人员，风险管理人员不得兼任与风险管理职责相冲突的职务。调查结果显示，截至 2017 年底，74% 的证券公司在业务部门、分支机构设置了专职的风险管理人员，具体负责其权限范围内的风险管理工作，对风险管理政策和制度的执行情况进行监督、检查和报告，履行一线风险管理职责。其中约 70% 全部设置为专职人员，30% 设置为专职和兼职人员。另外，约 26% 的证券公司的业务部门、分支机构尚未设置专职的风险管理人员，其中包括未设置风险管理人员和仅设置了兼职人员两种情况。

1. 人员编制

调查结果显示，接近 90% 的证券公司业务部门或分支机构风险管理人员编制属于各自所在业务部门或分支机构，未纳入风险管理部门编制。约 10% 的证券公司将业务部门或分支机构风险管理人员全部纳入或部分纳入风险管理部门的编制。

2. 风险考核

调查结果显示，约 70% 的证券公司的风险管理部门对业务部门或分支机构风险管理人员拥有考核权并进行风险考核。考核权重会根据风险管理人员专职或兼职的情况有所区分。根据调查，证券公司对于专职风险管理人员的考核权重最高为 100%，对于兼职风险管理人员的考核权重最高为 60%。此外，接近 30% 的证券公司的风险管理部门不对业务部门或分支机构风险管理人员进行风险考核，而是由所在业务部门或分支机构进行考核。

（四）子公司管理

根据《证券公司全面风险管理规范》的要求，证券公司应当将子公司的风险管理纳入统一体系，对其风险管理工作实行垂直管理。调查结果显示，73% 的证券公司设有子公司，63% 的证券公司拥有不止一家子公司，25% 的证券公司在境外设有子公司。其中，对于设有子公司的证券公司，66% 的证券公司表示已将全部子公司实行垂直风险管理，22% 的证券公司表示对于部分子公司实行垂直风险管理，另外，12% 的证券公司表示尚未对子公司进行垂直风险管理。

部分证券公司在母公司设置专门的子公司管理岗位或团队，专门负责子公司风险管理工作。调查显示，对于设立有子公司的证券公司来说，22% 的证券公司已在母公司风险管理部中设置子公司风险管理团队，65% 的证券公司在母公司风险管理部中设置了子公司风险管理岗位。

1. 对子公司风险负责人的任免

调查结果显示，证券公司子公司均任命了高级管理人员负责子公司的全面风险管理工作，并要求子公司负责全面风险管理工作的负责人不得兼任或者分管与其职责相冲突的职务或者部门。子公司风险管理工作负责人的任命由证券公司首席风险官提名，子公司董事会聘任，其解聘需要征得证券公司首席风险官同意。子公司风险管理工作负责人在首席风险官指导下开展风险管理工作，并向首席风险官履行风险报告义务。

2. 对子公司风险负责人的考核

调查结果显示，子公司风险管理工作负责人均由证券公司首席风险官进行考核，考核权重均不低于 50%。不同证券公司的具体考核内容有所差异，主要从子公司日常风险管理情况、配合监管工作情况、完成母公司垂直风险管理要求情况、子公司重大风险事件及应对情况等维度进行考核。

3. 子公司风险管理机制

2017 年证券公司对于集团化管理的方式和方法不断探索，具体落实子公司垂直管理，并将所有子公司纳入全面风险管理体系，实现风险管理全覆盖。

（1）风险偏好。证券公司明确要求子公司必须在母公司风险偏好的框架下制定自身风险偏好，确保母子公司风险偏好的一致性。部分证券公司的子公司风险偏好、容忍度在提交子公司董事会审议前需要上报母公司进行审核。

（2）限额管理。证券公司要求并确保子公司在集团风险偏好和限额框架内，制定子公司的风险限额，并通过以下形式对子公司限额实现监督和指导：一是母公司按照一致的限额分解机制，统一制定母公司及子公司的指标限额，并对子公司限额进行管理；二是通过控股子公司董事会参与子公司风险限额的制定和审批；三是子公司制定自身的风险限额，上报母公司审核后统一下发执行；四是子公司在提交子公司董事会或经营管理层批准前征求母公司的意见后，并在子公司董事会或经营管理层批准后报母公司报备。

（3）报告机制。证券公司均在集团范围内建立起有效的风险信息沟通机制，确保相关信息传递与反馈的及时、准确、完整，子公司定期向母公司报送风险报告，重大风险事项及时报告母公司。

（4）重大事项审批。部分证券公司通过参与子公司董事会的形式进行重大事项审批。部分证券公司的子公司重要事项均经过母公司审核，重要事项包括重大投融资决策、重大资产收购与处置、重大人事任免、重大风险事件等。

（5）系统数据对接。母公司和子公司的系统和数据的对接工作是集团化管理的重要条件，证券公司正在积极建立集团统一的数据和系统平台，尤其是境外子公司，力争在集团范围内实现统一的评估、监测、计量、报告，确保实现风险管理全覆盖。

二、风险管理政策和机制

（一）制度流程

调查显示，截至2017年末，各家证券公司均已不同程度地建立了多层级的风险管理制度框架，明确了风险管理的目标、原则、组织架构、授权体系、相关职责、基本程序等，并针对不同风险类型制定可操作的风险识别、评估、监测、应对、报告和流程。同时，证券公司会通过评估、稽核、检查和绩效考核等手段保证风险管理制度的贯彻落实。

具体而言，证券公司多层级的风险管理制度体系主要包括：第一，在公司整体层面上，各家证券公司均制定了全面风险管理相关制度，作为公司风险管理的基本纲领。第二，证券公司会针对各主要风险制定相应的管理办法，涵盖市场风险、信用风险、操作风险、流动性风险等类型。在此基础上，部分证券公司还制定了声誉风险、信息技术风险等其他风险管理办法。第三，从管控要素来看，证券公司制定了风控指标管理、风控指标动态监控、压力测试、风险限额、风险考核、新业务评估、应急处置、风险偏好等相关制度。第四，在业务层面上，证券公司会根据自身业务开展的情况，建立针对各项业务的细则或指引。第五，对于部分设立有子公司的证券公司还建立了针对子公司风险管理专门的制度，明确子公司的风险管理要求，将子公司的风险管理纳入统一体系，并确保子公司在整体风险偏好和风险管理制度框架下，建立自身的风险管理组织架构、制度流程、信息技术系统和风控指标体系，保障全面风险管理的一致性和有效性。

（二）风险限额指标体系及监控

调查结果显示，各家证券公司基本上已建立了适合自身的风险偏好，在风险偏好框架下设立了风险容忍度及风险限额，并经公司董事会、经理层或其授权机构审批后，逐级分解至各部门、分支机构，并对分解后指标的执行情况进行监控和管理。

1. 风险偏好与容忍度

根据中国证券业协会 2017 年专项调查，大多数证券公司使用“稳健”、“中性”、“审慎”等词汇描述公司的风险偏好，坚持风险与收益相匹配的原则，追求长期均衡的收益目标。董事会负责审议批准公司的风险偏好、风险容忍度以及重大风险限额。

2. 风险限额

证券公司建立了适合自身风险管理的风险限额指标体系，主要覆盖市场风险、信用风险、操作风险、流动性风险等各类风险及以净资本为核心的风控指标，并通过一定的分解机制和方法向业务条线、分支机构、子公司进行拆分，确保风险限额向下逐级传导的一致性和有效性。同时，证券公司明确了各层级风险限额的权限，各层级在规定的风险限额内开展业务，风险管理部门负责限额的日常监控和管理。另外，证券公司均建立了相应的超限预警机制，并明确了异常情况的报告路径和处理办法。

3. 业务风控指标

证券公司在业务层面也建立了相应的限额指标并开展日常监控。例如对于市场风险和信用风险，多数证券公司针对权益投资、固定收益投资、融资融券等业务设置了风控指标。对于操作风险，少数证券公司针对经纪类业务制定了风控指标。

（三）风险计量

风险计量方面，证券公司选择风险价值 VaR、违约概率 PD、现金流缺口 Gap 等方法或模型来计量和评估市场风险、信用风险、流动性风险等可量化的风险类型，并采用敏感性分析和压力测试等手段评估极端风险。金融工具估值方面，证券公司通过规范金融工具估值的方法、模型和流程，建立起了业务部门、分支机构、子公司与风险管理部门、财务部门的协调机制，确保风险计量基础的科学性。

另外，证券公司风险管理部门定期对估值与风险计量模型的有效性进行检验和评价，确保相关假设、参数、数据来源和计量程序的合理性与可靠性，并根据检验结果进行调整和改进。

（四）风险应对

证券公司根据风险评估和预警结果，选择与公司风险偏好相适应的风险回避、降低、转移和承受等应对策略，建立合理、有效的资产减值、风险对冲、资本补充、规模调整、资产负债管理等应对机制。

针对流动性危机、信息系统事故等重大风险和突发事件，证券公司制订了应急预案、处置、报告、审批流程。对于应急事件实施分级管理，一般按照应急事件的严重程度分为三级，即轻度、中度、重度，并按照不同等级，制订不同的应急方案、处置流程、报告路径以及审批程序。在应急事件发生后，当事部门根据应急预案，按照事件的轻重缓急，落实应急预案措施，或联系相关基础设施支持单位和相应系统的技术支持人员予以协助，防止事件的升级。应急事件处置结束后对风险事件的发生原因、情形、后果及处置措施进行分析和改进。证券公司定期对应急计划进行演练和评估，并进行相应的修订。

此外，调查结果显示，证券公司还通过其他方法应对流动性风险，一是建立外部救助机制，例如与商业银行签订或拟签订法人账户透支协议，确保公司在发生流动性风险时可以从外部获取资金支持。二是建立公司流动性的“安全垫”，即优质流动性资产池。一旦公司出现流动性缺口等紧急事件，会启动安全垫的应急机制，通过资产回购或处置，实现安全垫的紧急变现，以应对出现的流动性风险。

（五）风险报告

根据《证券公司全面风险管理规范》的要求，证券公司风险管理部门应当向经理层提交风险管理日报、月报、年报等定期报告，反映风险识别、评估结果和应对方案，对重大风险应提供专项评估报告，确保经理层及时、充分了解公司风险状况。经理层应当向董事会定期报告公司风险状况，重大风险情况应及时报告。

定期风险报告方面，证券公司持续落实风险报告的要求，编制风险日报、月报、年报，向董事会合规与风险管理委员会、公司管理层报告公司整体风险管理情况，反映风险识别、评估结果和应对方案。通过定期风险报告对公司的市场风险、信用风险、流动性风险、操作风险等风险种类进行全面的覆盖，汇总母公司主要业务条线及主要子公司的风险状况，为管理层提供决策参考。部分证券公司还会在日报、月报、年报的基础上提高定期报告的频率，编制每周、季度、半年度等报告。

不定期报告主要包括重大风险专项报告、压力测试报告、新产品评估报告、监管自查以及其他专项报告。

三、风险管理信息技术系统和数据

（一）信息系统

调查结果显示，证券公司均已不同程度地建立起了与自身业务复杂程度和风险指标体系相适应的风险管理信息技术系统，对风险进行计量、汇总、预警和监控，以符合公司整体风险管理的需要。

1. 市场风险相关系统

调查结果显示，78% 证券公司选择完全外购市场风险相关系统，10% 证券公司选择外购和自建相结合，仅有 4% 的证券公司选择完全自建，另外 8% 证券公司尚未建立专门的市场风险系统，其中包括单一牌照证券公司及直接使用母公司系统情形。系统功能主要包括数据管理，估值定价，风险计量（敏感度、VaR、情景分析、压力测试），风险管理（实时查询、限额管理、报告生成），平台管理（组合管理、参数管理）等。

2. 信用风险相关系统

调查结果显示，约 70% 的证券公司选择完全外购信用风险相关系统，5% 的证券公司选择外购和自建相结合的形式，10% 的证券公司选择完全自建系统，15% 的证券公司尚未建立专门的信用风险管理系统，其中包括单一牌照证券公司及直接使用母公司系统情形。系统功能主要包括支持对信用产品、交易对手、担保人、抵押担保品进行统一数据管理、内部评级、风险计量、风险监测、集中度管理及风险管理。

3. 操作风险相关系统

调查结果显示，53% 的证券公司选择完全外购操作风险相关系统，5% 的证券公司选择外购和自建相结合的形式，11% 的证券公司选择完全自建系统，31% 的证券公司尚未建立操作风险系统，包括直接使用母公司系统情形。系统功能主要包括：风险控制自我评估 RC-SA、损失数据收集 LDC、关键风险指标 KRI、风险计量等。

4. 流动性风险相关系统

调查结果显示，70% 的证券公司选择外购流动性风险相关系统，4% 的证券公司选择外购和自建相结合的形式（包括在外购系统的基础上自主开发功能），15% 的证券公司选择完全自建系统，15% 的证券公司尚未建立专门的流动性风险管理系统（包括直接使用母公司系统情形）。系统功能主要包括资金管理、指标计量和分析、缺口分析、阈值设置和限额监控、超限预警、报表生成等。

5. 声誉风险相关系统

调查结果显示，29% 的证券公司通过自建或外购的形式，搭建了声誉风险管理系统（其中 10% 的证券公司选择自建，90% 选择外购），71% 的证券公司尚未建立专门的声誉风险管理系统。外购系统供应商品牌方面，品牌分散、集中度低。系统功能主要包括提供舆情信息、负面舆情预警、舆情报告等。

另外，随着风控并表监管工作的持续推进，多家并表试点证券公司也正在积极搭建风控并表管理系统，逐步实现母公司与子公司的系统和数据的完全对接，力争通过系统自动化生成集团风控合并报表。

（二）数据治理

数据治理方面，调查结果显示，行业内数据治理整体水平大致分为三个水平。第一，个别证券公司已建立了集团统一的风险数据集市、数据管控平台，并已经将各子公司，尤其是境外子公司的风险数据纳入集团统一的数据集市中。第二，大部分证券公司已经建立了母公司范围内的数据仓库，并实现部分子公司的数据对接，但是尚未建立专门的风险数据集市。第三，小部分证券公司正在建设或已经规划了风险数据集市和数据管控平台。

证券公司在建设集团统一的风险数据集市及数据管控平台的过程中，主要存在以下困难：跨境子公司由于存在监管或数据披露障碍，数据采集存在阻力，公司内部协调工作量大；业务复杂、系统繁多且数据标准不一致、数据质量低导致数据清洗和转换工作量巨大；缺失数据需要手工补录且补录数据质量难以得到保障；数据治理项目投资金额大、周期长且短期见效不明显，重视程度有待提高；缺少专业数据治理人才；缺少数据治理配套的体系，管理流程不规范，无法从源头上保障基础数据质量；外购风险管理系统来自不同开发商，各自有独立的数据采集源，对于总系统不容易进行更改数据源，同时不同数据处理逻辑导致数据回写存在困难。

第二节　2017 年中国证券公司风险管理的特点

一、落实全面风险管理要求，风险管理整体水平大幅提升

2017 年，各证券公司积极响应监管号召，将防范风险作为重要任务，切实强化风险控制措施执行力。从全面风险管理力度而言，证券公司不断提升风险管理全覆盖、可监测、能计量、有分析、能应对的风险管理能力，进一步加强全面风险管理各项措施，提升风险管理水平及专业化程度；同时通过立文化、建制度、重投入、上系统、招人才，强化风险管理的支持保障措施，为风险管理工作的顺利开展打下坚实基础。

各证券公司通过持续改进风控流程，实现从以风险控制为主向全面风险管理升级、从以定性分析为主向定量管理升级、从以单一项目审核及监控为主向总量控制及限额管理升级、从以单一风险管理系统为主向全面风险信息化管理升级等方面转变，风险管控的力度不断加强，对业务风险控制的有效性不断提升。

此外，全行业提升对风险工具运用的重视程度，加强行业系统风险评估，促进证券公司提升风险管理能力。近年来，监管部门逐步推进对证券公司的压力测试工作，并根据具体实践不断完善压力测试机制，要求证券公司合理设定压力测试的轻度、中度、重度压力情景，审慎评估证券公司承受各类风险的综合能力，鼓励证券公司开展反向压力测试，评估公司在满足监管标准的前提下开展业务规模的上限、负债规模上限，识别证券公司可能面临的重要风险点。2017 年，中国证券业协会组织证券公司及其子公司开展了统一情景压力测试，进

一步细化了压力测试要求，加强行业系统风险评估，促进了证券公司风险管理能力的提升。

二、将子公司纳入全面风险管理，继续向风险管理全覆盖推进

业内证券公司综合化经营发展趋势明显，形成的金融集团规模逐渐扩大，跨业经营多个金融服务领域，具有相对复杂的治理结构和组织结构，增加了集团内部控制和风险管理的难度，使金融风险的传导效应急剧放大。2016 年末，中国证券业协会对《证券公司全面风险管理规范》进行了修改，明确证券公司子公司风险管理实施垂直管理的模式，同时提出子公司风险管理工作负责人任命、考核等要求，并将原来只对业务部门、分支机构的风险管理要求覆盖到子公司。此外，2017 年初，为全面涵盖证券集团业务风险控制指标，加强对证券集团监管，监管部门在部分证券公司开展了并表监管试点项目。试点公司按照并表要求逐步建立完善覆盖境内外全部母子公司风险敞口的评估、监测体系，并向监管部门报送全面风险监管报表。

证券公司正在积极研究覆盖全集团的风险管理方式，将子公司纳入全面风险管理体系，加速推动子公司自身全面风险管理体系建设，落实各项风险管理机制。集团风险管理以统一的风险管理理念为先导，实现风险管理的专业化；以科学完善的机制手段为核心，不断追求风险管控的精细化；以先进的信息技术系统为保障，逐步实现风控系统集成化、信息集中化。行业调查结果表明，证券公司对持股 50% 以上的证券类、金融类子公司（孙公司）基本全覆盖，子公司均按照监管办法要求任命了首席风险官或风险管理负责人，并由母公司统一制定了子公司风险偏好、风险限额和指标体系，基本建立了子公司风险月度报告和重大风险事项报告机制。

三、推行稳健的风险文化，强化风险管理理念

《证券公司全面风险管理规范》要求证券公司应当在全公司推行稳健的风险文化，形成与本公司相适应的风险管理理念、价值准则、职业操守，建立培训、传达和监督机制。2017 年证券公司不断强化风险管理理念，逐步培育风险管理文化，培育的对象覆盖所有层级，逐步树立“人人都是风险官”的观念，在所有岗位的员工具备“风险管理先行”的意识，在公司布局设点、上新业务、新产品、建新系统的同时，首先确保风险管理全覆盖，风险管控机制能跟上业务发展。同时，全面风险考核体系的进一步落实，同样需要员工深入理解风险，将风险考量纳入市场业务决策，使公司在承担有限风险的前提下，获得稳定的增值收益。

第二章
2017 年证券公司面临的关键风险和管理方法

第一节　市场风险

2017 年，中国股票市场走势总体震荡上行，各板块走势有所分化，具有业绩支撑的价值股表现相对较好。以上证综指为例，2017 年初指数从 3105.31 点开盘，年末收盘于 3307.17 点，全年累计涨幅为 6.56%；同期上证 50 指数涨幅为 25.08%，沪深 300 指数涨幅为 21.78%，中小板指数涨幅为 16.73%，创业板指数跌幅为 10.67%。市场波动率方面，2017 年股票市场波动率整体区间震荡。以上交所中国波指（iVIX）为例，该指数由 2017 年 1 月初的 17.80 点开始逐步下行，5 月触及区间低点 7.95 点后开始反弹，截至 2017 年 12 月 29 日该指数为 14.27 点，较年初下降 17.13%。债券市场方面，中债综合全价指数在 2017 年震荡下行，先震荡下行至 5 月下旬，探底后反弹至短期高点，后继续震荡下探。中债综合全价指数 2017 年末报收于 113.37 点，比上年末下降 -3.51%，中债 5 年期国债到期收益率较上年末上行约 99 个基点至 3.84%，中债 10 年期国债到期收益率较上年末上行约 87 个基点至 3.88%。

目前，证券行业主要采用定性及定量相结合的方法对业务运作过程中的市场风险进行评估和分析。定性方法主要包括对资产的内在属性、投资价值、行业前景及风险来源进行评估和分析；定量方法主要包括采用风险价值（VaR）、集中度、敏感性、压力测试等量化指标，对资产价格波动可能带来的损益情况进行分析。

在风险识别评估的基础上，证券公司建立科学规范的投资决策流程，采用多元化的资产配置和投资策略，合理配置各种不同资产种类的投资比重，通过分散化实现市场风险的缓释。同时，证券公司借助期货、期权、远期、互换等衍生金融工具对已有的持仓组合进行套期保值，实现风险的转移和规避。

在业务运作过程中，证券公司对承担市场风险的投资业务或场外衍生品业务进行市场风险的日常监控，对公司整体的风险敞口、VaR 等风险指标进行计算和汇总。目前，行业内的证券公司普遍采用风险限额管理的方式对业务运作过程中的市场风险进行管控。主要的风险限额包括规模限额、集中度限额、VaR 限额、止损限额等。此外，证券公司还建立了市场风险报告体系，通过日报、月报、年报等不同频率的风险报告向公司管理层及时报送市场风险的整体情况。

证券公司对利率风险的控制，主要采用规模控制和投资组合等方法，合理配置资产，匹配负债与资产的期限结构，并通过定期测算投资组合久期、凸性、DV01 等指标衡量利率风险。

2017 年我国场外金融衍生品市场稳步发展。根据《证券公司全面风险管理规范》的有关要求并结合业务发展的实际情况，证券公司规范并完善了金融工具估值及模型校验的流程与方法，由风险管理部门定期对复杂金融衍生品的估值进行确认工作，确保风险计量基础的科学性。此外，对于市场风险识别和评估过程中所使用的风险计量模型，证券公司定期组织开展模型校验和回测工作。

第二节　信用风险

近几年随着经济增长放缓，债券违约事件频发，金融市场的信用风险一直处于上升通道中，2017 年随着宏观经济企稳以及供给侧结构性改革效果显现，债券市场信用风险事件数量有所下降，但是证券公司信用风险管理依旧面临较大的难度和挑战。同时，证券公司融资类业务所带来的潜在信用风险依旧值得高度重视。为守住不发生重大信用风险的底线，2017 年证券公司努力提升信用风险管理水平，向着更加科学、严谨、精细和全面化方向迈进。

一、加强信用风险管理系统建设

建设功能强大的信用风险管理系统是证券公司迫切的现实需求。证券公司在建的信用风险管理系统通常具备客户信用评级、授信管理、担保品管理、风险计量、压力测试等核心功能。系统的建成可以提升证券公司的信用风险管理能力，有助于为证券公司管理层提供决策支持。2017 年，信用风险管理系统是证券公司风险管理系统建设的重点之一。

二、完善信用风险指标体系

2017 年，证券公司继续完善信用风险指标体系，建立与业务复杂程度相适应的信用风险容忍度、限额等风险指标。信用风险容忍度指标一般按业务条线划分，制定融资类业务

（融资融券业务、约定购回式证券交易业务、股票质押式回购业务等），投资业务等条线的风险容忍度指标。信用风险限额指标一般包括业务规模限额、担保物集中度限额、单一主体融资限额和其他指标（如评级准入等）。

三、努力搭建内部评级体系和信用风险计量体系

内部评级是指公司对单一债务人总体信用风险水平的独立评估。搭建内部评级体系是证券公司建立信用风险计量模型的基础。信用风险计量是建立在违约概率 PD、违约损失率 LGD 与违约风险暴露 EAD 等关键参数的基础之上，以实现预期损失 EL 和非预期损失 UL 计量为目标。2017 年，多数公司已经搭建或正在搭建满足自身管理需要的内部评级体系。部分公司已经实现了违约概率 PD、违约损失率 LGD 与违约风险暴露 EAD 等关键参数的计量，个别公司在此基础上，开展了更加复杂的风险计量工作，如 cVaR、PFE 等其他指标的计量。

四、制定同一业务、同一客户的集团统一标准

制定同一业务、同一客户的集团统一标准是证券公司实现集团层面业务风险集中穿透管理，计量集团层面业务集中度、信用风险敞口等指标的基础。2017 年，部分证券公司已制定同一业务、同一客户的集团统一标准，并实现了证券经纪业务、融资类业务的同一客户统一管理。

第三节　流动性风险

2017 年，金融监管日趋严厉，持续的金融去杠杆政策对资金面形成冲击，资金成本随之抬升。证券公司流动性风险管理面临外部监管和市场环境变化的双重挑战。为应对挑战、防范流动性风险，证券公司需要不断提升自身流动性风险管理水平。根据中国证券业协会 2017 年专项调查统计数据，2017 年末行业整体资本杠杆率为 26.13%，整体流动性风险覆盖率（LCR）为 316.80%，整体净稳定资金率（NSFR）为 140.28%。2017 年末证券公司普遍主动清偿短期债务，流动性风险覆盖率指标向好，行业整体流动性风险可控。[①] 目前证券公司流动性风险主要管理措施如下：

一、建立健全流动性风险管理体系

建立与公司风险管理框架相匹配的流动性风险管理体系，制定公司流动性风险管理办

① 数据来自中国证券业协会《证券公司 2017 年经营情况分析》。

法，明确流动性风险主管部门和层级关系，厘清各层级的流动性风险管理职责和报告路径。

目前，绝大多数证券公司都建立了流动性风险监控体系。综合考虑外部环境和公司自身状况，采用定量和定性相结合的方法，多维度刻画流动性风险。除了流动性覆盖率和净稳定资金率两项监管指标外，多数证券公司还将优质流动性资产储备、杠杆倍数、负债集中度、最短生存期等指标纳入日常监测体系。通过现金流缺口分析法，计量控制现金流量和期限错配情况，及时制定各种融资计划并对各类业务资金使用规模进行有效配置。

二、积极开展流动性风险压力测试

根据《证券公司流动性风险管理指引》要求，证券公司至少每半年开展一次流动性风险压力测试。流动性风险压力测试是采用以定量分析为主的风险分析方法，通过测算压力情景下证券公司各项流动性风险管理指标的变化情况，评估证券公司流动性风险的承受能力，进而采取必要措施，确保公司业务正常平稳开展。

2017 年，在金融去杠杆的严监管环境下，证券公司积极开展流动性风险压力测试。部分证券公司按周度或月度的频率开展压力测试，并在发生创新业务、重大投融资业务、重大担保等事项或者监管指标趋紧时，增加专项压力测试频率，以确保流动性风险控制指标符合监管要求。证券公司根据压力测试结果反映的风险情况，结合自身风险承受能力，适当采取必要措施，如控制业务规模、启动融资计划等，以此改善公司流动性状况。

三、制定完善的流动性风险应急机制

证券公司通过制定流动性风险应急机制，明确了流动性风险事件的监测预警，触发、报告机制和应对流程。部分证券公司成立了流动性风险应急小组，具体负责流动性风险应急计划的实施。流动性风险应急机制包括：

（一）划分流动性风险等级

根据流动性风险事件影响范围、紧迫性、市场融资难易程度、可供使用的应急手段，划定不同的流动性风险等级，明确各等级流动性风险的触发条件。

（二）制定不同等级流动性风险应急预案

针对不同流动性风险等级，制定相应的报告路径、应急措施和工作流程。主要应急措施包括：加大市场融资力度、暂停业务用资、压缩业务规模、处置优质流动性资产、寻求集团或战略伙伴支持、启动外部救助等。

（三）后期评估与总结

流动性风险应急处置工作结束后，要及时对流动性风险事件的起因、性质、产生损失和影响、相关责任落实以及经验教训、应急措施等进行全面调查评估，形成书面报告。针对流动性风险事件及处置过程中发现的问题，及时修改完善应急管理预案。

第四节　操作风险

操作风险可以按损失事件原因类型分为组织机构操作风险、政策流程操作风险、技术风险、人员风险和外部风险等；按发生频率和严重性分为高频低损风险、低频高损风险、高频高损风险、低频低损风险四类。操作风险的损失可能来自内部人为操作失误、内部流程不完善、信息系统故障或不完善、交易故障等，也可能来自公司外部的欺诈行为等。

根据《证券公司全面风险管理规范》，证券公司应当建立健全与公司自身发展战略相适应的操作风险管理体系。操作风险管理体系包括可操作的管理制度、健全的操作风险组织架构、可靠的操作风险管理系统、量化的操作风险指标体系、专业的操作风险人才队伍、有效的操作风险应对机制。通过操作风险管理体系的建立，进而实现对操作风险的准确识别、审慎评估、动态监控、及时应对和全程管理。此外《证券公司全面风险管理规范》要求证券公司对操作风险等各类风险进行准确识别、审慎评估、动态监控、及时应对及全程管理，并建立与之相适应的全面风险管理体系。

证券公司开展一系列操作风险管理体系建设活动，包括但不限于制定可操作的管理制度、健全操作风险管理组织架构、引入或开发可靠的操作风险管理信息技术系统、培育操作风险管理专业的人才队伍、形成有效的操作管理风险应对机制以及宣导良好的操作风险管理文化等。

2017 年，证券市场不断变化的外部环境对证券公司的风险管理能力提出了更高、更全面的要求。经调查，行业内已有较多证券公司成立了专业的操作风险管理团队，并采用风险与控制自我评估（RCSA）、损失数据收集（LDC）、关键风险指标（KRI）等工具对操作风险进行管理。风险与控制自我评估（RCSA）方面，证券公司定期对公司业务的主要风险点及风险控制情况进行梳理评估，通过自我评估工作不断完善风险识别的完整性和控制措施的有效性，从而提升操作风险防控水平；损失数据收集（LDC）方面，证券公司通常利用信息系统对操作风险损失事件进行收集、分类和跟踪维护；关键风险指标（KRI）方面，证券公司通过建立健全指标体系，对所关注业务、单位的操作风险水平进行监测跟踪，并对异常指标情况进行及时处理，以防范潜在的操作风险事件发生。随着操作风险管理工具的持续应用，证券公司在提升操作风险管理水平方面取得了一定成效。

第三章
2018 年中国证券公司风险管理展望

第一节 持续做优、做实全面风险管理体系建设

未来证券公司将继续加大风险控制投入，持续做优做实风控体系。在提升风险管理专业能力方面，证券公司应优化风险管理团队配备，面向国际化专业化风险管理需求，充实风险管理专业人才，增加具有工作经验的岗位配置，确保风险管理团队人员、结构与公司业务规模相适应。在提升风险管理自动化和精确度方面，应着力培育证券公司风险管理系统的自主开发能力，将风险管理系统对公司战略发展与风控需求紧密结合，同时加强对外部系统的管理，提升公司对外部采购系统的消化和吸收能力，保障后续维护和运营稳定。

丰富手段，提升全面风险管理能力。细化量化风险管理要求，明确风险容忍度指标、风险限额指标的管理目标与实施措施，提升风控指标的执行力度。充分利用敏感性分析、压力测试等风险管理工具，测算各类风险敞口与压力，提前制订对于市场变化、新业务新产品、重大投资情况下的风险应对方案。建立内部风险应对机制，明确外部救助安排，提前增厚风险防范安全垫，强化风险应对能力。通过丰富风险管理手段，强化文化、制度、投入、系统、人才基础，提升风险覆盖、监测、计量、分析、应对能力，从而实现覆盖全员、全流程的风险管理体系，为证券公司战略发展目标的实现保驾护航。

未来证券公司应认识到当下风险管理工作存在的问题。在风险管理能力方面，例如对部分业务风险管理覆盖不全面、部分维度风险信息监测不及时、部分品种风险指标计量不精确、风险分析报告重视程度不充分、风险应对措施仍缺乏可持续性等；在支持保障措施方面，例如风险管理效果与绩效考核挂钩程度不足，业务风险管理政策整体一致性欠缺，风险管理系统开发外部依赖性较强，风险管理人员占比及薪酬要求未得到全面落实。这些问题固然有些是证券公司多年发展的遗留问题，但却会影响到全面风险管理工作的进一步推进，对证券公司风险管理目标的实现构成阻碍。因此，新一年证券公司将持续着力优化现有机制，

继续强化全面风险管理工作。

此外，证券公司全面风险管理实践表明，信息技术将为风险管理能力提升及精准度、专业度水平提高起到支柱与决定作用。下一步，在目前实现日常风险管理功能的基础上，证券公司需要依托信息技术，进一步提升前瞻性的风险识别能力、主动性的风险管理能力与综合性的风险规划与决策能力。

第二节 落实监管风控并表试点，丰富集团化风险管理手段

2017年初，监管部门在部分证券公司开展了并表监管试点项目。并表监管是对金融集团有效监管的重要手段，在证券行业集团化、国际化的发展趋势下，对大型集团化经营的证券公司进行并表监管势在必行。风控并表试点券商正以并表监管为抓手，加强对集团内各子（孙）公司风险管理工作的统一管理，提升集团内部风险管理能力。

并表管理的实施通过数据与指标的统一管理，对集团风险进行整体衡量，为有效识别、评估、计量、监测和控制证券集团总体风险状况打下坚实的基础。在此计算报送并表风控指标的基础上，各试点券商以适应公司集团化国际化战略为目标，升级子公司风险管理各项措施，逐步统一集团风险数据标准，加强集团板块业务风险计量，进一步提升集团风险管控能力。

此外，2016年6月修订并发布的《证券公司风险控制指标管理办法》明确提出“证券公司可以采取内部模型法等风险计量高级方法计算风险资本准备”，内部模型法的实施将成为监管精细化的重点方向。目前个别证券公司在内部经济资本管理中已经能够通过内部模型来计量市场风险、信用风险，同时也希望通过参与到风控并表试点中推动内部模型法在监管资本计量中的应用，在准确计量证券公司风险的前提下进一步提升证券公司资本使用效率。

第三节 证券公司分类监管规定修订，全面风险管理能力成为评价基础

2017年7月，中国证监会根据市场发展情况和审慎监管原则，在征求行业意见的基础上，发布了《关于修改〈证券公司分类监管规定〉的决定》。新的分类监管框架维持原有制度总体框架不变，贯彻依法全面从严监管要求，集中解决实践中遇到的突出问题，对既有评价指标体系进行完善，从而提高分类监管制度的针对性和有效性。一方面，突出监管导向，引导行业聚焦主业，优化原有的市场竞争力指标，增加反映公司综合实力、跨境服务能力等

因素的指标，引导证券公司突出主业、做优做强，提升国内国际竞争力；另一方面，强化风险管理能力评价指标体系，将“动态风险监控”修改为“全面风险管理”，体现证券公司对各类风险等的管理能力，促进行业全面风险管理能力的提升。

根据新分类监管规定，证券公司风险管理能力主要根据资本充足、公司治理与合规管理、全面风险管理、信息系统安全、客户权益保护、信息披露六大维度进行评价，全面体现了证券公司的资本实力，以及对流动性风险、合规风险、市场风险、信用风险、技术风险及操作风险等的管理能力。

在新分类监管规定影响下，证券公司通过调结构、补短板，聚焦主业，剔除过去部分偏离主业、过度投机的业务因素，从基础和源头优化市场竞争力，不断提升综合实力、服务能力和风险管理水平。与此同时，切实将风险管理能力摆在公司战略发展的突出位置，主动适应新的市场环境和监管环境要求，积极对照证券公司风险管理能力评价指标与标准，全方位提升风险管理能力。

第四节　证券公司全面风险管理面临新挑战

随着全面风险管理的不断推进，证券公司风险管理工作已初见成效，然而证券行业面临的风险挑战依然严峻。从证券公司自身发展角度来看，证券公司的角色已不仅是作为传统的金融中介机构，随着其自身的业务架构复杂程度的增加，在市场交易中发挥越来越多元的作用，因此风险管理的目标与出发点也需要适时调整。

从市场环境来看，证券公司面临的各类风险越来越突出，一方面，各种“黑天鹅”、“灰犀牛”事件频发对证券公司形成了风险冲击，例如债券违约等信用风险事件的不断发酵、国际贸易竞争带来的异常市场波动等；另一方面，各类风险相互交叉、嵌套越来越普遍，以及不同风险类型均可能引发系统流动性风险等，这些都对证券公司风险管理工作的力度和响应速度提出了更高要求。

从监管环境来看，在外部市场环境日趋复杂的同时，监管对证券公司的要求越来越严格，未来一年监管部门“防范风险”、“依法从严全面”的监管基调不会改变，证券公司风险管理应着力顺应监管的要求。同时，新的监管政策频出，证券公司也应警惕在新制度的落实执行过程中可能存在的操作风险。

专题报告之三：2017年证券行业履行脱贫攻坚社会责任综述

第一章 持续引导，携手同心，证券行业结对帮扶再上新台阶

党的十九大报告指出，要动员全党全国全社会力量，坚持精准扶贫、精准脱贫，确保到2020年我国现行标准下农村贫困人口实现脱贫，贫困县全部摘帽，解决区域性整体贫困，做到脱真贫、真脱贫。中国证券业协会（以下简称“协会”）全面贯彻党中央、国务院关于脱贫攻坚的战略部署，认真落实中国证监会关于扶贫工作的决策安排，充分发挥行业协会引导作用，凝聚行业力量，持续推动证券行业加大扶贫支持力度，证券行业脱贫攻坚工作取得显著进展。为总结、交流资本市场服务脱贫攻坚实践经验，巩固、提高证券行业扶贫工作成果，扎实推进证券公司精准扶贫工作，协会分别于2017年8月、9月组织召开了“精准扶贫：证券行业履行社会责任”座谈会及资本市场助力脱贫攻坚交流会暨证券行业扶贫成果展，全方位展示了证券公司扶贫工作成果。

一、“一司一县”结对帮扶提质增效

自2016年8月协会发起“一司一县”结对帮扶行动倡议以来，证券公司积极响应、迅速行动，服务脱贫攻坚已成为各公司的思想共识和行动自觉。在协会的号召下，截至2018

年5月底，已有98家证券公司结对帮扶249个国家级贫困县，在证券公司数量（母公司口径）中占比已达97%，宁夏、江西两省实现“一司一县”结对帮扶全覆盖。其中，68家证券公司主动增加帮扶对象，从“一司一县”增至“一司多县”，中泰证券、西部证券、方正证券3家证券公司各帮扶9个国家级贫困县。

各证券公司充分发挥专业优势、人才优势，不断加大资本市场支持力度，创新帮扶方式，帮助县域内企业规范公司治理，提高贫困地区利用资本市场促进经济发展的能力，形成证券行业扶贫特色，不断推进“一司一县”结对帮扶提质增效。总体来看，“一司一县”结对帮扶行动为国家脱贫攻坚增添了新的力量，为贫困地区经济发展增添了新的动力，全行业促攻坚的良好态势逐渐形成。

二、发挥行业优势，开展“一县一企”精准扶贫

2017年是精准扶贫、精准脱贫的深化之年。为细化、做实“一司一县”结对帮扶工作，协会于2017年9月再次发起“一县一企”精准扶贫行动倡议，号召证券公司发挥金融资金的协同和引导作用，因地制宜、因企施策，通过引进产业投资、设立产业扶贫基金、开展并购重组等方式，帮助贫困地区改善融资状况。同时，也确定了今后一段时期精准扶贫工作思路，对证券行业扶贫工作提出了更有针对性的要求。

2017年，证券公司在开展“一司一县”结对帮扶的基础上，以资本市场服务产业扶贫为重点，以更加专业的服务、更加多元的产品、更加勤勉的态度，通过加强对贫困地区企业的上市辅导培育和孵化力度，帮助更多企业通过主板、创业板、中小板、全国中小企业股份转让系统、区域性股权交易市场等开展直接融资，帮助贫困地区上市公司和非上市公众公司通过增发、配股、公司债及可转债等方式，推动更多金融资源流向贫困地区，增强贫困地区产业“造血”功能及自我发展能力。

总体而言，“一县一企”精准扶贫行动引导证券公司帮助贫困地区优化资源配置，促进产业结构转型升级，动员社会资金更广泛地参与贫困地区资本形成，服务贫困地区产业发展，持续推动精准扶贫、精准脱贫取得实效。

三、行业脱贫攻坚成效专项评价体系初步建立

为建立正向激励机制，发挥政策导向作用，在中国证监会的指导下，2017年，协会探索建立了证券公司脱贫攻坚等社会责任履行情况专项评价指标，每年将定期对行业脱贫攻坚成效进行评价，并纳入证券公司分类评价体系。2017年首次对129家证券公司2016年度脱贫攻坚等社会责任履行情况进行了专项评价，为证券公司分类评价提供了参考依据。建立脱贫攻坚专项评价体系，定期对脱贫攻坚成效进行评价，有利于引导证券公司加大对贫困地区金融支持力度，有利于促使更多资源优化配置到实体经济最需要的领域，有效满足贫困地区、贫困人口的金融服务需求，更好地发挥证券经营机构在脱贫攻坚中的示范和引导作用。

第二章

精准把脉，发挥优势，证券行业服务脱贫攻坚展现新气象

2017 年，证券公司准确把握新形势下脱贫攻坚的新任务，不断提高思想认识，增强行动自觉，争当脱贫攻坚的贡献者、精准扶贫的实践者，发挥自身优势，在金融扶贫、产业扶贫、消费扶贫、智力扶贫、公益扶贫等领域多措并举，不断加大资本市场支持力度，探索资本市场服务脱贫攻坚的有效形式，行业扶贫工作取得了新成效。

一、完善扶贫工作保障，建立长效帮扶机制

各证券公司结合结对帮扶县脱贫攻坚工作实际，不断完善扶贫工作保障，建立了包括组织保障、人员保障、机构保障、考核保障、纪律保障等在内的扶贫工作机制，做好与当地政府和企业的联络沟通，与结对帮扶县建立长效帮扶机制，确保扶贫工作的体系化和常态化。

（一）组织保障：成立扶贫工作领导小组

为强化扶贫工作责任，加强对扶贫工作的组织领导，提高扶贫决策的科学性和工作开展的合理性，证券公司成立了由董事长或总裁担任组长的扶贫工作领导小组，负责扶贫工作的统筹协调和决策督导，并制订扶贫攻坚方案，明确具体措施和阶段实施计划。有些公司领导小组下设由投行、投资、财务、人事、扶贫办等相关职能部门组成的工作组，承办具体扶贫项目，协调人力和财物资源，形成扶贫攻坚的强大合力。

（二）人员保障：派驻挂职干部

各证券公司切实履行作为政府财务顾问的职责，选拔政治过硬、业务突出的优秀员工赴贫困地区挂职，作为贫困地区“造血干细胞”，为当地政府和企业出谋划策，全面提供“融智”服务。据统计，目前已有 37 家证券公司派驻挂职干部 73 人。作为证券公司与贫困县域的中介桥梁及扶贫攻坚的前哨先锋，挂职干部严格履行工作职责，积极为贫困地区提供有针对性的金融服务，开展扶贫工作对接，落实具体帮扶项目，充实了当地政府的金融力量。

（三）机构保障：组建金融扶贫工作站

自开展“一司一县”结对帮扶以来，为改善贫困地区金融环境，传播资本市场发展理念，证券公司主动在贫困地区组建金融扶贫工作站，并以工作站为扶贫攻坚根据地，落实扶贫政策，开展资本市场教育培训，举办资本市场发展研讨会，有针对性地开展投资者教育活动，不断提升贫困地区对资本市场的认识，推动证券公司与当地政府建立协调联络机制。据统计，目前已有22家证券公司在贫困地区设立54个金融扶贫工作站，另有数家证券公司拟适时选址设立金融扶贫工作站，探索与贫困地区建立长效帮扶机制。

（四）考核保障：建立扶贫工作考核问责制度

为强化对扶贫工作的考核，证券公司建立了扶贫工作考核问责机制，对扶贫工作进展情况进行通报，并定期对参与扶贫工作相关部门的工作进展及成效进行考核评估，确保脱贫攻坚各项措施落到实处。此外，有些证券公司还专门出台了针对挂职干部的管理办法，明确挂职干部的日常管理及激励措施，将挂职干部工作业绩纳入个人考核范围，充分调动了挂职干部的积极性、主动性和创造性。

（五）纪律保障：加强扶贫工作监督执纪

为强化对扶贫工作的监督、跟踪和落实，各证券公司不断加强作风建设，强化执纪问责，通过实地调研、群众访谈、检查台账等方式，对扶贫项目、措施、效果等落实情况开展全方位的监督检查，为扶贫政策落实和任务落实提供了健全的纪律保障。同时，各证券公司在开展帮扶过程中，严格遵守事前资金审批划拨流程，加强事中资金专户管理和事后资金使用程序和效果的稽核检查，确保专款专用，并最大限度地发挥作用。

二、持续加大贫困地区金融服务力度

习近平总书记指出，要做好金融扶贫这篇文章，加大对脱贫攻坚的金融支持力度，强调要把更多金融资源配置到经济社会发展的重点领域和薄弱环节，推进金融精准扶贫。作为金融的重要组成部分，资本市场具有强大的直接融资功能，有利于帮助贫困地区解决“融资难、融资贵”问题，促进产业结构调整和社会资源优化配置。

2017年，证券公司以贫困地区实体经济需求为导向，充分利用股权、债权、股债结合等方式，综合运用承销保荐、并购重组、投资融资、财务顾问等手段，帮助贫困地区企业开展直接融资，不断加大对贫困地区的金融服务力度。

（一）服务贫困地区企业完成IPO发行上市

贫困地区虽然经济发展滞后，但独特的自然资源优势和产业政策优势也孕育了一批要素禀赋较好、盈利能力较强、具有IPO潜力的企业。截至2018年第一季度，已有12家贫困县企业通过“绿色通道”发行上市，募集资金69亿元，66家企业已启动上市工作。其中，2017年贫困地区发行上市的项目共6个，包括国海证券承销保荐的集友新材、海通证券承销保荐的嘉泽新能、中信证券承销保荐的卫信康、长江证券承销保荐的森霸光电、华龙证券承销保荐的庄园牧场及中泰证券承销保荐的盘龙药业。

2017年7月，由海通证券担任保荐机构和主承销商的宁夏嘉泽新能源股份有限公司在上海证券交易所主板上市，成为宁夏回族自治区时隔14年后首家再次登陆主板市场的企业。此次公开发行募集资金2.4亿元，所募资金将全部投向贫困地区的项目，在增加就业岗位、丰富当地税收、完善基础设施、推动经济发展等方面带来了良好的社会效益。

（二）助力贫困地区上市公司再融资

为健全资本市场支持扶贫开发长效机制，中国证监会对符合条件的贫困地区上市公司再融资给予适当倾斜，开辟“绿色通道”。2017年度，证券公司服务贫困地区上市公司完成再融资达240亿元。

2017年7月，洛阳栾川钼业集团股份有限公司（以下简称“洛阳钼业”）完成非公开发行，募集资金179.99亿元。该项目由兴业证券担任保荐机构和主承销商，由高盛高华证券、东方花旗证券、国开证券担任联席主承销商。作为国家级贫困县河南省栾川县唯一的上市公司，洛阳钼业为栾川县贡献了大部分的财政收入，创造了大量的就业机会，有效带动当地建档立卡贫困户脱贫，从而促进贫困地区经济发展，改善人民生活条件。通过此次资本运作，兴业证券等公司不断助力洛阳钼业拓宽融资渠道，提升融资效率，支持企业发展壮大，并将有力提升其优质矿产资源储量，为当地培育特色支柱产业。

（三）发挥债券特性和作用，服务脱贫攻坚

结合贫困地区资源禀赋，证券公司不断创新融资方式，为贫困地区开发扶贫债、扶贫资产支持证券等金融产品，实现扶贫模式由国家“输血”向地方“造血”的转变。截至2018年第一季度，交易所债券市场累计发行扶贫公司债和资产支持证券49只，发行金额268.3亿元。债券发行人分布在贵州、重庆、云南、广西等经济欠发达地区，涵盖有色金属采选、医药制造、旅游等9大行业，从不同领域支持了贫困地区因地制宜发展特色产业。

2017年3月，渤海证券帮助重庆鸿业实业（集团）有限公司发行两期非公开公司债券，发行规模共计20亿元，期限5年。所募资金中15亿元用于重庆市黔江区棚户区改造项目，5亿元用于补充流动资金。黔江区棚户区改造项目为省级保障性住房项目，该项目的建设将极大地改善当地居民的生活条件，提高生活质量，是一项重大的民心和民生工程。

2017年9月、11月，财富证券分别完成了沅陵辰州投资集团有限公司第一期、第二期地下综合管廊建设专项债券的簿记发行工作，两期债券发行规模均为5亿元，期限7年，票面利率低于同类型债券平均票面利率，降低了企业融资成本。该公司地处国家级贫困县湖南

省沅陵县，所募资金主要用于沅陵县城市地下综合管廊工程建设及补充企业营运资金。该项目使得原本分散的电力、通信、燃气、给水、排水等均集中在综合管廊内，对保护环境、优化交通起到了积极作用，为城市发展提供了良好的基础设施保障。

2017年11月，五矿证券在国家级贫困县贵州省六枝特区发行该地区首只企业债“17六枝债01”。债券发行规模7亿元，期限7年，票面利率低于同类型债券平均票面利率。该债券募集资金用于郎岱农业园区农村产业发展项目，主要投资红心猕猴桃、火龙果等特色农产品及相关产业链，为拓宽当地农业项目融资渠道、带动当地就业、拓宽农民增收渠道、扶持贫困地区优质产业提供了新的思路。

（四）充分发挥资产支持证券优势，拓宽扶贫资金来源

贫困地区金融基础设施不完善，企业融资渠道有限，可获得的银行授信额度较低。但通过发行资产支持证券，可依托资产信用，盘活企业存量资产，拓宽扶贫资金来源。

2017年12月，由天风证券担任计划管理人的国内首单信托助农ABS项目“天风证券——云信农分期一号资产支持专项计划”正式发行。该计划发行规模为1.51亿元，其信托贷款主要用于购买农业机械设备和农业生产物资。本次ABS的成功发行，将扶贫助农与资本市场有效融合，有力支持了贫困地区“三农”发展。

由太平洋证券担任计划管理人的“新水源污水处理服务收费收益权资产支持专项计划”在机构间私募产品报价与服务系统成功发行，发行总规模8.4亿元，是国内首单PPP资产证券化项目。该计划对盘活PPP项目存量资产，帮助贫困地区开展投融资服务，推动政府及社会资本合作方降低金融杠杆、防范金融风险等具有积极意义。

（五）推荐贫困地区企业在新三板挂牌

全国中小企业股份转让系统可以为非上市公众公司提供股票交易、定向融资、并购重组等服务，为市场参与人提供信息、技术和培训服务。截至2018年第一季度，已有94家贫困地区企业在新三板挂牌，其中50家挂牌企业将注册地迁入贫困地区。

在华龙证券新三板团队的努力下，翔达新颜料、宏基环保、金川新材料、天水风动机械、中天羊业、宏亮皮业6家甘肃省贫困县域企业登陆新三板，打通了多层次资本市场融资渠道。通过登陆新三板市场，企业法人治理和财务规范性得到明显改善，经营机制焕发新的活力，经营效益逐步提升，部分企业通过股权质押、私募债等方式，进一步拓宽了融资渠道，有效解决了发展难题。

（六）通过区域性股权市场开展融资

作为多层次资本市场体系的“塔基”，区域性股权市场具有门槛相对较低、服务方式较为灵活等特点，能够为贫困地区中小微企业提供个性化和多样化的资本市场融资服务。

2017年1月，由长江证券推荐辅导的93家湖北省十堰市企业，在武汉股权托管交易中

心挂牌，创该交易中心成立以来同一场次、单一机构推荐挂牌数量的最高纪录。其中，公司结对帮扶县——十堰市郧阳区企业共54家，占比达58%，兑现了对郧阳区政府“为郧阳区一批优质企业到多层次资本市场挂牌上市提供优质服务”的承诺，加快了郧阳区企业的规范化和专业化进程，为企业借助资本市场发展树立了良好典范。

三、提升贫困地区产业发展能力

习近平总书记指出，发展产业是实现脱贫的根本之策，要因地制宜，把培育产业作为推动脱贫攻坚的根本出路。产业扶贫是实现扶贫方式由“输血”救济到“造血”自救的根本性转变，是贫困地区彻底摆脱贫困的关键举措。2017 年，证券公司把产业扶贫与贫困地区资源禀赋、产业结构、市场需求结合起来，不断提高贫困地区和贫困群众的内生发展动力，实现就地脱贫。

（一）推动贫困地区产业转型升级

在结对帮扶内蒙古自治区莫力达瓦达斡尔族自治旗（以下简称“莫旗”）后，东方证券将菇娘产业作为产业扶贫的重点，探索了“遴选贫困县特色产业 + 携手优秀合作方 + 选择贫困县龙头企业 + 发挥金融企业品牌优势”的扶贫模式。针对莫旗菇娘产业商品化程度低，缺乏种植面积规划、科学种植管理及产品分级标准的现状，东方证券在莫旗建立了 1 100 亩的菇娘产业扶贫基地，与菇娘深加工龙头企业蒙源食品有限责任公司开展合作，并携手国内生鲜电商本来生活网，从菇娘的种植、仓储、品控到推广，打造“东方菇娘”品牌，旨在增强贫困地区产业“造血”功能，推动贫困地区产业转型升级。“东方菇娘”已全面推向市场，有效解决了当地群众就业难题，并为当地脱贫攻坚培育了坚实有力的经济后盾。

（二）深入挖掘贫困地区资源优势和产业特色

把精准扶贫和生态发展相结合，积极探索光伏扶贫，是近年来证券行业扶贫的有效实践，也是践行“绿水青山就是金山银山”理念的又一案例。2017 年 12 月，中信证券在结对帮扶县江西省会昌县捐赠 237 万元建设的下营村分布式光伏发电一期工程完工、并网发电，预计首年可获得发电收益 35.4 万元，今后 25 年年均获益 31.5 万元。该项目以下营村 136 户建档立卡贫困户、636 人贫困人口为扶贫对象，既体现了绿色、节能的发展理念，又为贫困群体带来稳定收入。

湘财证券结对帮扶的黑龙江省延寿县森林覆盖率达到 50% 以上，拥有十分丰富的林业资源。公司扶贫工作小组与北京天德泰科技股份有限公司（以下简称“天德泰”）积极沟通，促使双方就林业碳汇资源开发经营及促进贫困人口增收致富进行全方位探讨。2017 年 12 月，天德泰与黑龙江省延寿县签订林业碳汇精准扶贫项目协议，并拟在延寿县注册林业投资公司，为碳汇造林工程开展近 30 年的开发建设。一方面，科学利用当地资源，借助碳汇产业带来的政策性资金和稳定收入，反哺森林湿地旅游、食用菌等相关产业；另一方面，吸收林业职工转向森林抚育、发展林下经济，为林区转型发展提供新路径。

（三）充分发挥产业基金杠杆作用

方正证券子公司方正和生投资与湖北高投、十堰市财务开发总公司、丹江口市国有资产管理经营公司合作，发起设立“和生高投丹江产业升级与发展基金”，带动国家级贫困县丹江口市经济发展。基金总规模 2 亿元，首期 1 亿元，将重点投资于丹江口市高新技术企业、成长性科技企业及传统产业转型升级等领域，为当地企业提供融资渠道。

（四）帮助贫困地区推广销售特色产品

为响应乡村振兴战略、脱贫攻坚战略，中证报价、中证互联举办了“中证资本市场精准扶贫专场拍卖会”，征集了 20 个县的 45 种拍品。拍卖会采取线上线下相结合的方式，得到东莞证券、光大证券、民生证券、南京证券、天风证券、中泰证券、中信证券、中信建投证券 8 家证券公司的积极响应，销售总额超过 1 000 万元。销售资金全部流向贫困地区特色农产品加工企业，用于支持企业产品研发、扩大再生产等，最终实现带动地方经济发展及贫困人口增收的目标。

贫困县农产品具有绿色、无污染的特点，但因交通不便、市场开拓不够，频频遭遇丰收难卖的窘境。拍卖会线上线下交易模式，充分利用互联网，打破地域市场的限制，拓宽了贫困地区农产品销售范围，带动了贫困县特色产品销售和产业升级。

四、普及资本市场发展理念

习近平总书记在十九大报告中指出，要坚决打赢脱贫攻坚战，坚持大扶贫格局，注重扶贫同扶志、扶智相结合。扶贫先扶志，扶贫必扶智。开展智力扶贫、转变贫困地区发展理念是脱贫攻坚的重要举措。

2017 年，证券公司在开展“一司一县”结对帮扶中，逐步从注重外部投入向注重外部帮扶与激发内生动力并重转变，通过开展资本市场教育培训、投资者教育和保护活动等，把资本市场专业优势、融资工具、发展理念等传播到贫困地区，提升贫困地区对资本市场的认识，增强利用资本市场促进自我发展的能力，帮助贫困地区形成可持续发展机制。

2017 年，证券公司不断加大在贫困地区的资本市场教育培训力度，已在贫困地区开展资本市场教育培训活动 365 场，培训人员 7 万余人次，教育培训内容涵盖多层次资本市场发展现状及功能定位、资本市场融资工具等，得到贫困地区政府、企业负责人及广大贫困群众的欢迎。在投资者教育和保护方面，证券公司根据贫困地区金融消费者需求特点，有针对性地开展投资者教育和保护活动，活动内容涵盖理性投资、远离非法证券活动、反洗钱等，以增强投资者金融知识，提高投资者风险意识，维护投资者合法权益。

五、多措并举广泛开展公益帮扶

证券公司在完成自身经营管理目标的同时，更加注重对社会的回报，持续加大公益投入，证券行业社会责任意识不断提升。2017年度，89家证券公司开展了涵盖教育、医疗、基础设施建设等在内的形式多样的公益慈善捐助，捐赠金额达到4.69亿元，同比增长85%。其中，公益性支持在1 000万元以上的公司共17家，包括兴业证券3 951万元、中国银河证券3 747万元、国泰君安证券2 847万元、东方证券2 739万元、国信证券2 192万元、光大证券1 990万元、广发证券1 696万元、中金公司1 549万元、申万宏源证券1 543万元、华泰证券1 431万元、国元证券1 307万元、中信证券1 269万元、华西证券1 106万元、恒泰证券1 056万元、天风证券1 018万元、招商证券1 012万元、中天国富证券1 000万元。

其中，中国银河证券向甘肃省静宁县捐赠1 250万元，用于银河公益林、畜牧养牛、苹果良种育苗、银河星光助学基金等项目；向内蒙古自治区临西县捐赠500万元，用于脱贫医疗保障基金项目；向贵州省道真县捐赠440万元，用于辣椒烘干线、花椒烤房等项目；向新疆维吾尔自治区和田县捐赠400万元，用于绿色环保站、异地搬迁就业等项目；向山西省左权县捐赠400万元，用于规模化养猪及农副产品加工项目。

（一）教育扶贫

为提升新疆维吾尔自治区麦盖提县教育质量，激励优秀教师潜心育人，国信证券出资1 500万元在麦盖提县设立了“国信园丁教育基金”，专门用于奖励为麦盖提县教育事业做出突出贡献的教师，以突出教育扶贫关键在教师的理念，完善教师激励机制，提升教师教学水平，大力推进教育扶贫这一利国利民的长久之计。

招商证券为河南省内乡县、安徽省石台县捐赠210万元，为中小学建设14间梦想教室，引入优质教育资源；与中国青年创业就业基金会合作，捐赠500万元设立“招商证券大学生专项基金”，开展千校万岗大学生就业帮扶计划；为内蒙古自治区兴和县一中提供23.4万元助学金，帮助30名贫困高中生完成学业。

中金公司捐赠200万元，在安徽省岳西县设立“贫困家庭子女助学基金”，帮助减轻建档立卡贫困户子女的就学压力。东兴证券与中国扶贫基金会联合发起设立初始规模100万元的“兴源惠民”扶贫教育培训基金，为结对帮扶县提供金融、旅游、电商、劳动技能等方面的培训，为贫困学生提供经济资助和成才支持服务。

（二）医疗扶贫

民生证券与中国少年儿童基金会、浙江侨商会等共同发起“民生聪慧行动”，计划在3年内为1 500名贫困重症听障者予以救助，免费提供人工耳蜗手术治疗。民生证券为该行动捐赠 1 500 万元，用于为江西、新疆、湖北、河南等地结对帮扶县 300 余名听障儿童提供手术治疗。

光大证券依托光大阳光公益基金，出资近 400 万元，与光大永明保险“证保”联动，设立“阳关关爱”慈善计划，定制重大疾病保险项目，总保额 110 亿元。其中，面向湖南省新田县、宁夏回族自治区西吉县和江西省万安县、兴国县、寻乌县及陕西省甘泉县、贵州省桐梓县的学生定制了“阳光护苗”项目；面向上述地区全体教师定制了“阳光园丁无忧”项目，解除贫困地区全体师生近 40 万人因病致贫、因病返贫的后顾之忧。

第三章
周密部署，扎实推进，协会定点扶贫工作取得新进展

一、落实工作部署，制定定点扶贫工作规划

为做好定点扶贫工作，协会于2013年在充分征求定点扶贫县政府和证券行业意见的基础上，制定了《中国证券业协会定点扶贫工作规划（2013—2020年）》，确立了协会定点扶贫工作指导思想和目标任务，明确了扶贫工作思路，从教育、基础设施、智力和产业等方面开展多层次帮扶工作。对有劳动能力的贫困人口，采取产业扶贫的方式，充分发挥当地特色农产品优势，通过整合资金、市场资源等关键要素，创新农产品生产经营体制，培育特色优势农产品品牌，创新农产品销售和经营模式，提高贫困人口的收入水平，实现稳步脱贫的目标。同时，注重与公益扶贫相结合，对教育、医疗卫生等投入大、见效慢的项目，通过引进外部资源，利用成熟的项目经验，推动改善贫困地区落后的教育、医疗状况，逐步实现当地经济和社会协同发展。

二、选派挂职干部，健全人才扶贫工作机制

协会自2013年开始向定点扶贫县派驻挂职干部，严格按照“优中选优”的原则，选拔对党忠诚、信念坚定、敢于担当、踏实肯干的优秀青年干部，到定点扶贫县挂职锻炼，通过明确挂职标准、加强岗前培训、持续监督指导、定期分析总结经验的方式，真正让挂职干部放下架子、俯下身子、耐下性子、做出样子，积极稳妥地推进扶贫工作，为脱贫攻坚工作把好关、服好务、献好策。目前，协会已经向两个定点扶贫县派驻了3批次5名优秀的挂职干部，挂职干部均较好地完成了扶贫工作任务。

三、设立扶贫专项基金，拓宽募集资金渠道

为建立证券行业定点扶贫工作长效机制，打通扶贫资金募集通道，为会员单位和从业人

员捐助提供便利，2013 年，协会与中国扶贫基金会合作成立“证券行业扶贫专项基金”（以下简称“专项基金”），由协会和中国扶贫基金会共同管理，资金主要来源于协会、证券行业会员单位及从业人员捐赠，主要用于行业定点扶贫县的帮扶项目。专项基金的成立有利于证券行业建立便捷、通畅的扶贫资金运作渠道，降低行业捐赠成本，规范捐赠行为及扶贫资金使用，助力证券行业履行社会责任。

首批专项基金从协会及 18 家会员单位募集 360 余万元，主要用于资助贫困学生，捐赠医疗器械，捐建教学楼和梦想中心，捐赠爱心包裹和温暖包裹，捐建自强班等项目。2014—2015 年协会在定点扶贫县共组织开展了 16 个帮扶项目，为当地的教育和医疗卫生事业做出了较大贡献。

2016 年，由协会发起倡议向行业募集了第二批专项基金，共募集资金 1 200 多万元。第二批专项基金着力在产业扶贫项目上下功夫，优选适合当地发展的产业扶贫项目，帮助贫困户持续增收，稳定脱贫。

2017 年，为解决定点扶贫县“贫中贫、困中困”特困人口稳定脱贫问题，协会与中国扶贫基金会成立“特困群众帮扶基金”，由协会出资 1 000 万元，从专项基金拿出 600 万元，由专业管理公司负责运作，产生的收益作为特困群体帮扶的补充，探索了一条扶贫济困的帮扶新模式。

四、发挥行业优势，扶持企业登陆资本市场

协会发挥行业优势，组织对定点扶贫县符合上市条件的企业进行摸底筛查，掌握这些企业的经营情况，协调证券公司对其进行上市辅导，协助开展公司治理，改善企业财务状况，提出了很多有针对性的建议和措施。同时多方谋划，引进外地优秀企业入驻，通过并购重组等方式提升当地企业的实力，重点孵化 1—2 家企业在创业板、新三板上市，以点带面，发挥示范效应。目前已有 2 家拟上市企业有意向到当地落户，有 1 家本地企业正积极准备在创业板或新三板上市。

依托中证机构间报价系统股份有限公司，建立中国金融扶贫综合服务平台，与临汾市政府合作打造“临汾模式”，汇集行业资源，促进贫困地区产业发展，为金融机构开展扶贫工作提供支持和服务。同时，通过推动贫困地区产业资源与资本市场对接，促进贫困地区资源优势产业化。平台已于 2016 年 9 月正式上线运行，主要功能分为四大板块：信息展示与对接、县域特色产品销售、扶贫政策展示与证券行业扶贫案例宣传、证券扶贫信息共享。

2017 年，大同证券有限责任公司在定点扶贫县设立另类投资子公司，注册资本 5 000 万元人民币，发挥其在资本市场融资方面的优势，对当地企业进行上市辅导，以金融扶贫的方式主推当地经济发展，同时也为当地带去了财税收入。

五、利用资源优势，发展光伏扶贫特色项目

充分发挥当地光照资源充足、荒山荒坡广阔的地理环境优势，发展以村级电站为基础的光伏扶贫产业，通过建设村级光伏电站，开展公益岗位扶贫、小型公益事业扶贫和奖励补助扶贫等，解决了当地建档立卡贫困户的实际困难。

2016 年，山西证券在定点扶贫县开展小型光伏电站试点项目。利用贫困户屋前、房顶等闲置空地，安装太阳能电板，通过并网发电所得增加收入，共建设 63 座 5 000 瓦光伏电站，总计投入 126 万元，项目覆盖 63 户建档立卡贫困户，预计可为贫困户年均增收约 2 450 元。

2017 年 9 月，协会向全行业发出支持隰县光伏扶贫村级电站建设的倡议。在协会倡议下，共有 48 家公司捐赠 5 282.5 万元，认捐 45 座村级光伏电站。目前，27 座光伏电站已开工建设，将于 2018 年下半年逐步产生效益。

截至 2018 年 5 月，已有 41 家证券公司完成认捐事项，完成拨款 4 677.5 万元。其中，中国银河证券完成 375 万元款项拨付，广发证券完成 300 万元款项拨付，国信证券、渤海证券、国泰君安证券、华泰证券、海通证券、安信证券各完成 225 万元款项拨付；中信建投证券、东海证券、恒泰证券、中泰证券、中金公司、东兴证券、兴业证券、中天证券、东方证券、华西证券、太平洋证券、新时代证券、申万宏源证券、广州证券等也已完成相应款项拨付。

六、利用电商平台，推广销售当地特色产品

为帮助贫困县群众打开产品销路，提高农民收入，协会连续多年开展“吕梁山货县长代言”活动，在淘宝网上创建“吕梁山特色馆”，将玉露香梨、核桃、苹果、胡麻油和大枣等当地特色农产品打包上线销售，帮助贫困县特色农产品拓宽销售途径，建立品牌优势。活动开展仅 3 个月，吕梁山特色农产品销售额就达 670 余万元，增加了当地种植户的收入，极大提升了种植户的积极性。2016 年，活动参与成员扩大到方山、左权等 12 个县，举办了中央定点帮扶单位扶贫推介活动，通过线上众筹、线下巡展的方式宣传各县农特产品和旅游资源，获得极大成功。

第四章

确立目标，务求实效，推动资本市场扶贫工作取得新成效

2018年是全面贯彻党的十九大精神的开局之年，也是决胜脱贫攻坚、全面建成小康社会的关键之年。打赢脱贫攻坚战，责任重大、使命光荣。协会将继续引导证券经营机构精准施策、精准发力，齐心协力履行脱贫攻坚社会责任，推动资本市场扶贫工作取得新成效。

一、集中力量、集中资源，创新金融扶贫体制机制，着力做好深度贫困地区金融服务

攻克深度贫困堡垒，是打赢脱贫攻坚战必须完成的任务。做好资本市场服务深度贫困地区脱贫攻坚工作，是证券行业义不容辞的责任。协会将引导证券经营机构结合深度贫困地区实际，集中力量、集中资源，发挥人才、资金、业务等专业优势，创新扶贫方式，将金融资金、金融服务、金融资源向深度贫困地区倾斜，着力做好深度贫困地区金融服务与产业支持，增强深度贫困地区自我发展能力与可持续发展能力，为深度贫困地区打赢脱贫攻坚战提供重要支撑。

二、深化资本市场扶贫功能，增强服务实体经济能力，实现经济效益和社会效益的统一

各证券公司在做优做强的同时，应立足于服务实体经济的宗旨，发挥自身资源优势和专业特长，在防范金融风险的基础上，进一步加大对精准扶贫、精准脱贫的支持力度，支持贫困地区企业开展IPO融资、新三板挂牌、并购重组、发行债券等，有针对性地辅导培育重点企业，帮助拟上市企业提高公司治理水平，为贫困地区引入市场化的经营理念，促进更多的资源优化配置到实体经济最需要的领域，实现经济效益和社会效益的统一。

三、深化精准扶贫、精准脱贫基本方略，确保扶贫成果落到实处

贫困地区情况复杂、致贫原因多元。证券公司要循因施策，立足贫困地区资源禀赋，对于具备一定产业基础和自然资源优势的地区，选准特色优势产业，重点考察产业项目，合理制定帮扶举措，开展金融扶贫、产业扶贫等，促进扶贫开发由“输血”向“造血”转变。对于不具备产业发展条件的，围绕建档立卡贫困人口精准发力，加强教育扶贫、医疗扶贫、消费扶贫等，灵活开展个性化扶贫工作，用“绣花”功夫使扶贫成果精准到户、精准到人，确保贫困人口科学合理有序退出，从而带动贫困地区实现长久脱贫。

四、加强贫困地区金融生态环境建设，有效防范金融风险

协会将持续推动证券经营机构加大贫困地区资本市场宣传教育，加强对基层干部的金融知识培训，提升金融风险防范意识和识别能力以及金融工具运用能力；强化贫困地区金融消费者权益保护，规范证券经营机构业务行为，净化贫困地区金融消费环境，切实防范金融风险，促进贫困地区经济可持续发展，为贫困群众“真脱贫、脱真贫”提供长远支撑。

五、加大对扶贫工作的总结宣传，加强参与主体之间的沟通交流，为服务脱贫攻坚营造良好氛围

协会将及时梳理精准扶贫典型案例和先进人物，宣传资本市场精准扶贫的做法和成效，讲好证券行业扶贫故事，激励行业机构更加关注、支持和参与脱贫攻坚。各证券公司要进一步加强扶贫领域的交流合作，学习借鉴先进理论和经验，取长补短，不断创新帮扶内容、帮扶形式和帮扶途径，不断提升金融扶贫工作水平，扩大帮扶实效，形成帮扶合力。

到 2020 年如期实现脱贫攻坚目标，时间紧张、任务艰巨、难度重大。未来，证券行业将以习近平新时代中国特色社会主义思想为指导，更加自觉地贯彻落实党中央、国务院关于扶贫开发的决策部署，坚定信心、知难而进，为服务实体经济、打赢脱贫攻坚战增添新动力，为全面建成小康社会提供有力的资本市场支撑。

专题报告之四：2017 年证券公司投资者保护工作发展综述

2018 年第 1 季度，中国证券业协会开展了 2017 年证券公司投资者保护工作专项调查工作，具有证券经纪业务资格的 102 家证券公司参与了本次专项调查。调查显示，2017 年，证券公司积极探索和创新投资者教育工作的内容与方式，在继续加大投资者教育基地建设力度、持续多渠道开展投资者教育活动以及有序推进适当性制度落实等方面取得了一定成效，但在工作针对性和有效性等方面还有待提升，投资者保护工作需持续加强和深化。

第一章 证券公司投资者教育服务工作情况

2017 年，证券公司投资者教育（以下简称“投教”）岗位配备人员数量进一步增加，投教平台建设力度加大，投教产品制作形式多样，通过多渠道开展投资者教育活动，投教与客户服务工作满意度进一步提升。

一、投教经费占比略有下降

2017 年，102 家证券公司投资者教育经费总计约 5.14 亿元，比 2016 年减少 1 亿元，同比减少了16.29%；平均每家公司投入约为503.92万元，比2016年减少了97.72万元，同比减少了16.24%；投教经费占同期代理买卖证券业务净收入的0.41%，较2016年减少了0.17%，同比下降了29.31%。

近9年，行业年均投教经费投入约为5.69亿元，平均占年度代理买卖证券业务净收入的0.49%（其中，2011年度统计口径略有差异，2011年将各证券公司相关投资者信息系统建设费用计入）（见图专4-1）。

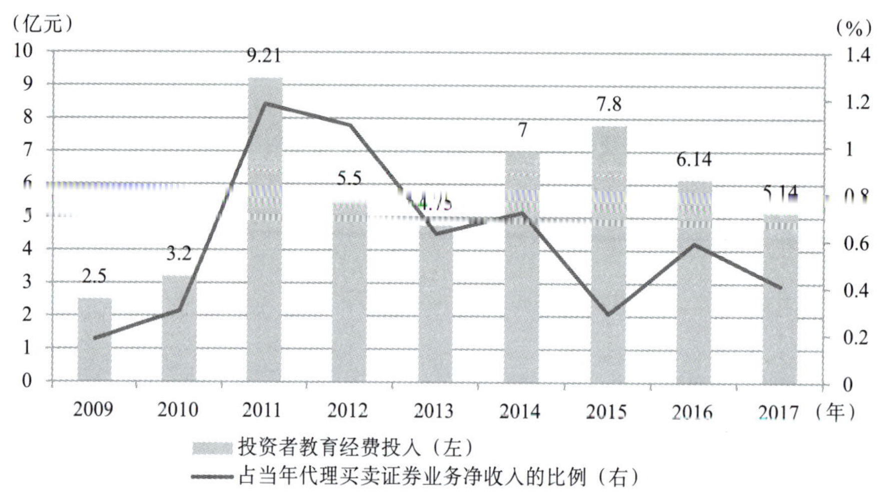

图专4-1 2009—2017年证券行业投教经费变化情况

2017年，经费投入在1 000万元及以上的有15家公司，较2016年度减少4家，共投入经费2.67亿元，占全部公司投入经费比例的52%，与2016年基本持平；经费投入在500万元以下的公司数量为67家，较2016年减少1家，共投入经费1.11亿元，占全部公司投入经费比例的21.6%，比2016年增加2.9%。不同投教经费投入规模的公司数量情况见图专4-2。

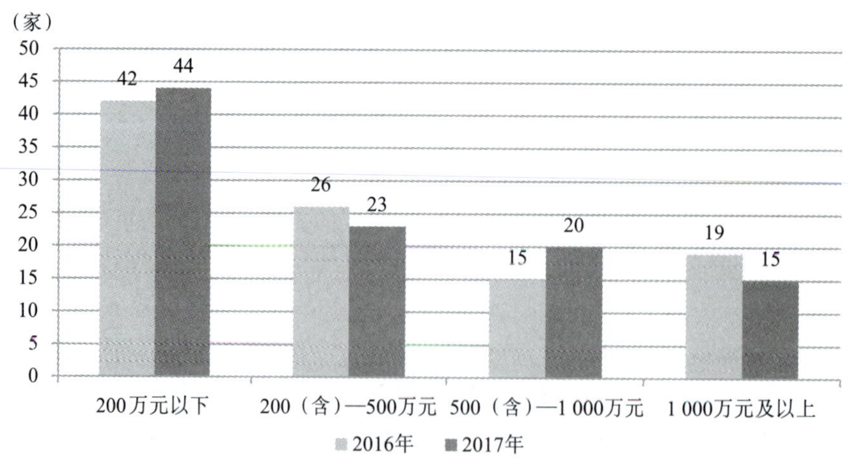

图专4-2 2016年、2017年不同投教经费投入规模的公司数量比较情况

二、投教服务岗位工作人员数量进一步增加

2017 年，102 家证券公司投教服务岗位工作人员共有 14 917 人，比 2016 年提升了 26.7%。其中，公司总部投教岗位人员共 475 名，比 2016 年增加 24 人，平均每家公司总部配备 4 名以上投教工作人员。2017 年，102 家证券公司的证券营业部投教岗位人员配备 14 442 人，比 2016 年增加 3 120 人，平均每家证券营业部配备 1 名以上投教岗位工作人员（见图专 4－3）。

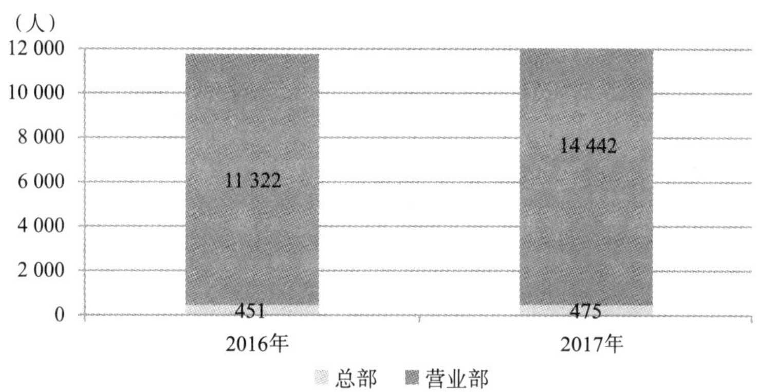

图专 4－3 2016 年、2017 年投教岗位人员数量比较情况

三、投教平台建设力度加大

2017 年，证券公司更加重视实体和互联网投教基地的建设，针对当前非现场交易客户比重不断扩大的特点，投资者教育也正在向移动化、平台化和服务化方向转变，通过线上线下联动的方式扩大投资者教育的覆盖面和影响力。

（一）投教基地建设进一步加强

2017 年，证券公司根据中国证监会《关于加强证券期货投资者教育基地建设的指导意见》，进一步加强实体和互联网投教基地建设力度，年内有 13 家公司设立的投教基地在第二批国家级证券期货投教基地申报工作中获得授牌，其中包括长江证券、国联证券、国融证券、国泰君安证券、兴业证券、中泰证券和中信证券 7 家公司建设的实体投教基地，以及东海证券、江海证券、平安证券、天风证券、西南证券和中国银河证券 6 家公司建设的互联网投教基地。2017 年，近 60 家证券公司（含分支机构）经过主动申报、证监局受理审核公示后，被当地证监局授牌为省级投教基地。另外，还有 7 家证券公司拟申报实体投教基地，20 家证券公司拟申报互联网投教基地。

2017 年，证券公司被授牌的实体投教基地投放投教产品近 27 000 件（册），访问人次

达16万；互联网投教基地投放投教产品17万部（篇），访问人次达2 397万。

（二）通过多种互联网渠道开展投教工作

2017年，证券公司持续利用微信、微博等社交媒体开展投资者教育工作。98家证券公司开通了官方微信、微博，较2016年增加2家；“粉丝”数达2 063万人，较2016年提升了19.04%；全年通过官方微信、微博途径发布投资者教育、保护相关信息资料3万余篇。

2017年，102家证券公司在官方网站中设置了投资者教育专栏，全年共发布投资者教育相关信息资料17万余篇，访问人次达5 691万。

证券公司移动交易终端成为证券公司向投资者提供投资者教育、服务的重要平台，2017年，证券公司移动交易终端登录102亿人次，电脑交易终端登录77亿人次，86家公司通过移动交易终端发布投教相关信息3万余条，93家公司通过网上交易终端发布投教相关信息60余万条。

四、投教产品制作多样化

2017年，证券公司制作包括宣传手册、视频、电子书、动画片、H5页面等投教产品约3 600种，内容涉及债券、分级基金、投资者适当性、融资融券、港股通、股票期权以及金融法律知识普及、投资风险提示、投资者权益保护等。随着证券公司非现场开户、交易的普及，通过网络发布信息和电子投教产品已成为目前开展投教宣传的主要手段。2017年，电子投教产品点击量约926万次，较2016年提高33.43%，纸质投教产品的印刷数量约761万份，较2016年降低34.8%（见图专4-4）。

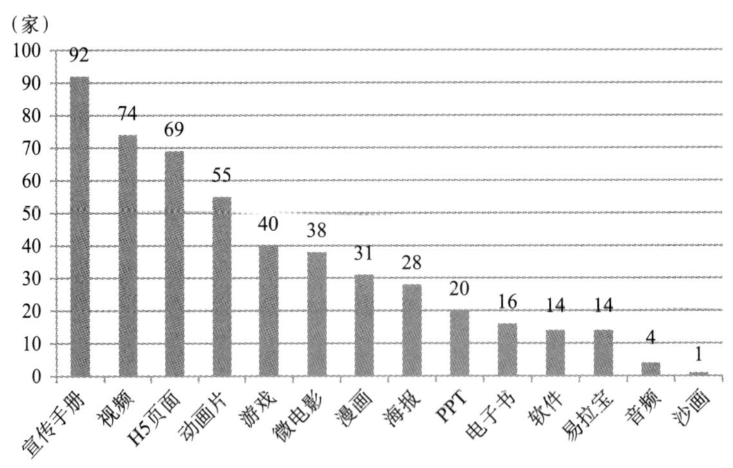

图专4-4 使用不同投教产品形式的公司数量情况

五、持续开展丰富多彩的投教活动

2017 年，证券公司积极响应监管部门及自律组织的号召，开展了“3·15”投资者权益保护活动、“投资者保护·明规则、识风险”专项宣传活动、“走进上市公司”活动、“远离非法证券活动，传递正能量”打非宣传月活动等，并自主策划开展了其他投资者教育相关活动 4 000 余项，活动内容涉及投资者适当性管理、股票期权、质押式回购、分级基金、反洗钱、防范非法集资等热点产品或业务，活动场次达 8 万余场，场次较 2016 年减少约 20%，参与投资者约 1 294 万人次，比 2016 年增加约 273 万人次，投教活动的参与度有一定提升。

针对当前非现场交易客户比重不断扩大的特点，证券公司将投教园地、在线客服、海报、报告会等传统宣传形式与微信公众号、微博等新媒体形式相结合，以投资者喜闻乐见的方式开展投资者教育活动，进一步扩大投教覆盖面和影响力。使用不同投教活动形式的公司数量情况见图专 4 -5。

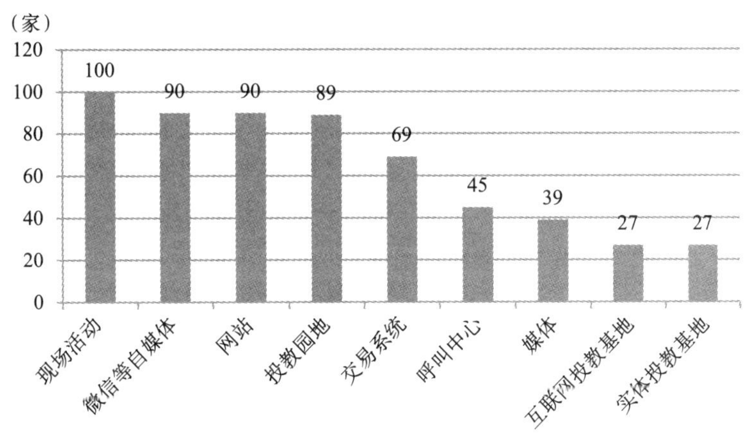

图专 4 -5　使用不同投教活动形式的公司数量情况

2017 年，证券公司通过多渠道开展投教活动，积极发挥媒体在投资者教育工作中的作用，广泛通过与门户网站、报纸、电视、广播等媒体合作开展投资者教育服务宣传，合作媒体包括人民网、新华网、腾讯网、新浪网、中央电视台、地方电视台、中国证券报、上海证券报、证券时报、证券日报等相关媒体 653 家，举办投教活动 1 000 余场，发布宣传文章（音频、视频）1 万余篇（部）。

六、客户呼入电话、回访电话接通率提升

与 2016 年相比，2017 年证券公司客户呼入电话接通率进一步提升，各公司平均电话接通率约为 90.93%，比 2016 年增加了 2.62%，其中，8 家证券公司客户呼入电话接通率达到了 100%，比 2016 年减少 2 家；60 家公司在 90%—100%（不含）之间，较 2016 年增加 3

家（见图专 4 -6）。

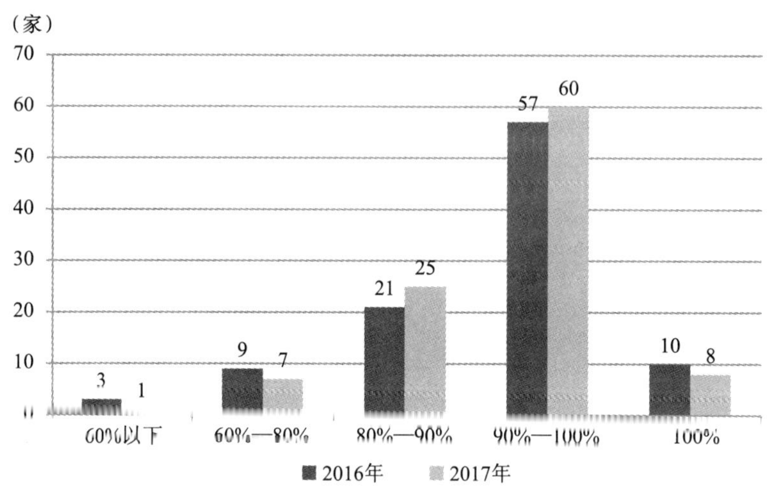

图专 4 -6　2016 年、2017 年不同客户呼入电话接通率公司数量情况

2017 年，证券公司全年客户回访电话平均接通率为 64.16%，较 2016 年提升了 4.82%；2017 年，证券公司联络客户的覆盖率有所提升，通过电话、短信、面对面等方式至少联络 1 次客户的平均客户联络覆盖率为 71.79%，较 2016 年提升了 8.69%，客户联络覆盖面进一步扩大。

七、客户满意度略有提升

2017 年，77 家证券公司开展了客户满意度调查，比 2016 年增加 1 家；调查覆盖 572 万名投资者，较 2016 年减少了 75 万人；平均满意度为 93.11%，较 2016 年提高 0.6%。证券公司投资者服务工作效果有一定提升（见图专 4 -7）。

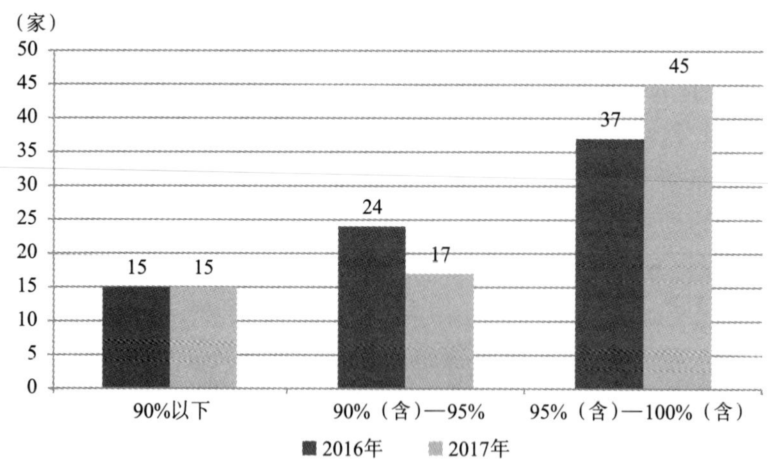

图专 4 -7　2016 年、2017 年不同满意度区间的公司数量情况

第二章
证券公司投资者适当性管理工作情况

2017 年 7 月 1 日，《证券期货投资者适当性管理办法》（以下简称《办法》）、《证券经营机构投资者适当性管理实施指引（试行）》（以下简称《指引》）正式实施。2016 年 12 月《办法》发布后，证券公司即开始根据《办法》相关规定，结合自身业务情况，分别从制度修订、流程完善和系统改造等方面安排各项准备工作，以全面落实投资者适当性管理制度。

一、基本完成适当性管理系统升级改造工作

2017 年，根据《办法》相关要求，证券公司积极进行适当性管理信息技术系统改造和升级，为适当性管理工作提供技术支持。截至 2017 年底，拥有适当性管理系统的证券公司均已完成系统升级改造工作，除 7 家公司适当性管理系统的部分业务模块尚处于测试阶段外，其余公司适当性管理系统已全部运行上线。

二、完成适当性管理制度修订工作

2017 年，随着《办法》和《指引》的全面实施，证券公司基于以上制度制定了公司层面统一的投资者适当性管理总制度，并针对各项业务制定了专门的适当性规范，业务涉及证券经纪业务、投资顾问、代销金融产品、证券投资基金、融资融券、股票质押式回购、资产管理、港股通、股票期权、创业板、新三板、债券市场、柜台市场等。2017 年，有 67 家证券公司设置了投资者适当性管理专岗，共有 3 969 名专岗人员。

三、通过多渠道了解客户信息

2017 年，证券公司通过让客户填写基本信息表、评估问卷、系统分析和回访等方式了解投资者基本信息（各种方式使用情况见图专 4－8），55% 的公司参考中国证券业协会提供的风险承受能力问卷模板设计投资者风险承受能力评估问卷，45% 的公司在中国证券业协会模板的基础上结合公司情况对问卷进行了微调。对于客户分类结果的留存方式，102 家公司

均采用了电子方式留存，其中，90 家公司采用了纸质和电子两种方式留存，12 家公司仅采用了电子方式留存。

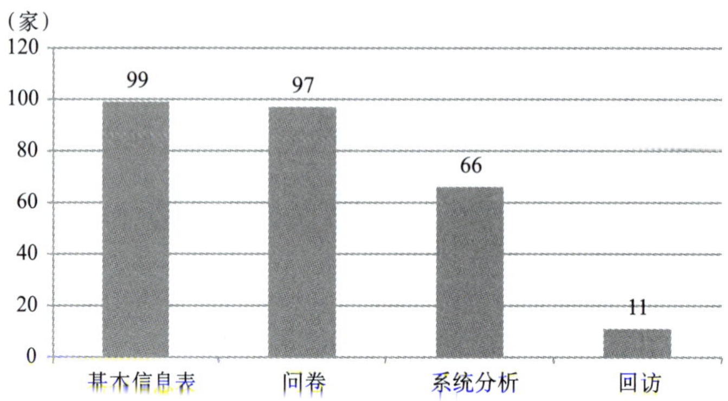

图专 4－8　使用各方式了解客户的公司数量

自《办法》实施后，证券公司均依据《办法》相关规定对新开户或新办理业务的客户进行了风险承受能力测评。截至 2017 年底，已按新规要求完成风险能力测评的客户占全部客户（不含休眠客户）的比例约为 28.23%；已按新规完成风险能力测评的存量客户比例约为 22.35%。

四、多数公司采用五档客户分类法

根据《指引》相关要求，证券公司可以将普通投资者按其风险承受能力等级由低至高至少划分为五级，客户分类标准、方法及其变更应当告知投资者。102 家公司中，除 4 家公司采用六档客户分类法外，其余 98 家公司均采用五档客户分类法，比 2016 年增加 37 家，具体数据见图专 4－9。

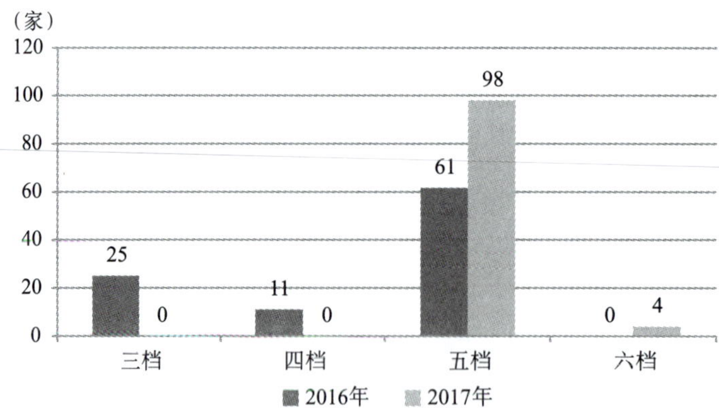

图专 4－9　2016 年、2017 年使用不同客户分类方法的公司数量比较

目前，证券公司将客户分类标准、方法及其分类结果及变更情况等告知投资者的方式主要包括交易系统对话框提示、网站公示以及纸质确认，具体数据见图专 4－10。

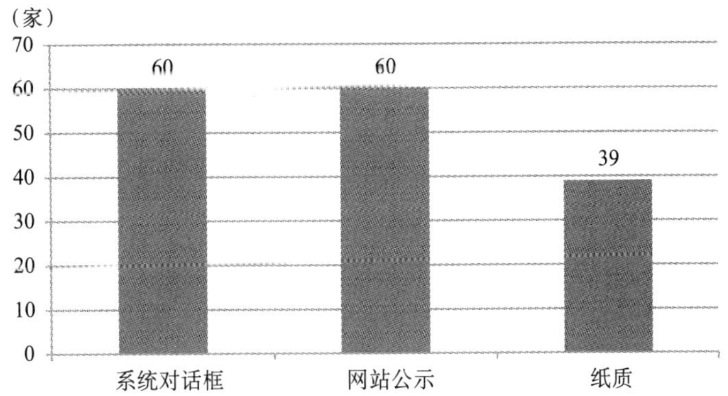

图专 4－10　客户分类标准、方法及其变更公司告知方式

五、公司均采用五档产品分类法

《指引》中规定证券经营机构可以将产品或服务风险等级由低至高至少划分为五级，目前，证券公司均将产品划分为低风险、中低风险、中风险、中高风险、高风险五档，执行产品五档分类的公司比 2016 年增加了 41 家，具体情况见图专 4－11。

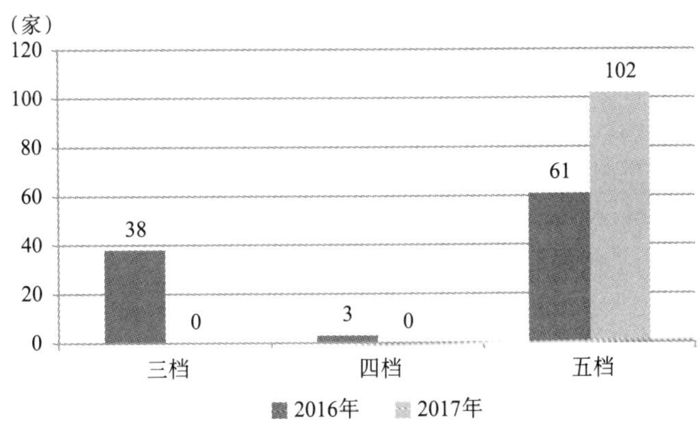

图专 4－11　2016 年、2017 年使用不同产品分类方法的公司数量比较

目前，证券公司将产品分类标准、方法及其分类结果和变更情况等告知投资者的方式主要包括交易系统对话框提示和网站公示，具体情况见图专 4－12。

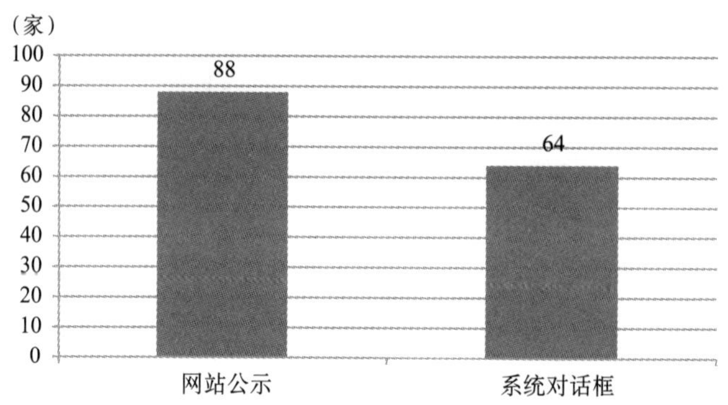

图专 4－12　采用不同方式将产品分类告知客户的公司数量

六、临柜办理相关业务全面实施“双录”

根据《办法》相关规定，经营机构向普通投资者销售相关产品或者提供服务前，应当全过程录音或者录像，简称“双录”。2017 年，证券公司“双录”所涵盖的业务主要包括融资融券、分级基金、股票质押、港股通、股票期权、风险警示股票交易权限及专业投资者评定与转化等。

2017 年，证券公司 1 万余家营业部共配备“双录”设备 21 033 台，平均每家营业部配备“双录”设备 1.9 台，完成“双录”1 898 896 笔，证券公司“双录”资料占用存储空间 345 899GB。

七、普通投资者申请转化成为专业投资者比例较低

根据《办法》相关规定，投资者分为普通投资者与专业投资者两类，普通投资者在一定条件下可以申请转化成为专业投资者，但经营机构有权自主决定是否同意其转化。公司对提出转化申请的普通投资者采取的评估方式主要包括追加了解信息、投资知识测试、模拟交易等。自《办法》实施以来，普通投资者申请转化成为专业投资者的数量为 1 644 户，占所有普通投资者的 0.01%。

八、多数公司已开展投资者适当性管理自查工作

根据《办法》相关规定，经营机构应当每半年开展一次投资者适当性管理自查，并形成自查报告。截至 2017 年底，91% 的公司已经完成或正在开展投资者适当性管理自查工作，其余公司拟于 2018 年第一季度启动该项工作。

2017 年，证券公司开展与适当性管理相关的培训 14 986 场，参加培训员工达 107 万人次；受理与适当性管理相关的客户投诉 324 起，已处理完成 322 起，处理率为 99.38%。

九、积极开展投资者适当性管理宣传工作

自《办法》实施以来，为帮助投资者了解投资者适当性管理相关规定和适当性管理对于保护投资者合法权益的重要意义，使投资者能够支持、配合适当性管理工作，证券公司围绕适当性管理主题制作了包括宣传册、视频、海报、动画及 H5 页面等在内的投教产品 600 余种，并通过线上线下相结合的方式开展投资者适当性管理宣传工作。其中，线上渠道包括公司官网、官方微信、微博、短信、投教基地、手机 APP 等；线下渠道包括在营业部投资者园地开辟适当性管理投教专栏、电子屏幕宣传、张贴宣传海报、开办专题讲座等。

十、金融产品销售培训与检查率提高

2017 年，证券公司积极开展金融产品销售培训与检查工作。全年组织金融产品销售方面的员工培训 32 703 场，比 2016 年增加 50.40%；参加培训员工达 167 万人次，覆盖全部销售人员的 87.19%，比 2016 年增加 3.22%。全年组织金融产品销售检查 2014 项（次），比 2016 年增加 38.71%，对分支机构的检查覆盖率平均为 78.72%，比 2016 年增加 2.31%。

第三章

维护投资者合法权益情况

2017年，证券公司按照国务院办公厅《关于进一步加强资本市场中小投资者合法权益保护工作的意见》有关要求，重视客户投诉处理工作，积极采取措施保障中小投资者求偿权、知情权、投票权，持续开展防范非法证券活动，努力维护投资者合法权益。

一、客户投诉数量略有上升

随着投资者维权意识的不断提高，虽然2017年股票市场较2016年相对平稳，但证券公司客户投诉数量有所增加，102家公司共收到客户投诉5 775起，比2016年增加1 418起，平均投诉处理率94.65%，与2016年基本持平。2017年，服务质量类投诉最多，有1 841件，处理率98.00%。各类投诉数量和处理率见图专4－14。

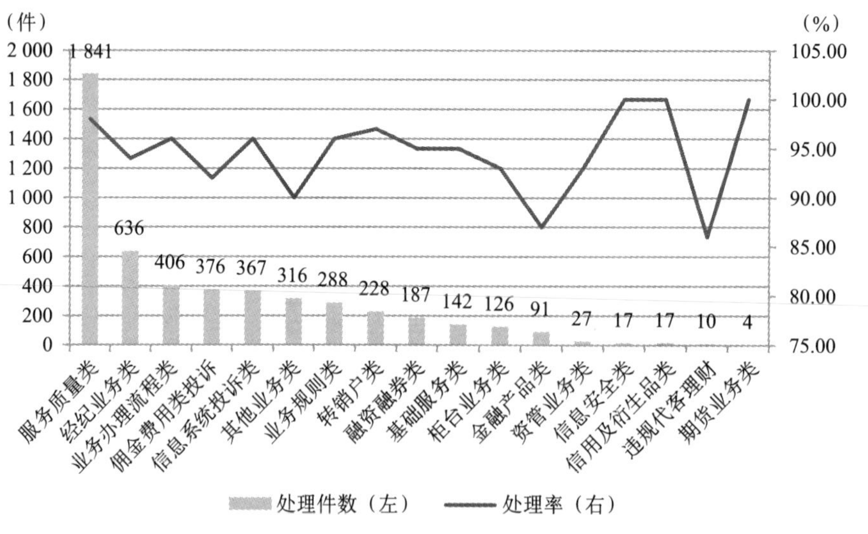

图专4－14　主要类型的客户投诉数量及处理率情况

2017年，60家证券公司客户投诉处理率为100%，19家公司投诉处理率在90%—100%

（不含），10 家公司投诉处理率在 80%—90%（不含），7 家公司投诉处理率在 80% 以下（见图专 4－15）。

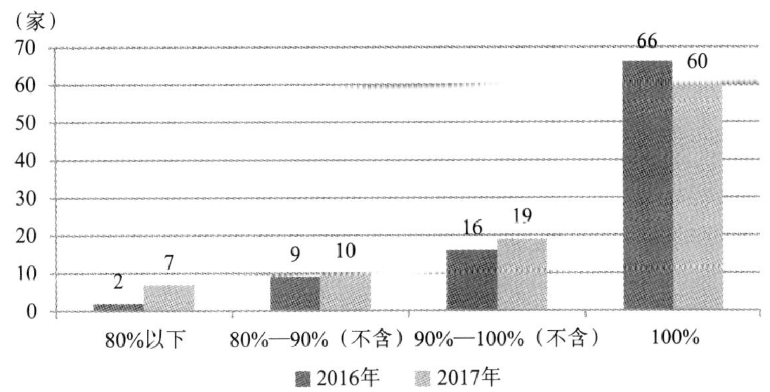

图专 4－15　2016 年、2017 年不同客户投诉处理率的公司数量比较情况

二、持续推进投诉处理与行业调解的对接

2017 年，93 家证券公司的官方网站链接了中国证券业协会证券纠纷调解在线申请平台，比 2016 年增加 7 家；98 家证券公司在公司相关业务合同或协议中加入通过证券纠纷行业调解方式解决证券纠纷的争议解决条款，比 2016 年增加 7 家。2017 年中国证券业协会通过在线申请平台受理证券纠纷调解申请 175 件，调解成功 131 件。

三、努力维护投资者知情权、投票权

2017 年，证券公司继续通过组织投资者走进上市公司等活动方式维护投资者知情权。据不完全统计，证券公司组织投资者走进上市公司 4 070 次，参与人数 47 009 人；为支持投资者行使投票权，证券公司组织 41 万余名投资者参与上市公司表决事项投票。

四、持续开展防范非法证券活动

2017 年，证券公司继续配合监管、自律机构开展打击非法证券活动。51 家证券公司发现并举报假冒本公司网站 935 起，比 2016 年增加 217 起。

2017 年，证券公司积极参与中国证券业协会组织的打非宣传月活动，为增强打非宣传月活动效果，2017 年中国证券业协会联合地方证券业协会和会员单位，在北京、拉萨、桂林、武汉、青岛、长沙、成都、福州、深圳、泉州 10 个城市开展了接力式健康跑活动，共有来自全国的 129 家证券公司、22 家证券公司分公司、15 家证券投资咨询公司、365 家营业部的证券从业人员及投资者共 4 800 多人参加了活动。

第四章
加强投资者保护工作建议

为持续贯彻执行《国务院办公厅关于进一步加强资本市场中小投资者合法权益保护工作的意见》，进一步落实《证券期货投资者适当性管理办法》，切实保护中小投资者合法权益，根据专项调查中证券公司提出的有关意见，建议行业从以下几个方面加强投资者保护工作：

一、充分利用互联网优势，提高投教服务水平

充分发挥网络新媒体快速传播、多平台参与和互动性强的特点，采取线上线下相结合的方式开展投教工作，创新投资者教育方式，提高投资者教育活动的覆盖面和参与度；通过多种渠道了解投资者对投教内容和方式的反馈意见，充分考虑投资者证券专业知识背景、证券投资经验和风险偏好、学历、年龄等因素，通过网络、现代传媒及面对面交流开展差异化投资者教育工作，提高投资者教育的针对性，使投资者教育惠及不同年龄阶段、知识层面和投资经验的投资者。

二、加强交流合作，整合投教资源

中国证券业协会与沪、深证券交易所加强协商与合作，协调推进证券公司投教工作，促进证券公司交流投资者教育工作，分享优秀经验和做法；中国证券业协会整合行业投资者教育资源，形成合力，增加各证券公司制作的优秀投教产品的展播途径，扩大优秀投教产品的受众面；广泛发挥电视、报刊、广播、网络等媒体的作用，扩大投资者教育的深度和广度。

三、采取措施推进投资者适当性管理工作

一是尝试建立行业统一的诚信评估体系，形成投资者诚信数据库，便于核验投资者相关信息；二是进一步规范“双录”管理工作，统一“双录”所涵盖的业务范围、操作规范及

标准话术等，提高工作效率；三是进一步对持续评估投资者风险承受能力的标准、方式、结果及后续交易影响等进行指导，为行业执行提供统一标准；四是持续加强投资者适当性管理相关政策、法规知识的宣传推广，帮助投资者树立投资者适当性管理理念；五是组织行业交流，推广优秀经验和做法，引导行业共同做好适当性管理工作。

四、推进证券纠纷多元化解机制建设

加强证券公司投诉处理自律管理，制订证券公司投诉处理自律规则，促进证券公司完善投诉处理制度，提升证券公司投诉处理工作人员的业务水平；充分发挥证券公司调解工作联系人的作用，推动证券公司投诉处理工作与证券纠纷行业调解的对接；增加通过仲裁解决争议的研究与实践，在业务合同争议解决方式条款中增加仲裁选项；促进证券公司与投资者群体主动和解机制的探索与实践。

专题报告之五：

2017 年中国证券业信息技术与服务发展综述

第一章

证券业信息技术与服务发展概况

第一节 2017 年中国证券业信息技术与服务发展概况

2017 年，中国证券市场行情平稳并缓慢上升，证券公司在信息技术领域投入稳步增长，大数据、人工智能、互联网开源框架等新技术广泛应用在客户终端、营销服务、风险管理等场景，虚拟化、云计算等技术在基础设施建设中逐渐普及，数据治理、网络安全更加受到重视。

一、行业信息技术管理进一步加强

2017 年 5 月 5 日，中国证监会就《证券基金经营机构信息技术管理办法（征求意见稿）》公开征求意见，其总体思路是强化信息技术监管的全覆盖，明确治理、安全、合规三条主线，强化经营机构、专项业务服务机构信息技术管理的主体责任，针对近年来经营机构信息技术管理工作中表现突出的信息技术服务管理、信息系统外部接入管理、客户信息保护

等问题，以及信息安全事件反映出容易发生纰漏的信息系统测试、上线、容量管理、应急管理等薄弱环节，提出了明确具体、针对性和操作性强的要求，覆盖了证券经营机构信息技术治理、信息技术合规管理、信息系统安全、数据安全、业务连续性管理、专项业务服务机构、信息技术服务机构、监督管理等方面。①

2017 年 7 月 6 日，为推动证券期货业科学技术发展，奖励证券期货业科学技术进步突出成果，在中国证监会的指导下，中国证券业协会、中国期货业协会、中国证券投资基金业协会在《证券期货科学技术奖励管理办法（试行）》基础上，共同修订完成了《证券期货科学技术奖励管理办法》，并在 7 月 6 日正式发布。第六届证券期货科学技术奖于 2017 年 12 月 15 日截止，初审通过项目 47 项，并于 12 月 28 日进行公示。②

二、落实全面风险管理要求促进了行业数据治理和风险管理系统建设

2017 年证券公司加快落实全面风险管理要求。为配合《证券公司风险控制指标管理办法》及配套规则实施，进一步推动证券公司强化风险管理意识，建立健全风险管理体系，提高自身风险管理能力和水平，中国证券业协会对《证券公司全面风险管理规范》、《证券公司流动性风险管理指引》、《证券公司压力测试指引（试行）》及《证券公司风险控制指标动态监控系统指引（试行）》四项自律规则进行了修订，并在 2016 年 12 月 30 日正式发布。按照相关要求，所有证券公司须在 2017 年 12 月 31 日前落实全面风险管理要求。同时，对《证券公司全面风险管理规范》和《证券公司风险控制指标动态监控系统指引（试行）》中的相关条款，做出了给予上市证券公司 6 个月过渡期，给予非上市证券公司 1 年过渡期的安排。在中国证监会的指导下、中国证券业协会的推动下以及各证券公司的共同努力下，证券行业在全面风险管理的制度建设、队伍建设、系统建设以及管理全覆盖上取得了一定程度的进展。绝大多数证券公司都从风险文化、管理制度、组织架构、信息技术系统、风险指标体系、人才队伍、建设风险应对机制等方面进行建设和完善，《证券公司风险管理规范》也对系统建设和数据治理提出了更高的要求。在风险管理系统建设方面，部分公司主要通过外购系统以及开发商来完成系统建设，对未来的系统升级维护会形成一定的制约。同时，由于目前全面风险管理的系统开发商数量有限，缺乏有经验的系统开发和实施人员，而全面风险管理系统涉及的业务和数据覆盖范围广，内容多，造成系统建设可能不能一步到位，还需要逐步完善。

三、投资者适当性管理配套信息系统改造工作顺利推进

2016 年 12 月 12 日中国证监会发布《证券期货投资者适当性管理办法》，并定于 2017

① 资料来源：中国证监会网站。
② 资料来源：中国证券业协会网站。

年7月1日起正式实施。《证券期货投资者适当性管理办法》作为我国证券期货市场首部投资者保护专项规章，是资本市场重要的基础性制度。贯彻落实好办法的规定，对我国资本市场健康发展和中小投资者权益保护将带来积极和深远的影响。为引导证券行业落实投资者适当性管理要求，保护投资者合法权益，中国证券业协会于2017年6月28日发布了《证券经营机构投资者适当性管理实施指引（试行）》。

为此，证券经营机构等市场主体在管理制度、技术设备、人员配备、学习培训等方面做了大量工作，并建立投资者评估数据库，对证券交易系统、账户管理系统等相关信息系统进行改造，对客户的交易行为进行管理，保证了投资者适当性管理的基本要求得以落实。

四、交易所核心技术能力持续提升

2016年6月6日，深圳证券交易所（以下简称“深交所”）自主研发的第五代交易系统正式上线，到目前运行良好。新系统前端风险控制能力显著增强，采用开源技术模式，为市场参与者提供多样化接入方式，应用更加便捷高效。新系统采用首笔委托同时到达技术，使投资者交易机会更加公平。

从2016年12月19日起，上海证券交易所（以下简称“上交所”）对竞价撮合平台FAST行情提速，行情提速实施后，发布频率由5秒改为3秒，行情发布的时间间隔缩短，市场可以更快地接收到实时行情。2017年5月19日，为进一步规范会员单位技术系统建设，维护证券市场正常交易秩序，上交所制定了《上海证券交易所技术规范白皮书》并予以发布实施。原《上海证券交易所通信网络技术白皮书》（上证通字〔2013〕1号）同时废止。

2017年6月9日，深交所与上交所签署交易系统异地灾备合作备忘录，目前，深交所已为交易系统建设了比较完备的同城灾备系统。根据中国证监会关于市场核心机构重要信息系统的备份能力要求，深交所计划逐步在郑州完成相关实时信息系统和非实时信息系统的异地灾备系统建设，达到在重大灾难发生时可以T+3方式切换的异地备份能力。按照规划，两地三中心将以福田中心为主数据中心，承载主交易系统、用户接入点；滨海中心为同城异地灾备数据中心，承载灾备交易系统、用户接入点；郑州中心为异地灾备数据中心，实现交易等重要业务数据异地备份，并能在重大灾难发生时以T+3方式切换成为主用数据中心的功能。

2017年9月19日，全国中小企业股份转让系统有限责任公司发布了关于全国股转系统业务支持平台股票发行电子化报送与审查系统上线试运行的通知，股转公司开发了股票发行电子化报送与审查系统，于2017年9月21日上线试运行。

2017年11月13日，上交所发布了《关于启动Show2003行情下线相关工作的通知》，于12月25日起停止向市场发布Show2003行情，完成Show2003行情下线工作。

为强化风险控制，维护市场公平，上交所、深交所和中国证券登记结算有限责任公司联合制定了《上海证券交易所　深圳证券交易所　中国证券登记结算有限责任公司证券交易资金前端风险控制业务规则》及配套细则，于 2017 年 12 月 1 日发布，并自 2018 年 6 月 1 日起实施。证券交易资金前端风险控制制度，是根据中国证监会部署，沪、深证券交易所、中国结算对证券公司、基金公司、保险公司等市场参与机构的自营和资管等业务的交易单元当日净买入申报金额总量实施前端控制的制度，旨在不影响上述机构正常交易的情况下强化其日常交易管理，更好地维护交易结算秩序、维护市场公平，保护投资者特别是中小投资者的合法权益，保障证券市场安全稳定运行。该制度对普通投资者的正常交易不产生影响。

2017 年 12 月 14 日，深交所发布《关于深圳证券交易所交易系统用户接入网滨海节点搬迁的通知》，为进一步增强深交所的交易业务连续性保障能力，深交所拟将交易系统同城灾备中心从滨海机房切换至南方中心。为配合深交所交易系统的切换工作，深圳证券通信有限公司已经完成交易用户接入网南方中心节点的网络系统部署，下一步将开展用户线路接入。

五、证券公司交易系统个性化发展，经纪业务集中运营成为趋势

随着证券市场机构投资者和专业投资者的数量增长和投资交易差异化需求增加，部分证券公司在传统证券集中交易系统之外，增加了对主经纪商（PB）交易系统、量化交易系统、算法交易系统等个性化专业交易系统的建设投入。同时，部分证券公司和行业科技公司在低时延高并发交易系统领域进一步深耕发展，采用全内存计算实现了单笔交易耗时低于 1 毫秒；个别证券公司已经开始基于 FPGA 进行行情及交易系统构建的探索和研究，以获得更高的性能。

随着证券公司互联网金融的快速发展，投资者对传统营业部的依赖进一步弱化，营业部在形态上逐渐呈现轻型化、职能专一化的发展，区域资源进一步集中化管理逐步成为一种趋势。营业部的服务重心将逐渐向高端客户或职能专一化偏移，呈现出面积小、人员少、成本低、具有灵活性和特色化的特征。与此同时，营运业务普遍存在业务复杂、流程管理灵活性不足、线上线下业务缺乏统一规划、档案管理效率低成本高等问题；此外，提供全渠道、全业务 7×24 小时办理机制，优化营业部通办、协办流程，降低人员培养成本，提供客户自助办理服务，实现营业部后台业务集约化管理等也是各证券公司普遍面对的问题。

针对上述问题，证券公司及系统开发商应用微服务、Html5、流程引擎、规则引擎等开发框架及技术组件建设了前后台分离的集中运营平台。前台对接手机证券、PC 网上交易等互联网渠道，实现柜面业务的在线受理和自助办理；后台通过集中作业中心整合公司业务资源，提供高度可伸缩的业务处理能力，通过平台本身高效的资源调度、任务分派和流程化处理机制，实现在业务受理、业务处理过程中客户、渠道、业务人员的多节点高效协作。

六、面向客户的移动 APP 更具特色

在移动互联网技术和经济规模快速发展的时代背景下，互联网业务对证券业务的助推作

用日益凸显，证券公司传统业务转型的要求日益迫切，主要表现：通道业务利润下滑推动证券公司盈利模式从传统单一模式向多元化模式升级；强调“以客户为中心”的服务理念，创新多元化差异化服务模式；基于互联网渠道的发展和技术壁垒的不断削弱，推动证券公司不断创新技术和优化业务流程，提高用户体验，提升用户留存和转化；各类互联网公司、金融公司纷纷推出线上智能客服等多项智能业务，有的证券公司已经在这方面加大投入；为了给用户提供更多、更好的精准化智能化服务，有的证券公司基于对沪深 Level－2 行情数据的深度挖掘，自主开发一系列的移动端增值行情服务产品，如 Level－2DDE 决策、超级电波、盘中异动监控、大单资金分析等服务，在技术分析层面为用户提供了更加有力的投资决策支撑。

在系统建设方面，更多的证券公司通过自建 APP 研究团队，自主设计、开发，跳出服务同质化竞争，创新多元化差异化服务模式。有的利用人工智能和大数据技术，为客户提供智能盯盘、全景行情等服务，并利用对客户行为的数据分析，为客户提供精准理财、消息服务；有的定位为以互联网的思维打造界面轻便简洁、交互体验良好、满足各类投融资需求、支持快速迭代的移动理财终端；有的面向“80 后”、“90 后”，做年轻人的投资理财 APP。

在技术上，基于 H5 和 APP native 混合编程模式更受欢迎，在提供高效的交易功能、安全性、更好的用户体验情况下，更快地进行系统升级，降低开发周期和成本。用户行为分析被普遍应用在客户终端中，以提供更好的系统监控和统计数据。有的证券公司根据用户使用 APP 的相关信息，从设备、操作行为、自选股、个人基本信息、功能使用、资讯内容、账户业务、资产、理财投资等多个维度定义用户标签。

很多证券公司在架构上选择了 SOA 体系，并利用大量成熟的开源技术，主流的包括 Spring Cloud 框架、阿里巴巴开源的 dubbo 框架等。大部分系统都能支持通过动态增加硬件设备进行横向扩展；有的还支持数据库分库扩展。系统的高可用越来越被重视，在设计上很多系统都已不存在单点故障。

七、面向员工和经纪人的移动展业系统和营销服务系统越来越受重视

随着证券公司之间的竞争越来越白热化，营销型人员快速向服务人员转变，展业模式从传统的等客上门、粗放型客服转向精细型客服。在当前移动互联网、大数据时代的背景下，要求展业支持系统以员工为中心，功能强大、体验便捷、个性服务、智能高效，满足员工便捷化展业必需的各项需求，提升员工展业与客户服务水平。行业创新加速及新金融产品不断出现，对客户营销管理模式提出了新的挑战，对产品精准营销和多业务交叉销售管理提出了更高标准。与此同时，客户对资产配置、产品组合等财富管理需求增多，对公司财富管理服务、增值服务都提出了更多要求。在佣金下滑的背景下，证券公司从过去以经纪业务为主的交易通道，转型成为综合金融业务的销售与服务终端，因此以销售为导向，将普通交易客户转变为综合金融业务客户成为重要目标。同时移动互联技术的发展，以及客户贴身服务需求

特征的凸显，使得提供满足移动化的营销拓展、客户服务、资产配置和业务管理等应用系统更为迫切。

此类系统的功能涉及支持对接中登完成一人多户筛查，实时跟踪客户开户进度；支持快速查询维护营销客户及服务客户的核心资料；主动推送行情交易、账户业务、客户关怀、客户资产等多种客户关键事件，引导精准服务；帮助员工筛选符合适当性要求的潜在客户，引导合规展业；以结果为导向，及时准确地反映员工展业成果；为营销管理工作提供移动化支持，为客户提供快速需求响应导入，实现营销服务产品精确传导。

在技术实现上，很多公司会同时考虑提供移动终端、PC 终端两种接入方式，使用的技术架构和面向客户的类似。

八、行业内首个区块链应用正式上线

2017 年 11 月 24 日，深交所与中关村股权交易服务集团（以下简称“股交集团”）签署《深交所向股交集团提供技术支持与综合服务的协议》，中介机构征信区块链系统正式发布。[①]

为进一步推进区域性股权市场信息披露业务标准化建设，深交所区块链研究和四板技术支持联合工作组同时发布了《区域性股权市场信息披露业务系统建设白皮书》。紧扣区域性股权市场业务发展需求，明确信息披露业务系统建设方向，提高各地四板市场信息化和标准化程度，提升系统安全性和可用性，以充分发挥区域性股权市场对中小企业的培育和孵化功能。

深交所联合股交集团等 5 家股交中心共同发布了区域性股权市场中介机构征信链，利用区块链技术分布式可信共享的特性，在股交中心之间共享中介机构的执业信息，制定了中介机构征信的数据结构和权限隔离标准，搭建了股交中心之间以及与监管机构之间的新型交互关系。该系统历经一年多的探索和研发，是行业内首个正式上线的区块链应用。

九、新形势、新技术下网络安全面临的挑战

资本市场快速发展高度依赖信息化，信息技术已与行业机构的各项业务活动高度耦合。新技术不断发展导致网络攻击者、攻击面、攻击方式都有了新的变化，2017 年病毒攻击、数据泄密等安全事件频发，安全事件难以杜绝。根据中国证券业协会 2017 年证券公司 IT 人员投入及数据治理专项调查结果显示，全行业信息安全投入与 IT 总投入占比仅为3%，在新形势下的安全投入仍显不足，网络安全问题已经给行业信息安全带来极大挑战。下面从威胁、脆弱性和重点保护资产（数据）三方面进行分析。

---

① 资料来源：深圳证券交易所网站。

（一）新型病毒、APT 攻击等新威胁不断涌现，传统安全防护体系难以有效应对

2016 年 2 月首次出现 Locky 加密型勒索软件，其主要通过带有恶意附件的垃圾邮件进行传播。2017 年 5 月全球爆发 WannaCry 勒索软件，其利用已知的 Windows SMB 漏洞在企业网络间横向移动和传播，至少 150 个国家、30 万名用户的系统感染病毒，造成数十亿美元损失。同年 6 月、10 月安全公司发现 Petya 勒索病毒及 BadRabbit 恶意软件通过钓鱼网站、恶意邮件的方式进行传播。2017 年 6 月国内个别金融公司遭受黑客组织"无敌舰队"发起的勒索型 DDoS 攻击，对企业网络可用性造成了非常严重的影响。2017 年下半年多家安全厂商通报了加密货币挖矿恶意软件，该类软件导致被感染的系统性能大幅下降，甚至可能造成应用程序和硬件崩溃。

网络安全攻击技术越发先进，攻击手段日新月异，网络攻击呈现自动化、多样化、规模化趋势，近年来以病毒木马、DDOS 攻击、零日漏洞等相互结合的组合型攻击频频发生。攻击策略也在不断进化，攻击者呈现出目标性更强、潜伏时间更长等特点。黑客由于利益驱动、政治驱动等目的，可能发起有组织的、大规模的破坏性攻击，一旦行业系统遭受大规模、高强度的网络攻击，可能导致市场停市、不公平交易等重大后果，甚至威胁到国家金融安全。面对新型攻击，传统防御架构难以有效检测和应对。

（二）伴随新技术发展、IoT 设备的普及和开源组件广泛应用，其暴露的脆弱性更多且难以及时修复

随着云计算、移动互联网、IoT 设备的普及以及各类网络服务、开源组件的广泛应用，2017 年度公布的漏洞数量呈现明显的激增态势。2017 年 CNNVD（国家信息安全漏洞库）公布的漏洞数量为 16 556 个，2016 年全年的漏洞总数为 8 780 个，年度漏洞数量增长率为 89%，而根据 CNNVD 2011—2016 年的历史数据，最高年增长率仅为 30%（见图专 5 - 1）。

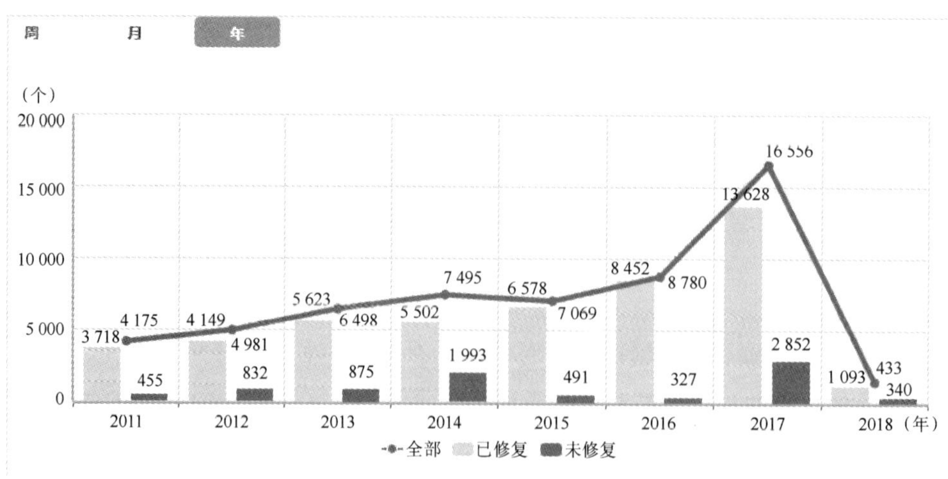

图专 5 - 1　漏洞趋势分布

证券服务逐渐由 PC 端向移动端转移，使用手机开户、手机炒股的客户比例逐渐增多，移动 APP 成为行业机构开展网上业务的最主要途径。国外安全咨询公司 IOActive 在 2017 年对谷歌应用商店和苹果商店中最受欢迎的 21 款移动证券交易 APP 进行了分析，其中至少 50% 存在安全漏洞，包括使用不安全的数据存储，使用未经检测的 SSL 证书，将敏感数据写入日志，未强制进行 Root 检测等。

开源软件由于具有开放、共享等特性，在行业内被越来越多地应用。据 Gartner 调查显示，99% 的组织在其 IT 系统中使用了开源软件。然而，开源软件中存在大量的安全隐患，近年来 Struts2、OpenSSL 等频繁爆出高危漏洞。国内安全厂商在 2014 年底发起了开源项目检测计划，旨在让广大开发者关注和了解开源软件安全问题，提高软件安全开发意识和技能。截至 2018 年初，该计划已检测 2 230 个开源项目，共检测到 2 632 807 个安全缺陷。从开源项目检测计划相关数据来看，当前开源软件的安全问题日趋严重，应该予以更多重视和关注。

（三）数据安全保护亟待加强

近年来国内外数据泄露事件频频发生，2017 年 9 月美国信用机构 Equifax 遭入侵，约 1.43 亿名用户数据泄露，黑客窃取的信息包括社保号码、生日、地址、信用卡信息等。数据泄露或被篡改对组织造成的后果和影响是多方面的。IBM Security 和 Ponemon Institute 于 2017 年 6 月发布了《2017 数据泄露成本研究报告》。根据报告显示，2017 年每一份丢失或被盗记录（包含敏感/机密信息）的平均费用为 141 美元，金融行业的人均数据泄露成本远高于总体平均值，达到 245 美元。计算数据泄露的平均成本包括可量化的经济损失，如盈利受损和监管处罚，也包括不可量化的声誉和业务影响。

第二节　2017 年证券业 IT 人员与投入情况①

2017 年底，中国证券业协会对证券公司 2017 年 IT 人员及投入情况进行了专项调查，收到 IT 投入调查有效反馈共 107 份，调查结果显示在 2017 年证券公司 IT 总投入较 2016 年增加约 11.7%，IT 总人员数量增加约 9.3%，其中分支机构专职 IT 员工略有下降，常驻外包开发测试人员增长明显。

一、IT 人员

依据统计数据分析，近三年来证券公司总部 IT 员工人数逐年增长，2017 年 IT 员工总数

① 本节中的统计数据，如无特殊说明，均来自 2017 年中国证券业协会组织的专项调查，数据未经审计。

量增幅略有放缓，较 2016 年增加约 9.3%；总部 IT 员工人数增长 19.7%，且总部专职开发、测试人员增长更多，常驻外包开发、测试人员数量 2017 年增长约 33.5%，反映出行业在开发投入上在持续加强。分支机构专职 IT 员工人数略有下降，降低 4.1%，反映出行业信息技术力量还在继续向总部集中（见表专 5－1 和图专 5－2）。

表专 5－1　　2015—2017 年证券行业信息技术人员情况　　（单位：人）

类别	2015 年	2016 年	2017 年
IT 人员总数（不含外包）	10 306	12 022	13 140
总部 IT 员工人数	5 668	6 769	8 103
分支机构专职 IT 员工人数	4 638	5 253	5 037
常驻外包开发、测试人员数量	1 199	2 121	2 832
常驻外包运维人员数量	283	370	472

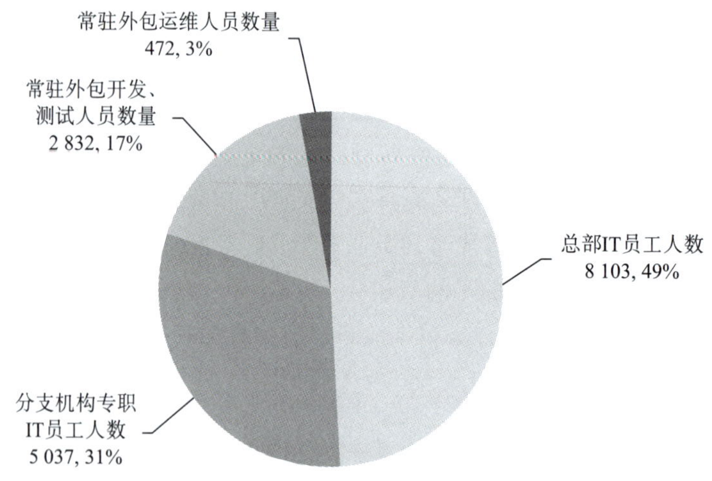

图专 5－2　2017 年证券行业 IT 人员分布情况

二、IT 投入

2017 年证券公司 IT 投入继续保持增长，2017 年证券行业总投入增长约 11.7%，在经历了 2015 年的大扩容后，2016 年、2017 年证券公司在硬件上的投入增长放缓，其中 2016 年略有下滑。在软件投入上 2017 年增长约 10%，通讯费用投入增加约 15.9%，常驻外包人员投入增长约 34%，此项增长明显。详细数据见表专 5－2。

表专 5－2　　2015—2017 年证券行业 IT 投入情况　　（单位：万元）

类别	2015 年	2016 年	2017 年
IT 总投入	892 254	1 037 453	1 159 030
硬件投入	305 369	290 836	293 249

续表

类别	2015 年	2016 年	2017 年
软件投入	223 461	278 309	306 177
通讯费用	173 837	198 486	230 052
常驻外包人员总费用	15 336	29 754	39 864
其他费用	174 251	240 067	289 688

调查统计显示，2017 年每家证券公司平均 IT 投入约为 10 732 万元，33 家证券公司投入超过平均额，其中有 5 家证券公司 IT 投入超过 4 亿元，而同时也有 30 家证券公司 IT 投入低于 4 000 万元，各家证券公司之间的投入存在较大的差距（见图专 5 -3）。

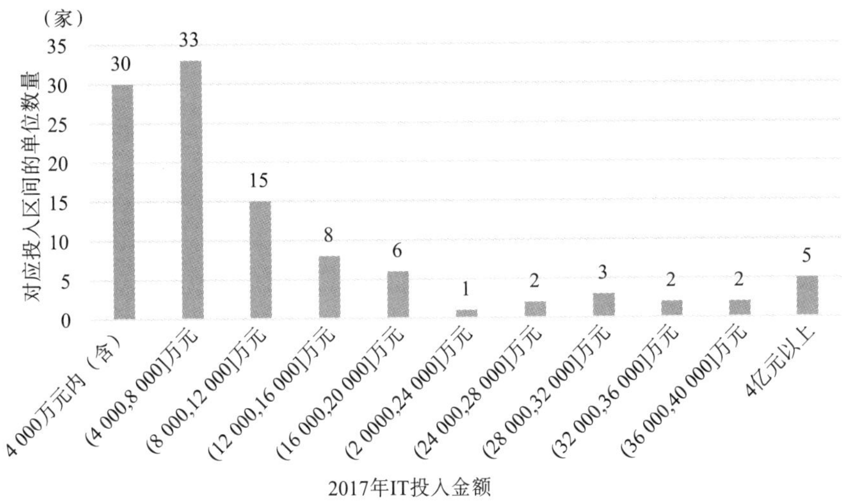

图专 5 -3　2017 年行业 IT 投入分布

第二章

信息技术应用与服务案例

第一节　行业核心机构在信息技术上的典型案例

新一代交易系统是深圳证券交易所（以下简称“深交所”）历时四年、自主研发的第五代交易系统，也是深交所成立以来交易系统的第五次重大升级。深交所在完成各项系统的市场测试及上线准备后，于2016年5月9日实施了第五代交易系统的切换试运行，6月6日开始正式上线运行。①

第五代交易系统与原有交易系统相比，具备以下六个主要特点，即更安全、更高效、更公平、更便捷、更灵活、更经济。

一是更安全。主要体现在系统可用性更高，系统在面对一般硬件错误、主中心故障时，可在10秒内完成自动切换恢复，同城灾备切换时间控制在3分钟以内，相比原有系统缩短了80%以上。其次是市场风险控制更牢，第五代交易系统拥有全球特有、功能完善的前端风险控制，目前交易前交易权限控制覆盖12 000多个交易单元及1.9亿个证券账户，交易前股份风险控制包含5 000多万条记录，交易前衍生品资金风险控制覆盖100多家交易参与人。此外还具备市场运行全流程实时监控能力，在度量监控精细化、交易管理实时化、运行操作图形化等方面都有了显著的提升，牢牢把控各种可能的市场运行风险。最后是技术自主掌控更强。第五代交易系统由深交所自主设计、自主研发，其核心技术和全部源代码均由深交所掌控，且采用开放平台，交易主机可选用国产服务器。

二是更高效。第五代交易系统的容量得到进一步的提升。可容纳的投资者账户数超3亿个，证券数量从原有系统的5 000只扩大至50 000只，日处理委托数达到4亿笔以上。此外，高性能低时延表现显著提升。第五代系统上线初期即具备每秒30万笔委托的处理能力，

① 资料来源：深圳证券交易所网站。

是原有系统的 3 倍，平均委托处理时延约为 1.1 毫秒，仅为原有系统的 1%。

三是更公平。第五代交易系统采用了首笔委托同时到达技术，可有效消除线路传输时延带来的地域差异对首笔委托参与竞价的影响。

四是更便捷。首先是市场接入更便捷。第五代交易系统为市场参与者提供了多样化的接入方式，同步支持兼容国际通用 FIX 标准的 STEP 协议和二进制专有协议，同时提供可支持互联网接入的交易终端，满足了通信效率高、接口灵活、接入成本低三方面的要求。第五代交易系统同时支持一体化的服务，集多层次资本市场于一体、现货与衍生品于一体、标准与非标准产品于一体，可实现一站式的市场服务。

五是更灵活。第五代交易系统技术架构先进，采用了国际主流的应用架构，充分吸收了开放平台和开源技术的优势，实现了组件模块化，性能、容量可根据需要在短时间内实现分层水平扩展，架构可支撑未来十年市场发展需求。第五代交易系统具有很高的业务弹性，支持参数化、规则驱动，可通过配置或增加新组件的方式实现对各类新产品和新业务的灵活支持，从而缩短实施周期，有效降低实施风险，为多品种、多平台业务的开展提供有力的支撑。

六是更经济。第五代交易系统直接成本约为第四代交易系统的 1/3，整体支出下降 63.3%，后期系统维保和人员招聘、学习等间接成本也都大幅下降，为更低成本、更高效率地提供集约化的交易服务奠定了良好的基础。

第五代交易系统实现了基于高速消息总线的分布式大规模并行处理架构，这种架构同时具有高可用和扩展性强的特点，与当前国际证券市场的先进交易系统主流架构一致。该架构采用开放平台，应用开源技术，实现了高可用消息总线、低时延技术、基于高速无锁队列的多级流水线处理、应用级委托处理时延实时度量、基于模版的协议转换引擎、首笔委托同时到达等关键技术。部署架构上，通信服务层采用双中心“双活”设计，核心业务层采用双中心“2 + 1”高可用设计，在整体可用性上又有了进一步的提升。深交所第五代交易系统架构如图专 5 - 4 所示。

第五代交易系统是深交所利用当前领先的证券信息技术，并结合我国资本市场实践进行的重大应用创新。第五代交易系统的成功上线，进一步夯实了国家金融科技基础设施，进一步增强了深交所的核心竞争力，为资本市场未来各项业务的健康发展奠定了坚实的技术基础。

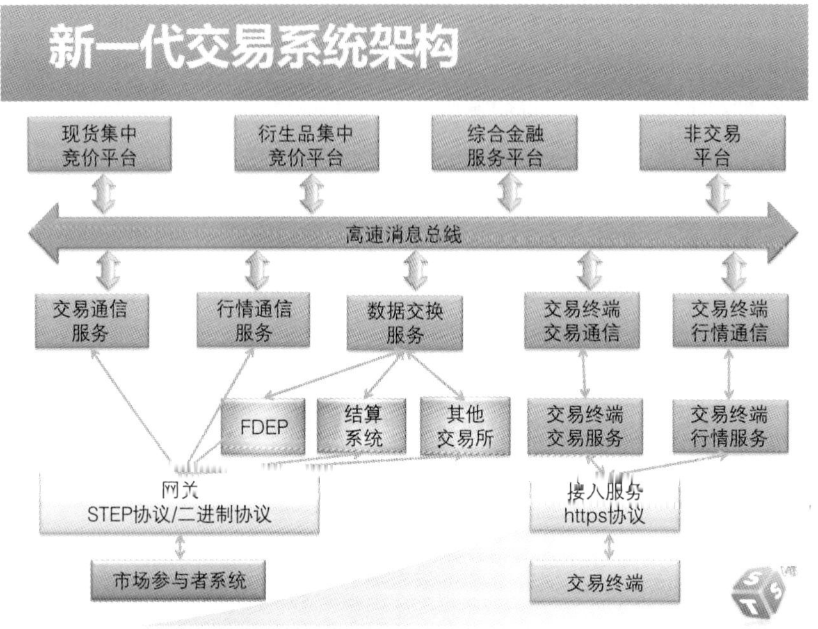

图专5-4　深交所第五代交易系统技术架构

第二节　经营机构在信息技术上的典型应用

一、应用服务典型案例

（一）全面风险管理系统案例

中国证券业协会于2016年12月30日下发了《证券公司全面风险管理规范》。要求证券公司应当建立与公司自身发展战略相适应的全面风险管理体系，对公司经营中的流动性风险、市场风险、信用风险、操作风险等各类风险进行准确识别、审慎评估、动态监控、及时应对及全程管理。

部分证券公司采用直接购买结合少量定制开发的方式进行建设，少量研发能力较强的证券公司通过引进外国优秀咨询公司及优秀软件供应商，结合自主开发资源，由信息科技部和风险管理部牵头，完成统一客户管理、内部模型、单一客户授信限额、内评体系、信用风险计量等功能（见图专5-5）。

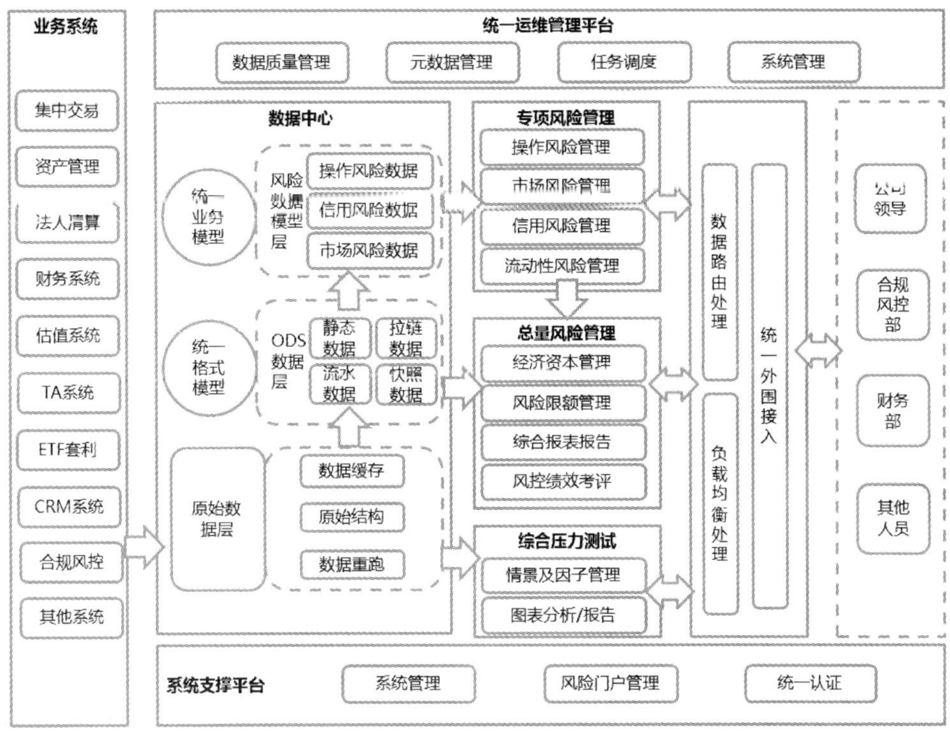

图专 5－5　全面风险管理系统典型的逻辑架构

各家证券公司在全面风险管理系统建设过程中也遇到了一些困难，主要表现在：人员不足，系统开发商对个性化需求响应不及时、开发进展缓慢等；子公司（尤其是境外子公司）业务数据获取困难，由于母子公司业务不同、网络不通、地域差异以及法律上的障碍，导致子公司数据的获取有一定困难。

（二）适当性管理相关技术系统改造

投资者适当性制度是投资者保护的一项根本制度，也是整个资本市场重要的基础性制度之一。2016 年 12 月，中国证监会颁布《证券期货投资者适当性管理办法》，对证券期货投资者适当性管理提出统一规范。典型证券公司的系统改造内容如下：

第一，前端客户端完成各类产品销售的适当性流程改造，包括根据产品参数配置对不同的产品启用不同的控制流程；客户端可以根据产品配置要求完成各种电子合同、协议书、风险揭示书的数字证书的签署工作；客户端根据产品参数的配置，完成前端控制。

第二，综合理财账户系统作为承载公司客户适当性管理的核心系统，主要功能包括：实现账户开通、业务办理类功能的适当性匹配控制功能；完成客户风险测评相关的需求改造；实现专业投资者申请与转化的业务需求，统一记录和管理专业投资者申请、转化及审核记录；实现客户违约失信行为记录的业务需求。

第三，用户中心负责记录产品销售与非现场业务办理过程中产生的客户适当性行为数据。

第四，产品中心负责汇总展示各个交易系统管理的产品信息，包括所有的适当性信息、风险揭示书、产品合同、需要客户签署的协议、确认书等。

第五，新建“双录”系统，实现客户产品购买和获得服务前的录音、录像功能。

第六，新建适当性评估数据库，集中展现客户适当性相关的各种信息，提供动态评估的功能。

第七，集中交易和OTC系统等交易系统在适当性改造工作中承担的主要功能包括实现金融产品适当性参数管理，实现产品销售适当性控制，实现产品销售交易流水适当性信息记录改造工作，做到每笔交易流水中可查客户风险级别、产品风险级别、投资期限、投资品种等与适当性管理相关的各项要素，产品适当性的改造主要由各个交易系统完成。

第八，风控系统根据各个交易系统的改造结果同步修改，实现产品销售适当性违规事件预警（见图专5－6）。

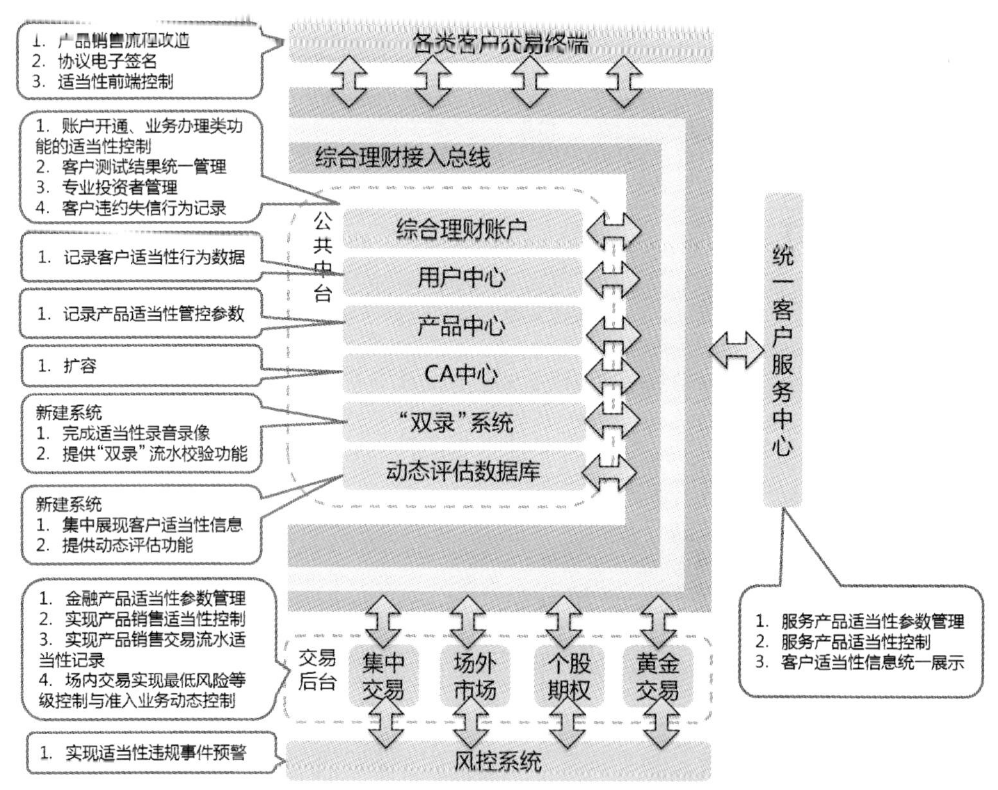

图专5－6　某典型证券公司适当性改造示意图

总之，落实《证券期货投资者适当性管理办法》的系统改造是全方位的系统改造工作。

二、数据管理典型案例

随着我国经济结构转型升级和“互联网＋”战略的推进，监管机构、交易所等行业核心机构以及证券、期货公司等经营机构纷纷启动大数据技术预研及开展应用实践。国内各证券公司通过自身研究以及与擅长大数据挖掘分析的互联网企业合作研究开发大数据产品并结合人工智能技术，力争在激烈的同质化竞争中脱颖而出或明显提高风险定价能力。证券公司的大数据应用主要围绕营销业务、客户管理、风险管理、监察业务、投研业务、投顾业务以及数据治理等主题。

（一）客户画像与精准营销

客户画像应用主要分为个人客户画像和企业客户画像。个人客户画像包括人口统计学特征、消费能力数据、兴趣数据、风险偏好等；企业客户画像包括企业的生产、流通、运营、财务、销售和客户数据、相关产业链上下游等数据。

通过分析客户的账户状态、账户价值、交易习惯、投资偏好以及投资收益，来进行客户聚类和细分，从而发现客户交易模式类型，找出最有价值和盈利潜力的客户群，以及他们最需要的服务，更好地配置资源和政策，改进服务，抓住最有价值的客户。

在客户画像的基础上证券公司可以有效地开展精准营销活动。精准营销是目前深度挖掘客户潜力的最重要步骤，客户通过业务办理、交易、自选股以及行情浏览等行为留下庞大的基础数据、账户数据、交易数据等信息数据，证券公司通过大数据分析，可以快速视觉化客户的个性、特征等内容，进而有针对性地提供解决方案。此时客户将成为主导者，成为数据发送源，是需求或潜在需求发起者，客户经理和公司成为信息接收者与反馈者，将围绕客户的需求或者潜在需求不断提供、修正解决方案。每一次营销都会形成循环反馈的效果，通过前期的客户画像，分析客户内容偏好和行为偏好，建立受众分群模型，优化产品和服务，投放并收集数据，线下实时调整产品服务、绩效评估等，并且在整个流程中不断优化营销质量与效果，从效果监测逐渐走向效果预测（见图专5－7）。

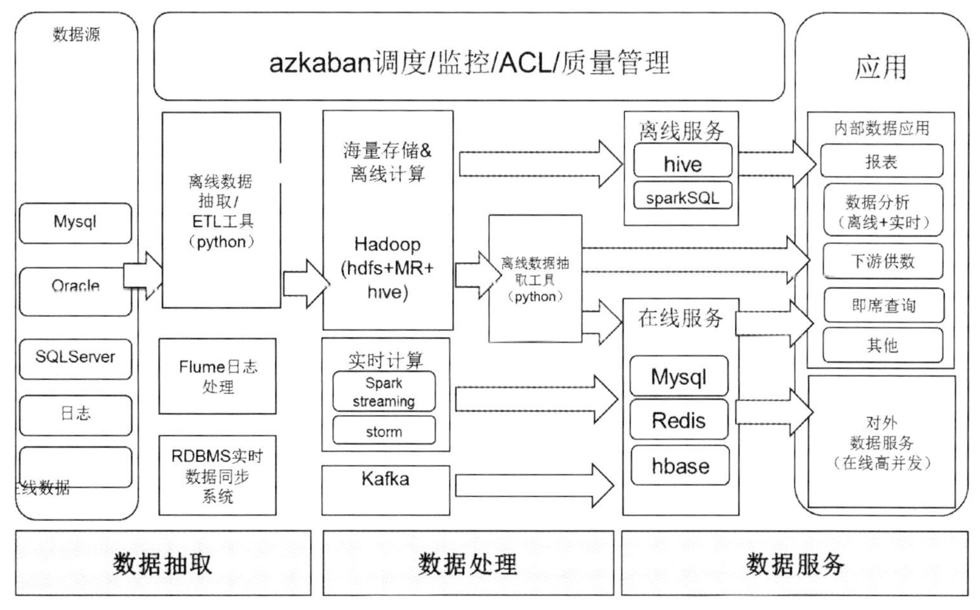

图专5－7　客户画像与精准营销典型技术架构

（二）异常交易行为监控系统

传统的风控系统采用基于事后数据和预定规则的统计分析方法进行异常交易行为的检测，功能方面不能满足业务上的分析、处理需求，在性能方面，特别是时效性方面存在瓶颈。

国内外监管机构和证券公司通过积极引入大数据、人工智能等金融科技技术，提升发现异常交易行为的时效性和准确率，以及采用机器学习的方法提高识别、发现新型违法违规交易行为的能力。

在异常交易行为的实时监测预警方面，采用 CEP 引擎以及实时流数据处理技术，结合历史数据挖掘结果，对客户的交易行为进行实时监控（秒级预警），覆盖事前、事中、事后风控。同时将预警信息及时推送至业务部门，对异常交易进行及时处置（见图专 5 – 8）。

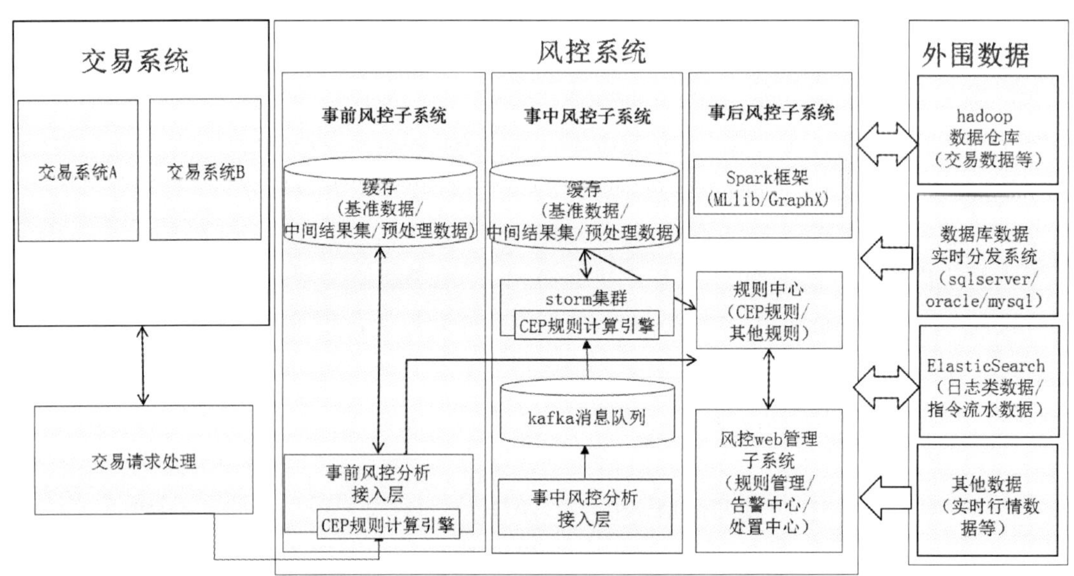

图专 5 – 8　典型异常交易行为监控系统的架构

在异常交易行为的检测识别方面，对客户的交易数据、账户数据以及资金数据进行特征抽取，通过采用无监督机器学习和图挖掘算法，对异常交易行为、关联账户等进行分析识别以及跟踪分析，提升异常交易行为的检测和预警能力。

三、基础设施典型案例

随着证券市场的急速扩张，证券行业对于 IT 设备、系统、基础设施和管理的需求不断增加，原有的 IT 基础技术架构出现了一系列的问题，特别是由于设备和系统的增加，导致机房空间和电力不足、现有设备的资源利用率偏低、数据中心的业务连续性和灾备恢复无法满足业务需求的情况尤其突出。

为提高业务响应速度和敏捷性，同时保持 IT 控制力和成本效益，很多证券公司通过引入虚拟化平台、私有云、租用公有云等技术手段，实现对资源弹性的分配，有效提高系统部署时效性、提高基础设施管理能力和成本控制能力。

某大型证券公司通过建设异构云平台，实现对 VCENTER、OpenStack、CloudStack 等多种平台的统一管理。其基础架构见图专 5－9。

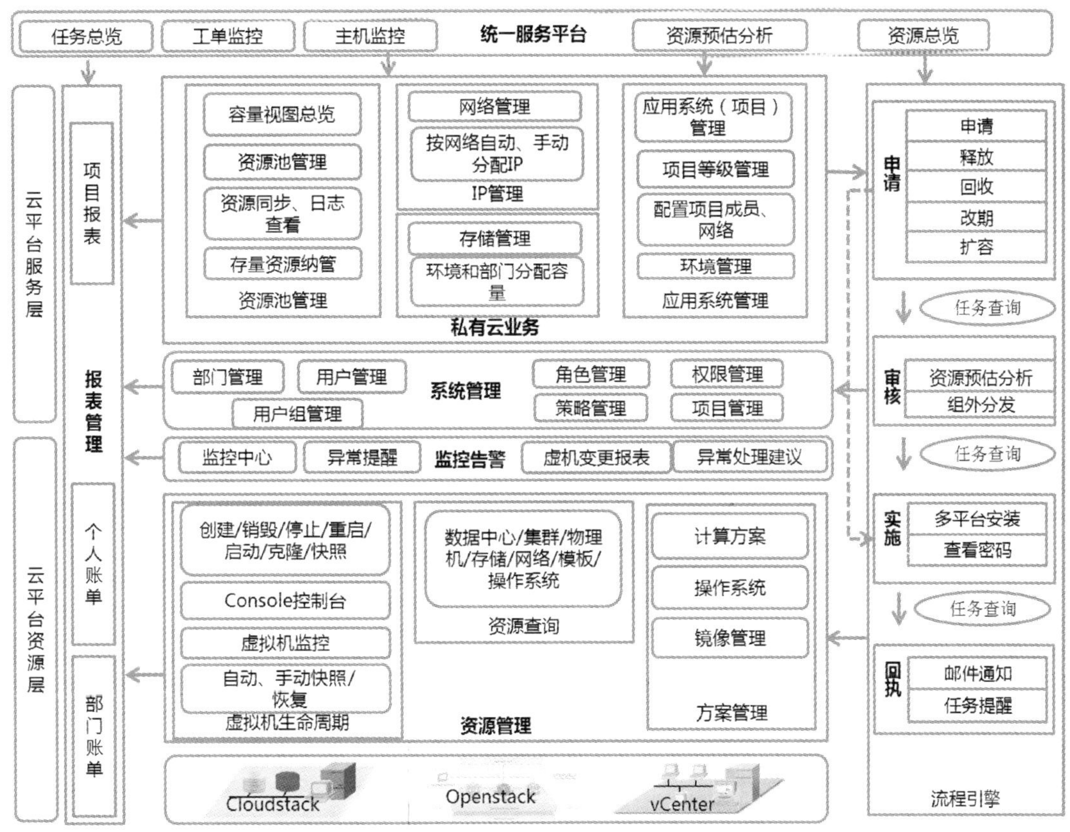

图专 5－9　某大型证券公司异构云平台基础架构

该证券公司通过新一代异构云平台的搭建，整合企业内部不同技术、不同品牌、不同架构的硬件资源，将计算、存储、网络资源统一调度管理，实现资源统一管理。该平台架构不仅是松耦合架构，同时还具有强的扩展性、支持跨数据中心部署满足异构多云的环境下统一管理，并实现了快速部署，按需配置，集中监控，优化 IT 制度和流程，实现资源标准化、自动化、流程化，缩短业务交付响应时间，提高服务效率；在稳定性方面，异构云平台所提供的热迁移及高可用已实现，任何一台服务器故障不影响上层业务的正常服务能力。

四、运维技术典型案例

（一）自动化、一体化运维应用案例

近年来，随着证券业创新业务的不断发展，证券公司用于支撑新业务开展的后台信息系统数量急速增长，导致系统间架构关联复杂，而且可能造成常规运维不及时、运维操作不规范、运维流程遗漏等诸多影响系统运行安全的问题。证券行业整个 IT 系统的不断扩展使得运维的难度不断加大，IT 运维中出现的大部分问题是源自运维人员和运维管理。

如何解决这些潜在的问题和隐患，为公司今后的发展搭建一个安全、稳定、强大的系统是运维部门的一项重要工作，这个工作需要长期规划并且分阶段实施。越来越多的金融企业也开始意识到加大对业务系统流程自动化与监控实时化的构建投入的必要性。为保障庞大的后台技术系统的正常运转，需要借助专业可靠的工具平台来辅助系统的运维，实现运维操作的标准化、工业化、流程化，降低系统运行风险。

通过采用自动化运维管理平台，可以提升如下方面的能力：一是自动化实现日常开闭市运维操作流程，提高运维工作效率，提高运维流程的标准化程度，降低由人员操作习惯造成的系统风险；二是对盘前、盘中、盘后、日终清算等环节的操作结果实现自动化复核和检查，减少人员误操作、漏操作的风险；三是实现灾备切换自动化及清算操作的自动化，提高灾备切换的效率和清算执行效率。

有的证券公司更进一步将运维管理的关注点从单点管理向综合管理转变，以 CMDB 配置管理为基础，建立统一监控、自动化以及 ITIL 管理平台系统，实现运维人员一、二线分离，由专家型运维向流程化运维转变，使日常运行自动化、日常监控无人化、日常维护流程化，以达到所有 IT 资源与业务系统的监管控一体化（见图专 5 - 10）。

运维一体化落地之后，运维管理水平得到提升。日常操作由专家型运维模式向流程化运维模式转变，开市与收市的生产操作时间比原来大大缩短，操作差错率极大降低。通过统一监控平台与 ITIL 管理平台以及自动化平台对接后，建立以事件驱动为主线的流转模式，关键业务的故障发现时间可由 2 分钟以上缩短至 30 秒以内，完善从监控到故障解决的管理，提高了业务连续性能力。有的证券公司已经将 DevOps 付诸实践，实现开发运维一体化。

（二）自动化测试系统案例

随着交易系统的频繁升级，自主研发项目不断增加，回归测试难度变得越来越大。不断迭代的过程使得测试团队无法快速执行测试，且很难判定开发团队提交的版本是否符合准入测试标准，仅靠相关系统资料很难做出快速响应，但又不能影响系统发布时间。在这种情况下，测试人员需要寻找一种更优的途径来最小化测试活动的成本和影响，提高测试效力，同时为提高业务用例的深度降低系统风险，提高测试质量。

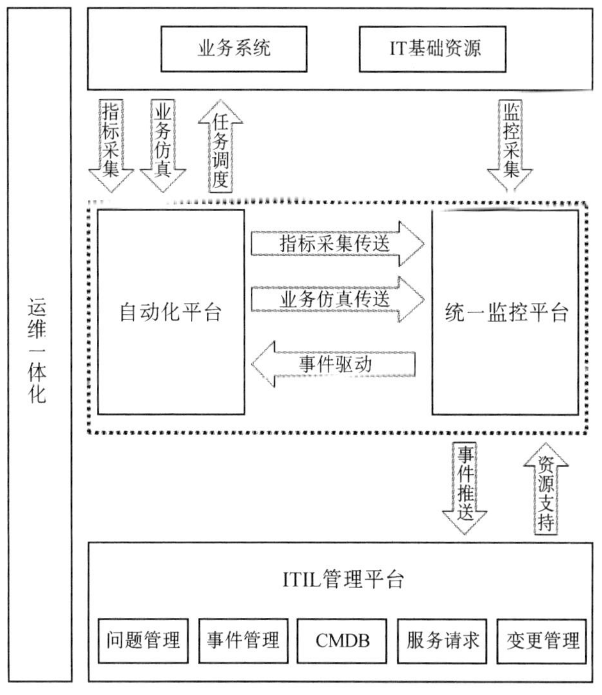

图专 5－10　某典型证券公司的一体化运维系统逻辑架构

自动化测试一般包括接口自动化测试、PC 端界面自动化测试、移动端自动化测试，采用的技术涉及开源的、商业的产品，如集成 QTP、appium 等。通过自动化测试，可在一定程度上降低交易系统回归测试的工作量，提高测试人员的效率，提高准入测试的质量。

自动化是一个持续的过程，需要不断改进和完善，同时自动化测试案例的维护在初期也需要投入较多的人力，对于功能变化很快的非交易类系统，投入的人工成本较高（见图专 5－11）。

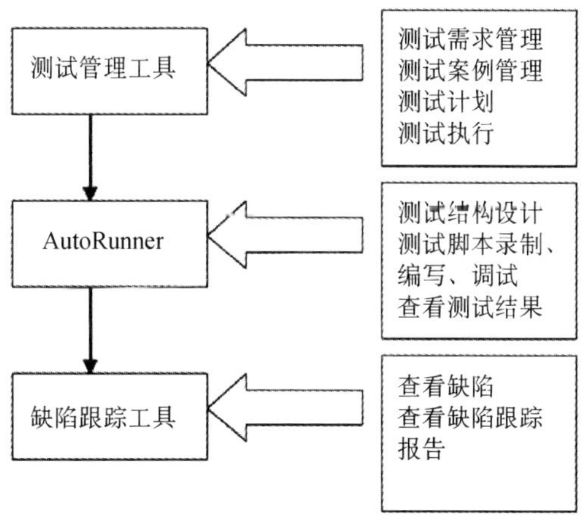

图专 5－11　典型自动化测试系统示意图

（三）基于网络镜像技术进行性能监控的应用案例

近年来交易规模的快速增长，尤其是各种自动化交易及高频交易等新型交易方式的爆发式扩张，对核心交易系统运维安全保障提出了更高要求，需要实时了解核心业务处理性能情况，以便能及时识别交易量变化对系统容量的影响、识别系统处理异常，并及时进行应对。

业务系统监控一般采用埋点、代理、日志三种方式。证券行业核心交易系统普遍采用外购，埋点方式难以操作，日志、代理两种方式均受限于供应商配合且有一定的系统侵入性。此外，宏观视角上，需要端到端的业务容量分布和业务质量分布的展示能力，微观角度上则需要端到端的单笔交易追踪能力，这两种需求，传统的监控方式比较难以实现。

业务在系统中的流转主要有三个环节：业务数据传输、业务节点计算、业务数据储存，后两者通过现有的代理、日志等手段已能较好地实现监控，剩下的就是如何监控业务数据传输。这部分被 Gartner 称为 WireData 的数据，在网络管理领域已经成熟运用了多年，这些数据在将帧头、TCP 包头等网络协议数据层层拨开之后，正是所需要的传输态业务数据，借此进行分析监控。

技术实现上，利用现代交换机普遍具有的端口镜像能力获得各业务节点间的原始流量，利用先进的 TAP 设备对流量进行汇聚、去重、分发等初步处理，对各层次的网络层数据进行解码，对业务传输协议及业务数据进行解码和统计分析，与原有的来自代理或日志的数据共同汇聚到大数据平台，获得完整的业务系统全景视图。基本实现原理见图专 5－12。

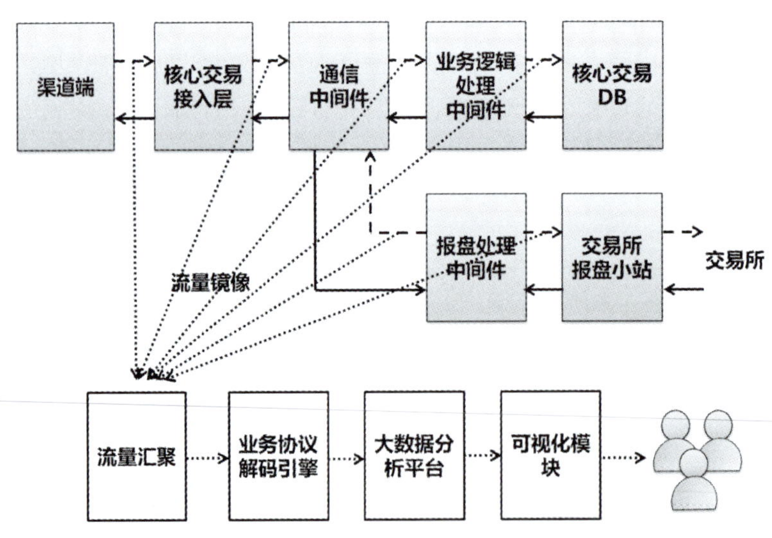

图专 5－12　基于网络镜像技术进行性能监控的基本实现愿望

通过该系统，可对核心交易的请求量、成功率、响应率、响应时间等指标进行监控，实时输出各个功能号及各个中间件的响应率、成功率和响应时间等指标，根据交易路径做到端到端的性能分析；可为一线运维人员提供业务质量分布的实时可视能力，提高特定区域、特定业务类型等局部业务质量受损情况的发现能力和定位速度；提供对存疑交易的端到端追踪能力，面对客户时能心中有数，有理有据；提供业务系统的拓扑发现展示能力，消除跨运维团队的各 IT 节点部署变更带来的沟通成本。

五、网络安全典型案例——基于大数据技术构建安全监控分析平台和威胁情报的应用

新技术新形势对网络安全带来巨大挑战，行业机构已经意识到传统的以防御技术为核心的安全架构不足以应对各类新型威胁及安全事件。部分证券公司开始探索和实践以持续监控和分析为核心的自适应安全架构，构建基于大数据、机器学习、威胁情报等技术的安全监控分析平台，持续检测和发现各类异常事件。从实际应用效果来看，在定位网络异常行为、快速发现安全事件、安全事件的取证和调查方面，弥补了现有安全防护架构的不足，切实提升了安全运营水平。

随着信息技术的快速发展，证券业务依赖信息化程度越来越高，新型病毒、APT 攻击等新威胁不断涌现，证券相关业务系统所面临的外部入侵风险越来越高。现有安全设备相对孤立，各类安全告警日志之间没有进行关联，各类设备、系统、应用产生海量日志，仅通过人工分析无法全面发现安全威胁和进行有效的应急处置。

安全监控分析平台依托大数据技术的分布式海量数据处理能力，采用商业化产品或整合各类开源组件，实现数据采集、数据清洗、数据规范化、实时安全分析、离线安全分析、数据存储和展示的功能。通过整合安全相关的告警信息，包括系统日志、web 日志、流量日志、安全设备日志等，并基于采集的原始数据进行清洗和规范化。通过机器学习算法分析大量历史数据，形成正常的用户访问行为数据，并结合已知数据发现未知威胁和异常行为。另外借助安全工程师的实战经验以及常见的攻击场景，定义异常行为特征及关联分析规则，及时发现和识别网络中的异常事件，结合特征检测、异常检测两种方式，初步实现全网安全态势感知，可视化多维度地展现全网安全趋势。

通过接入和使用威胁情报，更进一步感知安全环境，实现安全事件可视化。对各类日志和流量中的 IP、域名、URL、文件 Hash 等要素与威胁情报的 IOC（入侵威胁指标）进行实时校验，能快速检测出已知安全威胁。例如，当安全监控分析平台检测到内部服务器访问威胁情报中的恶意 IP 或域名时，能够实时告警；当某台主机运行了一个未知的程序，能够及时发现并通知安全人员进一步分析调查（见图专 5 - 13）。

采用大数据技术、引入威胁情报的安全监控分析平台，能够对安全相关数据进行深度挖掘、关联分析、实时处理，快速发现威胁、定位问题、及时取证，实现信息安全态势感知、安全事件统一管理，进一步提升信息安全运营水平。

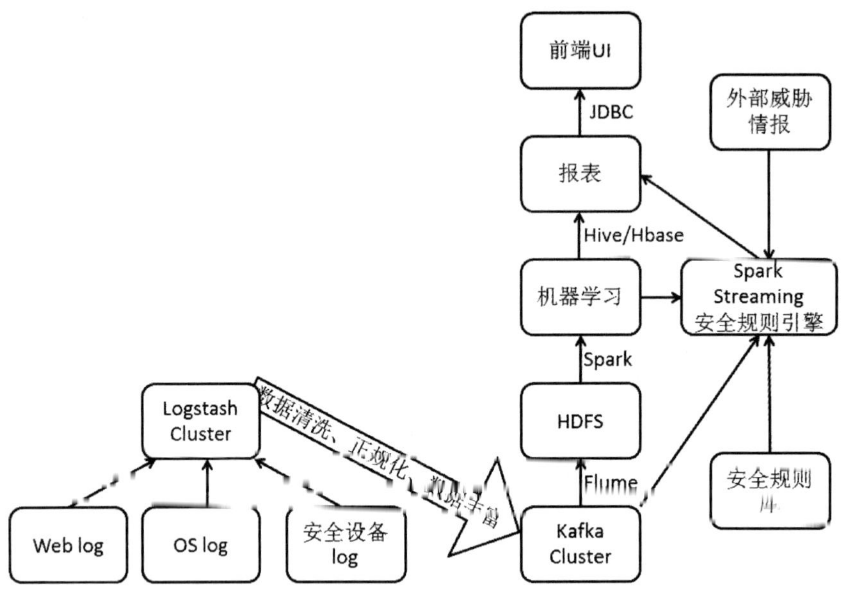

图专 5－13　采用大数据技术与引入威胁情报的安全监控分析平台

第三章 2018 年证券信息技术与服务展望

一、监管科技将有序推进

随着新技术的不断出现，传统监管手段难以应对金融科技的快速发展。一方面，金融机构希望采用监管科技降低合规成本；另一方面，监管机构也有利用科技手段履行监管职责的内在需求。虽然监管科技仍处于发展初期，它仍具备引发监管范式和理念转变的潜力。

国际金融协会（IIF）将监管科技（RegTech）定义为“能够高效和有效解决监管和合规性要求的新技术”，这些新技术主要包括机器学习、人工智能、区块链、生物识别技术、数字加密技术以及云计算等。

未来监管部门将加强大数据平台相应的建设，有序推进监管科技的试点和应用，并加强行业科研体系和科研能力的建设。在风险防范方面，也会全面强化监管科技能力的建设，提升业务合规和风险合规的监测工作。

二、客户终端功能将更加丰富和个性化

客户终端的功能将更加丰富，通用终端会集成包括证券交易、财富管理、资讯研报、业务办理等更多的功能，用户体验将更加友好和个性化。基于大数据的用户画像、行为分析、消息推送将更加普遍地使用，产品运营将更加量化。

投顾服务的个性化特点导致传统投顾服务成本居高不下，难以实现规模化服务优势，发展智能化投顾产品成为在线投顾服务的一个重要方向，从而满足大量中低端客户投顾服务需求，吸引留存客户，降低管理运营成本。

三、交易系统将进一步细分

交易系统研发及应用领域将进一步细分，基于内存计算、集成电路编程、原子钟等技术

的交易执行应用将更加成熟和广泛；人工智能、大数据分析将与量化交易等交易决策应用结合得更加紧密。

更多的证券公司将会针对特定客户尤其是特定机构客户建设特定的交易系统，以满足客户的投资管理需要。证券公司将更加重视交易的事前、事中、事后风控。

互联网化进程下将推动证券公司运营系统的整合和更加重视投资者的体验。更多的证券公司将更关注运营效率和服务质量，整合账户、资金、业务办理、经营分析功能的综合运营系统将越来越普遍。证券公司对业务系统持续服务能力的要求会越来越高，更多的系统将实现 7 × 24 小时提供服务的能力，对于系统的更新迭代速度也会越来越快。

四、人工智能技术使用更加广泛

人工智能技术快速发展，已逐渐提升到国家战略高度，传统证券公司在金融领域的智能化探索也在不断加深。从趋势上看，人工智能技术短期以服务智能为主，技术取得边际进步，机器作为人的辅助，丰富实用场景，提高效率；中长期将出现更大的技术突破，现有应用向纵深拓展。

证券公司可充分发挥行业优势，聚焦于应用场景，逐渐构建垂直领域生态，成为人工智能应用垂直领域先行者。人工智能在证券公司可以在资产配置、策略交易、智能客服等领域，通过数据赋能，提升数据的附加价值，加快数据资产化，提升证券公司的运营效率和服务能力。

五、区块链技术将逐步发展和应用

区块链已开始在行业进行应用，交易所进行了区块链应用的相关研究。2017 年 3 月 21 日，京东金融推出基于区块链技术的资产证券化云工厂底层资产管理系统，这是区块链技术首次落地资产证券化领域；2017 年 8 月 18 日，“百度—长安新生—天风第一期资产支持专项计划”获得上海证券交易所出具的无异议函，成为国内首单运用区块链技术的交易所资产证券化产品，百度金融为此搭建了一个区块链服务端，将该项目的各参与机构均引作区块链上的一个节点。区块链现在还处在研究的初步阶段，将来的发展前景广阔。

六、数据治理能力逐步提高

根据行业内大数据、人工智能技术及应用发展趋势，未来基于企业核心数据仓库的新型应用系统项目越来越多，数据质量是保障应用系统项目顺利实施的重要前提之一，数据治理是保证数据质量的必需手段，是实施数据整合和应用集成的基础工程。根据业界实施经验来看，数据治理是一个系统性、长期性的工程。

证券公司结合外部监管和公司数据治理的要求，以数据治理行业最佳实践和国际标准为基石，构建数据治理体系，包括数据标准、数据质量、数据架构、数据模型、元数据管理、主数据管理、数据安全和数据生命周期八大治理核心领域和保障机制。

设计并建设以元数据管理、数据标准管理、数据模型管理和数据质量管理等为核心的数据治理平台。支撑公司数据治理体系和制度办法在流程上的执行落地，最大限度地实现公司数据治理工作的自动化，提升数据治理能力和数据服务水平。

建设数据治理平台门户，在前端将各数据治理模块整合为一体，中台采用微服务架构模式将各个模块分离部署，保证各模块能快速迭代、独立开发，后台与业务数据对接采用大数据平台的 ETL 和数据梳理服务，利用大数据平台的业务数据抽取模块，避免重复开发和控制敏感数据扩散范围，提供跨源数据采集功能，增加数据标准的标识广度，构建全业务、多渠道、跨系统的全局数据标识标准，实现前、中、后台系统数据的统一归集与分析。

平台采用接口集成的模式将数据安全管理产品整合到数据治理平台中，实现数据的采集、清洗、加密等，保证数据获取过程的安全。在数据存储层面保证数据存储、迁移、备份、灾难恢复等安全。在数据应用安全层面制定数据应用安全的管理策略，包括数据的脱敏和分析等。

七、大数据技术平台被越来越多的证券公司使用

在互联网化的浪潮下，企业运作效率和响应能力受到巨大挑战，企业的经营、管理、运营、甚至 IT 运维等各环节逐渐转向数据驱动，对巨量非结构化数据的整合利用需要日益增加，传统数据仓库和数据分析技术在数据量级、复杂度、处理能力方面均难以应对，越来越多的企业基于分布式大数据技术构建数据中心。目前技术体系在非结构化数据处理、分布式高性能计算能力、实时流式分析能力方面较为欠缺，有较大的提升空间。未来大数据技术平台在客户管理、营销服务、风险管理、投研业务、投顾业务、企业运营、系统运维等领域将进一步获得应用。

八、私有云、混合云将越来越普及

私有云、混合云在证券公司中的使用将越来越普及，以更有效地利用计算资源、存储资源、网络资源，提高资源利用效率。公有云和私有云上提供的基础应用服务越来越多，基于云的系统建设的成本更低、建设周期更短。未来混合云在证券公司中的使用比例将越来越高。

九、网络安全越来越受到重视

（一）以数据为核心的安全保护措施大力加强

未来几年，将落实《中华人民共和国网络安全法》、新等级保护标准中有关数据安全保

护要求，推动行业机构深入开展数据安全保护工作，明确数据保护责任主体，建立数据安全管控体系。将数据安全管理要求和技术措施整合到整体数据治理工作中，全面梳理各类数据获取和应用场景，从数据产生、数据传输、数据存储、数据备份和恢复、数据发布和访问到数据销毁的数据生命周期各个阶段，通过以数据为核心的访问控制和审计措施、数据防泄漏产品、敏感数据加密技术、数据脱敏等技术手段，实现数据全生命周期的安全保护。

等级保护新标准《网络安全等级保护基本要求（试行稿）》已经发布。新标准除了安全通用要求以外，增加了云计算安全扩展要求、移动互联安全扩展要求、物理网安全扩展要求和工业控制系统安全扩展要求，新标准的发布将对行业内采用的新技术提供基本安全建议。同时，中证信息正在逐步开展APP安全检测服务，为行业各证券公司的移动APP提供漏洞检测服务。

（二）国产密码算法逐步推广和应用

依据国家相关标准及法规要求，结合行业特点和应用场景，继续推进落实国产密码算法在行业内的应用。2015年发布的《中国证券期货业信息安全工作规划》中已经提出“推进国产化信息技术产品应用，鼓励交易所等核心机构优先推广国产化信息技术产品应用，引导逐步提高国产化信息技术产品的应用比例”，同年发布了《证券期货业密码应用工作规划（2015—2020年）》，明确：“在2018年年底前实现国密算法在网上证券等交易系统的全面应用。2020年之前，核心机构、证券公司、期货公司、基金管理公司等行业机构完成全部密码软件或模块改造、CA认证系统改造等，实现国密算法在证券期货领域的全面应用。”密码算法是保障信息安全的核心技术，尤其行业长期以来都是沿用3DES、SHA-1、RSA等国际通用的密码算法体系及相关标准，存在重大安全隐患。国密算法在证券期货业信息系统中的逐步推广和应用，将充分发挥国密算法在保障行业信息安全中的重要作用，逐步实现行业信息技术安全可控，促进资本市场安全稳定发展。

（三）搭建安全监控分析平台，实现网络安全态势感知

安全风险问题日益突出，如看不清的新增资产形成安全洼地，看不清的业务关系使业务安全防护失效，缺乏有效手段主动识别新增业务，边界被绕过后的潜藏内部风险，看不见的内部横向攻击，看不见的违规操作，看不见的异常行为等。通过构建安全态势感知系统，建立全网安全可视化平台，结合云服务平台、边界防护、安全检测、内网检测、管理中心、可视化平台，基于行为和关联分析技术，对全网的流量实现全网应用可视化、业务可视化、攻击与可疑流量可视化，解决安全黑洞与安全洼地的问题。

专题报告之六：2017 年中国证券公司国际业务发展综述

第一章 2017 年中国证券公司国际业务发展状况

第一节 中国证券公司国际业务发展特点

回顾 2017 年，全球经济延续复苏态势，实体经济较快增长，货币政策中性偏紧。市场需求逐渐复苏，大宗商品价格平稳回升，金融市场波动指数较低，支撑了主要经济体经济加快增长，世界经济环境得到改善，国际贸易恢复增长动力。美国、欧盟、亚太地区和新兴经济体经济发展均呈上升态势。全球处于经济衰退中的国家数量降至 2008 年金融危机以来最低。但世界经济增长仍存隐忧。发达国家老龄化加剧，生产力增速放缓，通胀普遍下行。以美国为首的发达国家货币政策从长期宽松转向中性偏紧，美联储 3 次加息，并启动缩表计划；英国央行开始加息；欧洲央行缩减资产购买规模。发展中国家经济分化态势加剧。一些新兴经济体资本流入减少，货币贬值风险上升。全球新一轮产业竞争日益激烈，地缘政治局势错综复杂，给全球经济复苏增添了不确定性。作为全球第二大经济体的中国，坚定不移推行改革方案，稳健推进中国资本市场的国际化进程。党的十九大的召开，更是开启了历史的新篇章，为改革提供了新动力。

随着中国金融市场的开放程度不断加深，国内金融市场与国际金融市场日渐接轨。2017年6月，明晟公司宣布A股将纳入MSCI主要指数，并在2018年3月宣布将A股、B股纳入MSCI新兴市场50指数、MSCI中国50指数和MSCI中国外资自由投资指数，而A股纳入MSCI新兴市场指数将于2018年6月正式实行。沪港通、深港通运行态势良好，根据Wind数据，2017年全年沪港通交易总金额2.8万亿元人民币，其中北向沪股通期间总成交金额1.3万亿元人民币，同比增长76.4%；沪市南向港股通期间总成交金额1.5万亿元人民币，同比增长109.3%。2017年深港通累计交易金额1.4万亿元人民币，其中深股通期间总成交金额1.0万亿元人民币；深市港股通期间总成交金额0.5万亿元人民币。

纵观2017年，中国证券业的国际化发展呈现出以下特点：

一、结合国家"引进来"和"走出去"的战略，证券公司国际业务布局持续推进

2017年7月召开的全国金融工作会议指出，"积极稳妥推动金融业对外开放"，十九大再次强化了金融业对外开放的方向。有序扩大金融市场对外开放，将有利于我国在当前国际经济形势下更好地利用全球资源，并以开放促改革，倒逼国内金融企业提高经营效率，加速资本积累。在推进金融业对外开放背景下，无论是共同市场建设，还是人民币国际化进程的推进，都需要一个富有广度和深度的金融市场作为支撑。近年来我国资本市场对外开放程度不断提高，互联互通机制下，沪伦通进程提速，沪港通、深港通规模扩容，债券通"北向通"也已开通，人民币正式加入SDR货币篮子，2018年A股也将被正式纳入MSCI指数。监管部门还通过完善QFII、RQFII、QDII制度，以及内地、香港基金互认等举措，促进内地资本市场相关制度与国际标准接轨。沪港通、深港通经历三年多的发展，已初具规模，交易额均达到了万亿元级别，有利于推动国内资本市场的进一步完善，也意味着互联互通机制的日趋成熟。

自贸区是"引进来"的先行者和探索者。自贸区成立伊始，即被上海市金融办、人行上海总部跨境部和中国证监会发布的针对自贸区发展的纲领性指导意见定位为金融开放创新试点和金融改革"先行先试"的先行者。经过近4年的发展，自贸区目前设立了QFLP评审联席会议，鼓励境外机构在自贸区进行创新突破；并且围绕FT账户体系进行了一系列"引进来"的制度创新，包括上海黄金交易所推出"国际金"，成为首个境外投资者利用FT账户或NRA账户可以直接投资的场内市场；并于2016年12月8日发行了首只在银行间债券市场交易的自贸区债。在金融创新的推动下，自贸区初步形成了与国际接轨的金融服务能力。在进一步深化金融对外开放的背景下，自贸区将发挥自身在跨境资本和金融创新方面的优势，将成为金融机构接轨国际的试点高地。

证券基金行业在"引进来"和"走出去"方面不断探索，国际化程度日益提高。截至2017年底，31家证券公司、24家基金公司和19家期货公司在境外设立、收购或参股了经

营机构。外国投资者直接或间接投资证券、基金管理、期货公司的投资比例限制将放宽至51%的政策，也为证券行业国际化提供了新的动力。在对外开放进程加速及“一带一路”倡议实施的背景下，中资证券公司在东南亚、中亚、东欧及欧洲大陆国家或地区的机构网点布局、拓展当地市场。由此驱动了证券公司加快国际业务布局，扩大国际业务规模，在参与“走出去”战略中发挥自身优势，凭借丰富专业的市场经验，通过股票、债券、公募等各类资产证券化的创新产品，帮助企业利用好境内、境外两个市场、双重资源，完成投资、融资、并购等活动，为实体经济“走出去”提供更多支持与帮助。

二、国际业务收入贡献占比提升，业务模式持续丰富

随着中国资本市场的双边开放，中国企业逐渐加入全球配置资源中，这为我国证券公司拓展国际业务带来了契机。我国各大证券公司逐渐重视国际业务的开展；同时，国际业务收入正逐渐成为证券公司收入的重要来源，贡献占比不断提升，业务模式持续丰富。据 Wind 数据显示，2017 年境内上市证券公司中共有 15 家证券公司取得境外业务收入，共计 204.48 亿元，占内地上市证券公司总营收比重的 6.96%，较 2016 年上升 0.34%。未来随着“引进来”和“走出去”的持续深入，国际业务收入将会纳入证券公司核心业务结构中，其营收贡献比有望进一步提高。

国际业务模式持续丰富。目前中资证券公司国际业务模式主要是境内外联动，协助内地公司在港股市场上市、跨境并购、债券融资等。此外，部分证券公司还获准进行境外自营业务，与境内外交易对手进行金融产品和衍生品交易，并为客户提供相关产品与服务。未来随着监管的完善，证券公司的国际业务体系会得到进一步拓宽。

三、国际业务渗透率有待提升，企业跨境并购回归理性

据彭博数据显示，2017 年全球股票承销市场中，9 家位列前 50 名的国内证券公司合计市场份额为 4.17%，同比下降 5.44%。具体到中国香港市场上，前 50 名承销商中有 14 家为内地证券公司，总市场份额占比 18.28%；并购业务前 50 位中有 6 家中资证券公司入围，与 2016 年数量持平，合计市场份额 9.78%，比 2016 年下降 19 个百分点。

随着并购重组新规的发布和监管从严趋势，以及海外审查以及全球宏观经济的不确定性影响，2017 年中国企业跨境并购在数量和金额上均回归理性，稳中趋缓，且由民营企业集中的高科技领域收购向国有重资产及能源领域转移。其中，“一带一路”倡议持续成为中企“走出去”的动力，中国供给侧结构性改革也成为过剩产能企业出海的必然选择。未来我国企业跨境并购市场将会变得更加合理有序。

第二节　中国证券公司国际业务具体情况

一、投资银行业务

（一）股票发行与 IPO 业务

2017 年从全球股票承销市场来看，前 50 名中共有 9 家国内证券公司，合计市场份额 4.17%，发行额为 240.35 亿美元。全球股票发行市场承销商前 20 位见表专 6－1。

表专 6－1　　2017 年全球股票发行市场承销商前 20 位

承销商	排行	排行榜份额（%）	金额（百万美元）	发行数（笔）
摩根士丹利	1	9.51	54 793.10	356
高盛公司	2	8.76	50 457.13	286
摩根大通	3	7.59	43 740.41	333
花旗集团	4	6.57	37 857.59	305
美国银行美林	5	5.93	34 160.54	256
瑞士银行	6	4.86	28 009.05	175
瑞士信贷集团	7	4.65	26 761.05	237
巴克莱	8	3.38	19 493.84	155
德意志银行	9	3.10	17 834.38	156
加拿大皇家银行资本市场	10	2.13	12 252.54	141
野村控股	11	1.47	8 458.83	95
富国银行	12	1.39	8 029.38	104
杰富瑞集团有限公司	13	1.24	7 163.33	115
法国巴黎银行	14	1.14	6 545.66	60
瑞穗金融集团	15	1.09	6 284.11	60
大和证券	16	1.08	6 209.14	48
英国汇丰银行有限公司	17	1.02	5 862.10	42
三井住友金融集团	18	0.92	5 325.18	63
满地可银行资本市场	19	0.91	5 247.88	80
中信证券	20	0.77	4 440.25	53

资料来源：BLOOMBERG。

2017 年中国香港市场股票发行承销商排名中，前 50 位中有 14 家为中国内地证券公司，市场份额占比 18.28%，发行金额为 61.73 亿美元。香港市场股票发行承销商前 20 位见表专 6－2。

表专 6－2　　2017 年中国香港市场股票发行承销商前 20 位

承销商	排行	排行榜份额（%）	金额（百万美元）	发行数（笔）
摩根士丹利	1	16.40	5 435.62	30
高盛公司	2	9.51	3 151.44	15
美国银行美林	3	5.08	1 683.91	11
瑞士银行	4	3.77	1 250.15	12
花旗集团	5	3.74	1 240.53	10
英国汇丰银行有限公司	6	3.68	1 220.82	10
招商银行	7	3.55	1 175.67	16
瑞士信贷集团	8	3.54	1 174.81	9
中金公司	9	3.22	1 066.62	16
招商证券	10	2.99	992.44	11
中信证券	11	2.95	978.27	12
摩根大通	12	2.93	972.41	7
海通证券	13	2.85	945.49	21
中国建设银行	14	2.80	928.96	16
中国农业银行	15	2.42	802.38	10
中国银行	16	2.22	734.49	11
金利丰金融	17	1.95	646.03	34
中国工商银行	18	1.70	562.93	9
中国光大证券	19	0.99	326.87	10
中国交通银行	20	0.97	322.30	5

资料来源：BLOOMBERG。

具体到中国香港 IPO 市场上，前 50 名中有 15 家为内地证券公司，总市场份额占比 29.58%，发行金额为 47.37 亿美元。排名前两位均是内地金融机构，其中中国国际金融股份有限公司位列证券公司第一，市场占有率 5.93%，共计业务承销 15 笔，总承销金额 9.67 亿美元。中国内地金融机构尤其是证券公司在香港股票 IPO 中市场份额逐渐扩大（见表专 6－3）。

表专 6－3　　2017 年中国香港市场 IPO 承销商前 20 位

承销商	排行	排行榜份额（%）	金额（百万美元）	发行数（笔）
招商银行	1	6.29	1 024.27	14
中金公司	2	5.93	966.68	15
招商证券	3	5.77	940.45	10
中国建设银行	4	5.67	924.00	15
中国农业银行	5	4.92	802.38	10
摩根士丹利	6	4.56	742.96	6
中国银行	7	4.48	729.28	10
海通证券	8	4.16	677.45	15
瑞士信贷集团	9	3.57	582.02	5
瑞士银行	10	3.57	581.48	[illegible]
英国汇丰银行有限公司	11	3.41	555.97	5
美国银行美林	12	3.40	554.12	6
中国工商银行	13	3.30	537.10	7
中信证券	14	2.63	429.18	7
花旗集团	15	2.57	418.80	4
摩根大通	16	2.49	405.90	3
广发证券	17	1.96	319.28	8
交通银行	18	1.93	314.22	4
中信建投证券	19	1.92	313.48	6
中国平安	20	1.46	237.63	11

资料来源：BLOOMBERG。

（二）债券发行业务

1. 境外债券发行情况

2017 年，中国香港港元债券市场承销商前 40 位中，内地证券公司国泰君安证券、海通证券分别排名第 12 位和 32 位，市场份额占比分别为 2.11% 和 0.30%。综合来看，在债券承销市场上，内地证券公司未来上升潜力巨大（见表专 6－4）。

表专 6－4　　2017 年中国香港港元债券市场承销商前 20 位

承销商	排行	排行榜份额（%）	金额（百万港元）	发行数（笔）
英国汇丰银行有限公司	1	22.97	46 583.73	152
渣打银行	2	13.86	28 102.14	67
花旗集团	3	8.69	17 626.50	48
东方汇理	4	5.63	11 409.00	38

续表

承销商	排行	排行榜份额（%）	金额（百万港元）	发行数（笔）
澳大利亚联邦银行	5	5.08	10 307.50	30
瑞穗金融集团	6	4.54	9 202.20	24
澳大利亚国民银行有限公司	7	4.24	8 590.00	23
中国银行	8	3.70	7 495.43	18
加拿大丰业银行	9	3.08	6 255.50	26
野村控股	10	2.91	5 910.00	15
法国兴业银行	11	2.45	4 964.00	15
国泰君安证券	12	2.11	4 268.89	5
星展集团	13	2.05	4 148.56	7
澳新银行	14	1.83	3 706.00	12
中国建设银行	15	1.58	3 196.03	4
巴克莱	16	1.35	2 736.00	8
华侨银行有限公司	17	1.32	2 682.14	8
中国工商银行	18	1.28	2 588.89	2
三菱日联金融集团	19	1.23	2 485.00	9
高盛公司	20	1.19	2 415.00	2

资料来源：BLOOMBERG。

2. 熊猫债券

2017 年熊猫债券发行量有所下滑。2015 年以来，上海证券交易所稳步推进境外机构发行人民币债券，即熊猫债券的试点工作。2016 年，我国共有 59 期熊猫债券发行，发行规模共计 1 203.40 亿元。2017 年，受融资成本上升、资本管制加强、房地产企业发债受限等因素影响，熊猫债券发行量较上年明显下滑。2017 年债券市场 25 家主体累计发行熊猫债券 35 期，发行总额共计 719.00 亿元，发行期数和发行总额同比下降 40.68% 和 40.25%。2017 年 3 月，俄罗斯铝业联合公司在上海证券交易所成功完成 2017 年首期公司债券发行，并已于 3 月 30 日在上海证券交易所挂牌转让。俄铝公司是首家在我国发行熊猫债券的“一带一路”沿线企业，其熊猫债券的发行是“一带一路”沿线国家企业在中国资本市场融资的有益尝试，拓宽了沿线国家的融资渠道。

（三）并购业务

2017 年，中国香港并购业务前 50 位中有 4 家中资证券公司入围，与 2016 年持平，合计市场份额 4.62%，较 2016 年下降 1.39%，总交易金额为 160.70 亿元。其中中信证券排名第 11 位，市场份额为 3.54%。可见，在并购业务方面，中资证券公司具有发展潜力（见表专 6－5）。

表专 6-5　　2017 年香港市场并购业务前 20 位

承销商	排行	市场份额（%）	总交易价值（百万元人民币）	交易数目（笔）
高盛	1	26.5885	92 413.5	8
汇丰银行	2	23.3542	81 171.97	4
花旗	3	18.966	65 920.21	5
摩根大通	4	16.426	57 091.87	1
瑞银	4	16.426	57 091.87	1
法国巴黎银行	6	4.4331	15 408.24	3
Optima Capital Ltd	7	4.0199	13 971.93	6
野村	8	3.6285	12 611.64	2
瑞士信贷	9	3.5935	12 490.01	1
德意志银行	9	3.5935	12 490.01	1
中信证券	11	3.5447	12 320.47	2
高银金融控股有限公司	12	2.9173	10 139.64	1
新百利集团	13	2.4966	8 677.42	11
Houlihan Lokey	14	2.2228	7 725.9	1
中国光大银行	15	1.9281	6 701.4	1
罗斯柴尔德公司	16	1.2304	4 276.52	1
乐高企业融资有限公司	17	1.0036	3 488.32	4
巴克莱	18	0.9571	3 326.69	1
CV Capital LLP	18	0.9571	3 326.69	1
阿马斯资本	20	0.9552	3 319.91	3

资料来源：BLOOMBERG。

二、资产管理业务

（一）合格境内机构投资者（QDII）业务

截至 2017 年 12 月 31 日，共计 17 家内地证券公司获得合格境内机构投资者（QDII）业务资格，总计 QDII 业务额度为 91.7 亿美元（见表专 6-6）。

表专 6-6　　证券公司获批 QDII 业务额度

机构名称	额度（亿美元）	批准日期
中国国际金融有限公司	22.00	2014 年 12 月 28 日
广发证券资产管理（广东）有限公司	12.00	2015 年 2 月 13 日
国信证券股份有限公司	10.00	2015 年 1 月 30 日

续表

机构名称	额度（亿美元）	批准日期
上海海通证券资产管理有限公司	8.00	2015 年 1 月 30 日
安信证券股份有限公司	5.00	2012 年 8 月 16 日
上海国泰君安证券资产管理有限公司	4.50	2014 年 12 月 20 日
招商证券股份有限公司	4.00	2014 年 11 月 27 日
中信证券股份有限公司	4.00	2014 年 12 月 28 日
申万宏源证券有限公司	4.00	2015 年 1 月 30 日
银河金汇证券资产管理有限公司	4.00	2013 年 1 月 24 日
华泰证券（上海）资产管理有限公司	3.00	2018 年 4 月 24 日
上海光大证券资产管理有限公司	3.00	2015 年 1 月 30 日
中银国际证券有限责任公司	3.00	2014 年 12 月 28 日
兴证证券资产管理有限公司	2.20	2018 年 4 月 24 日
太平洋证券股份有限公司	2.00	2014 年 4 月 30 日
上海东方证券资产管理有限公司	1.00	2010 年 11 月 26 日
合计	91.70	

注：此 16 家证券公司已披露数据。

资料来源：国家外汇管理局。

（二）人民币合格境外机构投资者（RQFII）业务

我国通过开展人民币合格境外机构投资者（RQFII）试点，配合 QFII，进一步推进我国资本市场国际化，同时为人民币国际化铺路，在引进外资方面起到了积极的作用。

国家外汇管理局数据显示，截至 2017 年 12 月 31 日，RQFII 投资总额度已经达到了 6 148.52 亿元人民币，环比增长 4.15%。其中，中资证券公司总的额度为 810.5 亿元人民币，占 RQFII 总额度的 13.2%（见表专 6 - 7）。

表专 6 - 7　　中资证券公司 RQFII 额度一览

机构名称	额度（亿元）	批准日期
海通国际控股有限公司	107.00	2014 年 8 月 26 日
国元证券（香港）有限公司	73.00	2014 年 8 月 26 日
国泰君安金融控股有限公司	69.00	2014 年 5 月 30 日
中国国际金融（香港）有限公司	67.00	2017 年 11 月 29 日
广发国际资产管理有限公司	39.00	2014 年 5 月 30 日
申万宏源（国际）集团有限公司	39.00	2014 年 4 月 30 日
光大证券金融控股有限公司	35.00	2014 年 5 月 30 日
东方金融控股（香港）有限公司	35.00	2017 年 8 月 25 日
财通国际资产管理有限公司	35.00	2017 年 11 月 29 日

续表

机构名称	额度（亿元）	批准日期
广发国际资产管理（英国）有限公司	30.00	2015 年 12 月 25 日
华泰金融控股（香港）有限公司	29.50	2014 年 3 月 28 日
广发控股（香港）有限公司	27.00	2014 年 4 月 30 日
招商证券国际有限公司	27.00	2014 年 3 月 28 日
安信国际金融控股有限公司	24.00	2014 年 7 月 30 日
中信建投（国际）金融控股有限公司	20.00	2014 年 6 月 30 日
申万宏源新加坡私人有限公司	20.00	2017 年 9 月 27 日
中国光大资产管理有限公司	19.00	2014 年 5 月 30 日
国信证券（香港）金融控股有限公司	17.00	2013 年 6 月 24 日
东吴证券中新（新加坡）有限公司	15.00	[illegible] 年 11 月 [illegible] 日
中信证券国际有限公司	14.00	2014 年 6 月 30 日
兴证（香港）金融控股有限公司	13.00	2014 年 4 月 30 日
中投证券（香港）金融控股有限公司	11.00	2014 年 5 月 30 日
中国银河国际金融控股有限公司	11.00	2014 年 9 月 22 日
国金证券（香港）有限公司	10.00	2014 年 1 月 22 日
广发金融交易（英国）有限公司	10.00	2016 年 6 月 29 日
中泰金融国际有限公司	8.00	2014 年 8 月 26 日
国泰君安基金管理有限公司	4.00	2014 年 9 月 22 日
长江证券控股（香港）有限公司	2.00	2013 年 11 月 27 日
合计	810.50	

资料来源：国家外汇管理局。

（三）合格境外机构投资者（QFII）投资顾问业务

随着我国资本市场的开放程度不断提升，外资对中国资本市场表现出较高的热情，境外投资者对中国市场的了解不深入，急需本土的研究机构为其提供策略和投资建议。QFII 投资顾问业务具有低风险、高收益的特征，在未来相当一段时间内将会给国内研究实力雄厚的证券公司带来丰厚收益，提升自身品牌价值。随着未来 QFII 持续扩容，相关的投资顾问服务也将会得到普及。

为了平稳推进中国资本市场国际化进程，中国政府采用 QFII 引导外资进入中国资本市场。随着中国市场日渐发展成熟，QFII 的额度上限每年逐步上升，投资机构的数量同步增加。截至 2017 年 12 月 31 日，共有 11 家证券公司获得 QFII 业务资格，较 2016 年增加 3 家。QFII 累计额度为 994.59 亿美元，环比增长 5.25%，其中证券公司累计额度为 50.5 亿美元，主要是由于国泰君安证券、中国国际金融香港资产管理有限公司、兴证国际资产管理有限公司额度分别增加 7 亿美元、5 亿美元和 5 亿美元（见表专 6 - 8）。

表专6-8　　中资证券公司QFII业务投资额度

机构名称	额度（亿美元）	批准日期
中国国际金融香港资产管理有限公司	11.00	2017年2月24日
招商证券资产管理（香港）有限公司	7.20	2016年12月28日
中国光大证券资产管理有限公司	7.00	2016年11月20日
国泰君安资产管理（亚洲）有限公司	7.00	2017年8月25日
兴证国际资产管理有限公司	5.00	2017年9月27日
广发国际资产管理有限公司	3.30	2016年1月27日
中信证券国际投资管理（香港）有限公司	3.00	2014年4月30日
广发资产管理（香港）有限公司	2.00	2015年3月26日
申万宏源投资管理（亚洲）有限公司	2.00	2015年4月28日
海通资产管理（香港）有限公司	1.00	2016年4月28日
安信资产管理（香港）有限公司	1.00	2017年5月26日
山证国际资产管理有限公司	1.00	2017年12月27日
合计	50.50	

资料来源：国家外汇管理局。

三、经纪业务

目前国内证券公司境外经纪业务主要集中在香港。相比于海外投行，中资证券公司在香港立足发展时间较短，但发展速度较快。由于内地经济水平的提高和资本市场的逐步开放，两地互联互通进一步加强，中资证券公司在香港业务得到了长足发展。目前中资证券公司在香港主要开展经纪和投行业务，以经纪业务打开市场，依托经纪业务客户的增长，积极满足客户的投融资需求，发展投行、资产管理、资本中介等业务。近几年，随着互联互通等机制接连推出，内地与香港市场的联动性不断增强，双向开放程度不断深化，为内地证券公司的香港子公司经纪业务提供了发展新动力，但整体经纪业务仍未摆脱同质竞争、费率下滑的竞争环境。

四、国内证券公司国际业务网络持续扩张

随着人民币日益国际化，A股纳入MSCI新兴市场指数即将正式实施，沪港通、深港通、债券通运行良好，我国资本市场对外开放逐步深化，长期有利于证券行业发展，提升国际竞争力。据Wind数据，2017年全年沪股通和沪市港股通总成交金额分别为1.3万亿元和1.5万亿元人民币；深股通和深市港股通总成交金额分别为9 507.1亿元和4 623.3亿元人民币，而2016年二者总成交金额分别为261.9亿元和83.57亿元。债券通作为提升跨境债券投资市场效率的互联互通产品之一，成立至今，一直运行良好。2018年2月，由海通证券牵头主承销的中航租赁中期票据（债券通）受到境内外各类投资机构的积极认购。沪港

通、深港通和债券通的顺利发展，有望进一步深化 A 股市场对外开放、互联互通程度，促进中国证券市场的双边放开。

“一带一路”也为证券公司国际化布局带来了良好契机。中资证券公司积极响应“一带一路”建设，主要的实施路径包括：在“一带一路”沿线国家通过收购兼并、新设网点等方式进行战略性网络布局；以承销、并购业务为切入点为国外企业在华投融资、中国企业“走出去”提供金融服务；在与“一带一路”沿线国家接壤的境内省份加大投入等。

各大证券公司抓住历史机遇，积极进行国际业务网络的扩张。多家证券公司通过并购境外金融机构来实现境外机构扩容，同时积极选择英国、美国、新加坡、韩国等较成熟的金融市场作为新的业务发展点。中信证券海外业务完成境外平台整合，实现管理一体化，带动跨境业务发展；中信里昂证券目前在亚洲、澳大利亚、美洲和欧洲 20 个城市营运，业务覆盖经纪、企业融资以及资本市场和资产管理，在亚洲地区 13 家交易所拥有会员资格。通过整合海通国际证券、海通银行，海通证券已经在亚洲、欧洲、北美洲、南美洲等 14 个国家和地区都设有分行或子公司；海通国际已经在香港市场确立了 IPO 和股权融资业务的龙头地位。申万宏源证券在国际业务方面致力于深耕传统机构业务，布局综合业务，2017 年 7 月，旗下新加坡公司也获得了 RQFII 资格。光大证券通过收购英国券商及投研机构 North Square Blue Oak Ltd（简称 NSBO）全部股份，进一步进行海外业务网络的布局。中国银河证券通过收购马来西亚联昌证券国际私人有限公司（CSI）50% 股权，全方位进入东南亚市场进行国际化展业活动（见表专 6 - 9、表专 6 - 10）。

表专 6 - 9　　2017 年境内证券公司境外业务网络扩张情况

证券公司	设立地点	设立方式	分支机构类型
国泰君安证券	中国香港、新加坡、美国特拉华州、英属维京群岛	设立	子公司
海通证券	中国香港、欧洲、美洲、新加坡、日本、印度	设立、收购、参股、增资	代表处、子公司、其他（分行）
华泰证券	中国香港、美国、开曼群岛、英属维尔京群岛	设立、收购	子公司
西南证券	开曼群岛	设立	子公司
中国国际金融（香港）	中国香港、东南亚（新加坡）、欧洲（英国）、美洲（美国、开曼群岛、英属维尔京群岛）	设立、收购	有限公司（子公司）、有限合伙、办公室（已有海外子公司在新地区设立办公室）
中国银河证券	新加坡、马来西亚、泰国、印尼、中国香港、韩国、印度、美国、英国	设立	子公司
中国中投证券	中国香港	设立	子公司
中信建投证券	中国香港	设立	子公司
中原证券	美洲	参股	海外机构

资料来源：2017 年中国证券业协会专项调查。

表专 6－10　　　2017 年国内证券公司国际化重要事件

证券公司	事件
光大证券	通过新鸿基金融收购英国券商北方蓝橡（NSBO）
申万宏源	旗下新加坡子公司获得 RQFII 资格
中国银河	通过收购马来西亚联昌证券国际私人有限公司（CSI）50% 股权，全方位进入东南亚市场
招商证券	获得韩国金融委员会颁发的金融投资业正式牌照，将开始向韩国机构投资者提供中国大陆及香港的股票、债券、ETF、基金及衍生品中介服务

资料来源：2017 年中国证券业协会专项调查。

第二章
2017 年中国证券公司国际业务面临的问题与 2018 年前景展望

第一节 2017 年中国证券公司国际业务面临的问题

一、国际业务模式面临同质化困境，通道业务低价竞争激烈

从业务模式来看，境内证券公司的国际业务同质化较为严重，业务类型基本为经纪业务和信用业务，且主要服务于境内企业“走出去”，对于境外企业的业务开展仍存在较大的局限；从业务结构来看，中资证券公司的国际业务收入仍以通道为主，由于业务的同质化和日益激烈的竞争，通道业务低价竞争激烈。此外，大部分证券公司海外业务主要是通过香港子公司进行，尚未能在欧洲、美洲和东南亚等地开展海外业务，服务境外企业“引进来”，而欧洲、美国和日本的发达资本市场金融机构基本完成了海外布局，在海外金融市场上拥有主导权和定价权。但一些龙头证券公司在境外布局方面立足香港，放眼全球，已经取得了一定的进展，通过设立、并购、增资等方式，以子公司、代表处等形式进行境外展业。

二、国际业务贡献占比仍然偏低，风险日益复杂化

2017 年中资证券公司的国际业务收入营收占比较 2016 年均有不同幅度提升，但业务贡献比仍然较低。根据 2017 年中国证券业协会专项调查 120 份问卷反馈的数据来看，2017 年共有 28 家证券公司开展了国际业务，且与 2016 年相比，国际业务营收占比有所提升。据 Wind 数据显示，2017 年境内上市证券公司国际业务收入为 204.48 亿元，同比上升 10.97%。2017 年，国际业务收入前 3 位境内证券公司为中信证券、海通证券、中金公司。

从 2017 年报来看，虽然证券公司的国际业务实现了收入增加，但整体盈利贡献仍然较低。

在当前全球经济曲折复苏不确定性增强、地缘政治错综复杂的大背景下，内地证券公司在开展国际业务时，面临的风险也日益复杂化。中资证券公司国际业务面临的风险主要体现在：一是经营环境风险。当前，全球经济增长不平衡的问题日益突出，经济环境的不确定性突出。中资证券公司开展国际业务时面临的国际经营环境复杂多变。二是信用风险。在经济全球化背景下，可选择的融资方式日益增多，证券公司客户信用风险的跨区域、跨条线传导速度更快，导致资金的运行过程变得更加复杂，中资证券公司信用风险防控难度加大。三是市场风险。一方面，金融资产价格持续剧烈波动，既增加了中资证券公司资产负债定价和风险管理的难度，也给跨境并购整合、资产管理等业务造成困难；另一方面，随着人民币汇率形成机制改革的加快推进，汇率波动幅度逐步放大使中资证券公司汇率风险逐步凸显。此外，世界范围内的金融创新层出不穷，商业银行也面临着各种前所未有的新类型市场风险。四是并购扩张及整合风险。一方面，境外资本市场与境内发展阶段不同，境内外证券业务差异较大，产品品种、市场运作惯例和监管政策都有很大不同，加大了中资证券公司并购的挑战；另一方面，中资证券公司大多数缺乏国际人才储备，国际并购经验不足，对并购之后的管理整合及文化融合能力较弱，增加了后期整合风险。

三、分支机构制约投行业务发展，业务链条联动亟待加强

中资证券公司国际业务的分支机构尚处于初步发展阶段，分支机构制约投行业务发展。目前，中资证券公司开展国际业务的占比较小。根据 2017 年中国证券业协会专项调查统计情况，2017 年仅有 28 家开展了国际业务，占比 21.7%，且大多为实力雄厚的大中型证券公司。相较于成熟发达市场如美国、欧洲、日本的金融机构已基本完成海外布局的情况，中资证券公司的国际分支机构尚处于初步发展当中，主要集中在香港市场，尚未在全球有潜力的城市或地区建立分支机构或网点。扩大分支网络是证券公司展业的重要手段，广设网点是证券公司抢占市场份额的重要方法。中资证券公司开展经纪、投行等国际业务需要依托营业部进行，目前境外营业部网点的数量和规模制约了中资证券公司的国际业务展业。因此国内证券公司的境外分支机构体量较小，营业收入占比较低，盈利能力较弱。未来，中资证券公司有必要继续在有潜力的城市和地区建立分支机构，并配备专业销售人才。

中资证券公司国际业务模式较为单一，业务联动亟待加强。根据 2017 年中国证券业协会专项调查结果显示，中资证券公司在开展国际业务时，业务类型大多为经纪业务、投行业务和资产管理业务。经纪业务为投行业务和资产管理业务提供客户基础；投行业务和资产管理业务需要构建完整的一、二级市场联动业务链条，更好地把握客户并创造价值。建立在全链条上的投融资服务、PE、FICC 以及场外衍生品等服务目前涉及较少，未能发挥经纪业务存量客户资源的优势。对比境外成熟市场的国际投行，经营收入主要来源于机构客户和资管业务，各业务布局和收入较为均衡，且许多精品投行提供专业定制服务。未来，中资证券公

司国际业务的资源整合能力需要进一步加强。

第二节 2018年中国证券公司国际业务前景展望

一、把握对外开放发展机遇和新经济发展节奏，利用国内外资本市场壮大资本实力

“一带一路”倡议给证券公司国际业务发展带来重大机遇，中资证券公司应借助当前“一带一路”倡议提供的良好的市场环境，创新金融合作模式，积极服务于“一带一路”的重点建设项目，打通跨境资本流通环节，促进资本的双向流动。在这一过程中，中资证券公司可以在“一带一路”沿线国家或地区进行机构网点布局，拓展当地市场，同时在自身发展的基础上加强对外兼并、联合的双向发展，主动对接境外融资平台，提升中资证券公司自身及境外分支机构的资本实力。“一带一路”倡议一方面能够促进中资证券公司的国际业务拓展，加快中资证券公司国际化进程；另一方面也能推动国内资本与“一带一路”沿线国家或地区资本的对流，在更大范围内引导资本的优化配置。

此外，我国现在面临新旧经济转换的时刻，新经济产业正在为传统产业赋能。监管部门已经密切关注新经济产业发展动向，并制定一系列资本市场政策扶植新经济产业。同时，由于国内证券市场的规则所限，大量的新经济企业暂时无法做到在国内上市补充资本，纷纷寻求国际资本市场上市途径，包括美股和港股。具有境外机构的中资证券公司应该及早培育新经济企业的标的，在早期就进入，对这些企业进行财务辅导和资本运作，从而形成牢固的客户关系，以覆盖企业发展过程中的资本市场投融资需求。

二、引导业务结构转型，提供全方位服务

证券行业在加强合规风控管理的前提下，积极探索业务结构和战略转型，持续提升综合服务能力。传统证券经纪业务正从单纯的交易通道服务向新型财富管理服务转变，衍生品、FICC等创新业务逐步探索发展，信息技术建设的不断加强为传统证券业务注入了新活力。同时，证券公司国际业务比例持续提升，业务范围不断扩展，投行业务占国际业务的比重持续提升，资产管理业务增长迅速。QDII、RQFII业务、海外并购及财务顾问业务、跨境债券承销等业务也得到一定发展。

目前中国私人银行服务在高净值人群中渗透率还不高，还存在大量的增量市场，近两年证券公司纷纷积极开拓财富管理业务，市场空间广阔。从跨境资产配置来看，中国个人境外

资产配置比例远低于国际水平。发达国家家庭海外资产配置目前约为 15% 左右，而我国家庭的海外资产配置目前仅为 4%—5%，随着人民币国际化程度提高、境外投资的需求提高，未来中国个人境外资产配置比例将会逐渐上升。这一变化给证券公司的国际业务带来了很大的业务机会，资产配置、投顾咨询、产品设计、销售能力强的证券公司将在财富管理的市场中抢占更大的份额。内地证券公司应当提升综合服务能力，积极谋求业务结构转型，努力提供全方位服务。

三、加强并购整合协同效应，提高风险管理与控制能力

除直接设立子公司外，通过并购境外金融机构亦是中资证券公司实现境外机构扩容的重要渠道。中资证券公司在“引进来”和“走出去”的顶层战略指导下，通过并购整合境外证券公司，加强协同效应，不断拓展国际业务，布局国际化战略，分享国际市场业务份额。内地证券公司随着海外网络布局的深入，借助并购公司的已有平台、积累的合作关系和市场影响力，为境内外客户提供全球投融资服务。未来，随着并购整合的深入，协同效应有望进一步加强。

随着证券公司国际化进程的推进，风险管理和控制能力已经成为证券公司的核心竞争力。提高风险管理和控制能力是内地证券公司在开展国际业务时需要着重考虑的问题。证券公司境外分支机构展业时，应该根据当地市场的法律法规、市场特征和客户结构进行风险控制评估和管理，采用多元化投资策略，扩充资本金，拓展融资渠道以提高自身的风险管理与控制能力。

专题报告之七：
2017 年柜台市场和区域性股权市场发展综述[①]

第一章
2017 年中国证券公司柜台市场发展综述

从 2012 年 12 月 21 日中国证券业协会发布《证券公司柜台交易业务规范》至今，证券公司柜台市场经过了 5 年的发展，不但推进了多层次资本市场体系的发展，扩大直接融资，振兴实体经济，促进供给侧结构性改革的实现，同时也为非标准化投资工具提供了交易平台，丰富了资本市场产品，促进了证券公司收入多元化、结构化的进程。

2017 年是证券公司柜台市场制度及系统进一步优化与完善的一年。2017 年 7 月 1 日起施行的《证券期货投资者适当性管理办法》规范证券期货投资者适当性管理，维护投资者合法权益，对证券公司柜台市场发行、销售、转让、账户、登记、托管与结算各方面均产生影响，有效释放了证券公司的业务空间，再造及整合了证券公司基础功能。

① 国泰君安证券汪新生、广发证券章早立、齐鲁股权交易中心高鹏飞为本报告提供了材料支持。

第一节　证券公司柜台市场的开展情况①

一、投资者账户和产品情况

中证机构间报价系统股份有限公司数据显示，截至 2017 年 12 月底证券公司柜台市场累计发行 16 346 只产品，累计发行金额约 7 859. 99 亿元；代销产品累计 7 073 只，代销金额累计为 5 821. 24 亿元。

（一）发行、销售情况

柜台市场发行、代销产品数量及规模见表专 7－1、表专 7－2。

表专 7－1　　柜台市场发行、代销产品数量　　（单位：只）

产品类型	2016 年		2017 年	
	发行数量	代销数量	发行数量	代销数量
资管计划	800	401	1 296	579
收益凭证	7 679	0	15 045	0
基金专户	1	96	0	48
私募基金	0	451	0	390
银行理财产品	0	1 274	0	3 917
信托计划	0	15	0	128
债券	29	2 505	5	2 011
其他	7 768	4 742	0	0

注：各年发行、代销数量为该年度 1 月 1 日至 12 月 31 日期间发行、代销的产品数量。

表专 7－2　　柜台市场发行、代售产品规模　　（单位：亿元）

产品类型	2016 年		2017 年	
	发行规模	代销规模	发行规模	代销规模
资管计划	3 431. 87	939. 30	3 137. 02	617. 55
收益凭证	2 315. 96	0. 00	4 688. 57	0
基金专户	0. 24	72. 77	0	25. 51
私募基金	0. 00	183. 37	0	187. 94

① 本节数据来源于中证机构间报价系统股份有限公司。

续表

产品类型	2016 年		2017 年	
	发行规模	代销规模	发行规模	代销规模
银行理财产品	0.00	278.20	0	944.82
信托计划	0.00	31.58	0	46.65
债券	284.22	4 916.08	34.4	3 998.77
其他	5 864.72	6 421.31	0	0

注：各年发行、代销数量为该年度1月1日至12月31日期间发行、代销的产品规模。

（二）场外衍生品交易情况

从场外衍生品交易场所来看，90%以上的交易均在柜台市场开展。从规模来看，2017年柜台市场衍生品规模总体稳定，较2016年略有减少。从交易对手方情况来看，商业银行、私募基金、期货公司风险管理子公司等机构投资者是场外衍生品主要买方机构（见表专7-3）。

表专 7-3　　场外衍生品交易情况　　（单位：亿元）

业务类型	项目	2016 年		2017 年	
		柜台市场	报价系统	柜台市场	报价系统
互换	新增名义本金	1 902.44	95.27	2 451.44	26.68
期权		3 414.26	60.22	4 401.63	609.73
互换	存续规模	1 263.76	93.12	1 300.16	126.86
期权		2 916.83	16.49	2 105.37	133.34

（三）转让情况

柜台市场转让的产品主要以资产管理计划、收益凭证为主，占比达98%，2017年新增银行理财产品转让。由于柜台市场现缺少资产支持证券及非公开发行公司债品种，且大部分试点公司做市业务尚未开展，因此总体转让规模仍较小（见表专7-4）。

表专 7-4　　柜台市场产品转让情况

产品类型	2016 年累计		2017 年累计	
	产品数量（只）	转让金额（亿元）	产品数量（只）	转让金额（亿元）
资产支持证券	—	—	—	—
信托计划	1	0.01	4	0.61
资管计划	2 554	324.48	4 579	227.81
收益凭证	288	11.07	1 073	18.58
基金专户	10	0.35	1	0.03
私募基金	27	1.81	49	3.04
银行理财	—	—	157	1.81
总计	2 880	337.72	5 863	251.88

（四）账户情况

存续账户集中度较高，2017 年排名第一位的公司有 5 834 695 个，排名前三位的为 13 682 091 个。2017 年集中度逐渐降低，新增账户排名第一位的公司 1 916 585 户，占比下降（见表专 7－5）。

表专 7－5　　2017 年度柜台市场投资者账户集中度

存续账户数量排名	2016 年存续账户（个）	2017 年存续账户（个）
排名第一位的试点公司	4 546 030	5 834 695
排名前三位的试点公司	10 312 243	13 682 091
排名前五位的试点公司	11 847 112	15 797 925
新增账户数量排名	2016 年新增账户（个）	2017 年新增账户（个）
排名第一位的试点公司	1 984 409	1 916 585
排名前三位的试点公司	5 559 807	3 499 830
排名前五位的试点公司	6 358 058	3 905 039

注：（1）2017 年存续账户数量排名：截至 2017 年 12 月 31 日试点公司存续账户规模的排名；
（2）2017 年新增账户数量排名：2017 年 1 月 1 日—12 月 31 日试点公司新开立账户排名。

二、制度流程建设情况

为规范证券公司柜台交易行为，保护投资者的合法权益，防范证券公司风险，中国证券业协会先后发布了《证券公司柜台交易业务规范》、《证券公司金融衍生品柜台交易业务规范》、《证券公司柜台市场管理办法（试行）》、《场外证券业务备案管理办法》、《证券经营机构投资者适当性管理实施指引（试行）》等规则。目前，试点证券公司基本上都按照相关要求，建立了较为完备的业务制度、协议和流程体系，包括相关的柜台市场管理办法以及投资者适当性管理、产品管理、交易管理、合规和风险管理等内部制度，这些都为柜台市场业务的规范发展奠定了良好基础。

三、柜台市场系统建设情况

试点公司柜台市场系统主要分为 OTC 交易系统和 OTC 业务管理系统两类。OTC 交易系统主要包括 OTC 经纪、撮合、注册登记、做市等相关系统，与证券公司内部的集中交易、外围、托管、统一账户、大数据等系统进行对接，外部与登记结算公司、产品管理人、中证报价等机构对接实现互联互通。

OTC 业务管理系统一方面用于 OTC 产品相关流程管理、运营管理、报表管理等，主要用于提高工作效率，降低操作风险，另一方面为各产品发行人、管理人、做市商、销售部门、分支机构等提供定制预约、交易查询、询价报价以及产品生命周期管理等服务。

（一）OTC 交易系统建设

1. 优化升级涉及客户服务的相关信息系统

围绕向投资者充分揭示风险并留痕的原则，完善风险测评、适当性匹配、协议签署等功能，实现电子签名认证及留痕，确保系统建设符合监管规定。

2. OTC 交易系统架构优化

支持第三方系统及跨平台、异构系统的接入；采用多层结构的分布式、松耦合计算模式，建立高度开放、可持续发展的基础平台，系统统一开放的数据接口能够满足异构系统的平稳接入。

3. 实现收益凭证 T+0 确认，提高资金交收效率

TA 系统改造增加了提前批次清算，支持对当天申报的委托进行 T+0 确认；OTC 系统支持 T+0 确认文件清算处理。通过系统改造和优化实现了收益凭证委托 T+0 确认、资金 T+1 交收，提高了资金交收效率。

（二）OTC 管理系统建设

1. 建设收益凭证产品管理流程

开发收益凭证产品事务管理流程，完成收益凭证产品系列创设、产品准备、产品创设、产品运营、产品清盘等阶段共 14 个相关流程的开发，实现收益凭证产品全生命周期的流程管理。

结合收益凭证业务开展特点，为给客户提供更便捷的场外交易体验，逐步优化调整场外自建 TA 产品参数录入、净值录入等功能，手机 APP 端支持场外业务相关功能。

2. 建设产品中心管理系统

提供包括产品管理人管理，引入材料管理，流程审核管理，审核意见留痕，产品销售人员的签到、培训及考试管理，产品开放期管理等功能。

建立客户准入系统，主要用于前期准入时对于客户信息和相关文件进行记录上传、资质审核以及之后的客户信息维护。

建设经纪产品管理系统与 OTC 系统对接，建立了统一的产品字典，实现产品信息的统一管理、电子化流程管理（BPM），防范操作风险、提升业务效率。

3. 支持业务部门产品代码申请

支持自动刷新校验产品参数，实现柜台市场产品发行监管报表的生成。

四、投资者适当性管理情况

目前，大部分试点公司为规范柜台市场投资者适当性管理，均根据《证券期货投资者适当性管理办法》、《证券经营机构投资者适当性管理实施指引（试行）》等规定，建立了柜

台市场投资者管理制度，并在投资者准入、合格投资者管理、投资者风险揭示、投资者教育、投资者回访及定期评估等方面做出了相应安排。

在具体业务操作方面，大部分试点公司均建立了一系列较为严格的投资者适当性管理措施及业务流程。对于拟参与柜台市场的投资者，首先要求对投资者的身份、财产与收入状况、信用状况、金融知识、投资经验等情况进行风险承受能力评估。其次，根据风险承受能力将投资者分为 C1（保守型）、C2（谨慎型）、C3（稳健型）、C4（积极型）、C5（激进型）五类，将产品分为 R1（低风险）、R2（中低风险）、R3（中风险）、R4（中高风险）、R5（高风险）五个等级。最终，将柜台市场产品的风险等级与投资者的风险承受能力进行匹配，并定期进行重新评估，确保将合适的产品和服务推荐给合适的投资者。

五、数据报送和信息披露情况

各试点公司均按照《场外证券业务备案管理办法》的规定，通过“场外证券业务报告系统”及时、准确地报告柜台市场客户、产品、交易、登记及衍生品对手方、交易合约等数据。另外，对于柜台市场的产品基本信息和上下柜公告等内容，各试点证券公司也通过其公司网站进行相关披露。

六、柜台市场功能发挥情况

相对于场内市场来说，柜台市场是证券公司自主设立的、为与特定交易对手方在集中交易场所之外进行交易或者投资者在集中交易场所之外进行交易提供服务的场所或平台。柜台市场的发展可以促进证券公司发挥交易、登记结算、支付、投资及融资等基础功能。柜台市场作为一个功能完备的场外交易场所，应当具有发行、销售、挂牌、衍生品对手方交易、转让、做市、质押、登记托管结算等功能。目前由于柜台市场产品种类不够丰富、产品创设做市功能受限、基础设施建设不够完善、投资者需求有待培育等原因，大部分试点公司仅发挥了发行、销售、转让、登记等部分功能。

七、服务实体经济发展情况

2017 年柜台市场服务实体企业数量较 2016 年大幅增长，场外金融衍生品、结构化收益凭证产品在为实体企业提供风险管理、套期保值、资产配置工具等方面发挥了积极作用。同时，证券公司需要主动进行境内外、场内外对冲管理，这是证券公司与其他金融机构差异性所在。

但是，目前类似于资产支持证券、非公开发行公司债、地方政府债等促进实体经济直接融资的证券，都尚未在柜台市场发行、销售、挂牌和转让。十九大报告明确指出，“增强金融服务实体经济能力，提高直接融资比重，促进多层次资本市场健康发展”。因此，柜台市场作为多层次资本市场的重要组成部分，有必要进一步响应党中央、国务院号召，努力促进实体经济发展。

第二节　证券公司柜台市场的特点

柜台市场作为多层次资本市场的重要组成部分，是证券公司核心竞争力的体现。未来，随着柜台市场相关监管政策的落地，柜台市场更加规范发展，并作为场内市场的有益补充，成为多层次资本市场的重要一层，助力实体经济的发展。

一、证券公司柜台市场的产品特点

证券公司柜台市场的产品以固定收益类产品为主，分为以下两类：一是公司自有的私募产品，以收益凭证、资管产品等为代表；二是公司之外其他金融机构发行的或将要发行的产品，如市场现有的私募产品。

在不断的积极探索中，场外基础金融产品、场外金融衍生产品也具有了一定的规模。证券公司开发的适合柜台交易的衍生产品主要包括基础权益类挂钩产品、可提前收回的挂钩产品、结构化产品、股票互换类产品及利率类衍生产品。

从发行产品情况来看，截至 2017 年底发行数量最多的是收益凭证，其数量为 15 045 只，占总发行数量的 64.24%；发行金额最大的也是收益凭证，占总发行金额的 34.27%。从代销产品情况来看，产品主要集中在其他类产品，其代销数量占比为 68.69%。

二、证券公司柜台市场客户群体的特点

与成熟资本市场不同，我国柜台市场的主要参与群体是个人投资者。截至 2017 年底，从柜台市场账户情况看，个人投资者账户数为 17 699 599 户，占总账户数的 99.88%，而机构投资者账户数仅为 21 719 户，占比 0.12%。以个人投资者为主是我国证券公司柜台市场客户群体的一大特点，仍然没有改变（见表专 7－6）。

表专 7－6　　2016—2017 年柜台市场投资者账户开立情况　　（单位：户）

	2016 年		2017 年	
	个人	机构	个人	机构
累计户数	12 691 711	11 779	17 699 599	21 719
新增	6 885 817	4 654	4 513 601	6 167
销户	368 922	305	293 274	733

注：1. 累计户数指分别截至 2016 年、2017 年 12 月 31 日存续的账户数。

2. 新增、销户分别指 2016 年、2017 年内（1 月 1 日—12 月 31 日）新增和销户的数。

第三节　证券公司柜台市场的发展建议

为确保市场功能的有效发挥，柜台市场应当完善配套法律法规、自律规则，完善配套基础设施建设，降低交易成本，提高市场效率，引导行业构建业务良性发展的外部环境，真正发挥柜台市场的作用。具体建议如下：

一是明确证券公司职责与义务。证券公司柜台市场试点之初，只有《证券公司柜台交易业务规范》，后续才相继完善了配套的自律规则，出台了《证券公司柜台市场管理办法（试行）》，该管理办法虽然填补了很多法规空白，但作为自律规则，层级较低。市场缺乏更高层级的行政监管规定来支撑备案办法的法律效力。因此，建议通过更高层级的监管规则明确证券公司柜台市场功能定位和业务资格，引导证券公司规范开展柜台市场业务。

二是设置较高标准的投资者准入门槛。柜台市场业务涉及证券类型众多、业务高度复杂，尤其是市场服务企业多为创新创业企业，信息透明度较低、投资收益不确定性较强，市场的稳定运转需要投资者的专业化程度和风险承受能力与产品特征相匹配。柜台市场应当提高投资者准入门槛，构建专业投资机构资产配置平台，促进证券公司专注主业、拓宽业务范围并提升定价能力。

第二章
2017年中国区域性股权市场发展综述

第一节　区域性股权市场发展现状

一、区域性股权市场发展概况

截至2017年12月底，全国共设立40家区域性股权市场，共有挂牌企业25 391家（其中股份公司7 403家），较2016年增长了45.93%；展示企业79 968家，较2016年增长了34.63%；累计为企业实现各类融资9 124.82亿元，较2016年增长了32.32%，其中股权融资1 077.13亿元，债券融资1 945.53亿元，股权质押融资3 474.12亿元。

二、区域性股权市场发展不断规范

2017年1月20日，国务院办公厅印发了《关于规范发展区域性股权市场的通知》，明确了规范发展区域性股权市场的总体原则，要求处理好监管与发展的关系，按照既有利于规范、又有利于发展的要求，积极稳妥推进区域性股权市场规范发展，防范和化解金融风险，有序扩大和更加便利中小微企业融资。

2017年5月3日，中国证监会正式发布《区域性股权市场监督管理试行办法》，明确界定中央和地方监管职责，充分发挥中央和地方两方面积极性，有利于完善监管协同机制，防止监管空白和监管套利，严厉打击各类违法违规行为，保护投资者合法权益，防范和化解金融风险，促进区域性股权市场健康稳定发展。

三、区域性股权市场不断强化融资功能

区域性股权市场在促进中小微企业融资方面，除了为企业嫁接金融机构、投资机构资源

提供传统股权质押贷款、股权投资和金融产品等融资服务外，还进行了其他探索。如 2017 年 10 月安徽省股权托管交易中心首单私募可转债产品备案并成功发行，发行金额 2 亿元。

四、区域性股权市场设立引导基金

各地政府或区域性股权市场通过设立引导基金，对区域性股权市场的企业进行投资，如天津股权交易所设立体育产业天使基金，种子基金 2 亿元，专门为体育产业的优质企业提供融资支持；青岛市人民政府设立资本市场投资基金，对区域性股权交易中心的挂牌企业进行投资。区域性股权市场的引导基金有以下三个方面的优势：一是有效地改善企业资本的供给，解决企业投资的资金来源问题。二是优化资金配置方向，落实国家产业政策，扶持创新中小企业。引导基金的投资能起到引导和带动社会资本对高科技创新企业的投资。三是引导基金有利于缓解区域间经济发展不平衡，对促进区域经济协调发展具有重要的推动作用。

五、探索落实地方政府政策、发挥资金综合运用平台作用

区域性股权市场应当作为地方人民政府扶持中小微企业政策措施的综合运用平台，区域性股权市场运营机构正积极探索如何有效地落实地方政府政策、充分发挥资金综合运用平台作用，部分运营机构已取得初步成果，如北京股权交易中心成为中关村管委会改制、挂牌、上市和并购补贴的受理及审核机构。

六、区域性股权市场开始服务于城商行、农商行

2017 年，中国银监会出台相关文件，提出银行业金融机构应建立健全股权管理制度，探索实施股权集中托管，提高股权管理规范性。多个区域性股权市场均积极推动城商行、农商行的登记托管，如齐鲁股交中心率先在全国完成城商行、民营银行股权集中登记托管，成为地方金融机构股权规范平台。

七、区域性股权市场助力脱贫攻坚

多个区域性股权市场运营机构试行服务下沉，深入贫困地区，为当地政府、金融机构和企业开展多种形式的培训和服务，包括多层次资本市场知识培训、辅导企业挂牌、接受企业和服务机构咨询等；为企业提供融资服务，解决融资难、融资贵问题。如安徽股权托管交易中心通过金融支农项目，为灵璧县、岳西县、太湖县等贫困县区开展专项融资服务，帮助 2 家涉农企业实现融资 300 万元；甘肃股权交易中心 2017 年为贫困县区举办专业培训会 4 场，培育企业 142 户，培育企业 205 人次，为中国证监会系统定点帮扶的武山县企业实现直接融

资500万元，为武山洛门森源蔬菜果品市场投资750万元，推动武山公益性农产品批发市场建设和地方特色产业龙头企业发展。

第二节　区域性股权市场特点

一、区域性股权市场主要服务于中小微企业

不同于沪、深证券交易所和全国中小企业股份转让系统，区域性股权市场是服务于所在省级行政区域内中小微企业的私募股权市场，是地方人民政府扶持中小微企业政策措施的综合运用平台。

区域性股权市场在支持中小微企业多样化融资，对小微科技型企业和创新型新兴企业的培育和孵化，推动中小微企业规范化运作，增强金融服务普惠性，助推经济发展转方式、调结构和服务“大众创业、万众创新”战略等方面发挥了积极作用。

二、证券公司积极参与区域性股权市场建设

在沪、深证券交易所和全国中小企业股份转让系统，证券公司只是作为中介机构，而在区域性股权市场，证券公司可以参控区域性股权市场的运营机构。

截至2017年12月底，36家证券公司入股了25家区域性股权市场，在资金、人才、技术、合规风控等多方面支持区域性股权市场建设。15家区域性股权市场第一大股东为证券公司。49家证券公司开展了区域性股权市场业务，涉及区域性股权市场数量为34个，业务类型以推荐挂牌和展示为主，累计推荐3 859个项目（包括挂牌交易892个，挂牌展示2 967个）。

第三节　区域性股权市场存在的问题

一、融资能力弱，影响其他功能发挥

在区域性股权市场功能中，融资是核心，其他功能的发挥均有赖于此。

第一，由于交易方式限制，区域性股权市场缺乏流动性，导致挂牌企业股权缺乏公允价格，在股权质押方面推进难度大。同时，流动性不足导致风险投资退出渠道狭窄，严重影响了企业股权融资效率。

第二，挂牌企业规模小、风险大，规范程度不高。参与的中介机构对企业规范的处理标准不同，导致部分企业难以得到真正的规范。

第三，市场参与者以融资企业居多，投资者较少，投融资双方不对称，对接困难；区域性股权市场的推荐机构多是各类不具备保荐资格的公司，企业在转板时需要重新更换中介机构，无形中增加了成本。

第四，在产品探索过程中，担保、保险介入不多，增信措施少，缺乏有效的资金渠道。

第五，区域性股权市场与工商登记部门缺乏信息联动和业务对接机制，导致双方在企业股权登记方面存在信息不对称，对区域性股权市场为企业提供股权质押、增资扩股、股权转让等股权融资服务造成较大影响。

二、生存环境有待改善

一是受到新三板扩容的影响。自从新三板扩容至全国后，资质较好、规范度较高的企业大多选择挂牌新三板。相对资质一般、规范度较低的企业会选择区域性股权市场，难以吸引投资者。

二是目前对企业和个人在区域性股权市场转让股权净收益分别征收 25% 的企业所得税和 20% 的个人所得税。由于不在区域性股权市场挂牌的企业转让非上市公司股权往往可以通过各种方式规避相关税费，而挂牌企业则无法规避，影响了企业进场挂牌的积极性。

三、各级各地政府对区域性股权市场支持力度不同

一是各级各地政府对区域性股权市场重视程度不一，同时相关扶持政策落实力度不一。

二是部分地方政府尚未制定针对区域性股权市场的优惠政策。一些地方虽制定了优惠政策，但适用门槛较高，不符合区域性股权市场挂牌企业的实际情况。

第四节　区域性股权市场未来发展展望

自 2008 年天津股权交易所设立起，经过 10 年的探索和实践，全国各地区域性股权市场快速发展，截至 2017 年底我国区域股权市场已达 40 家，已覆盖全国 34 个省、自治区、直辖市和计划单列市，挂牌、展示企业总数达 10.5 万家，约占全国企业总量的 0.3%。各地

股权交易市场在支持中小微企业多样化融资、推动中小微企业规范运作、增强金融服务普惠性等方面摸索出了成熟经验，在促进企业特别是中小微企业股权交易和融资，鼓励科技创新和激活民间资本，加强对实体经济薄弱环节的支持等方面都发挥了积极作用。

2017 年，国务院办公厅下发了《关于规范发展区域性股权市场的通知》，中国证监会发布了《区域性股权市场监督管理试行办法》。随着这些涉及顶层设计和政策护航的一系列文件的出台，区域性股权市场的监管体系分工更加明确，功能定位愈加清晰，市场秩序继续有效规范，市场环境进一步净化，我国区域性股权市场将步入健康发展轨道。

专题报告之八：
2017 年机构间私募产品报价与服务系统发展综述

2017 年是我国经济深入推进“三去一降一补”、继续深化供给侧改革之年，中证机构间报价系统股份有限公司（以下简称“中证报价”）在中国证监会及中国证券业协会的指导下，始终围绕服务实体经济和国家战略需要，坚持稳中求进的总基调，深入贯彻落实国家系列方针政策和全国金融工作会议精神，进一步完善市场建设基础功能，坚守风险防控底线发展市场，充分发挥机构间私募产品报价与服务系统（以下简称“报价系统”）平台功能，直接或赋能各类金融机构服务实体企业，提升私募市场服务实体经济的能力。

第一章
2017 年报价系统发展的主要特点

一、报价系统成为多层次资本市场有机组成部分

报价系统坚持“多元、竞争、开放、包容”的发展理念，稳步推进私募债券、私募股

权、场外衍生品、普惠金融“四大市场”建设。积极推进私募债券市场建设，资产证券化、收益凭证、私募债券、资管计划等业务规范有序发展，市场发行和交易规模稳步增长。私募股权市场秉持“以报价为基础，以估值为核心，以融资为目的”的建设理念，夯实中国青年创新创业金融综合服务平台、中国金融扶贫综合服务平台等特色板块功能，为服务中小微企业、初创企业、行业扶贫提供了有效的金融服务。场外衍生品市场作为证券行业场外衍生品市场的基础设施，以风险缓释为核心，为实体企业提供精细化的风险管理服务，场外衍生品交易标的不断丰富，密切服务实体企业与“三农”事业。普惠金融市场在投资者教育服务、金融行业扶贫、金融孵化等领域进行积极探索和布局，并有一定的发展。

报价系统作为我国多层次资本市场的重要基础金融设施，在丰富多层次资本市场体系、提升证券经营机构核心竞争力、服务实体经济和国家战略方面发挥了越来越重要的作用。

二、优化基础功能，规范业务流程

中证报价不断完善报价系统私募产品报价、发行、转让、登记结算、信息服务等核心功能，规范各类业务流程。

中证报价坚决贯彻中国证监会依法从严全面监管的要求，在严控业务风险的前提下稳步推进各项业务发展，坚守风险防控底线，努力更好地支持和服务实体经济发展。不断完善材料申报平台和产品注册系统建设，及时高效地完成复审及注册工作。密切跟踪市场动态，积极开展产品研究与评估，探索产品组织与创设。持续优化质押式回购、私募产品定向发行与转让等交易机制，从业务环节、产品类型等多维度出发，以科学化、规范化、电子化的交易监督机制为抓手，建立多层次、多维度、矩阵式交易监测指标体系。完善场外证券业务报告系统，加强场外证券市场监测监控，深入开展场外市场数据分析与研究。中证报价围绕投资者适当性管理开展制度设计、信息报备、平台建设等一系列工作。

三、稳步推进直接融资业务，服务实体经济发展

中证报价始终以服务实体经济为目标，确立以服务私募融资为主业的发展战略，以落实党中央、国务院关于提升社会直接融资比例的总体部署。经过三年多的探索，形成了相对齐全的私募融资支持体系，产品涵盖资产证券化产品、私募债券、私募股权等，服务涉及投融资对接、产品路演、产品发行、信息披露等。中证报价为企业私募融资的服务能力显著增强，被国务院《关于促进创业投资持续健康发展的若干意见》、《“十三五”国家战略性新兴产业发展规划》确认为支持直接融资服务、支持战略性新兴产业创业企业发展的机构，也是中国证监会资产证券化产品和财政部 PPP 项目资产证券化业务指定的交易场所。中证报价充分发挥机构间私募产品报价与服务系统平台功能，赋能各类金融机构，与各类参与人携手服务实体经济。

四、突出全面风险管理机制建设

风险管理是报价系统建设、发展的重中之重，也是报价系统的核心竞争力之一。自运营以来，中证报价始终在严控业务风险的前提下稳步推进各项业务发展，严守风险防控底线。

在实践中，中证报价建设了一套适合自身业务特点的、独特的立体风险防控体系。以单只产品风险管理为基础，严把准入关；以累积风险管理为核心，开展风险计量与监测；以风险分散为目标，建设风险缓释机制；以组织架构和制度体系为支撑，建立全面风险管理框架。在工作方式上，则以自身账户体系为基础，通过业务过程留痕、数据分析等开展风险管理工作，实施分层管理、分类管理、授信管理、信息披露、外部增信、投资者适当性管理。

第二章
2017 年报价系统运营情况

一、参与人情况

（一）参与人结构持续优化，活跃度不断提高

2017 年，报价系统参与人延续了 2016 年的快速增长趋势，全年新增参与人 853 家，增长幅度达 23.9%。新增参与人主要以银行、基金、保险、信托、投资机构、实体企业等为主，参与人结构不断优化。截至 2017 年 12 月 31 日，报价系统参与人总共 3 025 家。

在参与人数量保持增长的同时，参与人活跃度不断提高。截至 2017 年 12 月 31 日，累计活跃参与人数量近千家。

（二）加强投资者适当性管理工作，督促参与人履行适当性义务

为适应监管部门关于投资者适当性管理的最新要求，中证报价将投资者适当性管理作为年度重点工作，并取得了重要成果。一是在《证券期货投资者适当性管理办法》的总体要求下，结合报价系统自身特点，在广泛征求参与人意见的基础上，编制发布《机构间私募产品报价与服务系统投资者适当性管理办法》；二是建立报价系统投资者适当性服务平台，为交易双方提供线上交互渠道，从提升服务、满足参与人需求角度出发，引导参与人履行适当性义务；三是督促参与人履行适当性义务，启动了投资者信息整合和参与人的适当性规则报备的工作。

二、私募产品发行与交易情况

（一）产品发行规模

自运营以来，报价系统产品发行数量和规模持续增长。截至 2017 年 12 月 31 日，报价

系统累计发行产品 13 926 只，累计募集资金 10 992.17 亿元。

1. 发行规模迅速增长

报价系统私募产品发行规模迅速增长，2014 年 12 月 10 日发行量突破第一个 100 亿元，2015 年 4 月 21 日发行量突破了 1 000 亿元，2017 年 10 月 26 日发行量突破 10 000 亿元，报价系统发行规模稳步增长（见图专 8－1、图专 8－2）。

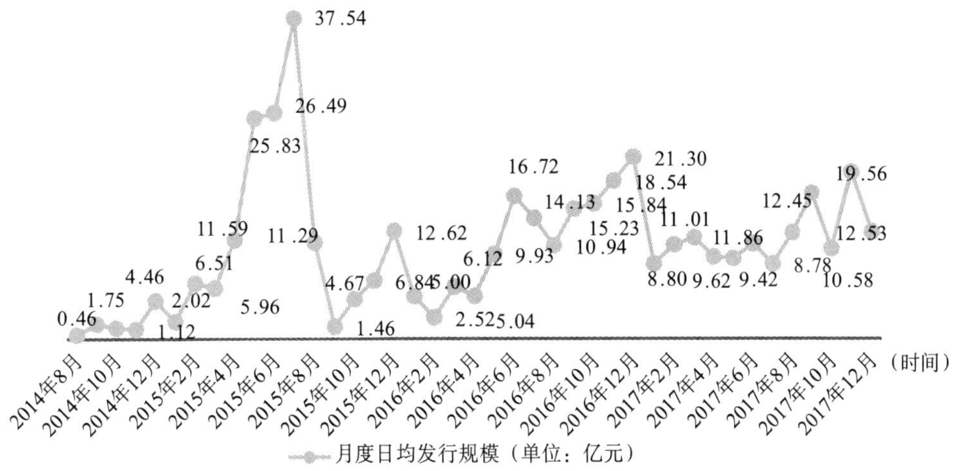

图专 8－1　报价系统私募产品月度日均发行规模统计

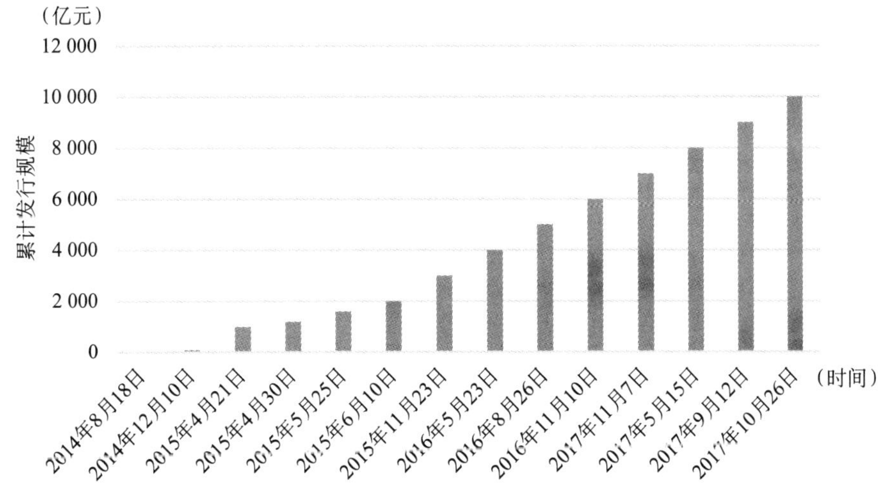

图专 8－2　报价系统累计发行规模增长图

2. 产品种类逐渐丰富

报价系统 2014 年正式上线，经过三年多的建设，报价系统发行的产品类型不断丰富，已涵盖收益凭证、资产管理计划、非公开发行公司债券、资产支持证券、私募股权投资基金、私募证券投资基金、信托产品等多元化品种。截至 2017 年 12 月 31 日，共 209 家参与人在报价系统发行 14 639 只产品，其中 13 926 只发行成功，661 只发行失败，52 只处于募集期（见图专 8－3）。

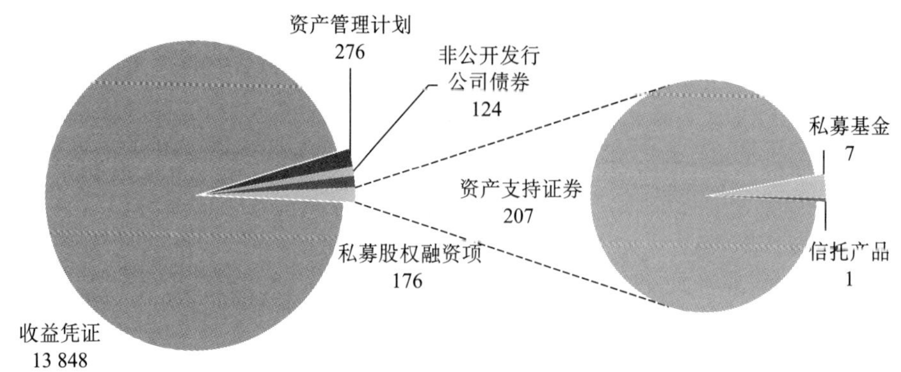

图专 8-3　报价系统私募产品累计发行数量（单位：只）

（二）产品交易规模

为满足私募产品转让需求，提高私募产品流动性，促进私募发行，报价系统积极构建一个基于互联网的开放式、全网运行的报价转让平台，为私募产品提供了丰富的转让方式以及质押融资交易机制。

1. 转让市场交易增速明显

报价系统支持证券公司资管计划、私募基金、非公开发行公司债券、收益凭证、私募股权等私募产品转让，提供协议转让、做市转让、拍卖竞价和标购竞价等多元化转让方式。2014 年转让交易金额仅为 310. 01 万元；2015 年和 2016 年报价系统转让交易规模连续两年快速增长，交易金额分别达到 49. 23 亿元和 262. 68 亿元；2017 年转让交易额再创新高，截至 2017 年 12 月底，报价系统已累计交易金额共计 907. 72 亿元。

从产品类型来看，截至 2017 年 12 月 31 日，共 2 562 只私募产品在报价系统挂牌转让，其中非公开发行公司债产品转让成交金额达到 83. 55%，成为报价系统转让交易最为活跃的产品（见图专 8-4）。

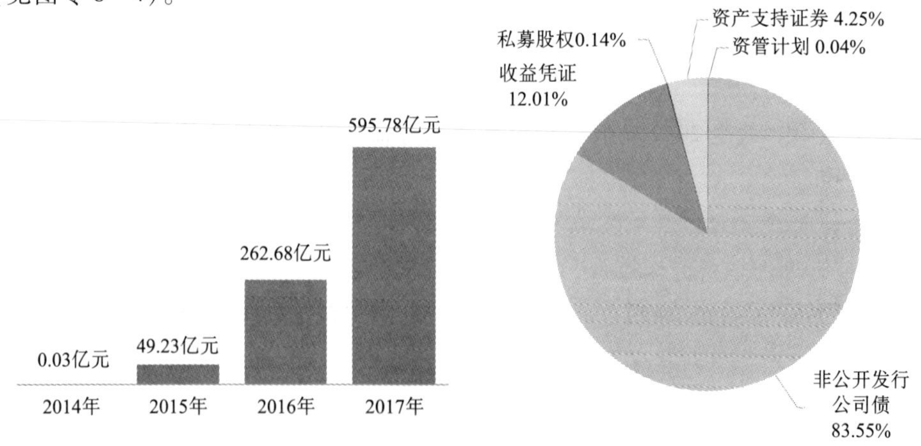

图专 8-4　报价系统年度转让交易金额与各类产品转让成交金额占比

2. 完善做市商机制，提供流动性支持

为进一步提高报价系统私募产品流动性，满足投资者交易需求，中证报价积极推进报价系统做市商机制建设，着力培育私募产品做市商队伍。报价系统支持做市商采用双边报价做市、回应询价做市等做市方式。截至 2017 年 12 月 31 日，共计 17 家证券公司已成为报价系统做市商并在报价系统对收益凭证、资产管理计划等产品提供双边报价；做市交易累计成交 564 笔，交易金额 9 123.23 万元。

3. 申购与赎回

截至 2017 年 12 月 31 日，共计 595 只产品在报价系统进行申购、赎回与回售业务。报价系统共收到申购申请 316 笔，申购金额共计 33.28 亿元；共收到赎回申请 509 笔，赎回金额共计 24.43 亿元；共收到回售申请 62 886 笔，回售金额共计 78.56 亿元。

三、固定收益业务稳健拓展，服务实体经济形式不断创新

2017 年固定收益类和资产管理类产品新增发行规模达 4 062.95 亿元，尤其在创新推进 PPP 资产证券化、发展绿色金融、精准扶贫等领域取得积极进展，对于助推经济转型、加快制造业优化升级、促进新兴产业快速成长作用明显。

（一）持续加强债券产品风险管理，积极维护债券市场稳健发展

中证报价高度重视债券业务风险点，不断建立和完善风险监测管理体系，始终坚持以防、控、管多措并举严格管理，同时借助债券监管信息系统和固定收益平台优化存续期管理，积极推进债券市场监管部门统一执法，自觉维护债券市场的健康发展。

第一，强化风险管理，加强信息披露监管和风险揭示，建立了以管理人为核心的债券存续期管理责任制，引导中介机构尽职尽责，健全受托管理制度，在事前、事中、事后的债券管理工作中，坚持以真实、及时、完整的信息披露为重点，落实主体责任，规范受托管理人受托管理事务报告和债券存续期信用风险排查报告披露，建设针对存量债券的债券风险监测指标体系并投入应用，通过风险评价指标、辅助风险分析指标等，直观反映风险程度，并展现风险成因，对于潜在的风险事件，及时发现并督促相关方采取措施，按照市场化原则积极化解处置相关风险。截至 2017 年底，报价系统私募债券各类指标均持续保持在极低风险水平内，风险可控。

第二，完善投资者适当性管理，增强投资者风险识别和承担能力，发布实施《机构间私募产品报价与服务系统资产证券化投资者适当性指引》、《报价系统资产证券化投资者适当性管理业务问答》等相关规则，明确了投资者适当性要求，形成双向约束机制，促进债券市场的健康发展。

（二）围绕服务国家发展战略，大力发展资产证券化业务

中证报价围绕着国家的发展战略，大力发展资产证券化业务。从基础资产类型来看，包

括应收账款、基础设施收费权、类 REITs、CMBS、租赁债权等十余种类型，基本实现了基础资产类型的全覆盖。通过一批有特色产品在报价系统落地，提升了服务国家发展战略的能力。

第一，服务国家供给侧改革和投融资体制改革，深入开展 PPP 项目资产证券化工作，中证报价在 2017 年正式被列为财政部 PPP 项目资产证券化业务指定的交易场所。如太平洋证券新水源污水处理服务收费收益权资产支持专项计划在报价系统挂牌，该单业务是纳入财政部 PPP 项目库的项目，首次以资产证券化的方式进行融资。

第二，服务绿色发展和脱贫攻坚战略，鼓励绿色能源企业和贫困地区企业开展证券化融资。如恒安电力绿色水电资产支持专项计划是首单具有扶贫、绿色两大特色的资产证券化项目，鹏华资产—南京金龙中央财政补贴收益权绿色资产支持专项计划的底层资产及募集资金用途均符合“绿色”认定的“双绿”属性。

第三，响应国务院关于盘活存量资产号召，推动重资产企业转型，如恒泰弘泽—华远盈都商业资产支持专项计划、中信—金石—碧桂园凤凰酒店资产支持专项计划等类 REITs 产品，促进了相关企业向轻资产转型。发行 REITs 可以降低社会杠杆率，降低企业融资成本，同时也丰富了企业融资渠道和投资者投资渠道，是中证报价落实“三去一降一补”的重要体现。

截至 2017 年 12 月 31 日，中证报价已出具无异议函的资产证券化产品 39 单，拟募集资金总额 1 084.33 亿元，其中发行 29 单，募集资金 403.40 亿元。

四、股权市场建议稳步前进，应用场景不断深化

2017 年，报价系统股权市场积极落实国家创新创业、扶贫攻坚、绿色金融、健康中国等政策要求，围绕私募股权市场“以报价为基础、以估值为核心、以融资为目的”的定位，稳扎稳打夯实报价系统私募股权市场功能，完善多层次资本市场体系，服务实体经济，防范金融市场风险。

（一）持续提供融资增值服务，优化中小微企业融资环境

为解决中小微企业在发展过程中长期存在的融资难、融资贵等问题，促进投融资双方对接，提高直接融资比重，报价系统股权市场以展示、报价、估值、发行、转让、质押、登记等市场功能为基础，积极与各省、市政府及园区合作，充分发挥政府和中证报价各自优势，提高社会资本参与的积极性，便利企业融资，缔结合作伙伴城市，成立相关机构联盟，开展形式多样的宣传，为中小微企业持续提供增值服务，优化中小微企业融资生态环境。

（二）提供“双创”综合金融服务，支持青年创新创业

为支持青年创新创业，中国证券业协会与共青团中央合作，依托报价系统搭建中国青年

创新创业金融综合服务平台（简称“双创平台”），通过区域中心、合作伙伴城市建设不断提升“双创”服务的覆盖面，通过青创训练营、路演等活动提升“双创服务”质量，使得平台活力日益激发，为青年创新创业提供发展舞台。截至 2017 年 12 月 31 日，“双创”平台挂牌企业共计 283 家，其中挂牌展示企业 192 家、挂牌融资企业 91 家，为多层次资本市场解决青年初创小微企业融资问题提供了有益探索和有效补充。

（三）提供扶贫综合金融服务，推动证券行业精准扶贫

为推动证券行业实施精准扶贫，促进贫困地区发展，中证报价在中国证券业协会指导下依托报价系统搭建中国金融扶贫综合服务平台（简称“扶贫平台”）。扶贫平台定位于行业扶贫宣传平台、扶贫资源汇聚平台、扶贫数据交互平台，为贫困地区企业提供挂牌展示、私募融资、论坛路演等多种服务方式，发挥证券行业专业优势，落实精准扶贫，推动贫困地区产业资源与资本市场对接，促进贫困地区经济发展，做好扶贫“绣花针”功夫。2017 年扶贫平台融资项目 19 个，对接扶贫产业基金 8 只，基金规模约 8. 34 亿元，在证券行业精准扶贫方面做出有益探索。

（四）打造丰富业务场景，支持战略新兴产业发展

响应国家号召，依托报价系统基础功能，结合政策要求，股权市场尝试搭建相关业务平台和专区，丰富业务场景，有所针对和侧重地为相关战略新兴产业和企业提供资本市场服务，落实国家战略要求，促进经济结构升级转型。落实“绿水青山就是金山银山”指示精神，支持国家绿色产业发展，与湖州市政府合作搭建绿色金融平台，为绿色小微企业发展及传统工业企业绿色升级提供私募市场融资服务。落实“健康中国”战略，解决医药企业在研发、生产前段所遇到的融资、估值等难题，股权市场搭建医药创新平台，组织开展医药创新投资讲座、医疗健康产业论坛暨企业路演等活动，为医疗健康投资机构、企业、私募基金提供交流对接平台。

截至 2017 年 12 月 31 日，报价系统股权市场挂牌企业共计 402 家。其中，开展展示业务企业 192 家、报价业务企业 78 家、融资业务企业 182 家，融资总额 13. 7 亿元。挂牌企业主要分布于信息技术、文体娱乐、智能制造、互联网、大数据、环保节能等行业，服务新兴战略产业，服务直接融资和实体经济发展特征明显。

五、健全场外衍生品市场合规风控体系，市场规模稳步上升

（一）场外衍生品市场基础功能进一步提升

为了顺应国际成熟场外衍生品市场电子化交易的发展趋势，中证报价建设了场外衍生品在线签约平台，持续完善场外衍生品市场基础功能。2017 年中证报价对场外衍生品市场相

关系统进行了整体的功能升级，5 月份核心交易平台上线，建立了覆盖交易前、中、后全流程的服务体系。场外衍生品市场可以向参与人提供询价与报价、在线签约、交易报告、估值与清算、交易辅助系统等服务功能。

（二）建立完善合规风控管理体系

报价系统场外衍生品市场建立了完善的合规风控管理工作体系，通过加强事前、事中、事后的合规管理，保障报价系统场外衍生品市场的合规运营。

1. 加强事前合规管理，把好准入关

中证报价依据参与人类型，做好事前预防合规风险措施。针对证券公司参与人，首先，要求证券公司参与人提交业务计划及配套的相关制度等，保障证券公司具备相应的专业水平与风险管理能力，符合监管要求以及自律规则；其次，建立预沟通机制，对拟开展业务类型、特殊交易对手方、交易结构、挂钩标的等要素的合规性问题进行交易前沟通。针对非证券公司参与人，严控各类涉嫌场外配资或其他违法违规行为的机构进入场外衍生品平台交易，并持续开展报价系统场外衍生品业务参与人的准入核查工作。

2. 加强事中监测监控，重点关注场外个股期权

中证报价对参与人在报价系统开展场外衍生品交易行为进行事中监测，对发起的签约交易进行分析核查，并建立了针对个股期权的风险监测指标体系，对个股期权的交易要素进行事中监测并制定了相关指标阈值，关注个股风险属性、股票二级市场的流动性、单一股票存续规模占流通市值比例等指标。

3. 事后合规分析与报告

中证报价建立了事后合规分析机制，对报价系统场外衍生品市场的全量交易进行分析。日度合规分析报告关注交易结构、对手方交易目的、条约条款合规性等方面的情况；月度合规报告重点关注市场流动性匹配度、证券公司存量规模、交易趋势等情况；业务专报重点对热点问题进行案例分析和总结。

（三）参与人结构优化，业务规模提升较快

报价系统场外衍生品市场参与人结构进一步优化。2017 年度，场外衍生品市场开展过交易的参与人共计 258 家，包括证券公司、期货公司及其风险管理子公司、私募基金、公募基金子公司、商业银行、保险公司、非金融类企业、金融类其他机构等，参与交易机构类型多元。

2017 年，报价系统场外衍生品在线签约平台新增主协议 971 笔，新增交易确认书 2 964 笔，合计新增初始名义本金额 636.41 亿元，其中场外期权新增 609.73 亿元，收益互换新增 26.68 亿元。报价系统场外衍生品市场全年新增初始名义本金额、市场占有率均明显上升，新增初始名义本金额环比增长 209.78%，2017 年在证券行业场外衍生品市场的市场占有率为 8.50%。

（四）场外衍生品市场服务实体经济能力有所提高

为充分发挥场外衍生品的风险管理功能，推动场外衍生品市场服务实体经济，2017 年，中证报价积极开展相关交易组织工作，推动涉农企业、产业客户、保险公司、期货风险管理子公司等通过平台开展以农产品、工业原材料为标的的场外衍生品交易，有效满足了农户、产业客户等风险管理需求。2017 年，报价系统场外衍生品市场商品类标的的交易名义本金共 28.27 亿元。

1. 积极推进证券公司通过场外期权进行精准扶贫

中证报价积极鼓励并支持证券公司通过场外期权业务进行精准扶贫工作。证券公司与某国家级贫困县贸易公司签署挂钩玉米期货的场外期权合约，以确保贫困农民收入有基本保障，规避农产品价格剧烈波动造成损失的风险，实现贫困农民增产能增收的帮扶目标。

2. 积极推进“农业保险 + 期权”业务模式，服务“三农”

中证报价积极研究和推广“农业保险 + 期权”的业务模式，引导并支持参与人通过报价系统开展场外衍生品交易，切实服务实体经济。保险公司与农户签订农产品保险合同，再向证券公司购买挂钩对应农产品期货的期权合约完成风险对冲。此类业务模式可有效降低农产品价格波动给农民造成的损失，切实服务“三农”。截至 2017 年底，已有多家保险公司报价系统开展“农业保险 + 期权”业务，合计涉及初始名义本金额近 3 亿元。

六、场外市场登记结算体系日臻完善，平稳运行

2017 年报价系统登记结算运营管理从防控风险、完善服务、优化流程及业务创新等方面着手，坚持稳中求进，为各类业务的开展提供了有力支撑。

一是持续完善报价系统登记结算制度体系，为登记结算业务的开展奠定制度基础。二是稳步推进账户管理、参数管理及清算交收等工作。截至 2017 年 12 月 31 日，报价系统累计为参与人开立产品账户 2 606 个、资金结算账户 3 359 个；累计收到参与人报送的合格投资者账户信息 8 459 484 个。三是根据业务需要，不断梳理登记结算业务系统需求，持续优化相关系统功能，逐步形成一套以场外数据清算中心、中证 TA、资金结算系统、中证金通平台、衍生品清算系统为核心，既相互独立、又有效衔接的登记结算业务系统，为运营管理提供必要的技术支撑。四是持续拓展资金结算渠道，强化结算渠道管理，提升结算资金管理的时效性及稳定性。截至 2017 年 12 月 31 日，报价系统结算渠道共计 15 家，包括 13 家结算银行、1 家三方支付机构以及中国证券登记结算有限公司深圳分公司。五是贯彻全国金融工作会议提出的加强金融基础设施的统筹监管和互联互通，推进金融业综合统计和监管信息共享的指示精神，2017 年 7 月启动了将产品账户纳入中国证券登记结算有限公司一码通账户体系的工作。

第三章
2017 年报价系统风险管理情况

中证报价坚决贯彻中国证监会依法从严全面监管的要求，在严控业务风险的前提下稳步推进各项业务发展，严守风险防控底线，努力更好地支持和服务实体经济发展。2017 年以来报价系统功能日臻完善，市场平稳运行，市场融资规模稳步增长，未出现实质性违约事件。

一、以单只产品风险管理为基础，严把准入关

中证报价对私募产品发行与转让实行注册管理，建立了标准化审核底稿制度，从合规性、材料齐备性、产品结构及相关主体经营情况四个方面对产品进行审核和评估，通过严格审核把关，坚决把不合规的产品排除在报价系统之外。

二、以累积风险管理为核心，开展风险计量与监测

中证报价将单只产品监控和整体市场风险监控并重，积极建设风险动态监测预警指标体系，对发行规模 50 亿元以上的重点产品建立风险监测指标。目前已完成收益凭证、资产支持证券及非公开发行公司债券三类主要产品的风控指标与模型，并根据指标体系的测算结果形成相关产品的风险监测报告。

三、以风险防控为目标，全面开展风险排查工作

一是开展信息技术风险排查工作。2017 年通过引入外部咨询机构开展报价系统信息系统风险管理能力提升项目，对报价系统信息技术风险管理能力进行了全面评估，形成评估报告并由信息技术委员会牵头开展整改工作。二是做好报价系统安全保障工作，组织各部门、子公司结合实际工作情况，对安全保障风险特别是信息系统相关操作风险进行专项梳理排查，做好保障工作。三是积极配合中国证券业协会对公司的现场检查工作，对公司组织设置

及管理制度、报价系统建设与运营、场外证券业务备案、各类专项业务等情况进行了梳理，并密切关注检查结果，为检查中发现的问题进行整改落实工作做好准备。

四、以组织架构和制度体系为支撑，建立全面风险管理框架

结合全面风险管理组织架构，建立“由上至下、层次清晰、全面覆盖”的风险管控制度体系。在内部风险管理制度方面重点加强了总体风险管理、应急管理及常规风控流程与业务操作指引的制度建设。2017 年以来，共新增拟定规则 8 项，组织拟订专项应急预案 3 项，其中，已发布实施 4 项。报价系统上线运行至今，整体运行平稳，未发生违规情况，也未发生重大风险事件。

第四章
2018 年报价系统发展展望

2018 年，中证报价将全面落实党的十九大和全国金融工作会议精神，紧紧围绕基础定位和核心功能，创新工作方法，完善运行体制机制，提高直接融资比重，增强服务实体经济能力。

一、加强投资者适当性管理

继续完善报价系统投资者适当性管理相关规则；建设报价系统投资者适当性数据集中系统，推动报价系统投资者适当性数据整合与数据分析工作，通过多维度对投资者情况进行分类和分析，为报价系统投资者适当性工作的开展与改进完善提供数据支持；加强对参与人的日常管理，积极督促、引导报价系统参与人履行适当性义务。

二、提高直接融资比重，增强服务实体经济能力

大力发展股权、债券、股债结合产品等直接融资工具，推动不同政策应用场景在报价系统落地。一是以“服务实体经济、服务国家战略”为导向，不断丰富现有产品内涵和外延，积极创设不同品种、不同类型的产品；二是以“规范发展”为目的，对现有固定收益类产品进行评估，推动产品规范、可持续发展；三是依托共青团中央、国务院扶贫办公室等相关部门，推动“双创”平台、扶贫平台等私募股权平台建设，结合创新创业企业、战略新兴企业及贫困地区差异化的金融需求，创新金融服务。

三、加强风控体系建设，增强主动防范与化解风险能力

围绕全方位的立体风控建设目标，完善与细化风控管理制度体系，提升制度体系的完整性、有效性与可操作性；开展操作风险与合规风险排查，识别关键风险隐患，健全报价系统业务风控体系；实现对报价系统收益凭证、资产证券化产品以及私募债券的累积风险指标

监测。

四、加快场外证券业务报告系统建设，提升场外证券业务监测服务能力

完善场外证券业务报告系统建设，提升场外证券业务监测服务能力。加快场外证券业务报告系统建设，持续优化场外衍生品业务、非公开发行公司债券等重点业务领域报告功能。加强场外证券业务报告系统的数据管理、应用，为监管机构与自律组织在场外证券领域监测监控提供数据服务。

五、积极履行社会责任

建设证券行业扶贫信息报送系统，做好证券行业扶贫信息收集整理工作，定期发布证券行业扶贫信息报告；推动扶贫板建设，进一步优化扶贫板数据展示；探索产业扶贫模式，促进贫困地区企业与资本市场对接，促进贫困地区发展。

专题报告之九：
2017 年证券公司固定收益业务发展综述

第一章
2017 年债券市场概况

第一节 中国债券市场机构投资者概况

一、中国债券市场参与结构情况

目前，中国债券市场包括银行间债券市场、交易所债券市场、中证机构间报价系统及商业银行和证券公司柜台交易市场。从总量托管上来看，由于商业银行的参与，银行间债券市场是中国债券市场的主体，其债券存量和交易量占中国债券市场的 90% 以上。交易所债券市场是中国债券市场的重要组成部分，它的参与者既涵盖了各类机构投资者，又涵盖了个人投资者。交易所债券市场由两部分组成，其一是实行集中撮合交易的零售市场，其二是由固定收益平台和大宗交易系统构成的批发市场。商业银行柜台交易市场是银行间债券市场的延伸，也属于债券零售市场。中证机构间报价系统作为券商间场外衍生品交易市场，将证券公司分散的柜台交易市场连结起来。

目前在银行间债券市场，我国债券市场的投资者分为特殊结算会员、银行类、非银行金融机构类、个人类和境外机构这六大类。截至 2017 年 12 月底，在中央国债登记结算公司

（以下简称“中债登”）开立一级账户的投资者数量为 18 741 个，证券公司占比 0.7%。从投资者数量分布来看，占比前三位的分别为广义基金（82.77%）、商业银行（6.51%）、境外机构（3.3%）。与 2016 年相比，境外机构占比有明显上升，显示我国债券市场开放程度与对境外投资者的吸引力均在增强。

直以来，银行间债券市场由机构投资者主导，而交易所债券市场呈现个人化特征。截至 2017 年 12 月底，交易所债券市场共有 13 398 个投资者，绝大多数为自然人。另外，交易所债券市场和银行间债券市场投资者的平均债券持有量分别为 7.26 亿元和 33.3 亿元，交易所投资者持仓体量相对较小。

二、交易所债券市场的发展优势

尽管目前交易所债券市场在传统产品上的竞争优势尚不如银行间债券市场，但交易所债券市场也有自己独特的发展优势。

第一，从总体上看，交易所债券市场具有平台优势，交易所市场既有债权类资产，又有股权类资产、股债混合类资产，不同风险偏好的投资者可以有更多的投资选择。而且仅就债券交易而言，交易所的交易系统还具有明显的技术优势，其既具有撮合系统的匿名性和低成本，也有报价驱动系统的即时流动性。而从结算方式上看，交易所市场一开始就采用净额结算方式，能够显著降低投资者的交易成本。

第二，交易所市场拥有庞大的个人投资者客户基础。只要交易所市场能够提供具有足够吸引力的债券产品，这些庞大的潜在客户完全可以变成现实的客户基础。从投资偏好上看，交易所市场成员风险偏好特性更为多样化，这对未来交易所市场发展衍生债券品种是非常有利的。此外，随着银行被允许进入交易所债券市场，交易所债券市场不但可以巩固其在零售市场上的优势，而且未来在批发市场上的劣势也将得到显著的改善。

第三，从债券托管量和成交量变动来看，交易所近一年有着较快的发展。截至 2017 年 12 月底，中债登、交易所债券托管量分别为 50.95 万亿元、8.57 万亿元，较 2016 年末分别增长 16.54%、19.6%，显示交易所的债券托管量增长更加迅速。从成交额来看，银行间净价成交额由 2016 年的 123.9 百万亿元缩减至 97.9 百万亿元，下滑 20.98%；而交易所成交额却增加了 22.82%，反映交易所的成交活跃程度有所上升。

三、机构投资者持仓量结构变化情况

我国债券托管结算体制的明显特征是其分割性，共有两类债券托管结算系统：一类是原先由中国人民银行监管、现由中国银监会与中国人民银行共同监管的中央国债登记结算公司（以下简称“中债登”），以及由经财政部、中国人民银行批准成立的银行间市场清算所股份有限公司（以下简称“上清所”），由中国外汇交易中心、中央国债登记结算有限责任公司、中国印钞造币总公司、中国金币总公司等4家单位2009年共同发起设立。中债登和上清所作为银行间债券市场的后台支撑系统，负责该市场上各类债券的托管与结算事宜。另一类是由中国证监会监管的中国证券登记结算公司（以下简称“中证登”），其下又分上海分公司与深圳分公司，分别负责上海证券交易所与深圳证券交易所包括债券在内的所有场内证券的托管清算、结算事宜。

从中债登投资者持仓量结构变化来看，也可看出交易所近年来获得迅速的发展。商业银行由2012年底的66.4%下降到2017年底的63.23%，广义基金类由2012年底的10%上升到2017年底的17.57%。值得注意的是，商业银行、广义基金和交易所是2017年底中债登的前三大机构投资者，交易所作为一个整体以分托管账户存在，2017年底占比3.65%，超过特殊结算机构以及保险机构，而2011年底时交易所的占比几乎可以忽略不计，显示出交易所在中国债券市场的重要性在不断提高。

值得注意的是，境外机构的占比总体上呈现上升趋势，由2012年的忽略不计上升到2017年底的1.9%，位居第6位，显示中国债券市场的开放程度在近年来获得大幅度提高。非银行金融机构中信用社的占比从2012年底的0.6%提升到2017年底的1.55%，位居第7位；证券公司2017年底的占比为0.72%，较2012年底提升0.02%，位居第8位，虽然在机构投资者中的排名靠后，但仍高于包括信托投资公司、财务公司、租赁公司、汽车金融公司等其他非银行金融机构和其他非金融企业以及个人投资者的占比。另外，从持仓类型来看，由于资金成本与持仓策略的差异，可将各投资机构分为配置型与交易型。配置型机构通常包括特殊结算成员、商业银行以及保险机构，交易型机构包括信用社、证券公司以及广义基金等。截至2017年12月末，配置型机构持仓占比为69.76%，交易型机构持仓占比为30.24%；而2012年底配置型、交易型机构占比分别为82.9%以及17.1%，可以看出交易型机构对于债券市场的影响在逐渐增强。

因此，从总体上看，证券公司作为中国债券市场重要的机构投资者，在中国债券市场上的实力和地位还有待于进一步提高（见图专9-1）。

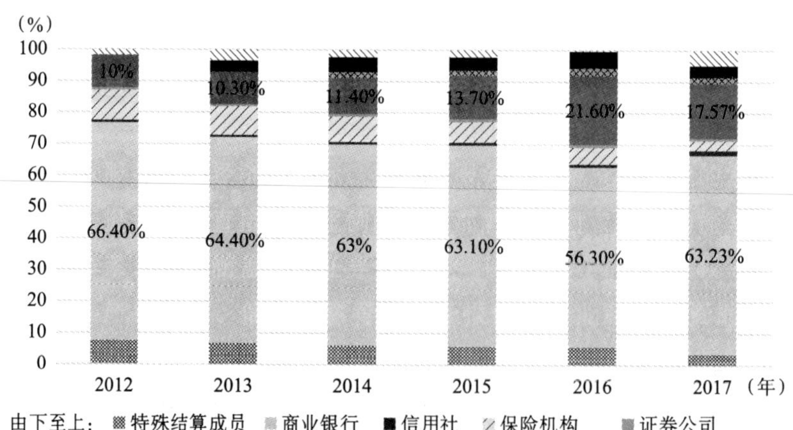

图专9-1　2012—2017年证券公司在中债登的持仓量及其占比

资料来源：根据据中国债券信息网 www.chinabond.com.cn 和 Wind 有关数据整理。

第二节　2017年证券公司托管数据变化分析

一、证券公司托管债券存量分析

截至2017年12月底，证券公司持有的债券在中债登与上清所托管总量约为6 230.25亿元，较2016年底同比增加33.47%。其中，中债登与上清所托管量之比逐渐由3∶2下滑至1∶1左右，反映证券公司在上清所托管量占比逐渐上升。截至2017年12月底，证券公司在中债登总托管量为3 251.1亿元，相较于2016年同比增加17.41%；在上清所托管总量共计2 979.15亿元，同比增加56.89%（见图专9－2）。

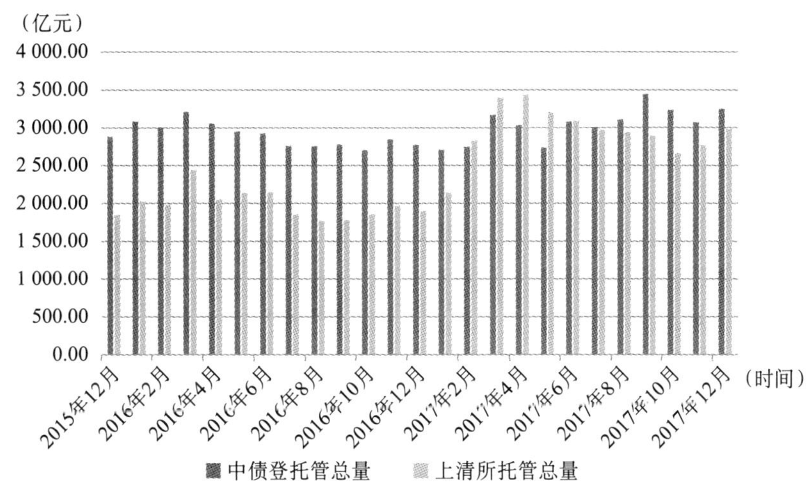

图专9－2　证券公司在中债登与上清所托管总量

资料来源：根据中国债券信息网有关数据整理。

从托管债券的类别来看，证券公司在中债登的债券主要包括国债、政策性金融债、商业银行债、企业债、中期票据等；在上清所托管的债券主要包括短融、超短融、同业存单、中期票据、资产管理公司金融债、信贷资产支持债券、区域集优中小企业集合票据等。其中，仅中期票据由于此前转托管的原因目前在两处皆有托管，但在中债登托管的中期票据因逐渐到期，存量逐渐下滑。

从目前证券公司在中债登和上清所托管的各类债券加总量的托管存量结构来看，占比最大的依次为企业债（27%）、同业存单（23%）、中期票据（18%）、政策性金融债（14%）、国债（9%）、超短融（5%）、短融（3%），其他券种持有量极少；其中利率债存量约20%，其余皆为信用债（见图专9－3）。

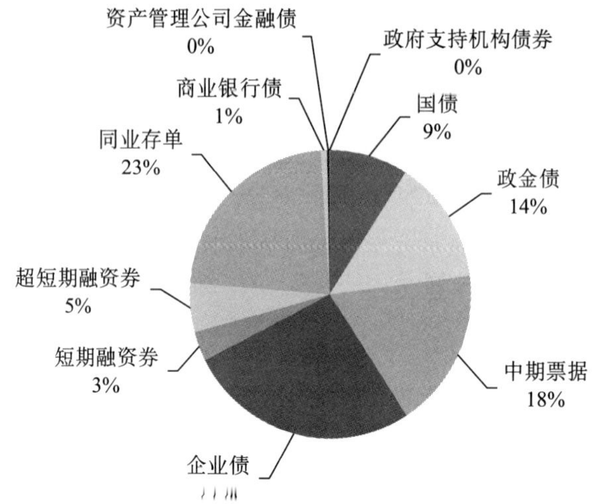

图专 9-3　证券公司持有各类型债券存量结构

资料来源：根据中国债券信息网有关数据整理。

二、证券公司托管债券增量分析

证券公司在中债登及上清所托管债券月增加量见表专 9-1。

表专 9-1　证券公司在中债登及上清所托管债券月增加量　（单位：亿元）

	国债	政金债	中期票据	企业债	短期融资券	同业存单	商业银行债
2017 年 1 月	-61.59	70.28	-89.52	-60.65	-23.76	359.57	-4.11
2 月	-9.32	69.10	11.42	-13.02	-9.59	677.47	-1.99
3 月	121.67	214.84	136.45	66.71	58.36	377.89	15.00
4 月	28.72	-130.48	-45.12	-23.16	7.13	76.46	-7.35
5 月	-40.46	-205.16	-39.30	-20.87	-10.75	-205.34	-12.18
6 月	170.98	66.92	58.92	101.88	72.81	-251.45	2.38
7 月	8.86	-28.68	-76.88	-14.90	-28.90	-34.69	-10.20
8 月	-3.03	51.08	-27.40	73.56	-0.89	-15.56	-0.60
9 月	229.14	-10.64	169.08	106.59	-9.57	-212.39	6.74
10 月	-199.68	74.02	-66.73	-42.54	-33.16	-152.14	-15.49
11 月	-54.27	-123.74	-17.80	8.71	21.51	89.68	12.95
12 月	-49.91	60.67	215.16	159.54	-9.54	-3.56	6.00
2017 年合计	141.10	108.21	228.27	341.85	33.65	705.92	-8.85

注：由于区域集优中小企业集合票据、金融企业短期融资券、信贷资产支持证券、资产管理公司金融债、政府支持机构债券等占比较小，在此未放入表中统计。

资料来源：根据中国债券信息网有关数据整理。

证券公司主要以自营资金和来源于委外资金的资产管理项目为主持有债券，由于账户性质、资金收益率要求不同，债券持有策略较为灵活，并且 2017 年的全年严监管对其配置行为影响较大。2017 年 3 月底的“三三四”自查开启后，委外资金赎回，使得证券公司出现年内第一波明显的减持行为：仅 2017 年 4 月、5 月，证券公司减持 335 亿元政金债以及 128 亿元同业存单。此后，国债和同业存单为证券公司的主要减持品种，其他券种并未出现明显增减偏好。2017 年 10—12 月，证券公司合计减持 303 亿元国债，主要为国债收益率快速上行带来的抛售止损行为（见图专 9 - 4）。

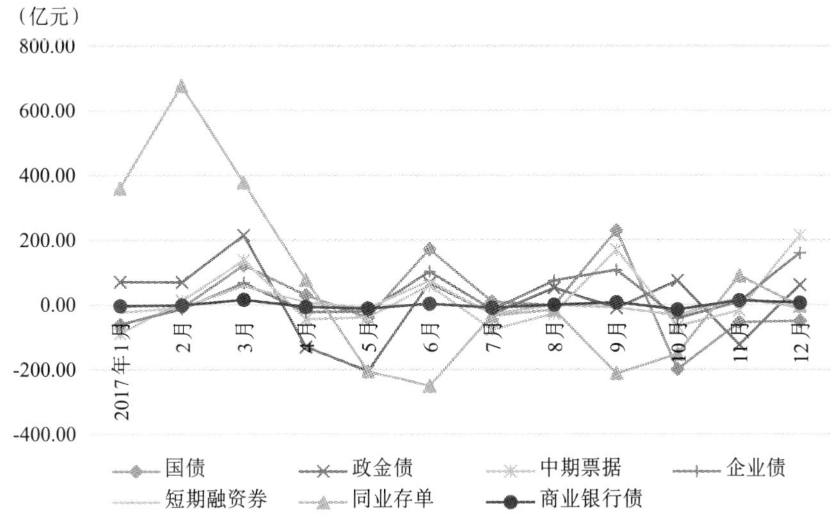

图专 9 - 4　证券公司托管主要券种月度新增托管量走势

资料来源：Wind，第一创业证券计算整理。

第二章 2017年证券公司固定收益业务发展现状

第一节 2017年证券公司固定收益业务链概况

近年来，随着中国债券市场的不断发展，固定收益业务已经成为国内证券公司的重要业务之一。但与国外同行明确的FICC业务线不同，国内证券公司的固定收益业务主要包括债券承销、债券经纪业务、债券自营投资、债券销售交易和债券做市五大内容。中国证券业协会对2017年国内券商FICC业务做了专项调查问卷，在回收的问卷中，有96份是有效问卷。根据这96份问卷的不完全统计，国内证券公司有16家未设立专门的一级部门固定收益部，74家设立了专门的固定收益部，剩余6家设立了专门的固定收益部门，但部分固收业务划分至其他一级部门。16家未设立专门一级固定收益部的证券公司中，两家在分公司下设立了固定收益部，其他证券公司则设立债务融资部、债券销售部、资本市场部、资金（资产）运营部和债券销售（交易）部等，分别承接了固定收益线的各种业务。

在74份有效的调查问卷中，有8家证券公司仅包括债券承销业务，有10家证券公司仅包括债券自营投资业务，有5家仅包括销售交易业务。在剩余的51家证券公司中，有19家券商包括了销售交易和债券投资业务，有27家包括债券承销（包括结构化融资）、销售交易和债券投资业务，只有5家证券公司的固定收益部包括全部5项业务的全业务链。

在设立了专门的固定收益部门，但部分固收业务划分至其他一级部门的证券公司中，3家证券公司将债券承销业务设立于投资银行总部之下，2家证券公司将债券自营投资业务下设于投资管理部，2家证券公司将债券销售交易业务分别设立于资本市场部以及销售交易部。

从债券做市这项固定收益业务链上的新业务看，2017年共有14家证券公司参与了银行间市场或交易所市场的做市或尝试做市业务，最大一家的做市规模近千亿元，而最小的一家只有1亿元。收入方面，有一家做市收入上亿元，还有三家做市收入在几千万元，其他均在百万元级别。

从FICC这一固定收益的国外衍生概念看，国内证券公司在2017年共有17家证券公司从事了大宗商品业务，有5家证券公司涉足外汇业务，且业务规模较小。大宗商品业务收入较2016年有明显缩水，其中有4家收入达到千万元级别，4家收入为百万元级别，5家收入很低，还有5家亏损。在大宗商品业务品种中，黄金所占的业务规模最大，有5家只从事黄金业务，还有6家以贵金属业务为主。

第二节　2017年证券公司固定收益业务发展概况

一、固定收益承销业务竞争总体格局

固定收益承销业务是指债券及结构化融资产品的构建、承销和财务顾问服务，客户类型涵盖了政府支持机构、金融机构、上市公司、非上市公司、地方融资平台企业等，产品范围包括金融债、企业债、公司债、非金融企业债务融资工具（PPN）和多元化的结构性融资产品等。图专9－5显示，2013—2016年伴随着债券发行量增加，债券承销金额也一直上涨。受债务融资环境收紧、融资成本上升、发行人取消发行等因素影响，2017年债券总承销额出现了较为明显的下滑。2017年全市场承销总额为11.93万亿元，较2016年同比下滑20.28%；银行承销总额为7.42万亿元，较2016年同比下滑24.24%；证券公司承销总额4.51万亿元，较2016年同比下滑12.69%。

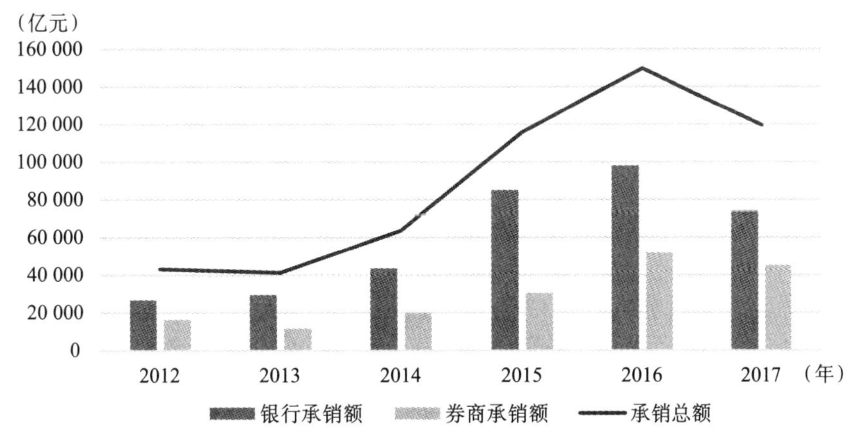

图专9－5　2012—2017年全市场债券总承销金额的变化

资料来源：Wind，第一创业证券整理。

从债券承销的主要竞争者看，债券承销业务呈现银行和证券公司两强格局，其他信托、资产管理等机构的市场份额较少。图专 9－6 显示，2012—2017 年，银行的市场占有率在 62%—73.5% 之间波动，而证券公司的市场占有率在 26.3%—38% 之间波动。总体上看，2017 年银行的市场占有率略有下降，比 2/3 低一些，而证券公司则上升到比 1/3 高一些。

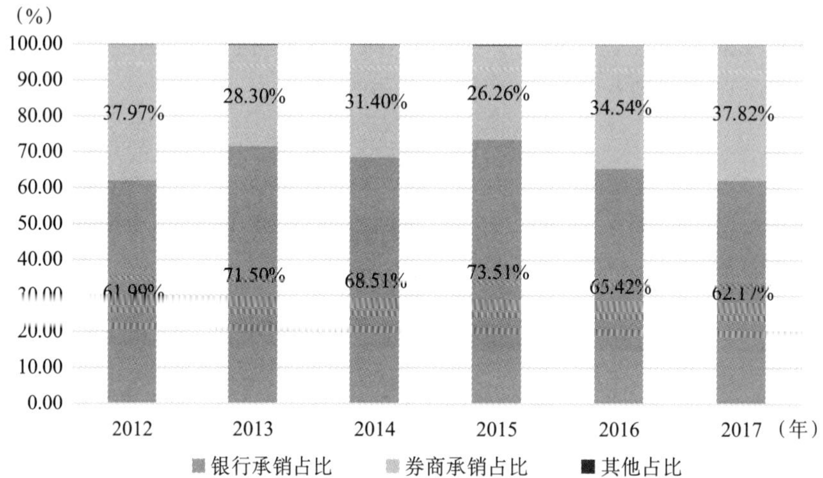

图专 9－6　2012—2017 年银行和证券公司债券承销业务的市场份额

资料来源：Wind，第一创业证券整理。

市场集中度（Market Concentration Rate）是对整个行业的市场结构集中程度的测量指标，CRn 是指该行业的相关市场内前 N 家最大的企业所占市场份额的总和。根据美国经济学家贝恩和日本通产省对产业集中度的划分标准，将产业市场结构粗分为寡占型（$CR_8 \geq 40\%$）和竞争型（$CR_8 < 40\%$）两类。其中，寡占型又细分为极高寡占型（$CR_8 \geq 70\%$）和低集中寡占型（$40\% \leq CR_8 < 70\%$）；竞争型又细分为低集中竞争型（$20\% \leq CR_8 < 40\%$）和分散竞争型（$CR_8 < 20\%$）（见表专 9－2）。

表专 9－2　美国贝恩对市场结构进行的分类

市场结构＼集中度	CR_4 值（%）	CR_8 值（%）
寡占Ⅰ型	$CR_4 \geq 85$	
寡占Ⅱ型	$75 \leq CR_4 < 85$	$CR_8 \geq 85$
寡占Ⅲ型	$50 \leq CR_4 < 75$	$75 \leq CR_8 < 85$
寡占Ⅳ型	$35 \leq CR_4 < 50$	$45 \leq CR_8 < 75$
寡占Ⅴ型	$30 \leq CR_4 < 35$	$40 \leq CR_8 < 45$
竞争型	$CR_4 < 30$	$CR_8 < 40$

我们用 CR_4 和 CR_8 来表示在有债券承销业务的证券公司中，排名前 4 位和前 8 位的企业占有的债券承销业务的收入市场份额。图专 9－7 显示，2017 年证券公司承销业务的集中度较 2016 年有明显提高，达到近 5 年的最高水平。排名前 4 位的证券公司的业务集中度为

39.2%，排名前 8 位的证券公司的业务集中度为 54.2%，根据表专 9-2 的分类，在 2015 年之前证券公司债券承销业务属于低集中寡占Ⅳ型市场结构，2016 年有向竞争型市场结构转变的趋势，2017 年恢复至寡占Ⅳ型市场结构。

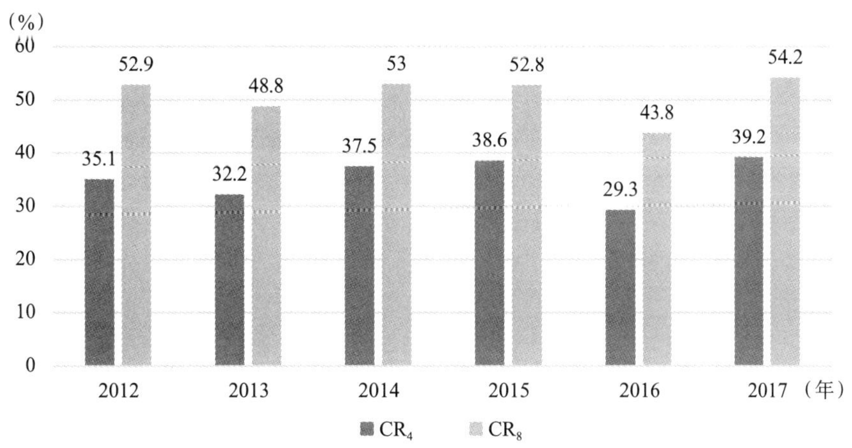

图专 9-7　2012—2017 年证券公司债券承销业务的市场集中度

资料来源：Wind，第一创业证券整理。

二、固定收益销售交易业务竞争总体格局

固定收益销售业务是以客户为导向，担任代理以收取手续费及佣金收入的业务。目前，证券公司向客户销售各类固定收益产品，包括国债、央票、金融债、企业债、公司债、短期融资券、中期票据、私募债、资产证券化产品等，客户类型涵盖了银行、信用社、保险、基金、信托、证券公司、财务公司和企业等市场参与机构。

固定收益交易业务是以投资回报为导向进行的投资业务。证券公司使用自营资金，主动承担相应市场、信用风险，获取固定收益产品的资本利得、票息等收入。目前，证券公司可以交易的固定收益产品类型包括国债、央票、金融债、企业债、公司债、短期融资券、中期票据、私募债、资产证券化产品、可转债等，交易方式包括现券、债券远期、回购等，部分证券公司已经开展利率互换等衍生产品业务。

从图专 9-8 中可以看出，2017 年现券交割量占比中，包括国有银行、股份制商业银行、城市商业银行、外资银行、农村合作银行和农村商业银行在内的银行类占比最高，达到 62.01%；其次是证券公司，占比为 24.05%；广义基金排名第三位，占比达到 10.72%；境外机构排名第四位，占比为 1.54%；其他公司占比均在 1% 以下。由此可见，银行类金融机构仍在债券交易业务中占据主导地位。与 2016 年相比，银行占比下降 3.37 个百分点，证券公司占比提高 1.27 个百分点，可以看出证券公司在银行间现券交易中的重要性在逐渐提高。

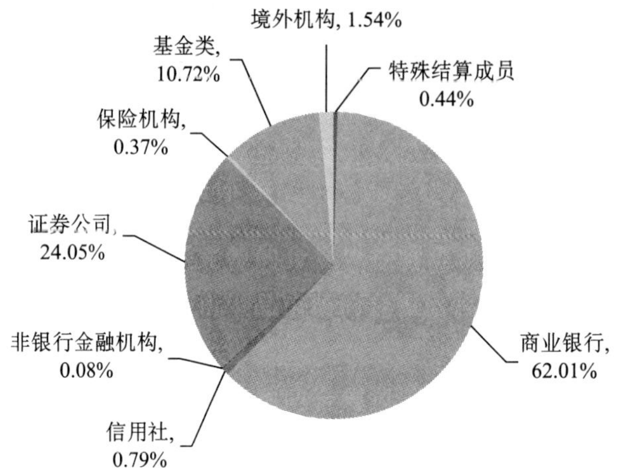

图专 9－8　2017 年证券公司固定收益业务销售交易业务的市场占有率

资料来源：Wind，第一创业证券整理。

我们用 CR_4 和 CR_8 来表示在有债券销售交易业务的证券公司中，排名前 4 位和前 8 位的企业占有的债券销售交易业务的市场份额。图专 9－9 显示，2017 年排名前 4 位的证券公司的业务集中度为 18.9%，排名前 8 位的证券公司的业务集中度为 30.2%，集中度与 2012—2016 年相比，呈现逐步下降的走势。根据对市场结构的分类，证券公司债券交易业务已经由 2015 年之前的寡占型市场结构向 2017 年的竞争型市场结构转变。

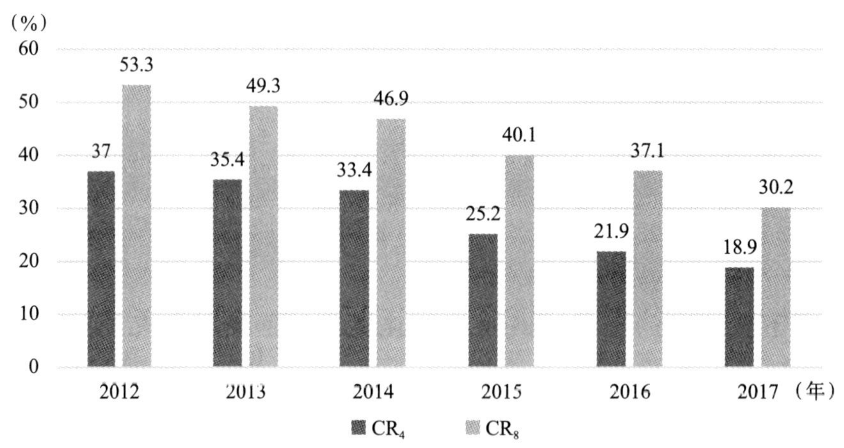

图专 9－9　2012—2017 年证券公司债券交易业务的市场集中度

资料来源：Wind，第一创业证券整理。

第三章
债券市场违约情况与风险防范建议

第一节　债券市场违约情况

债市风险总体上可包含市场风险、信用风险、操作风险和流动性风险等，其中市场风险和操作风险在其他投资品种中比较常见，而信用风险是近年来债市的较大风险点，值得投资者重点关注。

自 2014 年 3 月发生第一只公募债违约以来，截至 2017 年底，债券市场共 140 多只债券，60 多家发行人出现过违约情况。按债券类型来看，私募债违约占比最高，为 25%；其次是定向工具，为 21%；再次是一般中期票据，为 19%。按发行人来看，民营企业违约占比最高，占据 67%；其次是地方国有企业，占 11%。债券违约后发行人主动偿付的占比较低，仅有 15% 左右的债券违约后进行了偿付，且除技术性违约外，一般偿付间隔较长，给投资者带来较大的损失（见图专 9 - 10 和图专 9 - 11）。

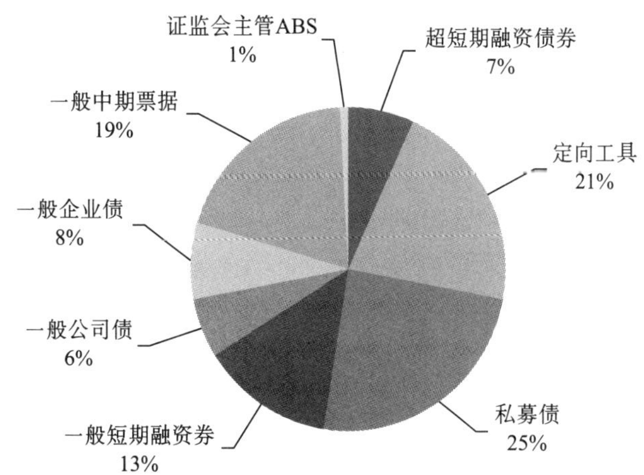

图专 9 - 10　违约债券类型分布

资料来源：Wind，第一创业证券整理。

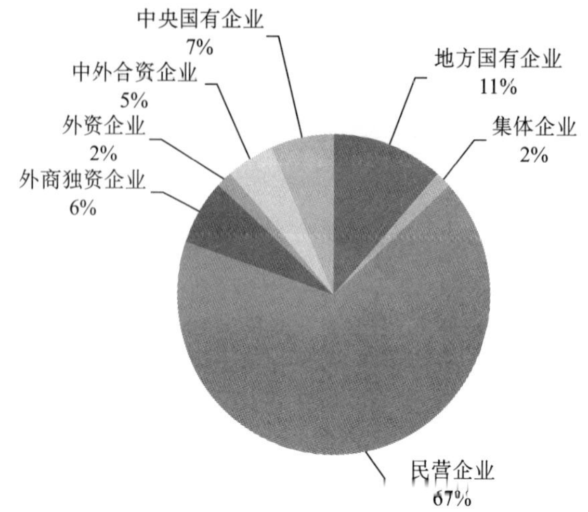

图专9-11 违约债券发行人分布

资料来源：Wind，第一创业证券整理。

通过对历史债券违约事件的梳理，债券违约原因通常可分为如下四类：行业下行、公司自身经营不善、环保整治与担保违约。

一、行业下行

发行人所处的行业整体低迷、景气度下行，同时公司的业务模式较为单一或者过度投资于下行的业务板块，都很有可能导致公司出现流动性紧张、现金流断裂的情况，致使发行人无法按时履约。

二、公司自身经营不善

该分类下包含两类常见问题：

1. 过度投资、盲目举债

发行人经营策略过于激进，过度举债投资未取得预期成效，致使拖累经营状况，导致无力偿债。处于这一阶段的发行人财务数据通常表现为投资活动产生现金流急剧变负，并且经营活动现金净流量表现为净流出，每股现金净流量持续为负。

2. 过度对外担保

发行人提供过度的对外担保，用担保总额与净资产比值计算出的担保率过高，具有极高的偿付风险。

三、环保整治

由于环保限产使得规模较小的中小企业被迫关停主营业务，或是停业整顿、升级环保设备所需投入巨大，使得企业在一段时间内现金流极为紧张，最终导致违约。

四、担保违约

除去上述行业变化、公司自身及政策原因，债务违约发生后担保公司的高度违约也是使情况恶化的原因之一。

2017 年，债券违约情况较前期已有明显改善（见图专 9－12）。2017 年发生违约的债券数目为 49 只，较 2016 年减少 29 只；新增违约主体 10 家，较 2016 年减少 21 家。从背后的违约原因来看，债券违约的风险点已由 2016 年的行业风险转移至公司自身经营风险层面。随着供给侧改革的不断推进，2017 年前期产能过剩行业经营状况得到明显提高，此时发生违约的风险因素更多集中于公司的代偿问题和债务滚动压力大两个方面。例如“14 丹东港 MTN001”以及“14 海益宝”，分别因为债务滚动压力过大以及对外担保率过高而出现违约。

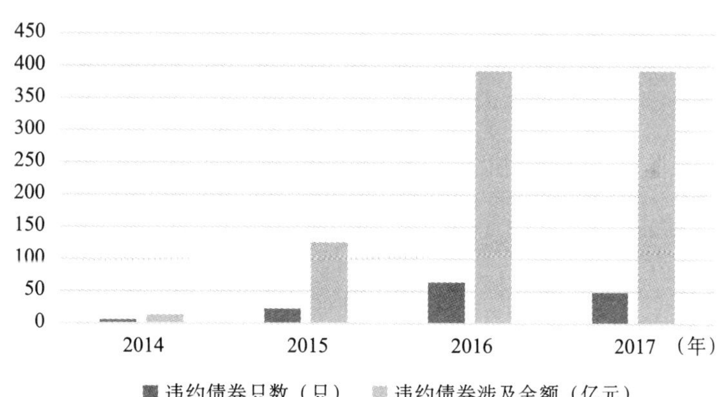

图专 9－12　2014—2017 年违约债券数目及涉及金额

资料来源：Wind，第一创业证券整理。

第二节　债券违约风险与防范建议

尽管 2017 年的债券违约情况较前期有所好转，但 2018 年的债券违约风险仍不容小觑。首先，2018 年上半年信用债到期规模约 13.4 万亿元左右，偿还压力高于 2017 年同期。其次，在债务融资成本相对抬升的影响下，发行人续发债券以偿还前期债务的难度加大，可能会影响其偿还能力。另外，在去产能的持续推进下，各行业集中度将进一步提高，中小企业生存状况受到更大的挑战，同一行业内的经营情况分化更加明显，因此，债券的信用风险把控及应对十分重要。

一、加强事前预防措施，从源头把控债券发行质量

首先，从证券公司的角度来看，证券公司作为债券发行的核心中介机构，应在尽职调查、信息披露以及后期的持续督导等各方面尽职尽责。在违约事件频发的影响下，目前国内证券公司的债券发行业务开始转向重质量发展。在这个过程中，需要证券公司进一步完善尽职调查的内容与水平。随着监管趋严，违规惩罚已出现实质性的落地，证券公司的债券发行业务违规成本将逐渐上升。所以证券公司应该更加着眼于长远发展，注重自身品牌以及形象的建设，从内部激励机制、内控机制入手，促进业务团队提高选择发行人的质量与效率，增强对于投资者的权益维护，加大业务发展的可持续性。其次，证券公司也可对债券进行分类管理。由于发行人所处区位、行业的区别，自身经营状况也有所差异，对应债券的违约风险特点与方式也会有所不同。证券公司可针对不同债券实施不同的管理，使不同风险的债券匹配不同风险承受能力的投资者，减少市场非理性投资，降低后续违约处置的难度。最后，由于担保效力较弱，所以在引入机构提供债券增信服务时，需要对担保机构的担保实力、履约能力以及市场表现等进行评估。

二、提升事中监控、预警机制，及时掌握可能导致债务违约的潜在风险因素

债券发行后，证券公司作为对应债券的受托管理人，做好存续期的督导工作有利于及时识别潜在的风险因素，并加以控制。回顾以往的违约事件中，由于发行人相关风险事件未得到及时披露而最终违约的案例不在少数，所以充分及时地掌握发行人的财务、经营信息是十分必要的。

财务信息方面，由于公司财务数据按季度披露，并且具有一定时滞性，并不能及时反映公司的情况。为尽量提高信息的及时性及可行性，需要受托管理人能够掌握月度的发行人重点财务数据。例如发行人的新增借贷数据，便于及时了解发行人的杠杆情况。另外，发行人的募集资金去向核查也应为受托管理人核心工作之一。如果发行人未按约定使用募集资金，而是违规挪用来偿还银行贷款、购买银行理财或是进行风险更大的投资，都在加大自身经营风险的同时也对投资者造成了误导。

在实际操作层面中，及时掌握发行人的重点财务数据以及核查资金流向具有较大的难度，一方面从银行获取数据流程较为繁琐，另一方面直接从发行方获取资料需对其真实性再次加以辨别。在此背景下，证券公司或可加强与银行的合作，采用双受托管理人的业务模式，明确分工，便于及时掌控发行人的相关数据。

三、丰富事后应对处置方式，充分保障债权人权益

从过往违约案例可以看出我国债券违约事后兑付率较低，仅有 15% 左右的债券违约后进行了偿付，且除技术性违约外一般偿付间隔较长，给投资者带来较大的损失。常规的处置措施包括召开持有人大会、行使抵押权、启动保护性条款、追加担保等，但从现状来看这些措施对投资者的保护力度明显不足。一方面，担保效力低下。据统计，2014 年以来发生违约的债券中，具有担保事项的债券有 40 只左右，而违约后大部分担保公司均未履行偿还责任。另一方面，持有人大会对于投资者的保护作用有限。由于关于召开会议的触发条件表述较为概括，使得债券投资者处于相对弱势的地位。投资者在持有人大会中所提议案并不具有强制执行力，最终的落实情况仍依赖与发行人协商的结果。

针对上述现象，我国需要建立对于包括发行人、中间机构等各个参与主体的约束框架。完善信息披露制度、债券持有人会议制度、受托管理人制度、债权人司法救济制度以及特殊保护条款，其中尤为重要的是信息清晰透明以及明确的过错追责方式。信息清晰透明，指包括债券展期兑付、债务重组、债转股以及破产清算等违约处理机制的清晰透明；过错追责指在相关法律完善的条件下，债券违约后寻找各方参与人在债券发行及存续各环节中的过错，债券投资者向对应主体寻求赔偿以减少损失。此举措可以促使发行人、承销机构、保荐机构等中介服务机构加强自身责任意识，各尽其责。

第四章

大力发展交易所债券市场，服务实体经济

第一节　交易所债券市场的发展空间

从国内债券市场总体情况看，截至 2017 年 12 月 31 日，全国债券市场总托管量达到 74.66 万亿元，比 2016 年末增加 10.10 万亿元，2017 年 GDP 以增长 6.8% 估算，占 GDP 的比例达到 94.01%。根据国际清算银行（BIS）公布的数据，从 2017 年第二季度末的未偿债券余额来看，债券市场规模名列前 5 位的国家依次为美国、日本、中国、英国和法国，包括国内和国际的全部债券未偿余额分别为 38.50 万亿美元、12.58 万亿美元、10.37 万亿美元、5.69 万亿美元和 4.39 万亿美元。可见，以 2017 年 6 月底的债券存量规模计算，目前中国居世界第三位。虽然中国债券市场的规模已跃居世界第三位，但以中国位居世界第二位的经济体量和远超发达国家的发展速度看，中国债券市场仍然有着很大的发展空间，交易所债券市场作为中国债券市场的重要一环，在总体规模上存在广阔的发展空间。

从流量角度看，公司债的成交尚不活跃。虽然公司债在信用债市场上的成交占比在 2016 年底有一个快速上升的过程，但也只有 5%—6% 的水平，这与位居前三位的中期票据、短融和企业债相差甚远，这也是交易所现券交易占比不高的主要原因。从换手率角度看，从 2015 年 1 月到 2017 年 8 月，公司债的换手率月平均只有 2.04%，与全市场 16.4% 的换手率相差较远。究其原因，公司债位居前三位的持有者为商业银行、保险公司和一般法人，合计持有 60% 左右的公司债，但这三类投资者的风险偏好较低，都是持有到期的配置型投资者；而公司债的现券交易大多在证券公司、基金、一般法人之间进行，商业银行和保险公司的交易占比极小。在交易所债券市场，换手率最高的是可转债，这是因为偏好股债关联型产品的投资者大多为个人投资者和基金，投资的风险偏好较高，交易也较为频繁。从这一角度看，交易所债券市场现券交易未来还有很大的发展空间。

第二节 交易所债券市场的发展建议

从现券交易看，银行间债券市场的成交额远远超过交易所债券市场，在总成交额中的占比近年来达到98%—99%，是中国债券市场的主体。2017年交易所的市场占有率虽略有提高，但也仅占1.55%；在有着独特竞争优势的回购交易方面，2017年的市场占有率略有下降，占比也达到29.52%。因此，在交易所债券市场的未来发展路径上，建议发挥交易所市场在回购交易方面的优势，以回购交易来促进现券交易规模的扩大。在强化投资者教育以及对发行人和证券公司监管的同时，应扩大机构投资者、特别是债券基金的占比，降低个人投资者的入市门槛，扩大个人投资者可投资债券品种。

一、进一步提高市场流动性，降低发行人财务成本

根据目前的最新规定，2017年4月7日以后发行的信用债如果拟入库开展质押回购，其债项评级必须为AAA级，主体评级必须为AA级（含）以上。此举有利于进一步提高可质押债券的质量，降低质押式回购业务的总体风险。但同时市场流动性有所降低，未能达到入库标准的债券发行利率有所提高，发行人的融资成本在一定程度上有所增加，中低评级的企业开展债券融资的门槛也有所提高，从而可能限制交易所债券市场规模的扩大。

建议在强监管的政策引导下市场运作更为规范时，对不能进入标准库的信用债增加一对一询价方式的质押式回购，提高此部分债券的流动性，使交易所债券市场更有力地支持实体经济的发展。

二、有效引导个人债券投资者通过多种形式投资债券市场，提高交易所债券市场的活跃程度

2017年6月，沪、深证券交易所发布规定，根据中国证监会出台的投资者适当性管理规定，对合格投资者的认定标准及个人合格投资者的投资范围进行了调整。根据目前的规定，符合合格投资者要求的个人投资者可以购买债项评级为AAA级的公募公司债券（含企业债券，不含公开发行的可转换公司债券）及资产支持证券，债项评级低于AAA级的公募公司债券及资产支持证券，调整为仅允许合格投资者中的机构投资者买入。就个人投资者风险识别能力而言，此举有助于降低其所面临的债券违约风险，是一种很好的投资者保护机制。

个人投资者参与债券交易能够提高交易所债券市场的活跃度，降低发行人财务成本，并

且有效地引导个人闲置资金投资于实体经济，优化社会资源配置。因此建议随着垃圾债市场的逐步发展，投资者对于债券违约认可度提高，须加大个人投资者参与中低等级债券的参与程度，提高交易所债券市场的活跃程度，降低发行人财务成本。

三、允许低评级公司发行债券，加快形成收益与风险相对应的多层次的交易所债券市场

目前我国高收益债券市场仍处于初级发展阶段，2015 年公司债券市场扩大了私募债券的发行主体，一些较低评级的公司有机会通过发行私募债券登陆资本市场，并且推出了创新创业债等创新品种，对于低评级的中小企业融资和高收益债券市场的发展起到了积极的推动作用。但是，与国际高收益债券市场相比，我国高收益债券市场存量的绝对规模和相对规模都十分有限。目前交易所审核发行的债券评级基本都在 AA - 以上，而低评级的中小企业对于发债融资有很大的需求，高收益债券市场存在广阔的发展前景。

建议通过发展衍生品市场，如 CDS 等，一方面，可以通过衍生品对持有标的信用风险进行对冲，将信用风险进行转移；另一方面，衍生品能提供除了买入持有之外更多形式的交易，满足不同交易目的的投资者。发展衍生品 可有助于推动低评级公司发行债券，积极推动高收益债市场发展，解决低评级公司融资难的问题，使交易所债券市场更好地服务实体经济，并有利于加快形成收益与风险相对应的多层次债券市场。

专题报告之十：
2017 年中国证券投资咨询公司发展综述[①]

第一章
证券投资咨询机构经营现状

2017 年中国证券市场逐渐回归平稳，在金融去杠杆的政策之下，证券投资咨询机构发展稳中有进，行业集中度进一步提升，行业领先企业竞争力凸显。在防范金融风险、保护投资者及服务实体经济等方面，证券投资咨询机构回归证券投资咨询业务的本源，聚焦证券投资咨询主业，同时积极寻求行业创新发展的新机会。

一、行业经营稳健，业务健康发展

2017 年在证券行业全面从严监管政策环境下，证券投资咨询机构共同努力，行业经营稳中有进，各项业务健康发展，证券投资咨询等传统业务大幅增长。根据 2017 年中国证券业协会 2017 年专项调查统计，2017 年证券投资咨询行业总体经营状况发展良好，资产规模、净资产规模、营业收入、净利润均有不同程度的增长。行业业务规模大幅增长，专业团队不断扩大，分支机构不断扩张，合规风控管理水平得到提升，证券投资咨询主业发展良好，新业务发展有待提升。其中传统业务中的证券投资咨询业务、证券资讯（平台）服务

① 本报告中的数据均基于 2017 年中国证券业协会专项调查统计，参与调查的证券投资咨询公司共计 83 家，数据截至 2017 年 12 月 31 日。

大幅增长；新业务中的基金业务、报价系统业务、财务顾问业务等发展相对缓慢。行业经营稳健，各项业务健康发展，但在发展的过程中，行业整体经营也有不足之处，证券投资咨询机构面临着提升经营水平、投研能力、证券服务能力，进一步规范行业发展，拓展新业务等一系列挑战。

截至2017年12月31日，参与问卷调查的83家证券投资咨询机构2017年实现行业营业收入总计89.87亿元，同比大幅增长48%；行业净利润总计7.08亿元，同比小幅增长9%；行业总资产总计113.92亿元，同比小幅增长9%；行业注册（实缴）资本总计46.58亿元，同比提升12%（见表专10-1）。

表专10-1　　证券投资咨询机构基本情况

基本情况	2017年	2016年	同比增减（%）
总资产（亿元）	113.92	104.12	9
注册资本（亿元）	46.58	41.43	12
营业收入合计（亿元）	89.87	60.90	48
净利润（亿元）	7.08	6.51	9

二、行业有序发展，规模稳步增长

为了更好地服务客户、服务资本市场、提升盈利能力，证券投资咨询机构集中主要资源投入证券投资咨询业务当中，通过增加分支机构、扩张专业团队、强化风控合规管理等措施，积极发展证券投资咨询业务。这使得证券投资咨询机构得到有序发展，行业集中度进一步提升，行业规模、人员规模及专业人才规模都不同程度地扩大。证券投资咨询机构传统的证券投资咨询业务得到进一步发展，新业务方面积极探索多元化发展路径，积累了一定的经验。不足的是新业务受到法律法规的限制，证券投资咨询机构业务类型仍然相对单一，主业进一步集中，新业务探索仍十分艰难，新业务收入行业占比依然较低，收入主要来源于传统的证券投资咨询业务。

（一）行业集中度高，分化逐渐显现

近年来证券投资咨询机构注册资本、资产规模、收入规模呈现逐年增长的态势。截至2017年12月31日，参与问卷调查的83家证券投资咨询机构注册（实缴）资本、总资产、总收入分别为46.58亿元、113.92亿元和89.87亿元，较2016年分别增长12%、9%和48%，资本、资产规模及收入稳步增长。相比证券行业，证券投资咨询行业资本、资产和收入规模依然不大，行业集中度不断提升，行业分化明显。根据问卷调查统计，从注册资本来看，少数机构注册资本远超平均水平，19家机构注册资本达到1亿元以上，大多数机构注册资本低于平均水平，51家机构注册资本低于5 000万元；从总资产情况看，7家机构总资

产超过3亿元，34家机构总资产低于5 000万元（见表专10－2）；从净资产情况看，5家机构净资产超过2亿元，39家机构净资产低于3 000万元，其中有1家机构净资产为0，7家机构净资产为负；从行业收入情况看，营业收入居行业前5位的咨询机构总收入和利润分别占行业总收入和利润的32%和64%，能够实现净利润的机构较少，24家咨询机构净利润为负，4家咨询机构净利润为0；从员工人数看，员工总数超过500人的有15家机构，员工总数少于10人的仅有4家机构。

表专10－2　　证券投资咨询机构注册资本基本情况

注册资本（RK）（亿元）	2017年（家）	2016年（家）	比2016年末增减（家）
2≤RK<5	5	5	0
1≤RK<2	14	12	+2
0.5≤RK<1	13	12	+1
0.3≤RK<0.5	13	9	+4
0≤RK<0.3	38	45	-7

从数据上看，大型咨询机构和小型咨询机构差距较大，小型咨询机构的数量较多，大型咨询机构数量相对较少；大型咨询机构业务增长较快，小型咨询机构的业务竞争能力依然较弱。综上，从资本、资产、收入及员工规模等方面来看，证券投资咨询机构行业集中度较高，行业分化明显。

（二）传统业务为主，新业务任重道远

证券投资咨询机构经过多年的发展，已经逐渐探索出以证券投资咨询业务主业为核心，财务顾问、基金销售、私募基金管理、其他业务等新业务全面发展的业务模式。2017年证券投资咨询机构收入较2016年有较大幅度增长，行业集中度也进一步提升，同时行业收入结构进一步分化，传统业务收入占比进一步提升，新业务收入占比仍较低。

2017年证券投资咨询机构总收入为89.87亿元，其中证券投资咨询业务收入为78.89亿元，新业务收入为10.98亿元，分别占总业务收入的87.78%和12.22%。证券投资咨询业务收入当中占比最高的是证券投资顾问业务，收入为75.45亿元，占比约95.64%；发布证券研究报告业务收入为3.11亿元，占比约3.94%；其他证券投资咨询业务收入为0.33亿元，占比约0.42%（见图专10－1）。新业务当中，证券资讯平台服务收入为2.44亿元，占总业务收入的比例为2.72%；财务顾问业务收入为1.16亿元，占总业务收入的比例为1.29%；其他证券服务业务收入为1.09亿元，占总业务收入的比例为1.22%；其他业务收入为6.28亿元，占总业务收入的比例为6.99%，包括房屋租赁、广告发布、私募基金管理、基金销售业务等收入（见图专10－2）。在参与问卷调查的83家证券投资咨询机构中，约78%公司开展投资顾问业务，有4家公司开展发布研究报告业务，行业业务集中度比2016年更高。

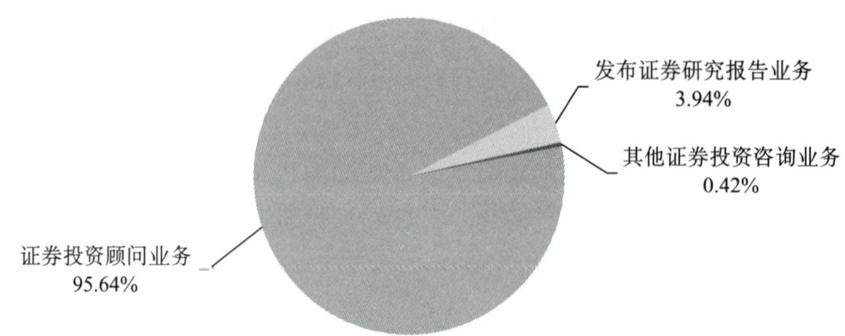

图专 10－1　2017 年证券投资咨询业务收入

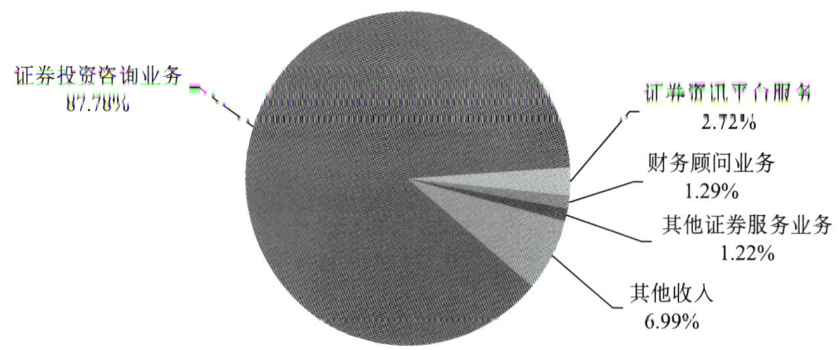

图专 10－2　2017 年投资咨询行业总业务收入

从以上收入结构来看，证券投资咨询机构业务收入对证券咨询业务依赖较强，绝大多数证券投资咨询机构的业务收入主要来源于证券投资咨询业务收入。其主要原因是证券投资咨询机构业务范围过窄，咨询机构将主要资源集中在证券投资咨询业务上，而一些新开展的业务发展相对缓慢，对证券投资咨询机构的收入贡献较少。

从营收增长情况来看，2017 年证券投资咨询业务、证券资讯平台服务业务、其他证券服务业务及其他业务收入同比分别增长 49%、15%、1 418% 和 41%，各项业务均呈现出一定程度的增长，只有财务顾问业务收入同比小幅下降 3%（见表专 10－3）。

表专 10－3　　证券投资咨询机构行业总体业务收入基本情况

行业总业务收入基本情况	2017 年	2016 年	2017 年比 2016 年增减（%）
证券投资咨询业务（亿元）	78. 893	53. 058	49
证券资讯平台服务（亿元）	2. 441	2. 120	15
财务顾问业务（亿元）	1. 164	1. 199	－3
其他证券服务业务（亿元）	1. 093	0. 072	1 418
其他业务（亿元）	6. 281	4. 446	41
合计（亿元）	89. 872	60. 895	48

现阶段证券投资咨询业务是咨询机构的核心业务，且呈现出业务集中度逐渐提升的发展趋势。证券资讯平台服务以少而精的表现颇为亮眼，从事此项业务的机构数量少，但业务体

量大，收入和利润及增长情况相当可观。其他证券服务业务小幅增长。财务顾问业务市场空间大，参与的机构和范围广泛，人员素质要求较高，对该项业务的能力要求较高，但相对于证券公司的竞争优势不明显，同时由于该项业务一直未能获得独立的业务资格，因此该业务未能取得突破，陷入停滞状态。

（三）专业人员规模扩大，专业服务能力增强

2017 年度证券投资咨询机构的员工人数大幅增长，专业人员和专业能力大幅提升，合规人员大幅增长，合规水平大幅提升。2017 年证券咨询机构员工总数为 22 782 人，员工人数大幅增长。其中具有执业资格的人数为 6 354 人，占员工总数的 27.89%；投资顾问人数为 2 135 人，占员工总数的 9.37%；分析师人员总数为 139 人，占员工总数的 0.61%；合规人员 788 人，占员工总数的 3.46%。

证券投资咨询机构人员规模整体提升，员工分布呈现两极分化的态势，业务体量较大的咨询机构员工人数较多，业务量小的咨询机构员工人数较少。员工人数超过 1 000 人的咨询机构有 5 家，员工人数超过 500 人的咨询机构有 15 家，员工人数超过 100 人的咨询机构有 18 家。其中员工数量少于 100 人的咨询机构数量占咨询机构行业总数的 57%，员工人数较少的咨询机构数量较上一年度的 67% 有所下降。这表明 2017 年咨询机构员工人数不断增长，业务处于扩展阶段（见图专 10 - 4）。

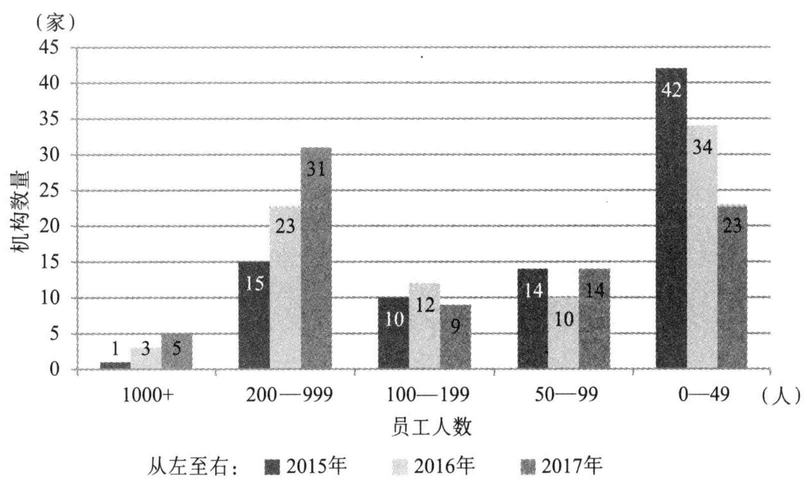

图专 10 - 4　咨询机构近三年员工总人数情况

专业人员配置方面，95% 的咨询机构都配置有专业的投资顾问人员，较 2016 增长 20%。从投顾人数占员工总人数比例来看，有 16 家机构的投顾占比超过（含）50%；11% 的咨询机构配置有专业的分析师；94% 的机构都配置有具备从业资格的员工，其中具备执业资格的员工占员工总数的比例超（含）半数的咨询机构有 31 家；90% 的咨询机构都配置了合规人员，咨询机构总体专业能力有了显著提升。从这些数据来看，证券投资咨询机构员工专业素质有所提高，专业能力显著提升。

（四）咨询机构分支机构大规模扩张

2017 年证券投资咨询机构加大了在证券投资咨询业务的投入，大量设置证券投资咨询机构的分支机构。其中 59% 的咨询机构都设置有分支机构，共计 251 个分支机构广泛分布于全国各大城市；而咨询机构子公司数量相对较少，只有 19% 的咨询机构设立子公司，全行业只有 39 家咨询机构子公司（见表专 10－5）。

表专 10－5　　证券投资咨询机构分支机构及子公司分布情况

公司数量（家）	分支机构数量（家）	占比（%）	子公司数量（家）	占比（%）
10＋	6	7	1	1
5—9	16	19	1	1
1—4	27	33	14	17
0	34	41	67	81
合计	83	100	83	100

三、主业突出，新业务亟待突破

为推动证券咨询机构主业发展，同时拓宽咨询机构业务范围，证券投资咨询机构立足证券投资咨询业务，进一步深入进行多元化发展，开展私募基金管理、财务顾问、中证报价系统业务等。为拓展业务范围，证券投资咨询机构积极发展新业务，但新业务受到诸多因素的制约。虽然在新业务探索方面有一定发展并积累了一定的经验，但业务发展情况并不理想，在咨询机构业务多元化的探索道路上依然困难重重。

（一）证券投资咨询业务（资质许可类）

目前在中国证监会备案监管的有 84 家证券投资咨询公司，2017 年绝大多数咨询机构的业务收入主要来源于证券投资咨询收入，此类业务主要包括证券投资顾问业务和发布证券研究报告业务等需要资质许可经营的业务。

证券投资顾问业务收入占营业收入的比例与 2016 年基本持平，业务结构较为稳定；投资顾问业务收入的逐年增长体现了咨询机构对于该项基础业务的重视，同时在经营发展上都加大了投入（见表专 10－6、表专 10－7）。

表专 10－6　　证券投资咨询机构主营业务收入基本情况

主营业务收入基本情况	2017 年	2016 年	比 2016 年末增减（%）
证券投资咨询业务收入合计（亿元）	78.893	53.059	49
营业收入合计（亿元）	89.872	60.896	48
咨询业务占营业收入比例（%）	88%	87%	1

表专 10－7　　证券投资咨询机构证券投资咨询业务收入基本情况

证券投资咨询业务收入基本情况	2017 年	2016 年	比 2016 年增减（%）
证券投资顾问业务（亿元）	75.452	49.348	53
发布证券研究报告业务（亿元）	3.108	3.324	－6
其他证券投资咨询业务（亿元）	0.333	0.386	－14
合计（亿元）	78.893	53.058	49

2017 年投资顾问业务收入普遍增长，收入规模达到 1 亿元（含）以上的咨询机构有 24 家，数量比 2016 年增长了 50%；投资顾问业务收入达到 2 亿元以上的咨询机构有 14 家，数量比 2016 年增长了 133%。从以上数据来看，投资顾问业务拓展能力突出的咨询机构数量大幅增长，投资顾问业务整体发展态势良好。

（二）基金业务（备案类业务）

目前 83 家咨询机构已有 24 家在中国证券投资基金业协会注册为私募基金管理人（截至 2018 年 2 月 28 日）并参与私募基金管理业务。67 个基金项目已经被设立，其中 73 个私募基金已经成功发行，发行的基金总额达到 25.64 亿元。此外，17 家咨询机构总共投资基金总额 21.46 亿元，已投企业数量达 31 家。在投资方向上，二级市场投资方向（投资沪、深证券交易所市场、证券投资基金等）的金额有了大幅提升，超过 18 亿元的规模，股权投资方向（投资新三板市场、上市公司定增、未挂牌上市股权等）的金额约 2.5 亿元。咨询机构积极参与私募基金业务，为居民理财和服务实体经济贡献力量。

在基金销售方面，截至 2017 年 12 月 31 日，已有 12 家咨询机构取得基金销售业务资格，有 1 家咨询机构正在申请资质中，其中有 2 家咨询机构开展了私募基金代销业务（含信托计划、资产管理计划等）。2017 年咨询机构代销公募基金金额共 51.43 亿元，比 2016 年减少 12%；代销私募基金金额共 11.59 亿元，比 2016 年减少 68%，整体业务规模有所萎缩（见表专 10－8）。

表专 10－8　　证券投资咨询机构基金销售业务开展情况　　（单位：亿元）

基金销售业务开展情况	2017 年	2016 年	2015 年
公募基金代销金额	51.43	58.55	38.52
私募基金（含信托计划、资产管理计划等）金额	11.59	35.69	4.43

（三）报价系统业务（备案类业务）

17 家咨询机构开展了报价系统相关业务，共计在报价系统发行产品数量 4 个，发行规模 5 700 万元，其中有 5 家咨询机构使用报价系统云柜台，3 家进行了开户及交易工作，开户人数共计 54 人，总交易金额 5 716.85 万元，发行的产品与 2016 年基本持平，总体平台投资及交易情况不活跃。

（四）财务顾问业务

16 家咨询机构开展了财务顾问业务，主板及创业板并购重组财务顾问项目数共计 11 个，新三板并购重组财务顾问项目数共计 19 个，仅 4 家机构配套有并购重组财务顾问业务承揽及承做项目人员。3 家咨询机构开展了场外市场业务，全年无新三板挂牌项目，区域股权市场挂牌项目数共计 56 个，仅 3 家机构配套有区域股权市场挂牌业务承揽及承做项目人员。2017 年全年财务顾问业务收入共 11 637.17 万元，较 2016 年小幅缩减。尽管咨询机构还在积极参与场外市场的相关业务，但无论是并购重组财务顾问，还是挂牌推荐业务，均未能取得进一步发展。

（五）智能化投资咨询服务

金融科技革新证券服务业，通过大数据技术、人工智能可以提升证券服务各环节的效率，为投资者提供更精准、更高效的智能化证券服务。目前，证券投资咨询机构借助人工智能，开始发展智能化证券投资咨询服务。2017 年有 18 家咨询机构分别从业务的不同角度为切入点，开展智能化投资咨询服务，其中 16 家咨询机构开展的智能化投资咨询服务有客户画像及账户诊断、智能资讯服务、智能化资产配置及理财规划、机器人智能化服务等，智能化投资咨询服务相关的从业人员数量达到 983 人，所服务的用户数量超过 126 万人，相关的收入规模超过 2 亿元。智能化投资咨询服务作为咨询机构转型发展的新探索方向之一，未来有望帮助咨询机构转型布局发展并获得良好收益。

（六）其他证券服务业务

其他证券服务业务主要包括证券资讯平台服务和财务顾问业务等无须资质许可就可以经营的业务。26 家企业通过其他业务收入提升了营收状况，其中 8 家企业通过证券资讯平台获得收入。

第二章 证券投资咨询行业发展面临的问题

一、行业发展面临法律法规等制度制约

1997 年国务院发布《证券、期货投资咨询管理暂行办法》，在我国证券市场早期对规范证券投资咨询业务健康发展起到了重要作用。但随着证券投资咨询行业多年的发展，证券投资咨询的内涵、形式、载体等发生了巨大变化，同时居民理财需求也逐渐多样化。证券投资咨询机构想要持续发展，需要适应新的市场环境，拓展新的业务方向才能满足市场需求。然而该法规很多规定已经不适应证券投资咨询业务、证券投资咨询机构和行业发展创新的需要，持续发展面临挑战。

二、开展发布研究报告业务及人才培养问题

证券投资咨询机构开展发布研究报告业务需要具备相应的业务管理制度和内部控制机制，并由注册地证监局按照审慎监管要求对其开展发布证券研究报告业务出具无异议函后才能开展该项业务。目前 84 家证券投资咨询公司中，仅 7 家可开展发布研究报告业务，拥有证券分析师研究团队，其他多数证券投资咨询机构只能设置证券投资顾问岗位。证券投资咨询机构经过多年的发展，在内控建设、人才积累等方面都有了较大提升，一些机构具有发布研究报告的能力，开展研究报告业务可以提升证券投资咨询机构服务证券市场的能力。证券研究报告业务服务的主要对象为专业的机构投资者，他们对证券专业服务的水平要求更高，该业务的开展将与投顾业务相呼应，这样可以提升证券投资咨询机构的投资顾问等业务的服务能力。

证券行业是人才密集型行业，需要不断地引进人才和培养人才。目前证券投资咨询机构只有开展了发布研究报告业务，才可以在中国证券业协会注册证券分析师，而多数证券投资咨询机构没有发布研究报告业务的资格，无法申请注册分析师岗位。这导致多数证券投资咨询机构难以吸引优秀的证券投研人员，也难以通过内部培养优秀的投研人员，系统全面的高

端人才结构难以形成。

三、证券投资咨询本源业务深度发展的问题

随着我国居民财富增长和证券市场发展，投资者投资理财服务需求不断深化，越来越多的个人投资者希望证券期货经营机构和其专业人员为其提供证券投资顾问服务时，不仅能为其提供投资建议，而且能为其提供账户管理服务，代理其执行账户投资或交易管理。证券期货经营机构也希望适应投资者财富管理需要，能够为投资者提供账户管理服务，推动业务转型发展，提升盈利水平。从国际惯例看，账户管理业务属于证券投资咨询业务的一种基本业务形式，为投资咨询的本源业务，但是按照现行《证券法》规定，证券投资咨询公司在开展投资咨询业务的过程中，还不能为投资者提供账户管理中的证券买卖操作服务。

投资者投资水平的提升与自我保护意识的提高才能让自己的证券投资诉求更加理性。

四、打击非法投资咨询的问题

目前非法咨询机构数量繁多，通过互联网，社交软件（微信、QQ 等），新媒体等方式从事非法证券投资咨询活动，方式隐蔽，活动猖獗，证券投资咨询机构的声誉、业务等受到严重损害，同时也侵害了投资者利益。建议加大对于非法投资咨询的打击力度，对于合法的持牌机构，要依法给予支持及保护。

五、行业健康发展的问题

近年来随着证券投资咨询业务快速增长，证券投资咨询机构的分支机构、销售人员、服务人员等均大幅增长，在业务快速增长的同时，行业整体经营也有不足之处，证券投资咨询机构分支机构在经营上有待进一步规范，证券投研投入相对业务规模不足，证券服务能力需要进一步提升。在证券投资咨询行业规模快速扩张及证券行业全面从严监管的背景下，证券投资咨询机构将面临提升经营水平、投研能力、证券服务能力，规范行业发展等一系列挑战。

第三章
证券投资咨询行业发展展望

一、证券投资咨询业务适当性管理深入落实

在依法、从严、全面监管的监管理念下，中国证监会发布的《证券期货投资者适当性管理办法》于 2017 年 7 月 1 日起施行。《证券期货投资者适当性管理办法》的核心是对投资者分类、产品分级及投资者与投资工具进行适当性匹配。各证券经营机构相继全面落实，但由于证券投资咨询公司主要是做投资咨询服务，其业务特征与投资工具有所不同，因此证券投资咨询公司结合证券投资咨询业务的业务特征对普通投资者进行了风险识别及分类，对投资者进行初步的风险提示及适当性管理。随着适当性管理制度的实施，证券投资咨询机构将会结合自身业务特征，在适当性管理制度的框架下更加深入地落实适当性管理制度。

二、投资者教育服务市场前景较好

近两年来价值投资效益显著，价值投资理念深入人心，越来越被更多的投资者接受，但价值投资需要在金融、财务及企业管理等方面有一定的专业积累，而我国证券期货市场参与者中个人投资者占比高，其中大部分为中小投资者，投资知识、投资经验不足，缺乏系统全面的专业知识的积累。随着我国教育水平的提高，投资者的学习意识和学习能力逐渐提高，全面系统地学习专业投资知识的意愿较高，因此未来证券投资者教育服务市场前景较好。

三、行业经营将更加规范

中央金融工作会议重点强调未来以防范金融系统性风险为主要目标。在此背景下，为了适应证券行业政策及市场环境，证券投资咨询机构将会积极规范经营。同时在中国证券业协会的组织下，证券投资咨询机构专业委员会讨论并制定证券投资咨询机构执业规范，对投资顾问业务、发布研究报告业务、基金销售业务、私募基金管理业务及机构间私募产品报价系

统业务、机构合作业务等制定业务执业发展规范。在行业规范经营方面，证券投资咨询机构在分支机构设置上全面严格执行监管规则。在合规管理方面，证券投资咨询机构成立合规部门和设置合规岗位，全面落实规范经营管理的要求。

四、证券投资咨询服务的科技化发展

机器人投资顾问（简称“机器人投顾”）是一种近年来在全球金融科技热潮中快速发展的新型金融服务形态。随着国内外新兴机构与传统金融机构先后积极发展机器人投顾，财富管理业务正孕育着一场数字化、智能化、普惠化的新变革。

以人工智能为代表的高新技术正积极推动海内外的金融科技创新发展。与传统的投资顾问或基金经理相比，人工智能技术在筛选投资标的、处理大规模实时信息等方面具有相当大的优势。在新时代的行业发展趋势下，证券投资咨询服务科技化、智能化成为重要的创新方向。

附录：

2017 年中国证券行业大事记

1 月 14 日	中国证监会发布《关于加强发行审核工作人员履职回避管理的规定（2017 年修订）》和《关于加强发审委委员履职回避管理的规定（2017 年修订）》
1 月 14 日	中国证监会发布《中国证监会发行审核工作预约接待办法》
1 月 24 日	中国证监会发布《关于避险策略基金的指导意见》
2 月 7 日	中国证监会发布《期货公司柜台系统数据接口规范》
2 月 15 日	中国证监会发布《关于修改〈上市公司非公开发行股票实施细则〉的决定》
2 月 17 日	深圳证券交易所发布《深圳证券交易所关于推进传统基础设施领域政府和社会资本合作（PPP）项目资产证券化业务的通知》
3 月 2 日	中国证监会发布《中国证监会关于支持绿色债券发展的指导意见》
3 月 3 日	中证机构间报价系统股份有限公司发布修订《机构间私募产品报价与服务系统私募股权融资业务指引（试行）》
3 月 17 日	中国证券业协会发布《公司债券受托管理人处置公司债券违约风险指引》
3 月 17 日	上海证券交易所发布《上海证券交易所公司债券存续期信用风险管理指引（试行）》
3 月 17 日	深圳证券交易所发布《深圳证券交易所公司债券存续期信用风险管理指引（试行）》
4 月 7 日	中国证券登记结算有限公司发布《质押式回购资格准入标准及标准券折扣系数取值业务指引（2017 年修订版）》
4 月 10 日	中国证券登记结算有限公司发布《关于修订〈中国证券登记结算有限责任公司上海分公司上市公司收购及现金选择权登记结算业务指南〉的通知》
4 月 11 日	深圳证券交易所发布《关于政策性银行金融债券发行与交易试点业务有关事项的通知》
4 月 11 日	深圳证券交易所发布《深圳证券交易所债券招标发行业务指引》
4 月 14 日	上海证券交易所发布《关于修改〈上海证券交易所交易规则〉及〈上海证券交易所债券交易实施细则〉涉及债券交易若干条款的通知》
4 月 14 日	深圳证券交易所发布《关于修改〈深圳证券交易所债券交易实施细则〉第三十九条的通知》
4 月 17 日	中国证监会发布《关于取消期货公司设立、收购、参股境外期货类经营机构行政审批事项的决定》
4 月 18 日	中国证监会发布《期货公司风险监管报表编制与报送指引》
4 月 18 日	中国证监会发布《期货公司风险监管指标管理办法》
4 月 19 日	中国证券登记结算有限责任公司深圳分公司发布《中国证券登记结算有限责任公司深圳分公司基金登记存管业务指南（适用于上市开放式基金、封闭式基金）》

续表

4月19日	中国证券登记结算有限公司发布《关于修订及发布〈中国证券登记结算有限责任公司深圳分公司上市公司董事、监事和高级管理人员所持本公司股份管理业务操作指南〉的通知》
4月19日	中国证券登记结算有限公司发布《关于修订及发布〈中国证券登记结算有限责任公司深圳分公司非公开发行新股登记业务指南〉的通知》
4月19日	中国证券登记结算有限公司发布《中国证券结算有限责任公司深圳分公司上市公司配股登记业务指南》
4月19日	中国证券登记结算有限公司发布《关于修订及发布〈中国证券登记结算有限责任公司深圳分公司证券发行人权益分派业务指南〉》
5月3日	中国证监会发布《区域性股权市场监督管理试行办法》
5月5日	深圳证券交易所发布《深圳证券交易所上市公司信息披露工作考核办法（2017年修订）》
5月12日	中证机构间报价系统股份有限公司发布《机构间私募产品报价与服务系统场外衍生品格式化合约交易业务指引（试行）》
5月12日	深圳证券交易所发布《深圳证券交易所独立董事备案办法（2017年修订）》
5月15日	中证机构间报价系统股份有限公司发布《机构间私募产品报价与服务系统场外衍生品交易业务指引（试行）》、《机构间私募产品报价与服务系统场外衍生品格式化合约交易业务指引（试行）》
5月19日	深圳证券交易所发布《深圳证券交易所行业信息披露指引第7号——上市公司从事土木工程建筑业务》
5月22日	中国证券业协会发布《关于加强场外衍生品业务自律管理的通知》
5月26日	中国证监会发布《上市公司股东、董监高减持股份的若干规定》
5月27日	上海证券交易所发布《上海证券交易所上市公司股东及董事、监事、高级管理人员减持股份实施细则》
5月27日	深圳证券交易所发布《深圳证券交易所上市公司股东及董事、监事、高级管理人员减持股份实施细则》
5月27日	深圳证券交易所发布《深圳证券交易所上市公司股东减持股份相关业务办理指南》
6月6日	中国证监会发布《证券公司和证券投资基金管理公司合规管理办法》
6月6日	中证机构间报价系统股份有限公司发布《关于修改〈报价系统非公开发行债券质押式协议回购交易主协议〉到期结算额计算方式的通知》
6月12日	中证机构间报价系统股份有限公司发布《报价系统非公开发行公司债券存续期信用风险管理业务操作指引（试行）》
6月19日	深圳证券交易所发布《深圳证券交易所上诉复核委员会工作细则（2017年修订）》
6月19日	深圳证券交易所发布《深圳证券交易所资产支持证券挂牌条件确认业务指引》
6月20日	上海证券交易所发布《上海证券交易所资产支持证券挂牌条件确认业务指引》
6月23日	上海证券交易所发布《上海证券交易所上市公司信息披露工作评价办法（2017年修订）》
6月28日	上海证券交易所发布《上海证券交易所风险警示板股票交易管理办法（2017年修订）》
6月28日	上海证券交易所发布《上海证券交易所港股通投资者适当性管理指引（2017年修订）》
6月28日	上海证券交易所发布《上海证券交易所股票期权试点投资者适当性管理指引（2017年修订）》
6月28日	上海证券交易所发布《上海证券交易所债券市场投资者适当性管理办法（2017年修订）》
6月28日	中国证券业协会发布《证券经营机构投资者适当性管理实施指引（试行）》
6月29日	深圳证券交易所发布《深圳证券交易所退市整理期业务特别规定（2017年修订）》
6月29日	深圳证券交易所发布《深圳证券交易所港股通投资者适当性管理指引（2017年修订）》

续表

6 月 29 日	深圳证券交易所发布《深圳证券交易所债券市场投资者适当性管理办法》
6 月 30 日	深圳证券交易所、中国证券登记结算有限责任公司发布《股票质押式回购交易及登记结算业务办法（试行）（2017 年修订）》
6 月 30 日	中证机构间报价系统股份有限公司发布《报价系统资产证券化投资者适当性管理业务问答》
6 月 30 日	中国证券登记结算有限公司发布《关于发布证券质押登记要素标准的通知》
7 月 4 日	中国证监会发布《中国证监会关于开展创新创业公司债券试点的指导意见》
7 月 6 日	中国证监会发布《关于修改〈证券公司分类监管规定〉的决定》
7 月 7 日	中国证监会发布《关于修改〈中国证监会发行审核委员会办法〉的决定》
7 月 7 日	中国证券登记结算有限公司发布《中国证券登记结算有限责任公司深圳分公司股票质押式回购登记结算业务指南（2017 修订版）》
7 月 21 日	中证机构间报价系统股份有限公司发布《机构间私募产品报价与服务系统关于进一步推进政府和社会资本合作（PPP）项目资产证券化业务的通知》
7 月 21 日	深圳证券交易所发布《深圳证券交易所关于进一步推进政府和社会资本合作（PPP）项目资产证券化业务的通知》
7 月 21 日	上海证券交易所发布《关于进一步推进政府和社会资本合作（PPP）项目资产证券化业务的通知》
7 月 21 日	中国证券登记结算有限公司发布《临时停市债券质押式回购业务结算暂行办法》
7 月 27 日	中证机构间报价系统股份有限公司发布《机构间私募产品报价与服务系统私募产品注册规则（试行）》
8 月 14 日	中国证券登记结算有限公司发布《中国证券登记结算有限责任公司开户代理机构管理业务指南》
8 月 14 日	中国证券登记结算有限公司发布《中国证券登记结算有限责任公司证券账户业务指南》
8 月 14 日	中国证券登记结算有限公司发布《中国证券登记结算有限责任公司特殊机构及产品证券账户业务指南》
8 月 31 日	中国证监会发布《公开募集开放式证券投资基金流动性风险管理规定》
9 月 5 日	中国证监会发布《中国证监会关于证券投资基金估值业务的指导意见》
9 月 5 日	中证机构间报价系统股份有限公司发布《机构间私募产品报价与服务系统投资者适当性管理办法（试行）》
9 月 7 日	深圳证券交易所发布《深圳证券交易所可转换公司债券业务实施细则（2017 年 9 月修订）》和《深圳证券交易所上市公司可转换公司债券发行上市业务办理指南（2017 年 9 月修订）》
9 月 8 日	中国证监会发布《关于修改〈证券发行与承销管理办法〉的决定》
9 月 8 日	中国证券业协会发布《证券公司合规管理实施指引》
9 月 8 日	上海证券交易所发布《关于现金申赎类债券交易型开放式指数基金有关事项的通知》
9 月 8 日	上海证券交易所发布《上海证券交易所证券发行上市业务指引（2017 年修订）》
9 月 8 日	上海证券交易所发布《上海证券交易所上市公司可转换公司债券发行实施细则》
9 月 8 日	深圳证券交易所发布《关于进一步规范和完善深圳证券交易所可交换公司债券发行业务相关事项的通知》
9 月 8 日	深圳证券交易所发布《深圳证券交易所可转换公司债券业务实施细则（2017 年 9 月修订）》和《深圳证券交易所上市公司可转换公司债券发行上市业务办理指南（2017 年 9 月修订）》
9 月 8 日	深圳证券交易所发布《深圳证券交易所可交换公司债券发行上市业务办理指南》

续表

9月8日	中国证券登记结算有限公司发布《关于修订发布〈上海市场首次公开发行股票登记结算业务指南〉的通知》
9月8日	中国证券登记结算有限公司发布《中国结算深圳分公司可交换公债券登记结算业务指南（2017年9月修订版）》
9月8日	中国证券登记结算有限公司发布《中国结算深圳分公司债券登记结算业务指南（2017年9月修订版）》
9月21日	中国证监会发布《公开发行证券的公司信息披露内容与格式准则第26号——上市公司重大资产重组（2017年修订）》
9月22日	上海证券交易所、全国中小企业股份转让系统有限责任公司、中国证券登记结算有限责任公司发布《创新创业公司非公开发行可转换公司债券业务实施细则（试行）》
9月22日	深圳证券交易所、全国中小企业股份转让系统有限责任公司、中国证券登记结算有限责任公司《创新创业公司非公开发行可转换公司债券业务实施细则（试行）》
9月22日	中国证券登记结算有限公司发布《创新创业公司非公开发行可转换公司债券业务实施细则（试行）》
10月19日	深圳证券交易所发布《深圳证券交易所政府和社会资本合作（PPP）项目资产支持证券挂牌条件确认指南》和《深圳证券交易所政府和社会资本合作（PPP）项目资产支持证券信息披露指南》
10月19日	中证机构间报价系统股份有限公司发布《机构间私募产品报价与服务系统政府和社会资本合作（PPP）项目资产支持证券挂牌条件确认指南》和《机构间私募产品报价与服务系统政府和社会资本合作（PPP）项目资产支持证券信息披露指南》
10月27日	中国证券登记结算有限公司发布《深圳证券交易所上市开放式基金登记结算业务指引》
10月27日	中国证券登记结算有限公司发布《中国证券登记结算有限责任公司上市开放式基金登记结算业务实施细则》
11月2日	深圳证券交易所发布《深圳证券交易所上市公司股东大会网络投票实施细则（2017年修订）》
11月17日	中国证监会发布《证券交易所管理办法》
11月17日	中国证券登记结算有限责任公司、上海证券交易所、深圳证券交易所发布《中国证券登记结算有限责任公司、上海证券交易所、深圳证券交易所债券质押式回购融资主体数据报送指引》
11月17日	中国证券登记结算有限公司发布《中国证券登记结算有限责任公司、上海证券交易所、深圳证券交易所债券质押式回购融资主体数据报送指引》
11月24日	中国证券业协会发布《首次公开发行股票网下投资者管理细则》
12月1日	上海证券交易所、深圳证券交易所、中国证券登记结算有限责任公司发布《上海证券交易所 深圳证券交易所 中国证券登记结算有限责任公司证券交易资金前端风险控制业务规则》
12月1日	上海证券交易所、中国证券登记结算有限责任公司发布《上海证券交易所 中国证券登记结算有限责任公司证券交易资金前端风险控制业务实施细则》
12月1日	深圳证券交易所、中国证券登记结算有限责任公司发布《深圳证券交易所 中国证券登记结算有限责任公司证券交易资金前端风险控制业务实施细则》
12月7日	中国证监会发布《关于修改〈证券登记结算管理办法〉等七部规章的决定》
12月7日	中国证监会发布《关于修改、废止〈证券公司次级债管理规定〉等十三部规范性文件的决定》

续表

12 月 15 日	深圳证券交易所发布《深圳证券交易所企业应收账款资产支持证券挂牌条件确认指南》和《深圳证券交易所企业应收账款资产支持证券信息披露指南》
12 月 15 日	上海证券交易所发布《上海证券交易所企业应收账款资产支持证券挂牌条件确认指南》和《上海证券交易所企业应收账款资产支持证券信息披露指南》
12 月 15 日	中证机构间报价系统股份有限公司发布《机构间私募产品报价与服务系统企业应收账款资产支持证券挂牌条件确认指南》和《机构间私募产品报价与服务系统企业应收账款资产支持证券信息披露指南》
12 月 20 日	深圳证券交易所发布《深圳证券交易所公司债券业务办理指南第 3 号——可续期公司债券业务》
12 月 22 日	全国中小企业股份转让系统发布《全国中小企业股份转让系统挂牌公司分层管理办法》和《全国中小企业股份转让系统股票转让细则》
12 月 22 日	中国证券登记结算有限公司发布《关于做好实施〈全国中小企业股份转让系统股票转让细则〉有关准备工作的通知》
12 月 25 日	中国证券登记结算有限公司发布《中国证券登记结算有限责任公司特殊机构及产品证券账户业务指南》
12 月 25 日	中国证券登记结算有限公司发布《关于修订〈特殊机构及产品证券账户业务指南〉的通知》
12 月 26 日	中国证监会发布《公开发行证券的公司信息披露内容与格式准则第 2 号——年度报告的内容与格式(2017 年修订)》
12 月 26 日	中国证监会发布《公开发行证券的公司信息披露内容与格式准则第 3 号——半年度报告的内容与格式(2017 年修订)》
12 月 28 日	中国证监会发布《资本市场主体全面实施新审计报告相关准则有关事项的公告》
12 月 29 日	上海证券交易所发布《关于调整上证 50ETF 期权合约行权价格数量及交易单笔申报最大数量的通知》

后 记

《中国证券业发展报告（2018）》由中国证券业协会组织编撰，由中国证券业协会和12家单位组成的写作组共同完成。报告分为总报告、分报告及专题报告，撰稿单位情况如下：海通证券股份有限公司负责撰写“总报告：2017年中国证券业发展回顾与展望”、“专题报告之一：2017年中国证券公司合规管理发展综述”及“专题报告之二：2017年中国证券公司风险管理综述”；国泰君安证券股份有限公司负责撰写“分报告之一：2017年中国证券经纪业务发展回顾与展望”；中信建投证券股份有限公司负责撰写“分报告之二：2017年中国投资银行业务发展回顾与展望”；申万宏源证券有限公司负责撰写“分报告之三：2017年中国证券公司资产管理业务发展回顾与展望”；中信证券股份有限公司负责撰写“分报告之四：2017年中国证券公司融资类业务发展回顾与展望”和“分报告之五：2017年中国证券公司投资业务发展回顾与展望”；联合信用评级有限公司负责撰写“分报告之六：2017年证券市场资信评级业务发展回顾与展望”；中国证券业协会会员管理部负责撰写“专题报告之三：2017年证券行业履行脱贫攻坚社会责任综述”；中国证券业协会证券纠纷调解中心负责撰写“专题报告之四：2017年证券公司投资者保护工作发展综述”；九州证券股份有限公司负责撰写“专题报告之五：2017年中国证券业信息技术与服务发展综述”；广发证券股份有限公司负责撰写“专题报告之六：2017年中国证券公司国际业务发展综述”；中国银河证券股份有限公司负责撰写“专题报告之七：2017年柜台市场和区域性股权市场发展综述”；中证机构间报价系统股份有限公司负责撰写“专题报告之八：2017年机构间私募产品报价与服务系统发展综述”；第一创业证券股份有限公司负责撰写“专题报告之九：2017年证券公司固定收益业务发展综述”；海南港澳资讯产业股份有限公司负责撰写“专题报告之十：2017年中国证券投资咨询公司发展综述”。按报告顺序，各写作组负责人分别为：李明亮、朱志雄、贾新、蒋健蓉、张玲、常丽娟、王建业、王晓慧、谈志琦、杨涛、陈福、刘锋、刘洋、罗再宏、乔光豪。

本报告编写过程中，得到了中国证监会证券基金机构监管部、公司债券监管部、发行监管部的大力支持。初稿完成后，中国证监会证券基金机构监管部、中国证监会打击非法证券期货活动局、中国证券金融股份有限公司、中国证券业协会证券经纪业委员会、投资银行委员会、资产管理业务委员会、投资业务委员会、融资类业务委员会、合规管理委员会、风险管理委员会、国际战略委员会、场外市场委员会、固定收益委员会、信息技术委员会、资信评级委员会、证券投资咨询委员会、区域股权市场委员会的专家对报告内容进行了认真审阅并提出了宝贵的修改意见和建议。此外，本报告的完成也得到了上海证券交易所、深圳证券交易所、中国证券金融股份有限公司、中国证券投资基金业协会及广大会员单位的支持，在此一并表示感谢！

《中国证券业发展报告（2018）》编委会

2018 年 7 月